本书属国家社会科学基金青年项目
"长安都市景观在日本古代文学中的衍生与流变研究"（批准号：15CWW009）结项成果

出版获 2019 年度陕西师范大学中国语言文学"世界一流学科建设"成果资助
暨陕西师范大学优秀著作出版基金资助

FROM CHANG-AN
TO JAPAN

Discovery
of the Ancient Capital Space
and Literary Archaeology

从
长安
到
日本

都城空间
与
文学考古

郭雪妮　著

社会科学文献出版社
SOCIAL SCIENCES ACADEMIC PRESS (CHINA)

序一

王向远

　　郭雪妮是土生土长的西安人，据说她的祖辈也是老西安。她从陕西师范大学硕士毕业之后，考到北京师范大学，跟我攻读中日比较文学博士学位。毕业后放弃了在京津地区就业的机会，又回到西安的母校就职。她是有着浓重的西安自豪感与故乡眷恋的人。我们师生在聚会聊天中，经常会谈到各自的家乡，当然也少不了谈到西安。当然，跟雪妮谈论西安，并不仅仅是轻松的闲聊，那时西安已经成为她所要研究的对象，因为在她入学之前，我就给她了出好了博士学位论文的题目——《日本文学与西安》。

　　《日本文学与西安》这个题目，是我那几年设计的"日本文学与中国都市"系列博士学位论文选题之一。除了西安之外，那时还有大连、北京、天津、哈尔滨、延安等中国都市与日本文学的关系，也分别作为博士学位论文的选题付诸研究，或已完成研究。我觉得《日本文学与西安》由雪妮来写最合适，或者不妨说，这个题目就是为她量身定制的。

　　按我的设想，《日本文学与西安》这个研究题目，是要梳理从古至今日本文学中的西安主题、西安题材、西安背景和西安想象，揭示西安之于日本文学的特殊价值与特殊作用，从一个独特的角度呈现中日文化与文学之间的密切联系。从"东方学"建构的角度来说，就是要揭示古代的"亚洲精神共同体"以及"亚洲审美共同体"的形成过程与形成机制。在我看来，包括东亚、东南亚、东北亚、中亚地区各民族在内的"亚洲精神共同体"，早在中国的唐代就已经初步形成，而唐朝的都城长安，无疑在古典时期的"亚洲精神共同体"中占据着核心地位。如果说汉代中国对周边国家的影响主要依靠的是文功武略，那么唐朝则显示出更多的文化包容力和感召力，它将亚洲的宗教哲学、文化艺术融为一炉，给周边诸国诸民族——当然也给极东地区的日本人，以极大的文化吸引与审美魅惑。对日本人来说，除了遣唐使的"渡唐"，更有精神上的"渡唐"，长安成为不少日本人魂牵梦绕的地方，例如平安朝后期的长篇物语《浜松中纳言物语》，写主人公源中纳言梦见亡父投胎于长安，转生为"唐朝第三皇子"，于是下决心渡唐一看究竟。可见即使到了十一世纪，唐长安城尽管已经随着唐帝国的灭亡而消失，但长安依然是日本人特别是贵族精英阶层的精神原乡，也是日本人审美建构的依托、文学想象的异国乌托邦。

　　像"日本文学与西安"这样一个有重大价值的课题，迄今我未见日本人有系统的研究。中国人义不容辞，应该来做，而且研究中可以体现中国人的文化优势与文化立场，而由郭雪妮来做，也可谓天时地利人也和。但是她也需要克服一些困难。作为中文系出身的学生，她的日语学习起步较晚，掌握不够，于是她拼命补这个短板。博一时，郭雪妮在北京大学开设的日语强化班里，每天八小时封闭式强化训练，坚持一年有半；博二时又获得国家留学基金资助，去日本留学。为了研究日本人如何"从长安到日本"，她也"从长安到日本"，跟随日本著名都城史学家妹尾达彦教授学习，于文学之外，又接受了历史学的专业训练。博士毕业后，又继续进入复旦大学文史研究院历史学博士后流动站深造，其间数次赴日访学。如此频繁来往于中日两国、跨越于文史之间，学术视野自然随之开阔。

对日本文学史上有关西安的文本进行搜集查阅的过程中，郭雪妮发现这方面的材料相当丰富，假如按当初设想，做从古到今的贯通研究，时间精力都不够，最后与我商量决定，先做古代部分，至于中世至现当代部分，留待以后再说。于是，《日本文学与西安》中的"西安"，就改为"长安"。这个选择是明智的。实际上，奈良、平安时代的日本与中国关系最为密切，西安与洛阳两个中国的古都，在日本古代文学中经常作为中国及中华文明的象征，材料保存最为丰富。郭雪妮只就这一时段的"日本文学与长安"的研究，就写出了近三十万字。这个篇幅，无论是作为博士学位论文，抑或作为一部著作，都已经足够厚重。出书之前，她已经陆续发表了二十多篇有分量的、言之有物的论文作为前期成果，最终出书时，定题为《从长安到日本——都城空间与文学考古》。

按我的理解，所谓"都城空间"，或曰"都市空间"，是以特殊空间为单位的研究取材方法；所谓"文学考古"，是表明文学研究借鉴考古学的方法，重在史料的发掘与呈现。同时，"考古"一词，可以暗示所研究的时段是古代。全书大体上以日本平安王朝时代日本文学的长安书写为研究对象，涉及汉诗、和歌、物语、日记等多种文学样式，也延伸至绘卷图像、口承说话、僧侣传记等多种杂体文献。起码对于中国读者而言，或者说是在中文语境下，许多史料是初次呈现，因此具有"考古"的效应。

现在，《从长安到日本——都城空间与文学考古》就要付梓了；

当初日本人"从日本到长安",是来学习唐朝的文化,如今郭雪妮再"从长安到日本",是做关于日本文学与长安的"文学考古"研究。这既是开创性的学术研究,也是在继续着自古及今中日文化的交流。我坚信,这样的研究,不仅是一种系统的知识建构,也是在新的时代条件下,通过学术研究,为东亚精神共同体、东亚审美共同体,所做的一种确认、一份贡献。

2020 年 2 月 12 日于北京

序二

〔日〕妹尾达彦

众所周知，隋唐时期长安的都市文化曾对日本产生过深远影响，这在学界几乎是一个毋庸置疑的事实。仅就公元七至八世纪这一时段而言，日本不仅模仿长安城营造了平城京、平安京等古代都城，还广泛吸收了从长安、洛阳发源的诸种公私领域的知识和文化，其中既关涉律令制、佛教、道教等思想哲学的接受，也包括文学、书法、绘画、音乐等艺术领域的全面渗透。同时，日本还积极吸收了周边的新罗、渤海等国家的先进文化，并以此为基础创造了延续至今的日本古代国家的雏形。在东亚海域的民间往来尚未发达的时代，日本与海外的交流主要由日本派遣的遣唐使、遣新罗使、遣渤海使等使节团从及外国赴日使节展开，这一时期的外交给早期日本带来了欧亚大陆最新的文化和消息，是日本古代国家形成时期不可或缺的存在。

公元七至八世纪这一时期日本的外交努力及积极输入大陆文化的历史，与十九世纪日本模仿欧美国家制度，想要建立一个近代国家的外交努力极其相似。从这一点来看，以遣唐使为开端，古代日本派遣至海外的使节团，所发挥的作用足以与江户时代末期——从 1860 年开始至明治初期派遣的八次遣欧美使节团相媲美。如果我们重新回顾日本历史的话，会发现七至八世纪和十九世纪这两个时期，无疑是决定日本国家建立与发展命运的重要分水岭。明治政府试图通过建立君主立宪制政体，对日本进行近代化的政治改革，来创造一个足以对抗欧美的新的国家体制。而古代日本政府同样是在导入中国大陆律令制的基础上，建立了日本古代国家的雏形，使得"日本"这一国号登上国际舞台，在东亚世界作为一个独立国家而开始产生影响。可以说，七至八世纪也好，十九世纪也罢，都是日本在严峻的国际形势中，试图以独立国家的身份跻身国际世界，呕心沥血进行外交的时代。

郭雪妮博士的这部著作，从七世纪末至八世纪初位于极东列岛的日本国家的诞生入手，详细阐明了日本如何在东亚国际社会中摸索、构建民族文化和传统的精神过程。诚如古代日本模仿长安营造都城那样，长安的都市文化也是当时的最高权力者及知识阶层想要努力模仿的一种理想典范。但是，对于古代日本的知识阶层而言，长安的形象并非一成不变，正如本书中反复阐释的那样，随着东亚国际关系的变迁，日本对于他者的认识也发生了急剧的转变。与之相关，日本人的长安像也随之不断变化。

本书开篇首先讨论了都城与文学的跨学科研究的方法论问题。特别值得一提的是，作者对文学研究"边缘"的拓展。事实上，学术本身没有"中心"或"边缘"之分，学科体系是现代学术的产物，它容易把知识切得粉碎。所以很多学术突破都发生在学科交界的边缘，原因是那里本就不是边缘，而是被忽略的地方。本书的一大优势是作者作为文学研究者，却并不局限于文学。读者们可以从书中读到大量的作者关于历史、考古、宗教、绘画等跨学科研究的思考。

该书本论部分植根于"汉""和"文献，对日本人的长安形象的认识和变迁进行了分析。汉文文献部分主要以《怀风藻》、"敕撰三集"和《本朝无题诗》为研究对象，和文文献部分主要以说话文学、绘卷文学及物语文学文本为对象，选取了《今昔物语集》《吉备大成入唐绘卷》《弘法大师行状绘词》《松浦宫物语》等文本。终章部分讨论了都城文化与想象的共同体，作者以长安的"不在场"为线索，揭开了"中华思想"与律令体制影响下的日本文人，如何在现实政治运作中模仿中国，却又在精神世界中试图对抗的矛盾心理。作者从丰富的史料出发，细腻地展现出了历史深处的文学图景。该著作所选取的问题及研究对象，都是之前学界鲜有关注或未及充分讨论的问题。在进行中日文化交流研究的时候，需要兼备中国学与日本学的知识素养，其研究过程中所遇到的困难可想而知。作者综合利用海量中、日文献并兼跨文史领域，克服种种困难，最终呈现在我们面前的这部著作，是能体现当今青年学者研究水准的优秀成果。

郭雪妮氏从西安出发，进入北京师范大学攻读博士学位。2012 年，获中国国家留学基金委资助，以联合培养博士身份来到我执教的中央大学留学。赴日之后，她一方面积极参加大学院课程，学习日语；另一方面夜以继日地搜集研究资料，不断思索并提出问题。郭雪妮氏在日期间勤勉刻苦的姿态，也给日本大学院的学生们带来了活力与影响。在我指导的大学院关于《长安志》的读书会上，她的学习热情也感染了整个读书会的研究气氛。

博士毕业之后，郭雪妮氏也先后接受过日本几所大学的邀请，赴日进行学术交流。她在努力吸收学界最新学术动态的同

时，从日本各地图书馆广泛搜集到了大量的写本文献、宗教文
书、绘画资料等，并能迅速领会都市史研究的问题与方法，将其
渗透在自己的研究中。她从自己独特的研究视角出发，其数年思
考的结晶就是呈现在我们面前的这部新著。日本目前还没有与该
书相近或类似的研究——关注日本人对长安的知识储备与想象流
变，从这层意义上来看，说郭雪妮氏的新著是研究中日之间都城
与文学的代表性著作应该也不为过吧。通读本书，读者既会了解
到古代日本知识阶层他者意识的变迁，以及这一意识如何在长安
形象中得以折射，也会惊叹于本书作者敏锐的问题意识与精确的
分析能力。作为昔日的指导教授，我非常欣慰。同时，本书对古
代日本他者意识流变的分析，在考察当代日本及东亚国际关系之
际，也具有一定借鉴意义。借此机会，祝愿郭雪妮氏在将来有更
多的新思考奉献给学界。

2019 年 11 月 25 日于东京

· 目 录 ·

序　章　在日本发现长安 / 1

第一章　《怀风藻》与遣唐使的长安体验 / 45

　　　一　遣唐使的长安体验及其汉诗创作 / 47

　　　二　奈良诗僧弁正在唐汉诗考论 / 65

　　　三　藤原宇合的都城意识与国家观 / 84

第二章　"敕撰三集"诗人对长安城的节制性观看 / 102

　　　一　平安朝乐府中的"长安—边塞"模式 / 103

　　　二　艳情诗与"女性观看"机制 / 120

　　　三　都城思想对九世纪初日本文人长安书写之干预 / 137

第三章　《本朝无题诗》中的长安表述及隐喻 / 156

　　　一　从东亚都城时代到"后长安时代" / 157

　　　二　借代与用典 / 179

　　　三　慈恩寺：地理景观与诗学空间的重构 / 203

第四章　圆仁的长安记事及其入唐说话 / 220

　　　一　僧侣之眼：关于长安城的苦难记忆 / 222

二　长安体验与书写唐武宗之策略 / 243

三　圆仁入唐说话流变的思想史考察 / 259

第五章　《吉备大臣入唐绘卷》中的长安图像 / 276

一　《江谈抄》中的吉备入唐说话 / 277

二　松浦：画卷上的长安风景 / 295

三　凝视长安建筑中的隐喻 / 305

四　滑稽化的唐人群像 / 316

第六章　《弘法大师行状绘》中的青龙寺 / 325

一　《弘法大师行状绘》的传承与史实 / 327

二　东寺本《行状绘》中的青龙寺 / 342

三　"三国佛教史观"与东寺本《行状绘》的历史意识 / 363

第七章　《松浦宫物语》与中世日本的长安想象 / 371

一　长安地名如何成为文学符号？/ 373

二　神仙思想与《松浦宫物语》对长安郊外的山水想象 / 387

终　章 / 404

参考文献 / 419

附　录 / 447

历史情感与都市想象

——论明治日本人长安游记的单一性 / 447

井上靖历史小说对长安生活空间的"省墨化"书写 / 464

后　记 / 491

序　章　在日本发现长安

　　本书主要研究日本古代知识阶层与长安都城空间的交错性关系，重点虽然是围绕"汉""和"两种书写系统内的文学文本展开，但也特别关注了绘卷图像、口承说话、僧侣传记等周边文献中的长安记忆及观念史问题。呈现在读者面前的这部书稿可被视为一种"尝试集"，它借"长安"这一视角，以十世纪唐王朝的灭亡和长安作为东亚都城典范的失坠为分水岭，尝试解答了两个问题：其一是九世纪之前日本对长安都城空间的复制与日本文人长安书写稀薄之间的龃龉，源于中国都城制度及其根底的"中华思想"对东亚周边政权的辐射，这决定了日本对存在着现实外交关系的唐王朝都城进行跨国书写的谨慎；其二是十世纪以降唐长安城的"消失"及日本律令制国家瓦解过程中，"长安"

在东亚政治领域成了日本文人建构国家认同并获取假想的"小中华"身份的手段，但在宗教信仰领域又被集体意识共同制造成了一种"神圣空间"。序章"在日本发现长安"是对本书写作的历史背景、学术史、研究方法以及关键词的说明，期待从跨文化、跨学科的视角出发，阐述古代中日两国的都城空间、王权书写与国家想象之关联。

遣唐使与长安的"不在场"

公元八世纪初，日本入唐僧弁正面对盛唐时期长安城的繁华景象不无感伤地写道："日边瞻日本，云里望云端。远游劳远国，长恨苦长安。"[1]与弁正同批入唐的山上忆良（660~733）离开长安时，也留下了一首著名的万叶和歌："诸公归日本，早作故乡人。遥想御津岸，滨松待恋频。"[2]弁正的诗收录在日本最早的汉诗集《怀风藻》中，山上忆良的和歌则收录于日本第一部和歌总集《万叶集》中，两位遣唐使关于长安的苦涩体验由此被写入了日本"汉""和"文学史的扉页上，而且是与"日本"国号同时登场。

如果将他们汉诗、和歌中的情感单纯地理解为客居异域者思怀故国的惆怅，那对这一代遣唐使入唐经验的处理可能就过于平面化了。大宝二年（702），释弁正、山上忆良跟随以粟田真人为执节使、多至比广成为押使的第七次遣唐使团入唐。使节团于大宝二年六月二十九日从博多大津港入海，七月中旬到达扬州，十月辗转抵达长安。翌年正月，使者在长安城蓬莱宫正式朝贺谒见。这批遣唐使是自白村江之战（663）唐朝水师彻底击垮倭军之后，日本舍弃"倭国"旧称，时隔三十余年再次向唐帝国正式派遣的外交使者，国号

1　小島憲之校注『懐風藻　文華秀麗集　本朝文粹』佐竹昭広等編『日本古典文学大系　69』岩波書店、1964、98 頁。

2　《万叶集》，杨烈译，湖南人民出版社，1984，第 18 页。

"日本"由此正式登上了东亚外交舞台。

日本使者看到的长安城，是六世纪末七世纪初唐帝国在隋大兴城的基础上兴建的都城。当时的长安城是世界上以人口超越百万而自豪的国际大都市，其繁华景象从唐诗各种脍炙人口的描述中就能使人产生丰富的联想。日本大宝四年，即武周长安四年（704）春，遣唐使完成了外交使命准备归国。唐帝国的最高统治者武则天在大明宫麟德殿设宴欢送日本使者。大明宫位于长安城宫城东北部，麟德殿是大明宫最为壮丽的宫殿之一。则天皇帝为表示对日本使者的友好，特意释放了四十年前白村江战役中被唐军捕获的三名倭国俘虏。在七世纪东亚海域的那场战事中，他们还都是年轻的士兵，如今却已成白发老人。

山上忆良等使者回到日本的第四年二月，也即和铜元年（708），元明天皇（661~721）颁布迁都诏书，[1] 并在两年后的和铜三年（710）三月十日，正式从藤原京迁都至奈良盆地的平城京。当时迁都工程极为匆忙，甚至连平城宫的中心建筑大极殿都没有修好，平城京内的条坊道路大部分在迁都三年之后才陆续完成。[2] 大宝年间派遣的这批使者是从藤原京出发的，建于持统八年（694）的藤原京，以《周礼·考工记》中的理想都城为原型，[3] 是日本营造的第一所条坊制都城。藤原京从兴建到废止仅存在了十六年，至于其间原因，日本学界长期的通说是，任命大宝遣唐使的这一年，日本朝廷制定了"大宝律令"，藤原京作为律令制国家的都城，显然过于狭

1　参考《续日本纪》卷四和铜元年二月戊寅条："朕祇奉上玄，君临宇内。以菲薄之德，处紫宫之尊……揆日瞻星，起宫室之基。卜世相土，建帝皇之邑。定鼎之基永固，无穷之业斯在。众议难忍，词情深切。然则京师者，百官之府，四海所归。唯朕一人，岂独逸豫，苟利于物，其可远乎。昔殷王五迁，受中兴之号。周后三定，致太平之称。安以迁其久安宅。方今，平城之地，四禽叶图，三山作镇，龟筮并从。宜建都邑。"详见黑板胜美、国史大系编修会编『国史大系　第 3 卷　続日本紀　前篇』吉川弘文馆、1976、34 頁。
2　渡辺晃宏「平城宮第一次大極殿の成立」『奈良文化財研究所紀要』2003 年 6 月、18-19 頁。
3　岸俊男編『日本の古代　第 9 卷　都城の生態』中央公論社、1996、34-36 頁。

窄。然而，近几年随着对藤原京的发掘调查，显示其京域面积之广远在平城京之上，因此学界开始指出，大宝年间遣唐使带回的长安城见闻，才是促使这次迁都的重要契机。[1]

平城京是模仿唐长安城建造的条坊形都城，这被认为是粟田真人等使者入唐收集信息的功劳——他们滞留长安城期间，目睹了长安城的都城空间和王权礼仪，认识到要营造出能展示日本列岛统一和天皇绝对权威的律令制都城的必要性，并带回了唐长城的都市设计图。[2]粟田真人是特设的执节使，押使多治比广成归国后被任命为平城宫的造宫卿，而迄今为止的大量考古遗址也证实了平城宫是仿照唐长安城含元殿而来。[3]平安宫建筑的完成标志着日本律令制国家都城的诞生，这在日本古代国家成立过程中具有极为重要的意义。学界诸位前贤已经充分肯定了大宝度遣唐使在唐日外交史上的分水岭意义，[4]但日本真正大规模地摄取唐朝文化，则是得利益于在玄宗朝（685~762）入唐的三批使者——养老元年（717）出发的第八次遣唐使、天平五年（733）出发的第九次遣唐使及天平胜宝四年（752）出发的第十次遣唐使。如此说来，玄宗朝对于日本遣唐使而言真是意义非凡。

养老元年（717）日本派遣使者共五百五十七人，分乘四艘大船，从难波（今大阪）三津浦出港至博多，经奄美大岛入海发往唐朝，同年十月一日抵达长安。时值唐玄宗治世的开元五年（717），年轻有为的玄宗皇帝在姚崇、宋璟等名相的辅佐之下，励精图治，创造出了"开元盛世"。《旧唐书》特别记载了玄宗为嘉赏遣唐使的

1　森公章『遣唐使の光芒：東アジアの歴史の使者』角川学芸出版、2010、103-109 頁。
2　井上和人「日本古代都城の出現と変質」妹尾達彦編『都市と環境の歴史学　第4集』中央大学文学部東洋史学研究室、2009、494 頁。
3　杨鸿勋：《唐长安大明宫含元殿复原研究报告——再论含元殿的形制》，载中国建筑学会建筑史分会编《建筑历史与理论》第六、七合辑，1994，第 30 页。
4　森公章『遣唐使と古代日本の対外政策』吉川弘文館、2008、20-46 頁。

笃学之心，命大学四门助教赵玄默到鸿胪寺传经授学之事。[1] 养老年间到达长安的这批使者中，不仅有号称奈良朝"翰墨之宗"的藤原宇合，更有赫赫有名的留学生吉备真备（695~775）和阿倍仲麻吕（698?~770）随行，养老律令的编纂者大和长冈（689~769）也在其列。留学生吉备真备是奈良政坛举足轻重的人物，也是日本史上罕有的两次踏入长安的人物——分别于养老元年（717）和天平胜宝四年（752）。吉备真备在长安滞居十七年以上，研览经史，遍涉众艺。他从长安归日本时，带回了数目浩瀚的经史典籍，如《唐礼》《大衍历经》《乐书要录》等，对奈良朝政坛影响极大。同行的阿倍仲麻吕是中国史书上最有名的遣唐使，入唐时年仅十九岁。阿倍仲麻吕以留学生身份进入长安，进士及第之后，任司教局校书。《古今集》卷九羁旅歌所收"天之原"和歌，据说是羁旅唐土多年的阿倍仲麻吕回归日本时，在明州海岸所咏的望乡歌。现在这首和歌译作的汉诗被刻于西安市兴庆公园湖畔的阿倍仲麻吕纪念碑上，诗曰："翘首望长天，神驰奈良边。三笠山顶上，想又皎月圆。""衔命远邦，驰骋上国"的井真成也是与阿倍仲麻吕同批入唐的使者。2004年9月，井真成墓志在西安东郊出土，一时成为中日学界关注的焦点。墓志上出现的"日本"二字，为史学界讨论"日本"国号的出现时间提供了重要证据。井真成病故于长安，当时客居长安的日本使者们安葬了这位同胞，并在墓志结尾作辞悼念："寂乃天常，哀兹远方。形既埋于异土，魂庶归于故乡。"[2]

　　与多年客居长安的吉备真备、阿倍仲麻吕和井真成不同，副使藤原宇合在养老二年（718）回到日本，翌年便升迁正五位上，任常

---

1 《旧唐书》卷一九九《东夷传》"日本"条："日本国者，倭国之别种也。以其国在日边，故以日本为名……开元初，又遣使来朝，因请儒士授经。诏四门助教赵玄默就鸿胪寺教之，乃遗玄默阔幅布以为束修之礼，题云'白龟元年调布'。人亦疑其伪。所得锡赍，尽市文籍，泛海而还。"（中华书局，1975，第5340~5341页）

2 東野治之『遣唐使』（岩波新書　新赤版）岩波書店、2007、4頁。

陆国守。养老五年（721）九月，藤原宇合之兄武智麻吕任造宫卿，负责修茸整备平城京宫殿。《武智麻吕传》特别记载了这次修缮的目的："由是宫室严丽，人知帝尊。"[1] 众所周知，通过宫殿的庄严华丽显示帝王尊贵与仁德的理念，早在萧何营造未央宫的时候就说过了："且夫天子以四海为家，非壮丽无以重威，且无令后世有以加也。"[2] 养老八年（724），日本朝廷又下令将平城京内的贵族、庶民住宅，从之前的板茸草舍统一改成了白墙瓦舍朱栋的中国风建筑。《续日本纪》记载了当时太政官的奏请："上古淳朴，冬穴夏巢。后世圣人，代以宫室。亦有京师，帝王为居。万国所朝，非是壮丽，何以表德？其板屋草舍，中古遗制，难营易破，空殚民财。请仰有司，令五位已上及庶人堪营者，构立瓦舍，涂为赤白。"[3] 藤原宇合被任命为慰劳持节大使，他的长安体验在平安京视觉景观的改造过程中一定发挥了不小的作用。

天平五年（733）以多治比广成为大使、中臣名代为副使的第九次遣唐使团，从焕然一新的平城京出发入唐。临出发前，多治比广成曾造访山上忆良，向这位入唐前辈请教在长安的生活经验。看到即将启程的又一批遣唐使，年迈的忆良仿佛又看到了三十年前的长安岁月，于是作和歌《好去好来歌》相赠。反歌部分以祈祷遣唐使船顺利归航到难波津为主题，描写了迎接者的欣喜之态。

> 大伴御津畔，松原扫地迎，吾将来立待，愿早上归程。[4]
> 闻道难波津，尊船泊海滨，衣常虽解组，疾走竟无伦。[5]

1　延慶「武智麻呂伝」山岸德平等校注『日本思想大系 8 古代政治社會思想』岩波書店、1979、35 頁。

2　详见《汉书》卷一下《高帝纪下》，中华书局，1962，第 64 页。

3　《续日本纪》卷九神龟元年十一月甲子条。参考黑板勝美、国史大系編修会編『国史大系 第 3 卷 続日本紀 前篇』102 頁。

4　《万叶集》，杨烈译，第 193 页。

5　《万叶集》，杨烈译，第 193 页。

　　日本作家井上靖以遣唐使为题材创作的小说《天平之甍》，重写了多治比广成听前辈山上忆良等人讲述长安见闻的这一幕："以前的遣唐使都是乘官船一直去长安，到首都长乐驿，受内使的欢迎出席第一次宴会。以后骑马入长安，等不及在迎宾的四方馆里去消除疲劳，即上宣化殿朝拜，麟德殿接见，内殿赐宴，然后又在中使的使院中举行盛大宴会——这种在长安京豪华的礼节，广成等已经耳闻多次……"[1]

　　这批使者共五百九十四人，分乘四艘船从大宰府出发，秋季到达长安。时值唐开元二十一年（733），唐朝国力到达鼎盛，形成了"三年一上计，万国趋河洛"[2]的盛世局面。一直客居在长安的阿倍仲麻吕、吉备真备和僧人玄昉等人，看到故国来使欣喜感慨不已，并在例行的朝贺仪式结束之后，准备一起归国。遗憾的是，遣唐使船在海上遭遇猛烈暴风雨，吉备真备等人所乘的第一艘船虽然偏离航道漂流至种子岛，但在翌年（734）三月辗转回到了平城京。第二艘船遇难又漂回了唐朝，等再次回到日本已经是两年后的天平八年（736）深秋了。最为悲惨的是判官平群广成等人乘坐的第三艘船，遇难漂流至林邑国，船上一百五十人，大多遭土著虐杀或死于恶性热病，逃离生还者仅有四人，最后于天平十一年（739）初冬乘渤海使船回到平城京。第四艘船在海上遇难后，全员葬身海底。而山上忆良的《好去好来歌》也成了最后的诀别之歌。

　　事实上，当时因航海技术低下，遣唐使船在海上沉没或漂流遇难的事件频有发生，因此被选中入唐的使者及其亲属，往往只能祈求神灵佑护。《万叶集》中收录了大量与遣唐使相关的送行歌，如天平胜宝四年（752）以藤原清河为大使的第十次遣唐使出发之际，在春日神社举行的祭神仪式上，藤原太后为外甥藤原清河祈求平安

1　〔日〕井上靖:《天平之甍》，楼适夷译，人民文学出版社，1980，第14页。
2　（唐）张九龄:《奉和圣制送十道采访使及朝集使》，（宋）李昉等:《文苑英华》卷一七七，中华书局，1966，第866页下。

作歌:"大船多楫橹,吾子大唐行,斋祝神灵佑,沿途总太平。"[1] 藤原清河返歌曰:"祭神春日野,神社有梅花,待我归来日,花荣正物华。"[2] "春日"即奈良平城京东春日山下的春日野,今有春日神社,为藤原氏之祖庙。遣唐使出行,例必于春日山下祭祀天神地祇,以祈海路平安。

藤原清河到达长安的时候,正值大唐天宝十一载(752),杨贵妃一族迎来全盛,杨国忠继李林甫任右相。帝国看似繁华,实则暗流涌动。三年后,安禄山举兵叛唐,帝国开始由盛转衰。旅居长安多年的阿倍仲麻吕受唐玄宗之命,以秘书监身份陪同故国来的使臣观摩唐王朝的皇家书库和三教殿,检视其中所收藏的经、史、子、集四部及儒、佛、道三教图书。其后,年近不惑的阿倍仲麻吕请求与藤原清河一起归国,玄宗恩准,授之为遣日使,当时长安诸多文人名士均赋诗话别。[3] 然而这批遣唐使回程的航行也不顺利,仲麻吕与藤原清河乘第一船,遇强风被吹到安南国。使船遇难的消息传到长安,曾经与阿倍仲麻吕有过交游的文人,以为其已经溺亡,纷纷作诗悼念。[4] 不料阿倍仲麻吕与藤原清河奇迹般生还,辗转又回到长安,再仕唐朝。日本天皇曾专程派人和船只迎接清河回日本,却在出航时被刮回而最终停止。二人最终都殁于长安。

自八世纪后半以降,因"安史之乱"(755~763)的爆发,唐王朝北方陷入混乱,国力日益衰微,故不断限制遣唐使上长安的人数,日本的遣唐使制度也逐渐进入尾声。日本天平宝字二年(758)

1 《万叶集》,杨烈译,第 770 页。
2 《万叶集》,杨烈译,第 770 页。
3 阿倍仲麻吕在长安生活近五十七年,又为唐朝宫廷侍臣,自必与朝官多所交往,只可惜能得确证者仅五人,即《全唐诗》录载有赠诗的储光羲、王维、李白、赵骅、包佶。据《唐大和上东征传》记述,唐玄宗天宝十二载(753)十月,以藤原朝臣清河为大使的日本第十次遣唐使船自中国苏州出长江,取南岛路渡海归国,鉴真和尚应约东渡,仕唐已久的阿倍仲麻吕及旧日至交吉备真备同往。
4 最著名的当属《全唐诗》卷一八四收李白《哭晁衡卿》:"日本晁卿辞帝都,征帆一片绕蓬壶。明月不归沉碧海,白云愁色满苍梧。"(中华书局,1980,第 6 册,第 1886 页)

十二月，遣渤海使小野田守向日本朝廷汇报了安禄山举兵造反，玄宗及唐朝皇族避祸西蜀之事。这份报告震惊了朝廷，淳仁天皇（733~765）下令大宰府迅速部署兵力，并命吉备真备设奇谋，以防安禄山攻打日本。[1] 宝龟八年（777）的遣唐使很快就将战乱之后唐帝国的消息带回日本，这批使者中的记录员上毛野大川在史书中详细记载了战乱给唐帝国带来的经济问题，以及政府无力修缮馆驿，呈现出一派凋敝不堪的景象。[2]

九世纪后，日本朝廷又在延历二十二年（803）、承和三年（836）派出了两批使者，这也是最后成行的两批遣唐使，他们出发的时候日本都城已经迁至平安京。九世纪的遣唐使中出现了所谓的"入唐八大家"，[3] 他们的长安体验不仅影响了其归国后在日本的传教活动，也对日本寺院等宗教设施的营造影响深远。事实上，僧侣向来在中日文化交流史上发挥着重要作用，如白雉四年（653）入唐的道昭，在长安大慈恩寺跟随玄奘法师受教，归国之际带回大量汉译

1　《续日本纪》卷二一天平宝字二年（758）十二月戊申，遣渤海使小野朝臣田守等奏唐国消息曰："天宝十四载，岁次乙未十一月九日，御史大夫兼范阳节度使安禄山反。举兵作乱，自称大燕圣武皇帝。改范阳作灵武郡，其宅为潜龙宫。年号圣武。留其子安卿绪，知范阳郡事。自将精兵廿余万骑，启行南往。十二月直入洛阳，署置百官。天子（玄宗）遣安西节度使哥舒翰，将卅万众，守潼津关……"于是，敕大宰府曰："安禄山者，是狂胡狡竖也。违天起逆，事必不利。疑是不能计西，还更掠于海东。古人曰：蜂虿犹毒，何况人乎？其府帅船王，及大贰吉备朝臣真备，俱是硕学，名显当代。简在朕心，委以重任。宜知此状，预设奇谋，纵使不来，储备无悔。其所谋上策，及应备杂事，——具录报来。"参考黑板胜美、国史大系编修会编『国史大系　第3巻　続日本紀　前篇』、257-258 頁。

2　《续日本纪》卷三五宝龟九年（778）十月乙未条："臣滋野等，去宝龟半年六月廿四日，候风入海。七月三日，与第一船同到扬州海陵县。八月廿九日，到扬州大都督府。即依式例安置供给。得观察使兼长史陈少游处分，属禄山乱，常馆驿凋敝。入京使人仰限六十人。以（来）十月十五日，臣等八十五人发州入京，行百余里，忽据中书门下牒，樽节人数限以二十人。臣等请更加四十三人。"参考黑板胜美、国史大系编修会编『国史大系　第4巻　続日本紀　後篇』吉川弘文館、1976、443-444 頁。

3　所谓的"入唐八大家"，据凝然（1240~1321）《三国佛法传通缘起》（大日本佛教全书第百一卷）卷下记载："古来诸徒入唐传密，前后连续总有八家。一传教大师、二弘法大师、三小栗栖常晓和尚、四灵岩寺圆行和尚、五叡岳慈觉大师、六安祥寺慧运大僧都、七叡岳智证大师、八圆觉寺宗叡僧正。名之总为八家真言。"

佛典，开创了日本的法相宗。大宝二年（702）入唐的道慈，在唐朝生活了近十六年，于养老元年（717）回到日本。他以唐长安西明寺伽蓝为模板修建了日本的大安寺，对日本佛教界产生了重要的影响。另外，许多入唐僧侣还兼具律令制国家官僚身份并实际参与着中央朝廷的政治事务，如养老元年（717）与阿倍仲麻吕、吉备真备同期入唐的玄昉，在长安期间受玄宗皇帝特别嘉赏，并赐紫衣袈裟。玄昉归国时，不仅携带了唐朝最新翻译的佛典 5046 卷，为日本的写经事业奠定了坚实的基础，此后又以僧正身份参政，成了奈良政坛举足轻重的人物。据说圣武天皇建立国分寺的设想，就是玄昉依据中国的大云寺和开元寺等寺院体制建议的结果。[1]

　　被誉为"入唐八大家"之一的空海（774~835），在延历二十三年（804）随大使藤原葛野、副使石川道益、判官菅原清公入唐。[2] 空海在长安期间先访于西明寺，后至青龙寺跟随惠果修习真言密宗。同时，他又广泛涉猎中国文学、文字学和书法。空海所著《篆隶字书》为日本现存最早的汉字辞书，诗论《文镜秘府论》推动了日本汉诗的创作，其编纂意识当与他在长安的文化交游活动密切相关。圆仁（793~864）本在最澄门下修习天台宗，跟随承和五年（838）六月出发的最后一批遣唐使入唐。圆仁在长安期间先跟随大兴善寺元政修习金刚界大法，后至青龙寺跟随义真修习胎藏界大法。圆仁在中国度过了近十年的请益僧生活，其用汉文写成的日记体行纪《入唐求法巡礼行记》被誉为"东洋学界的至宝"，不仅是研究中日佛教史的重要史料，也是研究九世纪唐代社会史的重要文献。佐伯有清对于圆仁的入唐求法如此评价："我们作为普通人，感动于圆仁充满魅力的入唐事迹，恐怕就在于从他被选为入唐请益僧起，近十余年间克服种种常人无法想象的苦难，足迹遍及中国扬州、

1　東野治之『遣唐使』（岩波新書　新赤版）岩波書店、2007、124 頁。

2　東野治之「空海の入唐資格と末期の遣唐使」『文化財学報』第 22、23 合併号、2006 年 3 月、15-20 頁。

五台山、长安等地，孜孜不倦地为求法和传来佛典等所做的努力，以及他那种鼓舞人心的高尚品格。"[1]

以上对遣唐使在长安行实及其带回日本的长安经验之赘述，不仅是为了重申遣唐使与长安关系之亲密——中日学界关于这一领域的研究积累颇为丰富。引起笔者注意的是，如果从舒明天皇二年（630）第一次遣使算起，至宽平六年（894）废止遣唐使制度，日本先后共派遣出了十八批使者入唐。[2] 在这二百六十四年的遣使活动中，到过长安又"文名远扬"的日本知识人举不胜举，在上述的遣唐使、入唐僧之外，享有盛名者还有朝野鹿取、藤原常嗣、菅原善主、丹福成、橘逸势等文人。遣唐使以自己在长安的亲身经历和鲜活记忆，充实了日本文学表现的内容，在尝试用新文学形式创作的同时，也带动了七至九世纪日本宫廷文学的发展。然而，除开篇提及弁正诗句中的"苦长安"之外，整个遣唐使时代日本文学中的唐长安城几乎是"缺席"与"不在场"的。尤其是从日本知识阶层对长安城的空间及地名的感知来看，似乎并不缺乏文学想象的材料。因为遣唐使不仅带回了大量的中国典籍、宗教法具、医药乐器，还将唐长安城的都市规划带回了日本，并模仿长安城修建了日本的条坊制都城——如本书所涉相关文学文本诞生的场所平城京和平安京。

虽然对日本古代知识阶层而言，所谓的"长安"更多是与遣唐使、入唐僧联系在一起，但对于生活在平城京、平安京的贵族文人

1　佐伯有清『円仁』吉川弘文館、1989、32頁。
2　关于遣唐使派遣次数的问题，中日学界历来众说纷纭。分别有20次说（东野治之、王勇）、19次说（森公章、岑仲勉、迟彩洲）、18次说（森克己、吕思勉）、16次说（刘淑梅）、14次说（郭沫若）、13次说（范文澜）等，本书采用18次说。需要说明的是，其中三次（665、667、762）为送唐朝来节回国派遣的"送唐客使"，且667年的遣唐使仅达朝鲜半岛的百济，未及唐都；一次为迎接遣唐使藤原清河回国而派遣的"迎遣唐使"（752）；还有两次任命（761、762）因终止而未能成行。因此，严格意义上的遣唐使仅13次。详见本章附录《遣唐使派遣一览》。

而言，他们对于唐长安城的空间感知并不陌生，更何况遣唐使的长安见闻在史书中也多有留存。然而，这种种的历史记忆并没有转化为文学想象。直到十世纪初，随着唐帝国的灭亡和长安的"消失"，日本文学才开始了对长安的延迟表达。如果说遣唐使是一个具有身份认同的鲜活群体，那么这一群体对长安的集体记忆是在群体本身消解之后才实现了文学化的。由此我们不禁要问：关于长安，日本记住了什么，这是谁的记忆？

长安与日本都城之源流

从日本看"长安"，最显性、最直接的联系无疑是日本都城对唐长安城的模仿。日本列岛最初并不设都城，也不存在都城的概念。大和朝廷最为强势的豪族作为大王（天皇前身），其宅邸便是"宫殿"。当新的大王即位时，其宅邸就会成为大和朝廷的新宫殿，这就是日本史上所谓的"历代迁宫"。[1]四至六世纪，因为王权所在的"宫"不断迁移，兼之这些"宫"的选址多集中在以三轮山为中心的奈良盆地东南隅，这一带地形狭窄闭塞，无法大规模地营造象征政权永久性的建筑，因此很难作为大和朝廷的政治和经济中心。[2]这种"一代一宫"惯例的打破，是从七世纪末营造的藤原宫开始的。其间原因离不开遣隋使、遣唐使传入的隋唐帝国情报，使得日本朝廷对于都城的关心在这一时期急剧高升。长安那气象恢宏的都城规划作为律令制国家事业的一环被引入日本，从七世纪末起，日本依次修建了藤原京（694）、平城京（710）、恭仁京（740）、难波京（744）、长冈京（784）以及平安京（794）（详见图0-1）。

1　仁藤敦史『都はなぜ移るのか：遷都の古代史』吉川弘文館、2011、12-25頁。
2　北村優季「日本古代の都城の形成をめぐって」『年報都市史研究』第9号、2001年10月、60頁。

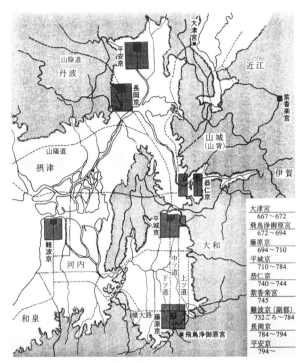

图 O-1　古代日本都城变迁

　　资料来源：井上和人『日本古代都城制の研究：藤原京・平城京の史的意義』吉川弘文館、2008、8頁。

　　二十世纪初日本古代都城研究刚开始起步，关野贞就指出了日本平城京与唐长安城的关系。他在 1907 年发表的《平城京及大内里考》是日本研究平城京的最初成果之一。关野贞通过对隋唐长安城皇城、宫城与平城京宫城及朝堂、内里的比较，指出平城京虽然借鉴了隋唐都城的形制与制度，但绝不是对中国的单纯模仿，而是充分体现了日本特色的都城。[1] 1911 年，喜田贞吉也加入了关于中日都城关系的讨论之中。他既不满意关野贞只提及平城京与长安城的关系，也不同意关野贞关于日本都城的独创性大于模仿性的观点，而是直截了当地指出，"日本的平城京和平安京都是以支那长安城为

1　関野貞『平城京及大内裏考』『東京帝国大学紀要　工科第 3 冊』東京帝国大学出版、1907。

原型营造的"。[1] 两位学者发表上述学术观点的时间分别是 1907 年和 1911 年,毫无疑问那是一个非常特殊的年代。甲午海战和日俄战争刚刚过去,1910 年日本又吞并了朝鲜。在这一时代语境下强调日本都城的中国源流,很是耐人寻味。

西嶋定生以"律令、汉字、儒教、佛教"作为其"东亚世界论"的主要支柱,[2] 而日本的都城与律令制国家体制几乎同时诞生。石母田正的观点很能支持这一问题的讨论:"天皇的都不仅是国内政治统治的中心,同时也是诸蕃朝贡的中心,某种程度上可视为小帝国皇帝所在的另一个长安。因此与其说日本的都城是模仿中国都城,毋宁说模仿的是国家的体制。"[3] 在近江令和飞鸟净御原令之后,日本在大宝元年(702)以唐高宗时代的"永徽律令"为基础,制定了"大宝律令",由此完成了律令制国家的基础建设。大宝律令中也明确规定了"唐国 = 邻国""朝鲜诸国 = 蕃国""隼人和蝦夷 = 夷狄"的外交等级,"蕃国"和"夷狄"在理论上应该向日本表示臣服和朝贡。[4] 石母田正称日本的这套思想体系为"东夷小帝国"理论——它以中国的"华夷思想"和"中华思想"为基础。尽管大宝律令的理念在现实的外交场合并没能发挥作用,比如遣唐使在唐朝实行的其实是朝贡礼仪,而新罗也因为日本的倨傲态度,在天平年间之后与日本的关系迅速冷却。大宝律令所规定的那一套国际秩序尽管在外交场合近似于"一纸空谈",但在日本国内却备受推崇,并深刻影响了日本独有的国家观。

日本的律令制国家既以"东夷小帝国"自居,就必须创造出能"超越"唐长安城或至少可与之媲美的都城,来作为"蕃国"和

---

1 喜田貞吉「帝都」『喜田貞吉著作集 第 5 巻 都城の研究』平凡社、1979、10 頁。

2 西嶋定生『中国古代国家と東アジア世界』東京大学出版会、1983、399 頁。

3 石母田正「天皇と『諸蕃』——大宝令制定の意義に関連して」青木和夫等編『石母田正著作集 第 4 巻 古代国家論』岩波書店、1989、16 頁。

4 石母田正「天皇と『諸蕃』——大宝令制定の意義に関連して」青木和夫等編『石母田正著作集 第 4 巻 古代国家論』、15-18 頁。

"夷狄"朝贡的场所。因此在日本重现"长安"这一国际之都，就显得意义非凡。尽管"东亚"这一概念经常会被质疑不具有本体论意义上的稳定性，[1]但从"东亚"看唐长安城与日本是极为有效的一种方法。妹尾达彦先生提出了"东亚的都城时代"说，来解释唐长安城对包括日本在内的周边政权都城营造的影响。随着唐帝国的日益鼎盛，以长安城为中心的庞大的都市体系给邻接地域带来了强烈的紧张感，为了在军事、政治、经济、文化等方面与隋唐相抗衡，周边国家也陆续修建了各自的都城，主张各自文化的正统性。日本与吐蕃、渤海、南诏、回鹘、沙陀、契丹等政权，正是在这一形势下成立。东亚诸政权的诞生促使各政权之间在军事上伐交伐兵，在经济上贸易往来，最终加速了东亚世界国际关系的成立。包括唐帝国在内这些新诞生的东亚诸政权，为了以独立的国家形态登上外交舞台，获得世界诸国的承认，就极有必要修建作为外交、纳贡舞台的都城和行政都市网。东亚各政权建造都城的年代依次排列为：（1）隋唐的长安、洛阳；（2）吐蕃的拉萨；（3）日本的藤原京、平城京、近江京、恭仁京、长冈京、平安京；（4）南诏的太和城、阳苴咩；（5）回鹘的窝鲁朵八里；（6）渤海的上京、中京、东京、南京、西京；（7）新罗的王京。以上便是"东亚都城时代"的诞生。[2]

如果说史学界考论的热点是"本质论"问题，即日本为何要模仿唐长安修建都城，其目的和意义何在？那么，考古学界则通过遗址发掘与调查，不断从"现象论"上丰富着这一领域的研究——日本都城与长安城形制设计上的相似性。尤其是在平城京的系列考古发

1　鈴木靖民「東アジア世界論と東部ユーラシア世界論」鈴木靖民編『古代日本の東アジア交流史』勉誠出版、2016、405-406頁。

2　妹尾达彦：《东亚都城时代的诞生》，载杜文玉主编《唐史论丛》第14辑，三秦出版社，2012，第296~311页；妹尾達彦「東アジア都城時代の形成と都市網の変遷」『アフロ・ユーラシア大陸の都市と国家』中央大学出版部、2014、73-217頁；妹尾達彦「東アジアの都城時代と郊外の誕生──羅城・禁苑・壇廟・葬地」橋本義則編『東アジア比較都城史の試み』東亜比較都城史研究会、2013、171-230頁。

掘中，它与长安城的关系逐渐清晰。岸俊男虽然主张平城京有对藤原京的因袭，而藤原京的都城形制则来自北魏洛阳城和南朝都城，但他并没有否定长安城与平城京的相似之处。岸俊男主要列举了三点。其一，唐长安城中央的朱雀门街，将整个都城划分为东、西两个区域，而从平城京的遗址发掘复原结果来看，它与长安城的规划基本一致。其二，在唐长安城东南角区域有曲江池和芙蓉苑，唐代的诗人在此留下了诸多脍炙人口的诗句。而平城京在与曲江池近似位置，修建有"越田池"（五德池），此池或许是模仿长安曲江池建造。其三，唐长安城皇城前贯通东西的第五条街，也即东至春明门、西至金光门的大街，与平城京的二条大路相似。日本遣唐使到达长安后，一般是在春明门附近的长乐驿站整顿行装，再从春明门进入长安城。圆仁《入唐求法巡礼行记》就详细记载了遣唐使从春明门进入长安城的路线。由此可知，从春明门到金光门之间的这条道路，对于日本人而言印象极其深刻，所以才会在平城京修建同样功能的道路——"二条大路"。[1]

井上和人指出，从近半个世纪以来对平城京的发掘调查的结果来看，一个日益明确的事实是日本朝廷在设计平城京时，就强烈地意识到唐长安城的都市规划。这说明日本的都城营造是一项政治性极强的事业，它反映了日本朝廷对唐关系的极度敏感。平城京以朱雀大路为中轴线，东、西两京对称地分布在两侧。作为从外部入京时的视觉象征，宽阔的朱雀大路起到了重要的作用。朱雀大路的南端有平城京的正门罗城门，它比平城宫的正门朱雀门规模更大，为正面七间的大门。其中通道为中间的五条，柱间距为71尺（5.03米），这与长安城南面罗城的明德门的五条门道、其宽各5米的发掘调查结果相一致。另外，平城京的平城宫、松林宫、越田池也都

1　岸俊男编『日本の古代　第9巻　都城の生態』、39-54頁。

指向了与唐长安城大明宫、禁苑与曲江池的关联。[1] 当然，平城京从规模上看，不到长安城的三分之一，而且其外郭城没有用来防御的坚固城墙。从这一点来看，平城京可以说是一种单纯借用中国都城理念营造的象征性都城。

　　这一观点同样适用于讨论平安京。平安京是桓武天皇于延历十三年（794）十月下诏所迁的新京，在平安朝绵延几百年的政治体制中发挥着重要作用。日本古典文学作品如《枕草子》《源氏物语》等，都诞生于平安京。其后，平安京又经中世、近世直到明治维新，在千年以上它都是天皇及其象征的王权所在地。因此如果说藤原京是日本最早的都城，那么平安京就是日本最后的都城。平安京同样是模仿唐长安城而营造的都城——其京域呈长方形，宫殿区和百官衙署集中在全城北部中央，以朱雀大街为中轴线，左右两京呈对称分布，街道为条坊制的棋盘式格局，同时设有东、西两市。二十世纪后半期，随着考古发掘的推进，中、日学界越来越倾向于认为平安京兼具对唐长安城与洛阳城的模仿。如王仲殊指出，"古代日本的宫城为唐长安、洛阳的宫城、皇城的结合体"，"宫城南门仿唐长安皇城南门而称朱雀门，而朝堂院外南门则仿洛阳宫城南门而称应天门。"[2]

　　与平城京主要借助考古资料推测还原与长安城的关系不同，日本古文献中很早就将平安京与长安城、洛阳城联系在一起。在平安京与长安、洛阳的关系中，首先引人注目的是嵯峨天皇（786~842）在其治世的弘仁九年（818），将平安宫的殿阁、诸门改名的事件。嵯峨天皇下令将平安宫的殿阁、诸门名称——如内里的前殿、后殿、马埒殿、若犬养门等旧称，统一改作读音近似的唐风雅称，如马埒殿改称"武德殿"，大安殿改称为"常宁殿"，若犬养门改称为"皇

1　井上和人『古代都城制条里制の実証的研究』学生社、2004、547 頁。
2　王仲殊：《关于日本古代都城制度的源流》，《考古》1983 年第 4 期。

嘉门",佐伯门改为"藻壁门",等等,并将这些唐风雅名制作成匾额,悬挂于各处建筑物上。[1] 这些唐风美名大多来自唐长安城的太极宫、大明宫和洛阳城的洛阳宫。这次声势浩大的改名事件,与延历二十三(804)年入唐的遣唐使密不可分,这批使团的大使藤原葛野、副使石川道益、判官菅原清公均为三部敕撰汉诗集的诗人、显吏。使团中更有学问僧空海、最澄及留学生橘逸势。尤其是回国之后成为文章博士的菅原清公,起到了重要的作用。菅原清公是菅原道真的祖父,在唐朝的元日朝贺仪式上,菅原清公与大使一同觐见了唐德宗,德宗特别嘉奖了其文采。菅原清公在长安所见各种新奇文物、事物、风俗及节日活动,在归国后辅佐嵯峨天皇执政期间,发挥了重要作用。弘仁九年(818)三月,嵯峨天皇曾数次下诏,命将宫廷仪式、礼法、官服及建筑物名称全部实现唐风化。在改革立法之际,嵯峨天皇特别尊重了菅原清公的意见。[2] 这一时期"文章经国"思想盛行,日本由此迎来了最初的汉文学高峰。

十二世纪初,三善为康编纂的《掌中历》(京地历)中记载了平安京的坊门名,如"桃花坊""铜驼坊""崇仁坊""永昌坊""永宁坊"等(详见表 0-1)。另外,《拾芥抄》"京师坊名"条,对于平安京东、西两京从一条到九条的坊名记载得尤为详细。一般情况下,日本都城的惯例是称作"X 条 Y 坊",如"三条二坊""四条三坊"等。至九世纪初,史书中更是多采用"左京五条""右京六条"等称呼。像平安京这样各坊都有固定坊名的做法,很容易联想到中国都城的惯例——毕竟唐长安城、洛阳城之所以需要坊名,是因各坊都设有围墙及坊门,而平安京各坊之间很可能不存在分割的坊门,而且早在长冈京的时代,就改"坊令"为"条令"了。平安

1　笹山晴生「唐風文化と国風文化」朝尾直弘等編『岩波講座　日本通史　第 5 巻(古代 4)』岩波書店、1995、268 頁。

2　後藤昭雄「勅撰三集と入唐僧の文学」『国文学:解釈と教材の研究』第 26 巻第 12 号、1981年 9 月、42-49 頁。

京的坊名基本上是来自唐长安城和洛阳城，由此可知这是在受到唐朝都城强烈影响的前提下进行命名的。岸俊男认为，平安京坊名的命名可能与承和十年（847）入唐归来的僧侣圆仁有关。平安京中采用长安城坊名的共有五处，其中三处"崇仁坊""永昌坊""光德坊"都是圆仁在长安期间求法、居住或访友之所。另外，圆仁归国之际，曾向朝廷进献《入唐新求圣教目录》，其中特别提到了"唐韦述所撰的《两京新记》三卷"，由此推测，以圆仁为代表的最后一批遣唐使，可能参与了平安京坊名的命名。[1]

表 0-1 平安京的中国风坊名

右 京		左 京
桃花坊	一条	桃花坊
△铜驼坊	二条	△铜驼坊
△丰财坊	三条	△教业坊
○永宁坊	四条	○永昌坊
○宣义坊	五条	△宣风坊
○光德坊	六条	△淳风坊
△毓财坊	七条	△安众坊
延嘉坊	八条	○崇仁坊
开建坊	九条	△陶化坊

注："○"表示与唐长安城坊名相同，"△"表示与唐洛阳城坊名相同。
资料来源：岸俊男『日本古代宮都の研究』岩波書店、1988、546 頁。

平安京都市空间的变化始于九世纪末十世纪初，这一时期，唐帝国的灭亡以及中国大陆形势的急剧变化，引发了东亚世界的一场巨

---

1 岸俊男「平安京と洛陽・長安」岸俊男教授退官記念会編『日本政治社会史研究 中』塙書房、1984、33-34 頁。

变。在唐朝灭亡不久，那些与唐保持着册封关系的东亚诸政权因失去
庇护，也逐渐走向分裂或灭亡。如新罗自九世纪后半期就不断有豪
族反叛，社会动荡不堪，终于在公元 935 年被高丽降服。受唐册封的
"海东盛国"渤海，九世纪末开始分崩离析，至公元 926 年被契丹太
祖耶律阿保机所灭。日本虽然不在唐帝国的册封体制之内，但并未能
摆脱唐朝在政治、军事等方面的羁绊与影响。天庆二年（939）十一
月，东国爆发了"平将门之乱"，平将门不仅袭击了常陆国府，还在
下总过猿岛郡石井乡（今茨城县岩井市）建立都城，自称"新皇"。
据《将门记》记载，平将门之所以举兵叛乱要建立新国家，就是受契
丹灭渤海国新建东丹国的影响。[1] "平将门之乱"及同年在西国爆发的
"藤原纯友之乱"，给平安京政权带来了极大的震动和恐慌。据史料所
载，百济、东丹国、吴越国及新统一朝鲜半岛的高丽等国，曾先后遣
使请求与日本国建交，但日本唯恐中国大陆和朝鲜半岛的动乱波及国
内，因此拒绝了一切外交请求，选择了孤立锁国的政策。[2] 另外，随
着摄关政治势力的登台，日本律令制国家也逐渐走向解体。因此，可
以说七世纪后半期至十世纪中叶日本国家的建立与变化，与唐朝从建
国至外交弱化过程之中东亚世界的重组动向是一致的。

随着日本律令制国家的解体和对外意识的消退，平安京内用
来展示天皇权威、接待外国使节的诸种建筑设施开始荒废。从根源
来看，日本营造都城的目的，是为了构筑国家权力之象征以保障律
令制国家的运转，它必须通过严密的都城计划，设计出一系列视觉
表象，来表现"华夷秩序"及"中华思想"，而这样的都城典范就
是唐帝国的长安城。平安京在营造之初，就有着极其宏大而详尽的
都市计划（详见图 0-2），这种雄伟的建都计划能否实现暂且不论，

1　吉田孝・大隅清陽・佐々木恵介「9-10 世紀の日本——平安京」朝尾直弘等編『岩波講座　日本通史　第 5 巻（古代 4）』、58-59 頁。
2　石上英一「日本古代一〇世紀の外交」井上光貞等編集『東アジア世界における　日本古代史講座　第 7 巻（東アジアの変貌と日本律令国家）』学生社、1982、97-146 頁。

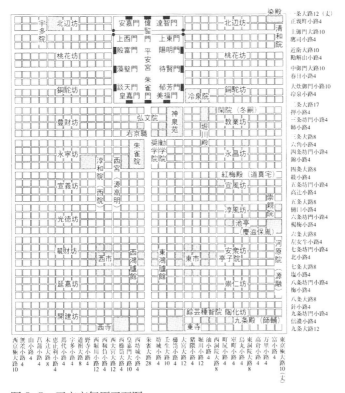

图 0-2　平安京复原平面图

资料来源：村井康彦『図説・平安京：建都四〇〇年の再現』淡交社、1994、17頁。

但其对京域的工整设计的意识极为鲜明。以中国都城理念为基础营造的平安京，具有强烈的观念性和象征性。但到十世纪初，随着"长安"的消失，作为日本律令制国家象征的平安京中枢设施（内里、大极殿、朝堂院、丰乐院、朱雀门等）和外交设施（罗城门、朱雀大街、鸿胪馆等）逐渐废弃，并最终演变成中世的都市京都。

作为平安京精神象征的罗城门，在迁都之前很早就开始动工了。宇多天皇给醍醐天皇让位时的训诫书《宽平御遗诫》中，就记载了桓武天皇曾亲自视察罗城门修建现场的逸话。然而，罗城门在天元三年（980）的暴风雨中彻底倒塌，之后再未重建，逐渐成为废墟。治安三年（1023），藤原道长建法成寺之际，将罗城门的地基础石也拔走了。[1] 据说这时候罗城门的建筑材料所剩无几。作为国家宗教设施的东寺、西寺，位于平安京左右京的九条一坊，对称分布在罗城门内的朱雀大路两侧。东、西两寺与罗城门共同构成了平安京都城正门的景观。正历元年（990），西寺烧毁。[2] 进入罗城门，宽阔的朱雀大路作为整个平安京的南北中轴线，接待外国使节的东、西鸿胪馆就分布在朱雀大路两侧。九世纪至十世纪初，渤海和日本一直保持着良好的外交关系，所以鸿胪馆也发挥了接待外交使臣的重要作用。这一时期在鸿胪馆举行飨宴接待渤海使节的记录还非常丰富，但到了延长四年（926）渤海灭亡，鸿胪馆便逐渐荒废。西寺和西鸿胪馆位于平安京右京，十世纪时这一带都变为了荒野（参考图0-3）。

平安京的中枢设施平安宫，是天皇和律令制国家官僚处理政务、

图0-3　平安京东鸿胪馆遗址

1 《小右記》治安三年六月十一日条。藤原実資『小右記 2』笹川種郎編『史料通覧』日本史籍保存会、1915、351 頁。
2 《日本纪略》正历元年二月二日条："戊申，西寺烧亡。"黑板勝美、国史大系編修会編『国史大系　第 11 巻　日本紀略後篇　百煉抄』（新訂増補）吉川弘文館、1965、985 頁。

举行国家仪式和飨宴的场所。十世纪之后，平安宫诸设施的荒废加剧了宫都的"空洞化"。平安宫的"空洞化"以宫城内最中心的"圣域"——天皇所居住的"内里"的数度烧毁为发端（参考图0-4）。天德四年（960），"内里"在大火中烧毁，村上天皇（926~967）迁移至宫外的冷泉院。这被认为是"内里"历史上的大事件，其后"内里"的变迁频繁且复杂。[1] 贞元元年（976），重建的内里再度烧毁，圆融天皇（959~991）也迁到宫外的堀河院。十一世纪之后，内里虽然暂时得以重建修缮，但常态是放置、荒废或烧毁，至十三世纪则彻

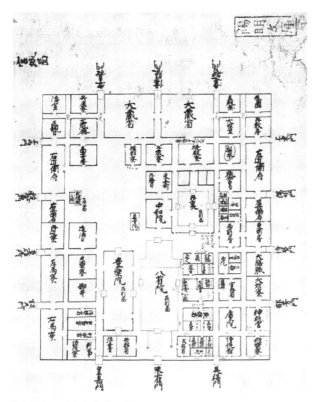

图0-4　平安京大内里图

资料来源：村井康彦『図説・平安京：建都四〇〇年の再現』、35 頁。

1　西山良平『都市平安京』京都大学学術出版会、2004、30 頁。

底废绝。据平安宫的发掘调查报告显示，内里、朝堂院、太政官、中务省等平安宫的主要设施，在十二世纪、十三世纪初虽有翻修的痕迹，但使用的石材等建筑材料，大多是从其他荒废、毁损的宫内建筑收集拼凑而来，这些废弃石材的再利用以及修缮工程本身的杂乱无章，形成了一种恶性循环，加剧了平安宫整体的衰退。[1] 作为国家飨宴设施的丰乐院，位于朝堂院西部。十世纪末期，因丰乐院过于破旧，宽和元年（985）的大尝会便临时改在大极殿举行 [2]（参考图0-5）。康平

图0-5 平安宫大极殿遗址

1 山本雅和「平安京の変貌 都の変貌」西山良平、鈴木久男編『恒久の都平安京（古代の都3）』吉川弘文館、2010、138-157 頁。

2 《日本纪略》宽和元年十一月廿日庚寅条："于大极殿大尝会，依丰乐院破坏也。"黑板勝美、国史大系編修会編『国史大系 第11巻 日本紀略後篇 百煉抄』（新訂増補）、985 頁。

六年（1063），丰乐院在大火中彻底烧毁（参考图 0-6）。至安元三年（1177），朝堂院和朱雀门也在大火中烧毁，宫内诸官衙设施和仓廪至此时大半消失。

十世纪之前，生活在平城京、平安京的文人大都是律令制国家的官僚，他们可以借《文选》京都赋、唐诗"帝京篇"中描写长安的诗句来夸耀日本的都城，却很难将长安写入诗文。因为伟大的都城很容易被当成国家的象征，壮丽的长安城正是在这种意义上，作为唐帝国一统天下的最直接见证而被塑造出来的。它是唐帝国向四海使臣展示帝国权势和皇帝威严的礼仪舞台，是以"中华思想"为基础设计出来的具有高度象征性的王权空间，这一理念为东亚各国所共有。但在十世纪之后，随着唐帝国的灭亡和东亚世界秩序的重组，日本的律令制国家逐渐解体，律令制国家官僚和文人的身份也发生了转变，这一时期的日本文人开始将长安写入诗文之中，在文本中再造了一个长安。日本人对于长安的

图 0-6　平安宫丰乐殿遗址

发现及其在文学中的想象，毋宁说是在长安的去王权化、去政治化之后才实现的。

作为方法的都城

本书的写作缘起于北京师范大学文学院博士学位论文系列选题"日本文学与中国都市空间"，目前已有日本近现代文学与大连、北京、天津、哈尔滨、延安等都市空间研究的优秀著作相继问世。[1]事实上，这一选题的学术背景之一，是战后日本学界随着对侵华战争的反思，一批关注近现代中国的日本学者，率先通过研究日本近现代作家的中国都市书写——如夏目漱石、芥川龙之介、谷崎润一郎、横光利一等作家笔下的满洲、上海、杭州等都市景观，来考察日本知识分子在西方文明冲击下如何审视近代中国及发现自我的问题。[2]其中，关于"魔都上海"的诸多研究专著，奠定了这一领域的基本研究范式。[3]李欧梵也曾以"上海"为视角，探讨了中国的"现代性"问题："我从另外几本西方理论著作中得知西方现代文学的共通背景就是都市文化；没有巴黎、柏林、伦敦、布拉格和纽约，就不可能有现代主义的作品产生。那么，中国有哪个城市可以和这些现代大都市比拟？最明显的答案当然是上海。"[4]

如果继续扩大范围追溯本书写作的学术史脉络，我们会发现以

1　如柴红梅《日本侦探小说与大连关系研究》，世界图书出版广东有限公司，2011；柴红梅《二十世纪日本文学与大连》，人民出版社，2015；李炜《都市镜像：近代日本文学的天津书写》，天津古籍出版社，2016；王升远《文化殖民与都市空间：侵华战争时期日本文化人的"北平体验"》，生活·读书·新知三联书店，2017；等等。

2　如竹内实『日本人にとっての中国像』春秋社、1966；村松定孝·紅野敏郎·吉田熙生『近代日本文学における中国像』有斐閣、1975；川西政明『わが幻の国』講談社、1996；等等。

3　趙夢雲『上海·文学残像：日本人作家の光と影』田畑書店、2000；劉建輝『魔都上海：日本知識人の「近代」体験』講談社、2000。

4　〔美〕李欧梵：《上海摩登：一种新都市文化在中国（1930–1945）》，毛尖译，北京大学出版社，2001。

异国都市为舞台的作品，在世界文学史上都很常见，尤其是在西方殖民扩张及冲击下产生的近现代文学中。文学与都市的跨界研究虽然起于晚近，但将都市作为资本主义现代性问题的符号带入文化批评领域，却在瓦尔特·本雅明（Walter Benjamin，1892—1940）关于巴黎"拱廊街研究计划"中已经形成。本雅明是二十世纪最具影响力的文学评论家和哲学家之一，他的研究涉及众多的欧洲城市——柏林、巴黎、莫斯科、那不勒斯、魏玛、马赛等，城市的寓言空间涵盖了他众多的文化思考主题。从 1927 年直至 1940 年自杀，他一直在从事"拱廊街"的研究。据说他受阿拉贡小说启发，决定对巴黎的异化景观——拱廊街进行研究，从而展开了对十九世纪资本主义现代性的批判性考察。他以 1935 年提纲为基础扩展出一部书，这就是那部著名的《巴黎，19 世纪的首都》。[1] 他还用自己独特的叙述风格对波德莱尔的诗歌进行了诠释，作为"拱廊街计划的缩影"，其中一篇论文即众所周知的《波德莱尔笔下第二帝国时期的巴黎》。

在本雅明之外关注现代与后现代城市空间、景观、体验与想象问题的理论家，还可举出包括加斯东·巴什拉（Gaston Bachelard，1884—1962）、亨利·列斐伏尔（Henri Lefebvre，1901—1991）、米歇尔·福柯（Michel Foucault，1926—1984）、弗雷德里克·詹姆逊（Fredric Jameson，1934— ）、大卫·哈维（David Harvey，1935— ）、爱德华·索亚（Edward Soja，1941— ）、迈克·戴维斯（Mike Davis）、曼纽尔·卡斯特（Manuel Castells，1942— ）等理论家在内的一系列长长的名单，尤其是福柯的地理学转向为人们反思现代性和后现代性提供了新的方法论，他颠覆了传统的知识观和权力观，使得"空间"凸显为洞察人类社会关系的重要因素。而作为"城市异见者"的迈克·戴维斯对洛杉矶的研究，为资本主义都市空间研究提供了范例。

随着文学与都市研究进入跨国界、跨文化领域，尤其是当这些

---

1 〔德〕本雅明：《巴黎，19 世纪的首都》，刘北成译，上海人民出版社，2006。

文学文本与帝国主义话语联系在一起时，以萨义德《东方学》为代表的后殖民主义批评开始大显身手。1978 年，萨义德出版了《东方学》一书，提出"东方主义"是一套殖民话语体系，关于权力、话语及后殖民的批评意识开始风靡世界。1986 年萨义德《东方学》日译本首次出版，1993 年再版，"东方主义"开始成为 20 世纪末描述日本文学与中国都市的热门关键词之一。西原大辅的《谷崎润一郎与东方主义——大正日本的中国幻想》[1]是一部重要的著作。2002 年作者以"谷崎润一郎与中国"为题提交东京大学博士学位论文，翌年出版时改为现在的书名，2005 年该书在中国翻译出版。这时恰逢中国学界开始关注日本近现代作家的中国游记问题，其后更多的半文学或非文学文本也被纳入研究范畴，研究方法早已溢出文学批评的范畴，而向文化理论、社会学和地缘政治研究靠拢。在现有的研究格局中，研究者多以萨义德"东方主义"理论统领，通过研究日本作家对上海、北京等殖民城市的书写来阐释近代日本人的中国观。

　　然而，当研究对象被设定为"长安"这一前近代时期的古典都城时，上述关于近代都市的研究范式就很难再适用了。妹尾达彦用人类世界、自然世界和超自然世界（神灵）混沌一体作为前近代时期的特征，而将三者明显区分并且人具有了主体性作为近代时期的特征。与之相关，前近代国家的都城与近代国家的首都虽然都是指政权所在地，但是建都的象征性和功能性却迥然相异。[2]长安作为前现代的都城典范，其反映的思想意义和现代国家的都城并不相同。

1　西原大輔『谷崎潤一郎とオリエンタリズム：大正日本の中国幻想』中央公論新社、2003；〔日〕西原大辅：《谷崎润一郎与东方主义——大正日本的中国幻想》，赵怡译，中华书局，2005。

2　参考妹尾達彦「前近代中国王都論」中央大学人文科学研究所編『アジア史における社会と国家』中央大学人文科学研究所、2005、183-229 頁；妹尾達彦「中国の都城とアジア世界」鈴木博之、石山修司、伊藤毅、山岸常人編『記念的建造物の成立（シリーズ都市・建築・歴史 1）』東京大学出版会、2006、151-222 頁。另外，从前近代国家到近代国家转变过程中，关于都城功能及象征性变迁的思考，参考妹尾達彦「都市の千年紀をむかえて——中国近代都市史研究の現在——」『アフロ・ユーラシア大陸の都市と宗教 中央大学人文科学研究所研究叢書 50』中央大学人文科学研究所、2010、63-140 頁。

长安及类长安都城（包括平城京、平安京等东亚其他都城），首先是君主之都——它的合法性来自天上和神明。在人们心中，君主往往被认为是接受天命或神意来统治人间的圣王，因此现实世界的君主要跟天上的宇宙秩序映照、跟神佛的旨意和庇佑相连，它不仅仅是君主所居，而且是神圣秩序的象征。前近代的都城都是以天文、五行思想为基础，以君主居住的宫殿为中心，将各种建筑配置在不同的方位，以实现宇宙秩序在地上的投射。为了强调统治的正当性，君主往往以都城为主要舞台，通过祭祀天地、宗庙以及即位、婚礼等一系列礼仪表演，将王权及统治秩序视觉化。而现代的首都则从君主之都，变为国民之都。都市合法性的来源不再是来自天上和神佛等超自然力量，而是来自国民本身。从超自然力量赋予其意义，到人本身赋予其意义，这反映的不仅是人们对都城认识的变化，更是人类文明史的演进。文学思想的发展脉络，也必须在这样的背景下得到理解。

一个必须预设的前提是，作为本书研究对象的"长安"，是前近代时期国家的都城。都城与超自然的宇宙及王权正统性之间的联系，决定了在中国都城制辐射影响之下的东亚周边政权，对存在着现实外交关系的唐帝国都城——长安的跨国书写的态度与方法，即不能忽略"华夷秩序""中华思想"等古典范畴的理论考察。作为唐帝国的政治文化中心，长安城的营造思想与中国人的宇宙观密切结合，五行观、风水思想、华夷意识也在长安城得到了充分的演示和实践。唐长安城以棋盘状格局为基点，把天子主理朝政之处放在象征以北极星为中心的北天区，外城郭象征周天。以中轴线将城池分作两半，建筑上形成对称协调的方形布局。四面以雄伟高大的城墙相拱卫，充满了审美和象征的意义（参见图0-7）。唐长安城以巨丽的宫室建筑和城池来体现权威，它给日本来的观看者带来了巨大的吸引力，同时也伴随着压迫感。

与日本文学描述上海、北京、天津、哈尔滨等城市的文本主要

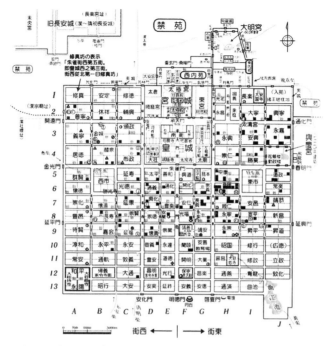

图 0-7　唐长安城平面图（八世纪前半期）

资料来源：妹尾达彦《韦述的〈两京新记〉与八世纪前叶的长安》，载荣新江主编《唐研究》第 9 卷，北京大学出版社，2003，第 30 页。

集中在"近现代"不同，近代中日关系的倒错，决定了近现代日本作家对中国城市的观察，是具有殖民色彩的"自上而下"，其描述不可避免地带有意识形态的贬损。因此研究者也多采用后殖民理论或"东方主义"等词展开研究。与之相反，"日本文学与长安"自八世纪便开始产生关联，至今仍繁衍不断，其文本数量之大、时间跨度之长，以及不同时代文本之间错综的互文性，使得这一领域呈现出极丰富的图景。而古代中国作为日本上位国家的记忆，对应的主要城市空间是长安，长安城的营造思想与中国人的宇宙观密切结合，蕴含着深厚的王权思想和华夷意识。在这种情况下，日本文人对象征唐朝王权的长安的表述，表现得非常复杂。如何将史学界关于"华夷秩序""中华思想"的研究范式转化为一种文学批评话语，是本书的主要尝试之一。

从十八世纪到二十世纪，随着近代国民国家的形成和资本主义生产体系的渗透，交通、信息、经济飞速发展，对神的祛魅以及对自然依赖的降低，人的主体性及个体性不断得以凸显，而都市则成了均质的大众社会的舞台。因为近代国家是通过国民支持而使统治正当化，因此其首都不再是执政者之都，而是要作为国民之都来发挥作用。与前近代都城空间是按照人的血统、身份等级严格划定了活动区域不同，大众时代的都市空间不仅可以任由观察者随意"漫游"，还为漫游者提供了诸如广场、咖啡馆等公共空间，以及纪念碑等观察都市精神的符号，使得都市成了一种能够被阅读的文本——它在各种各样的媒体中产生，并以不同形式的"符号"存在。

另外，小说的兴起伴随着都市文化的发达，出现了"都市小说"，作家们将实际上存在的都市地名，有意地插入小说文本中。对于读者而言，即使从未到达过那座城市，但是通过文本依然可以漫游，并激起另一种充满色彩和声音的想象，通过作品中的人物的行动，读者可以了解到这座城市的街道、桥梁和小巷，在现实的都市空间与虚构的语言空间的相互渗透中，达到一种审美平衡。与之相反，在前近代都城的场合，最主要的文学形式是诗歌，因此都城文学的载体大多是诗歌而不是小说（尽管也有人将唐传奇归入小说），在近现代都市文学研究中大显身手的叙事学，那一套关于叙事视角、叙事时间的研究方法，显然也不尽适用于讨论歌颂都城壮丽的长诗或大赋。同样，在近现代语境下产生的都市小说文本所经常借用的那些批评方法——结构主义、符号学、阐释学、后殖民理论等，也不适合用来讨论都城文学。但是，诚如前述"中国都市与日本近现代文学"研究系列的成果所示，与言语描绘同样重要的图像，在这一研究领域中受到了特别的重视，这启发了笔者将日本古典文学中一种特殊的艺术形式——绘卷，也纳入考察范围。在日本古典文学史上，文字很早就和绘画结合在一起，并形成了一种将文字的描述性和图像的视觉性综合起来表现的艺术形式，这就是"绘卷"。将绘卷及其周边的口传说话、美术史料、考古实物、宗教文献等资料结合，挖掘日本绘卷中的长安图像资料，期待将日本人眼中的长安城具象化地表现出来，也是本书的主要内容之一。

都城空间与文学考古

　　从源流上来看，作为本书第一关键词的"都城"，与汉字、儒教、律令一样，为古代东亚各国所共有。那么，何谓"都城"？《辞源》释义为："国都。《书·说命中》：'明王奉若天道，建邦设都。'"[1]为了将皇帝的统治正当化，中国的都城往往借助象征性力量，如唐长安城就借助了"宫城→皇城→外郭城"等一系列建筑景观的配置，将"天→天子→皇帝→官僚→庶民"之间的等级关系，系统性地描绘出来，并按照王朝礼仪将都城设计中所包含的宇宙秩序可视化地表现出来。[2]因此，都城不仅象征最高统治者权威的王权所在，也是实现中央集权统治的政治中枢，同时还是体现"中华思想"、展现"华夷秩序"的礼仪舞台。对于日本古代国家而言，导入以中国律令制为中轴的中央集权统治模式，就意味着要建造壮丽的都城作为律令制国家政务、仪式和飨宴的舞台。都城作为"礼仪之场"，以条坊制为基础划定京域空间，以天皇所居住的内里为中心，包括作为国家礼仪装置的大极殿和朝堂，以及向外国使节展示天皇威严

---

1 《辞源》释"都"义为："国都。《书·说命中》：'明王奉若天道，建邦设都。'疏：'立国谓立王国或邦国，设都谓设帝都及诸侯国都，总言建国立家之事。'"《辞源（修订本）》下册，商务印书馆，2006，第3108页。
2 〔日〕妹尾达彦：《隋唐长安与东亚比较都城史》，高兵兵、郭雪妮、黄海静译，西北大学出版社，2019，第36页。

和国家实力的罗城门、朱雀大路和鸿胪馆等外交装置。

如果将遣唐使体验到的唐长安城称为第一空间，我们会发现它是一个可以通过实证被测量和绘制成地图的物质化的空间，是地理学家、考古学家熟悉的文本和主题。同样类似的物质化空间还有平安京，它是遣唐使通过对长安城的复述、模仿而重建的都城，同样可以被测量和绘制。然而，遣唐使在诗文中通过想象、描述制作出的长安意象，则是一种隐喻的第二空间，它具有强烈的主观性，且不仅仅关注可感知的物理空间和地理，还研究认知的、概念的和象征的世界。如果第一空间是地理学家的主要文本，那么第二空间就是一种概念和意识形态"话语"（discourse），[1] 它必然会抬高一些或贬低另外一些空间景观，因此第二空间呈现出的都市形象往往是非均质化的、存在着阶级或性别的差异。

本书关注的是长安在日本的跨文化书写，其实质是研究长安作为"记忆之场"，如何在实在性、象征性及功能性等方面制约并参与日本知识阶层的中国想象。"记忆之场"一词来自法国史学家皮埃尔·诺拉（Pierre Nora）的著作《记忆之场》（*Les Lieux de Mémoire*），是指具体的空间地理与主观情感、记忆体验的综合体，包括象征性的建筑物、纪念活动、典礼仪式等。[2] 从"记忆史"研究民族认同是二十世纪七十年代以来法国史学界的新热点，在"记忆史"领域尤其注重的"集体记忆""文化记忆"研究，又对文学批评和文艺研究产生了重大冲击。重复前面的问题：关于长安，日本记住了什么？这是谁的记忆？迄今为止，该领域还是一个先行研究少且较为零散的"冷门"。从日本文学的视角重构日本人关于长安

1　Edward W. Soja, "Third Space: Expanding the Scope of the Geographical Imagination," In Alan Read, Ed. *Architecturally Speaking: Practices of Art, Architecture and the Everyday* (London and New York: Routledge, 2000), pp.13−30.

2　〔法〕皮埃尔·诺拉：《记忆之场：法国国民意识的文化社会史》，黄艳红等译，南京大学出版社，2015。

的"记忆史",是本书的一个基本目标。

　　作为本书第二关键词的"文学考古",借用自米歇尔·福柯（Michel Foucault）的《知识考古学》,[1]主要是就日本古代文学中涉及长安的文本的发掘与阐释方法而言,这也是由本书研究对象的不确定以及没有明确的界限等特征决定的。对长安与日本古代文学进行遥远关联,事实上是对相邻领域的边缘历史的讲述,因此很多情况下需要关注那些漂移不定的、无定形的文学及次文学作品。本书所谓的"文学考古",首先是以考古的方式对待文学文献,在构成序列的文学文献——主要是指文学史之外,寻找更多未被列入序列的话语方式。在国别文学史的传统框架内,许多文本被逐渐遮蔽,日久变成"冷门"文本。恰恰是这些处于边缘的冷门文本,对于需要进行跨国研究的比较文学而言,意义非凡。在国与国的文化交流、碰撞之"间",产生出一种国别文学内部难以滋生的新奇,这些因"创造性叛逆"产生的文本具有强大的"间"性和跨越性,它们往往难以被主流的国别文学史所接受,因此很可能在作为学科的文学史中被驱逐,被淹没在文学史的古层里。"文学考古"的作用,就在于重新将这些文本挖掘出来,在一种新的知识与逻辑框架内,还原它们原有的样貌。

　　其次,"文学考古的方法是建立在六经皆史、文史不分的诗学传统基础上,是将研究对象、目的与诗学传统、诗歌写作的实际状况结合起来的综合研究方法"。[2]诚如福柯的知识考古学要求探究、追问、描述在说什么,并追问描述所采用的话语方式及隐含的权力一样,本书所谓的"文学考古"方法,特别适用于讨论日本的"说话文学",即将说话者叙述的历史与真实的历史分开,将真实的历史暂时悬置起来不去讨论,而是讨论那些口传文献是

1　〔法〕米歇尔·福柯:《知识考古学》,谢强、马月译,生活·读书·新知三联书店,2003。
2　张哲俊:《杨柳的形象:物质交流与中日古代文学》,人民文学出版社,2011,第14~15页。

怎样在不同的权力者和宗教势力之间流转、增殖及被不断建构的过程。

本书没有全面地研究日本人的长安书写史，而是选取日本都城史上与长安关系最为密切的两座都城——平城京与平安京，以及在这两座都城空间中诞生的文学作品为研究对象，时间上以奈良时代（710~794）和平安时代（794~1185）为中心，重点考察了七世纪后半期至十二世纪末期日本律令制国家从建立到解体过程中，长安都城空间与日本古代知识阶层之间的交错性关系。有些部分为了说明一些必要问题，时间稍微推移至平安末期镰仓初期——这一时期恰逢平安京从古代都城向中世都市的转换期，都市形态与文人书写都发生了急剧变化。中世、近世至近代的日本文学中，尽管也不乏描写长安的文本，但时代越是下移，距离现实与历史中的长安都城也就越远，为了确保问题的集中与论证的纯粹性，笔者划定了一个适度的文本范围，对于中世以后的文本仅在终章部分进行了梳理、概述。另外，附录中的两篇论文，是考察明治时代之后日本的长安书写，列于文后，以便了解近代之后的情况。

本书分为七章，主要研究奈良平安朝的"汉"诗文与长安都城之关系。诚如都城的营造、变迁与日本律令制国家的政治体制密不可分一样，汉诗在日本古代文学史上之升降，也与律令制国家制度的完善与解体密切相关。这不仅是因为汉诗的创作者大多是律令制国家的官僚，还在于"汉诗"这一文体本身在古代东亚世界被赋予了"外交性"的意味——在东亚各国接见外国使节的公宴上，诗赋水平的高低早已逾越了文人个体的自尊，作为检验东亚国家文化成熟与否的尺规，汉诗经常与国家尊严相联系。在平城京及平安京初期，历代天皇奖掖汉诗文创作，在宫廷内频开诗宴，招揽群臣应制作诗。贵族、官僚及文人们通过汉诗酬唱歌颂天皇仁政、赞美海内升平。某种程度上，汉诗又具有了确认天皇统治力的渗透、确保贵族统治的同一秩序的功能。

　　本书前三章分别以奈良时代《怀风藻》(八世纪)、平安初期"敕撰三集"(九世纪初)、平安末期《本朝无题诗》(十二世纪)几部汉诗文集为对象,以时间的推移为纵轴,探讨了八至十三世纪日本人对长安都市景观的认知过程与知识来源,主要回答了遣唐使时代文学中长安的"不在场"问题,以及十世纪之后文学中如何"再造一个小长安"的方法。需要说明的是,平安中期以《本朝文粹》为代表的汉诗文集与长安之关系,岸俊男先生的研究已极为精细,故本书略去这一部分不考。

　　具体而言,第一章以《怀风藻》为对象,讨论了八世纪遣唐使创作的汉诗与长安之关系。首先稽考《怀风藻》中具有长安体验的诗人及诗作,其次以《怀风藻》中收录弁正汉诗为研究对象,考察了弁正《与朝主人》一诗与唐中宗年间发生在长安城的"金城公主入蕃和亲"事件之关系,以及弁正《在唐忆本乡》诗中"苦长安"形象之根源。最后以奈良朝"翰墨之宗"藤原宇合为例,通过抽离宇合多首诗歌中表现"都"时所使用的词汇丛,以及这些词汇在中国典籍中的出处,试图考察《文选》"京都赋"与初唐"帝京篇"对宇合汉诗的影响,以及其诗歌中"隐形的""缺席的"长安形象,如何反映了奈良文人的对唐观与国家观。

　　第二章以平安初期编纂的"敕撰三集"为研究对象,"敕撰三集"的编撰与遣唐使频繁往来东亚海域的历史密不可分。这一时代,日本加快了遣唐使的派遣步伐,模仿唐朝都城建立平安京。平安京在空间上对唐长安城的复制与平安朝文学对唐帝国都城表现上的稀薄,其间龃龉,可溯源至中国都城制对东亚周边政权的辐射,长安城与超自然宇宙及王权正统性之间的联系,决定了日本对存在着现实外交关系的唐帝国都城进行跨国书写的谨慎。诞生于初期平安京的"敕撰三集",对长安的书写极为消极:时间上模糊汉、唐,权力空间上消解中心、边缘,性别空间上采用"女性"观看模式,将长安的故事地图置于宫室内部，通过描述都城对女性的压制，实现了唐帝国与周边政权关系的隐喻。与其说"敕撰三集"文人用"长安"典故创作汉诗，毋宁说他们试图在书写中获得一种假想的文化身份，而获取文化身份的最便捷的方法即是移植长安的物质场景和生活方式，关于这一点，他们通过营造"小长安"——平安京实现了。

　　第三章以平安朝最后一部汉诗集《本朝无题诗》为研究对象。十世纪以降，随着唐帝国的衰落，长安城屡遭兵燹，迅速衰颓。长安既不复为东亚政治文化的中心，却以一种古典都城典范的隐喻在文学中复活，这一时期可称为"后长安时代"。长安经历了从王权之都到地方都市的历史跌落，这种现实格差给东亚各国文人带来了精神上的震荡，于是他们在文学中对长安的衰落进行了不同层次的反应。日本文人的具体做法是，在平安京内部再造一个"小长安"，并通过不同的文学修辞将这一表述普遍化。在《本朝无题诗》中，"长安＝平安京右京"与"洛阳＝平安京左京"模式的建立，将平安京描述为囊括唐帝国长安、洛阳两大都城的巨大存在。同时，利用平安京与长安城建筑景观的同名现象，用中国的诗文为书写日本都城作注。引用汉唐长安城的文学典故，通过词汇的位移，试图在一种错位的时空中书写平安京。

　　本书后四章以平安中后期至镰仓初期的说话、绘卷、物语为研究对象，研究"和"文献体系中的长安记忆。期待能在横向轴上，揭示日记、绘卷、物语等不同文类在表现长安都城空间时的等级关系。有些时候为了说明问题，也会部分地引入汉文文献，如第四章为了追溯圆仁说话的来源，对圆仁的汉文日记也进行了部分的考察。整体而言，与前述作为东亚转换期的"十世纪"相关，这一部分文献大都出现于十世纪之后。十世纪东亚世界格局的变动，并非只是单纯的各地区王朝的兴亡更迭，从长时段、大历史的视野来看的话，十世纪也是东亚各国社会形态发生质的转变的分水岭。[1]西嶋定生指出，十世纪东亚世界的崩溃，使得以中国为中心的政治、文化价值体系出现松弛，汉字文化与东亚各国民族语言之间的矛盾日益凸显，以此为契机，东亚各民族开始创造自己的文字。如契丹人创造了契丹文字，西夏人创造了西夏文字，日本人则创立了假名文字。[2]所谓假名文字是相对"真名"——汉字而言，尽管假名文字在十世纪宫廷女性创作的文学作品中逐渐成熟、定型，但汉字依然在男性主导的"公"的领域内发挥着重要的政治、外交作用。可是随着律令制的瓦解和摄关政治的出现，日本逐渐脱离了"唐风文化"而进入了所谓的"国风文化"时期。[3]

　　本书第四、五、六章围绕平安中后期产生的圆仁、吉备真备、空海的说话及绘卷展开，作为日本历史上最有名的遣唐使、入唐僧，他们的入唐体验对日本文化、思想、宗教产生了巨大的影响。第四章以圆仁《入唐求法巡礼行记》卷三、卷四部分的长安叙事为中心，试图从比较文学的视角出发，阐释圆仁对长安的"描述"如何影响了日本知识阶层的长安记忆。第五章以《吉备大臣入唐绘卷》为研究对象，绘卷的全部场景几乎都在唐都长安展开，不仅描绘了唐都长安的宫殿、高楼、宫门等建筑，还表现了唐帝王、文官、武将、仆役等群像，以及唐车、令牌、弓箭、太刀等工艺品，相比起日本题材绘卷对平安京风俗史的描绘，《吉备大臣入唐绘卷》对长安的表述毋宁说是观念化的，贯穿其始终的是宣扬日本国威的强烈意识及对唐国的对抗之心。第六章以日本东寺藏《弘法大师行状绘》为研究对象，通过考察绘卷"入唐部分"中的青龙寺图像，

1　旗田巍「十一十二世紀の東アジアと日本」家永三郎等編『岩波講座　日本歷史　第4（古代第4）』岩波書店、1962、337頁。
2　西嶋定生『中国古代国家と東アジア世界』、617頁。
3　笹山晴生「唐風文化と国風文化」朝尾直弘等編『岩波講座　日本通史　第5巻（古代4）』、274-275頁。

揭示唐长安城的宗教景观在中世日本佛教改革中被神圣化的过程。随着空海真言宗的影响日巨，日本后世的许多说话文学都以青龙寺为舞台，将其不断神秘化、神圣化，使之成为古代日本人想象长安景观的重要符号。

第七章以日本镰仓初期古文献《松浦宫物语》为研究对象，该物语以遣唐使渡唐遭遇战乱为主线，不仅沿袭了《长恨歌》中的诸多地名，甚至原封不动地挪用了"玄宗奔蜀"场景。然而，《长恨歌》描写地形的高度凝缩与省约，以及中国诗文惯用的夸张、铺陈、超现实等修辞手法，对于身处闭锁时代的镰仓文人而言，并非一个能将异国地形有效视觉化的范本，因此《松浦宫物语》在描写长安地形时，尽可能地采用抽象词汇，这在一定程度上反映了古代日本想象中国的方法。《松浦宫物语》对长安郊外的构想，是以"海外—仙山"这样一种复合景观为主基调，将长安描述成一座海岸都市。这种构想的源头既可向上追溯至遣唐使时代日本的集体记忆，又可寻根于上代日本对中国神仙思想的摄取。物语作者对长安的浪漫想象，折射了平安末至镰仓初期为战乱所笼罩的日本知识阶层将遥远的中国想象成政治乌托邦的思想史背景。

最后需要交代的是，以长安城为原型建造的平城京、平安京，在日本文学中往往与长安城以叠加影像的方式出现，如何剥离其间的同质与异质关系，如何描述长安城与平城京、平安京的对立与融合，以及其间弥漫的日本的自国意识与对唐观，是涉及观念史的表述、思想或想象的复杂问题。为了说明这些问题，本书中使用了大量的图表资料和考古资料，或作为基本文献和证据直接使用，或作为辅助以补充文字部分的论述，所有图表的资料来源也一并在注释中列出。期待能像徐松《唐两京城防考》序言所云："古之为学者，左图右史，图必与史相因也。余嗜读《旧唐书》及唐人小说，每于言宫苑曲折、里巷歧错，取《长安志》证之，往往得其舛误，而东都盖阙如也。"[1] 书中涉及的大量日本文学作品，大部分没有中文译本。凡是没有注明译者的场合，皆为笔者自译。采用他人译本者，均已注明译者和出版信息。和歌的翻译向来争议颇多，无论是采用中国古诗的形式还是采用"五七调"都会或多或少添加或偏离。尤其是和歌中的歌枕，往往蕴含着特殊的含义与文化意义。文中和歌译文仅为笔者试译，原文随注释列出。囿于个人学识见闻，又兼此项研究所涉广博，书稿中恐有雾中观花、未洽真谛之处，乞闻人达士赐教。

1　徐松:《唐两京城防考》序，李建超增订，三秦出版社，1996，第 1 页。

附录　遣唐使派遣一览

次数	年代	使节		船数	着陆地	入京年月	归国时间	航路	备注
1	630 年（唐贞观四年，日本舒明二年）	大使	犬上三田耜药师惠日				632 年八月	北路	唐使高表仁赴倭
2	653 年（唐永徽四年，日本白雉四年）	大使 副使	吉士长丹 小乙上吉士驹	2			654 年七月	北路	各船 121 人，返途在萨摩竹岛附近遇难
	653 年七月再次出发	大使 副使	高田首根麻吕 扫守连小麻吕						
3	654 年（唐永徽五年，日本白雉五年）	押使 大使 副使	大锦上高向史玄理 小锦下河边臣麻吕 大山下药师惠日	2	莱州		655 年	北路	高向玄理殁于唐
4	659 年八月（唐显庆四年，日本齐明五年）	大使 副使	坂合部连石布 津守连吉祥伊吉博德	2	括州 越州	659 年十月（○）	661 年五月（第 2 船）	北路	第 1 船途中漂至南海薛岛，大使被土著杀害
5	665 年（唐麟德二年，日本天智四年）	小锦守君大石、坂合部连石积、吉士岐弥、吉士针间（送唐客使）					667 年十一月	北路	送唐使刘德高。663 年白村江之战爆发

续表

次数	年代	使节	船数	着陆地	入京年月	归国时间	航路	备注
6	669年（唐总章二年，日本天智八年）	大使 小锦中河内直鲸					北路？	贺平高丽使
7	702年六月（唐长安二年，日本大宝二年）	执节使 粟田朝臣真人 大使 坂合部宿祢大分 副使 巨势朝臣邑治 山上臣忆良 少录 伊吉连古麻吕		楚州	702年十月（○）	704年七月（粟田真人） 707年三月（巨势邑治） 718年十月（坂合部大分）	南路	最初任命大使是高桥笠间，道慈、弁正留学
8	717年（唐开元五年，日本养老元年）	押使 多治比真人县守 大使 大伴宿祢山守 副使 藤原朝臣宇合	4		717年十月（○）	718年十月	南路？	玄昉、阿倍仲麻吕、吉备真备，井真成等留学，道慈归国
9	733年（唐开元二十一年，日本天平五年）	大使 多治比真人广成 副使 中臣朝臣名代 判官 平群朝臣广成 秦忌寸朝元	4	苏州	734年正月（○）	734年十一月（第1船） 736年五月（第2船） 739年七月（第3船）		玄昉、吉备真备等归国 第3、4船返航遇难，阿倍仲麻吕返回唐土。 平群广成随渤海使返日

续表

次数	年代	使节	船数	着陆地	入京年月	归国时间	航路	备注
10	752年（唐天宝十一载，日本天平胜宝四年）	大使 藤原朝臣清河 副使 大伴宿祢古麻吕 吉备朝臣真备 判官 大伴宿祢胡麻 布势朝臣人主	4		752年十一月以前（○）	753年十二月（第3船）754年（第2船）754年四月（第4船）		从扬州返回时，邀鉴真渡日。第1船漂至安南，大使藤原清河再次返唐，之后客死长安
11	759年（唐乾元二年，日本天平宝字三年）	迎入唐大使 高元度 判官 内藏忌寸全成 录事 羽栗翔（羽栗翔）	1			761年八月	南路	羽栗翔客死于唐（参考《入唐求法巡礼行记》开成五年三月七日条）
12（中止）	761年（唐上元二年，日本天平宝字五年）	大使 仲真人石伴 副使 石上朝臣宅嗣 藤原朝臣田麻吕	4					因船只破损未成行
13（中止）	762年（唐宝应元年，日本天平宝字六年）再编任命	送唐客使 中臣朝臣鹰主 副使 高丽朝臣广山	2					七月风波不息，不能渡海，停止
14	777年（唐大历十二年，日本宝龟八年）	大使 佐伯宿祢今毛人，因病未能入唐 副使 大伴宿祢益立 小野朝臣石根 藤原朝臣鹰取 大神朝臣末足	4		778年正月（○）	778年十月（第3船）778年十一月（第4船）778年十一月（第2船）778年十一月（第1船舳）	南路	唐使赵宝英来日，小野石根归途中行踪不明，藤原清河之女喜娘到日本

续表

次数	年代	使节	船数	着陆地	入京年月	归国时间	航路	备注
15	779年（唐大历十四年，日本宝龟十年）	送唐客使 布势朝臣清直 判官 南备真人清野 多治比真人乙成	2		780年二月	781年		送唐客孙兴进
16	803年任命，804年七月再发（唐贞元二十年，日本延历二十三年）	大使 藤原朝臣葛野麻吕 副使 石川朝臣道益 判官 菅原朝臣清公 高阶真人远成 录事 上毛野朝臣颖人 山田造大庭	4	福州 明州	804年十二月（○）	805年六月（第1船）805年六月（第2船）806年（第4船?）		副使石川道益殁于唐，第3船返途在肥前国松浦郡遭难，最澄、空海等归国
17	836年七月未成行，837年七月再次出发，又中止。838年六月第三次出发（唐开成三年，日本承和五年）	大使 藤原朝臣常嗣 副使 小野朝臣篁，未渡海 判官 藤原朝臣松影 丹墀朝臣文雄	4	扬州	838年十二月（○）	839年八月、十月 840年四月、六月（第2船）	北路	副使小野篁未渡海。判官藤原松影因母年老推辞。丹墀文雄漂没。请益僧圆仁潜留唐国
18（中止）	894年（唐乾宁元年，日本宽平六年）	大使 菅原朝臣道真 副使 纪朝臣长谷雄 判官 藤原忠房						因大使菅原道真奏停止遣唐使派遣，未能成行

＊ "入京年月" 指到达长安或洛阳的时间，"（○）" 表示正月到达长安；史料中没有明确记载的 "船数" "着陆地" "入京时间" "航路" 以空栏表示；"归国时间" 栏中记载的是以史料中记载的登陆九州岛的时间为准。

第一章 《怀风藻》与遣唐使的长安体验

　　《怀风藻》作为日本现存最早的汉诗总集，是探究日本上代汉诗发轫雏形的唯一资料。林罗山最早发现《怀风藻》脱简，夸赞其"片言只辞，拱璧镒金"，并将集中诗文示于师藤原惺窝。惺窝见之大喜，激赏曰："本朝之上代，不让中华之人，不可耻也。可尚焉。"(《罗山文集》)自昭和初期《怀风藻》注释本问世，至今已有释清潭、泽田总清、世良亮一、杉本行夫、林古溪、小岛宪之等注释本，[1] 这些注释本构成本研究的基础文献。

---

1 釈清潭『懐風藻新釈』丙午出版社、1927；沢田総清『懐風藻注釈』
　大岡山書店、1933；世良亮一『懐風藻詳釈』教育出版社、1938；杉
　本行夫『懐風藻』弘文堂、1943；林古溪『懐風藻新注』明治書院、
　1958；小島憲之校注『懐風藻 文華秀麗集 本朝文粋』佐竹昭広等編
　『日本古典文学大系 69』。

　　日本学界关于《怀风藻》的研究，始于为《万叶集》研究作注脚。在研究八世纪和歌与汉籍关系的场合，《怀风藻》常常被作为《万叶集》同时代资料而引用。[1]这一研究倾向从明治末延至战前。时至今日，研究《怀风藻》与《万叶集》中共同的故事传承或作者依然占据主流。[2]自小岛宪之的比较文学"出典论"为《怀风藻》研究开辟新叶，[3]近年来，围绕《怀风藻》中的"侍宴应诏诗"或"吉野诗"等诗歌题材的出典研究开始流行。[4]另外，关于《怀风藻》编者的研究，争议持续激烈。自林春斋提出"淡海三船说"之后，从者甚众。[5]然而，市河宽斋有"撰者未详说"，平出铿痴《怀风藻非淡海三船撰》一文，力辩林说之诬。武田佑吉提出"葛井广成说"，山岸德平有"藤原刷雄说"，川上寿一又有"石上宅嗣说"，至今没有定论。国内对《怀风藻》的研究，早期始终徘徊于对诗集形式、诗篇目数、收录顺序等概论性的评述上，近来不乏学者在专著中开列章节深度讨论《怀风藻》诗形、诗律。重要著述如马歌东《日本汉诗溯源比较研究》、马骏《日本上代文学和习研究》、肖瑞峰《日本汉诗发展史》和《中国古典诗歌在东瀛的衍生与流变研究》等，篇幅不多，考察却极为详细精到。本章以《怀风藻》为基础文献，讨论遣唐使的长安体验与日本上代汉诗之间的关系。

1　土田杏村『懐風藻と万葉集』，参考佐佐木信綱編『万葉学論纂』明治書院、1931。另外可参考山岸德平著「懐風藻の成立」和「懐風藻と日本文化」，均收录于『山岸德平著作集 1（日本漢文学研究）』有精堂出版、1972、29-41 頁。

2　緒方惟精「懐風藻と万葉集との関連について」『文化科学紀要』第 2 号、1960 年 4 月、37-70 頁；緒方惟精「万葉集と懐風藻」『国文学攷』第 23 号、1960 年 5 月、98-113 頁；緒方惟精「『懐風藻』『万葉集』共通作者における中国文学の影響」『文化科学紀要』第 8 号、1966 年 6 月、131-192 頁。

3　小島憲之『上代日本文学と中国文学：出典論を中心とする比較文学的考察（上）』塙書房、1988。

4　辰巳正明『懐風藻：日本的自然観はどのように成立したか』笠間書院、2008。

5　尾崎雅嘉《群书一览》、松崎兰谷《怀风藻序》、冈白驹《皇朝儒臣传》等均赞成"淡海三船说"，可参考冈田正之论述（岡田正之『近江奈良朝の漢文学』養德社、1946、210 頁）。本书欲采取市河宽斋观点，即"撰者未详"。

一　遣唐使的长安体验及其汉诗创作

日本从舒明二年（630）第一次派出遣唐使，到天平宝字三年（759）第十一次遣唐使为止，其间的一百多年大致相当于《怀风藻》《万叶集》产生的时代。然而天智天皇四年（665）第五次遣唐使之前的汉诗大多散佚，对此《怀风藻》序文中也有补说："当此之际，宸瀚垂文，贤臣献颂。雕章丽笔，非唯百篇。但时经乱离，悉从煨烬。言念湮灭，轸悼伤怀。"[1]《怀风藻》中收录了"远自淡海，云暨平都"，即近江朝以降约八十年间的作品，成书时间为"天平胜宝三年（751），岁在辛卯，冬十一月也"。事实上，与《怀风藻》相关的仅有第六（669）、七（702）、八（717）、九（733）次遣唐使。《怀风藻》中踏入长安的遣唐使、留学生诗人共有六位，分别是第六次（669）的释智藏；第七次（702）的释弁正、释道慈、伊支古麻吕；第八次（717）的藤原宇合；第九次（733）的丹墀广成，共计汉诗十六首。这些遣唐使在八世纪初的长安学习经学、与唐人交游，使其汉诗创作在题材、诗形、诗歌意象、化用典故等方面，自然地具有一种域外视野和前瞻性。

遣唐使诗人述略

日本自舒明天皇二年（630）第一次遣使入唐，至宽平六年（894）废止遣唐使制度，先后共任命遣唐使十八次。[2] 在这二百六十四年的遣使入唐活动中，随着唐、日两国政治、经济、文化诸多方面的变化，遣唐使入唐的路线、目的及任务也随之改变。

1　小岛宪之校注『懐風藻　文華秀麗集　本朝文粋』佐竹昭広等编『日本古典文学大系 69』、60 页。
2　关于遣唐使派遣次数的问题，参见第 11 页注 2。

概而言之，可分为初期、最盛期、末期三段。[1]初期从舒明二年（630）至天智八年（669），派遣目的主要是围绕着"打探唐朝虚实、朝鲜半岛局势和学习唐朝先进制度文化三个方面展开"，[2]使者身份也多为政治家、军人或职业外交官。这一时期遣唐使创作的文学主要收录于《怀风藻》中。

最盛期从大宝二年（702）至天平宝字三年（759），这一时期是日本全面学习唐朝制度文化的时期。自白江口一役（663），唐朝水师彻底击垮倭军，以此为转折，日本放弃了与唐朝在朝鲜半岛争夺利益的野心，转而全面师从唐朝。大批具有汉学修养的留学生和学问僧入唐，广泛收集各类经史典籍，泛海而还。日本引入唐朝制度文化推行改革，建立"律令制"国家，并模仿唐长安城的都市规划营造平城京，从而迎来了日本文化史上"唐风文化"的时代。这一时期无论是从使者的派遣规模和人员构成来看，还是从日本吸收唐文化的热情和成果来说，都可视为整个遣唐使史上的最盛期，遣唐使的诗文创作也正是在这一时期达到高峰。

末期遣唐使从光仁天皇宝龟八年（777）到仁明天皇承和五年（838），这一时期唐朝因安史之乱的爆发，北方陷入混乱，唐朝国力日益衰微。遣唐使到达长安之后，行动受到限制，兼之九世纪中叶发生的"会昌废佛"事件，留学僧侣被迫还俗中断修行，遣唐使的入唐兴致极度受挫。上述因素终于导致九世纪后期，菅原道真一纸上书，日本废止了绵延近三个世纪的遣唐使制度。

《怀风藻》共辑录六十四人诗作，序文有"作者六十四人，具题姓名，并显爵里，冠于篇首"。从这六十四位诗人的身份来看，基本上是在奈良朝占据中枢地位的知识阶层，且以朝鲜或唐朝外来

---

1 关于遣唐使的分期，中日学界观点依然不一致。有两分法（江上波夫）、三分法（森克己、藤家礼之助）、四分法（木宫泰彦、中村新太郎、迟步洲），各期的具体划分也不尽相同。笔者采用最大多数的三分法。

2 韩昇:《遣唐使和学问僧》，中华书局，2010，第21页。

的归化系学者为主。与《万叶集》中歌人一半以上是无名氏，歌人身份既有天皇、皇妃、皇子，也有浪人、乞丐、僧侣等几乎囊括当时日本各阶层人物不同，《怀风藻》诗人主要是天皇、贵族、官吏、儒者、僧侣等上流阶层，这些诗人全部都是男性，且都在中央朝廷担任要职，几乎无地方官员。[1]因此可以说，《怀风藻》是由皇族、权贵及文章博士等创作的文学世界。

《怀风藻》兼收诗作者小传九篇、诗序六篇。六十四位作者中，天皇一位、皇太子一位、王九位、官吏四十八位、僧侣四位、隐士一位。六十四位作者中被授予遣唐使身份者四人，即藤原宇合、丹墀广成、伊支古麻吕和石上乙麻吕。其中石上乙麻吕虽于天平十八年（746）拜遣唐使大使，但因计划中止而未成行，《怀风藻》附其传记对此也有记载："天平年中。诏简入唐使。元来此举难得其人。时选朝堂，无出公右。遂拜大使。众金悦服。为时所推。皆此类也。然遂不往。"[2]《怀风藻》收录乙麻吕诗歌四首，因其没有实际入唐体验，故暂不将其作品纳入研究范围。另有入唐僧三人，即释智藏、释道慈和释弁正曾留学长安。另有葛井广成需要说明。《怀风藻》录其五言诗两首，猪口笃志在其著作《日本汉文学史》中指出，奈良朝"硕学大儒葛井广成，系王辰尔后裔本姓白猪氏，从六位上，据大外记曾于养老中任遣唐使"，[3]但据《续日本纪》"以大外记从六位下白猪史广成为遣新罗使"可知，[4]葛井广成并没有拜遣唐使，而是拜新罗使。猪口笃志的记述恐怕有误，故本稿未将葛井广

1　村尾次郎『奈良時代の文化』至文堂、1962、83 頁。

2　小島憲之校注『懐風藻 文華秀麗集 本朝文粋』佐竹昭広等編『日本古典文学大系 69』、177 頁。

3　猪口篤志『日本漢文学史』角川書店、1984、90 頁。

4　《续日本纪》卷八养老三年（719）闰七月条："丁巳朔癸亥，新罗使人等，献调物并骡马牡扎各一正。丁卯，赐宴于金长言等。赐国王及长言等，禄有差。是日，以大外记从六位下白猪史广成为遣新罗使。"同八月条："癸巳，遣新罗使白猪史广成等，拜辞。"见黑板勝美、国史大系編修会編『国史大系 第 3 卷 続日本紀 前篇』、77 頁。

成纳入研究范围。现依据日本古典文学大系小岛宪之校注《怀风藻》，同时参考《续日本纪》《公卿补任》《尊卑分脉》等相关史料，将《怀风藻》中有入唐经验的诗人稽考如表1-1。

表1-1 《怀风藻》中入唐诗人名录及作品

人名	诗歌序号、题名	派遣次数	入唐时间	归朝时间
释智藏	8《玩花莺》、9《秋日言志》	第六次	665	683
释弁正	26《与朝主人》、27《在唐忆本乡》	第七次	702	殁于唐土
藤原宇合	88《暮春曲宴南池》、89《在常陆赠倭判官留在京并序》、90《秋日于左仆射长王宅宴》、91《悲不遇》、92《游吉野川》、93《奉西海道节度使之作》	第八次	717	719
丹墀广成	99《游吉野山》、100《吉野之作》、101《述怀》	第九次	773	734
释道慈	103《在唐奉本国皇太子》、104《初春在竹溪山寺于长王宅宴追致辞》	第七次	702	719
伊支古麻吕	107《贺五八年宴》	第七次	702	704

由表1-1可见，《怀风藻》诗人到长安的时间大都集中在八世纪初，尤以公元702年第七次遣唐使成员居多。如果将这一问题置于整个遣唐使历史框架中考察，就会发现第七次遣唐使作为分水岭的意义。[1]

七世纪末随着藤原京建造完工和大宝律令的制定，自感在内政上日益完备的日本朝廷，开始在与唐外交方面用力，并于文武天皇大宝元年（701）正月，正式任命粟田真人为第七次遣唐使执节使，这也是自天智天皇十年（671）以降，日本与唐朝的交往中断达三十年后第一次遣使。尽管第七次遣唐使的规模未必如日后那么庞大，但从其人员构成上来说，身份规格极高。著名的万叶诗人山上忆良

---

1 参考森克己『遣唐使』至文堂、1955、31-35 页。

任少录,《怀风藻》诗人释道慈、释弁正、伊支古麻吕皆在其内。凡此种种,皆足以说明第七次遣唐使甚受日本朝廷重视,使节成员逐渐由前期的武将和外交官变为专业技术学者和文人,因此汉学修养的高低便成为派遣的一个重要条件。

比如奈良朝的"翰墨之宗"藤原宇合。藤原宇合的官吏生涯是从其作为遣唐副使为开端的。灵龟二年(716),藤原宇合以"正六位下"身份入唐,其政治地位在藤原四兄弟中并不太高。那么宇合如何得其父偏爱而被委以考察唐朝制度之重任,并仿唐制在日本建立按察使制度,这在很大程度上要得益于宇合高深的汉文学修养。利光三津夫在考察宇合的生平时曾指出:"据《怀风藻》所收录汉诗,或《万叶集》所收和歌来看,宇合无疑是藤原不比等四子中,最富文才的人选。"[1]《尊卑分脉》宇合传记载其"器宇弘雅。风范凝深。博览坟典。才兼文武矣。虽经营军国之务。特留心文藻。天平之际,尤为书翰墨之宗。有集二卷"。[2]只可惜,宇合私修家集两卷已经失传,即便如此,他依然是日本上代诗坛存留汉诗最多的诗人。

长安生活对藤原宇合的影响,首先便是改名。《续日本纪》首次出现藤原宇合之名,是在灵龟二年(716)八月拜遣唐副使:"正六位下藤原朝臣马养为副使。"[3]从长安归日本不久的养老三年(719)七月,藤原马养便改名为"藤原宇合",[4]而促使宇合改名的契机,则与其在长安所接受的经学教育有关。《旧唐书·日本传》记载有宇合这批遣唐使在长安鸿胪寺学习经学的事迹:"开元初,又遣使来

1 利光三津夫「藤原宇合と大和長岡」『法学研究』第 40 卷第 4 号、1967 年 6 月、105 頁。

2 藤原公定『新編纂図本朝尊卑分脈系譜雑類要集 3』吉川弘文館、1904、87 頁。

3 《续日本纪》卷七灵龟二年(716)八月癸亥二十。黒板勝美、国史大系編修会編『国史大系第 3 卷 続日本紀 前篇』、66 頁。

4 宇合改名相关资料首先可见《公卿补任》神龟三年条:"非参议藤原宇合右大臣不比等三男。本名马养。"(『国史大系 第 9 卷 公卿補任前編』経済雑誌社、1901、19 頁)。其次可见《尊卑分脉》式家宇合卿流条:"本名马养,遣唐使以后改宇合。"详见藤原公定『新編纂図本朝尊卑分脈系譜雑類要集 3』、87 頁。

朝。请儒士四门助教赵玄默，请教鸿胪寺。"木本好信指出，宇合通过对唐朝典籍的进一步学习，意识到"马养"之名不雅，遂改为训读音相同的"宇合"二字。[1]

　　长安鸿胪寺的授课为日本遣唐使相识、相交提供机会，还促使他们之间形成交游圈，这种人际关系不仅影响了他们的诗歌创作，某种程度上甚至影响了奈良政坛的变动。如《怀风藻》载藤原宇合《在常陆赠倭判官留在京并序》一诗，诗中的"倭判官"即地方小官僚大和长冈。诗言"仆与明公，忘言岁久。义存伐木，道叶采葵"，取《诗经》典故极力渲染二人的君子之交，但依日本当时政坛情况，似倭判官这样的地方小官僚，实在很难有机会结交藤原宇合这位在奈良政坛执牛耳的"藤原四公子"之一。但渡唐旅程的九死一生，在长安生活上的不便与隔膜感，促使他们之间的身份差异淡化，同族意识增强，反而有益于结成一种纯友情关系，[2]是故大和长冈才成为贵公子藤原宇合诗歌中的"琴瑟之交"。

　　与藤原宇合同期入唐的还有吉备真备和玄昉，吉备真备同样入赵玄默门下学习经学，同属青年才俊的二人在长安的交游不难想象。《经国集》卷一收藤原宇合《枣赋》，被认为是日本文学史上现存最早的赋作。关于《枣赋》所受汉籍的影响源问题，松浦友久指出，宇合《枣赋》可能是受唐开元年间类书《初学记》影响，而《初学记》则可能是被天平七年（735）四月归国的吉备真备带回日本。也就是说，吉备真备在归国之后，将在长安所得《初学记》作为礼物赠予当时一流文人官僚藤原宇合，并促使其创作了《枣赋》。[3]果真如此的话，足见长安的留学生活对奈良文人创作影响之深远。

1　木本好信「藤原四子体制と宇合：宇合像の再検討」『古代文化』第 44 卷第 1 号、1992 年 1 月、26 頁。

2　利光三津夫「藤原宇合と大和長岡」『法学研究』第 40 卷第 4 号、1967 年 6 月、97-110 頁。

3　松浦友久「藤原宇合『棗賦』と素材源としての類書の利用について」『国文学研究』第 27 号、1963。

诗歌形式与空间效应

　　日本奈良时代的诗赋基本承袭中国六朝之风，这既是近江朝以来日本学习初唐文化的结果，又与早期真正担负将中国文化移植入日本且深受六朝文化影响的百济人密切相关。《怀风藻》序中共收录诗歌一百二十篇，然集中释道融五首诗歌仅余一首，因此现存古写本及板本中，实际上总诗数是一百十六首，不过类从本及其体系内的本文中卷末又追加亡名氏五言一首，现存总诗数是一百十七首。[1] 从整体上来看，《怀风藻》诗歌在形式上具有如下特征：

　　（1）五言诗占据大半壁江山，共计一百一十首；

　　（2）以八句五言诗最为流行，计有七十四首；

　　（3）多用对句，但平仄不协调；

　　（4）多押平声韵。[2]

　　《怀风藻》诗形的上述特征，主要是受魏晋南北朝诗歌的影响。诗集中大部分诗歌与唐诗相比明显滞后，毋宁说与魏晋六朝的诗歌更为接近，因此，山岸德平指出："与其论《怀风藻》诗歌与唐代诗歌的关系，毋宁说其更接近汉代及魏晋以来的五言、七言诗，其中又尤其以五言诗为主。"[3] 江村北海指出："我国诗风与汉土相比，大约滞后两百年……《怀风藻》时代相当于初唐时代，因此其诗风还主要是受六朝诗歌的影响。"[4] 也就是说，《怀风藻》主要接受的是以《文选》为代表的六朝骈俪体诗歌的影响，《文选》所收录的四百九十四首诗歌作品（包括乐府诗）中，五言诗形占四百四十首，四言诗三十八首，而七言诗仅有九首，这与《怀风藻》中五言

1　山岸德平『山岸德平著作集　1（日本漢文学研究）』、29-36 頁。

2　岡田正之『近江奈良朝の漢文学』、215 頁。

3　山岸德平『山岸德平著作集　1（日本漢文学研究）』、29 頁。

4　岡田正之『近江奈良朝の漢文学』、215 頁。

诗同七言诗的比例大致相同。可以说，近江奈良朝以《文选》骈俪
体古诗为模仿潮流，最典型的文本莫过于《怀风藻》。至平安朝初
嵯峨、淳和天皇时期，唐代近体诗开始流行，这在平安初期奉天皇
敕命编撰的三部汉诗总集《凌云集》《文华秀丽集》《经国集》中表
现得最为突出（参考表 1-2）。

表 1-2 《怀风藻》与"敕撰三集"诗形对照

诗集	五言	七言	杂言（七言本体）	总数
怀风藻	110	7		117
凌云集	39	46	6	91
文华秀丽集	52	79	12	143
经国集	92	75	43	210

由表 1-2 可见，近江奈良朝鲜有人问津的七言诗，在平安朝汉
诗中逐渐增多。近江朝大致相当于中国的初唐时代，这时长安文坛
已经开始兴起律诗、绝句等近体诗形，但并未影响到日本文学。奈
良朝约相当于盛唐时代，当时也是唐诗发展的全盛时期，日本遣唐
留学生阿倍仲麻吕在长安与王维、李白、储光羲等一流诗人已有赠
答酬唱诗作，这个时期也是日本全面学习、模仿唐代文化的时期，
但从当时日本贵族阶层的汉诗创作来看，大体上仍未脱六朝骈俪诗
风的余习。

具体而言，初唐以来盛行的七言诗和近体诗的平仄用韵法，并
未被日本大多数诗人所熟悉掌握。平安朝初期大致相当于中唐时
期，这一时期日本开始兴起绝句、律诗等近体诗形，使用七言诗
创作的诗人陡然剧增。这与空海《文镜秘府论》的问世不无关系。
《文镜秘府论》系空海从唐归日之后，应当时日本人学习汉语和文
学的要求，就带回的崔融《唐朝新定诗格》、王昌龄《诗格》、元兢
《诗髓脑》、皎然《诗议》等书排比编纂而成，专述诗歌的声律、辞

藻、典故、对偶等形式技巧问题，对于日本的汉诗创作具有重要的教科书作用。[1]

尽管平安初期崇尚五言的诗作并不在少数，但渐渐地七言流行起来并呈压倒性倾向，后经室町至江户时代，五言渐至寥若晨星。[2]这与中国古典诗歌五言体产生、流行于前，七言体问世、昌盛于后的发展过程恰好相似。严羽《沧浪诗话》云："《风》《雅》《颂》既亡，一变而为《离骚》，再变而为西汉五言，三变而为歌行、杂体，四变而为沈、宋律诗。五言起于李陵、苏武（或云枚乘），七言起于汉武《柏梁》……"[3]形成于汉末的七言诗，基本体系特征为单句成行，句句押韵，但创作数量极少。直到晋宋之后，七言体系发生重大变化，七言诗才逐渐流行起来。[4]

《怀风藻》的时代大致相当于从唐朝高宗时代开始，经中宗、睿宗到玄宗时代末为止，也就是从初唐到盛唐时期，此时的长安诗坛已极为成熟和繁荣，几乎引领着整个唐代诗坛的最新风向，遣唐使接触到这些时髦的诗风，将其引入自己的诗歌创作中，相对而言，比起日本国内那些仅能凭借输入典籍学习模仿汉诗创作的诗人，要带有更多的主动性，选择典籍的范围更大，接受新诗风影响的时间也更早一些。《怀风藻》中仅有的七首七言诗，分别是大津皇子《述志》，纪古麻吕《望雪》，纪男人《游吉野川》，藤原宇合《在常陆赠倭判官留在京并序》《秋日于左仆射长王宅宴》，丹墀广成《吉野之作》，释道融《拟四愁诗》。

大津皇子《述志》仅两句："天纸风笔画云鹤，山机霜杼织叶锦"，其后"赤雀含书时不至，潜龙勿用未安寝"两句，系无名氏后人仿柏梁体所作联句，在诗意上与大津皇子原作相去甚远，逻

1 参考卢盛江《文镜秘府论研究》，人民文学出版社，2013。
2 山岸德平『山岸德平著作集 1（日本漢文学研究）』，119 页。
3 （宋）严羽著，郭绍虞校释《沧浪诗话·诗体》，人民文学出版社，1961，第 48 页。
4 葛晓音：《先秦汉魏六朝诗歌体式研究》，北京大学出版社，2012，第 227~245 页。

辑上也不甚严密，因此至多可视为七言诗的雏形。纪男人《游吉野川》一诗，"万丈崇岩削成秀，千寻素涛逆析流。欲访钟池越潭迹，留连美稻逢槎洲"，与遣唐使丹墀广成《吉野之作》在诗歌意象、篇法结构上几乎一致，"高岭嵯峨多奇势，长河渺漫作回流。钟池超泽岂凡类，美稻逢仙月冰洲"，均从写山之高耸起笔，继而河流、池泽，最后洲川之逢仙，其间"钟池""美稻"的用典也完全相同，足见两首诗之间的影响关系。释道融《拟四愁诗》拟张衡《四愁诗》而成，张衡《四愁诗》是较为完整的抒情七言诗，只有首句为三兮三的骚体，也因此未能被文学史家公认为七言。[1]而道融诗歌则整首为三兮三节奏，"我所思兮在无漏，欲往从兮贪瞋难。路险易兮在由己，壮士去兮不复还"，因之也不能称为整齐的七言诗。

纪古麻吕《望雪》虽为七言十二句，且明显留有化用唐太宗《帝京篇十首》字法句式的痕迹，但如小岛宪之所考证，庆云二年（705）以正五位上任骑兵大将军的纪古麻吕，极有可能通过第七次遣唐使归朝时带回的汉籍，接触到了《太宗文皇帝集四十卷》，进而化用到汉诗创作中。[2]如此看来，日本上代文学中七言诗的发轫，首先是以遣唐使为媒介和先锋实现的。若论严格意义上的七言诗，则为遣唐使诗人独领风骚，尤其藤原宇合一人独占两首。《在常陆赠倭判官留在京并序》是七言十八句，《秋日于左仆射长王宅宴》是七言八句，竟无一首属于当时最流行的五言八句诗体，而专意七言长篇，足见宇合本人是超乎时流、超拔时俗的不可多得的诗坛先驱。

从对句角度看，《怀风藻》全集中没有对句的仅有两首，即葛野王的《游龙门山》与释道融的《阙题》，但多数对句显得生硬、造

---

1 葛晓音：《先秦汉魏六朝诗歌体式研究》，第 224 页。
2 小岛宪之「懐風藻をめぐって」『萬葉』第 65 号、1967 年 10 月、48-49 页。

作、呆板、拙劣，而滞留长安多年的释弁正《在唐忆本乡》一诗，却工巧灵动，"两两相形，以整见劲，颇具语言的回环宛转之美，在当时不失为独具灵光之作"。[1] 尤其是，《怀风藻》载弁正诗题为《五言在唐忆本乡一绝》，其中"一绝"一词，在整部诗集中唯一一次出现。而绝句恰是初唐以来兴起的诗歌形式，这足见弁正在长安日久，对于长安新诗形的敏感与神会。

显而易见，与自觉接受初唐诗歌的影响相比，《怀风藻》受六朝诗影响痕迹极浓。至于其间原因，肖瑞峰的分析可备一说："这并不意味着在近江、奈良朝的诗人心中，六朝诗歌优于唐诗，因此更值得摹仿，而是因为他们处于初唐之际，除少数受遣入唐者之外，尚未能充分接触唐诗，所以便取法于六朝诗。"[2]《怀风藻》诗歌多为五言，原因正在这里。至于平仄未谐、多用对句，除了大多数诗人无法直接接触初唐诗坛的局限之外，也与其客观上受六朝诗浸润日久而未得及时研习唐代近体有关。

诗歌主题的转向

《怀风藻》中多应景应命之作，近江朝曾广纳文学之士召开酒宴，君臣唱和及侍宴应诏之诗极多，这些诗歌多以宫廷为中心，专以华词丽藻来表现歌舞升平之景象。《怀风藻》序文中也提及了近江朝汉诗文创作的盛况："旋招文学之士。时开置礼之游。当此之际。宸翰无文。贤臣献颂。"可见当时广开宴会，招揽群臣应制作诗，在很大程度上不仅是出于娱情遣兴的需要，更是为了确认天皇统治力的渗透，是为了确保贵族统治的同一秩序而进行的创作。

1 关于《怀风藻》诗歌对句、平仄、用韵的研究，可参考肖瑞峰《日本汉诗发展史》，吉林大学出版社，1992，第149~178页。
2 肖瑞峰：《日本汉诗发展史》，第157~158页。

　　汉诗的创作对内是形成一种同仁团体，以确保君与臣之间的一种和谐秩序，对外又具有彰显国家文化水准的象征意义，是当时东亚国家文化文明成熟度的尺规，因此汉诗不仅是上代日本知识人必备的教养之一，更兼有交际甚至是外交的功能。养老四年（720）成书的《日本书纪》，其编撰目的之一即是向东亚诸国展示日本的优位意识，这种国家观为八世纪日本知识人所共有。他们在平城京内频开酒宴，并通过汉诗酬唱歌颂天皇仁政、赞美海内升平，尤其是在接见各国使节的公宴上，以汉诗为重要外交手段，汉诗水平的高低直接被视为与国家威严相联系，这正是日本最早的汉诗集《怀风藻》中侍宴、应诏诗占据绝大多数的重要原因。

　　《怀风藻》中所录多数诗歌，与奈良朝初期日本律令国家的形成密切相关，几乎都以赞美天皇为主流。可以说，这些汉诗脱离当时的政治社会是很难产生的。仅从诗题来看，《侍宴》《应诏》《从驾》《扈从》之类以歌颂天皇美德为主题的诗歌，约占四分之一。[1]另外，即使诗题看来是普通的游览诗或者山水诗，如犬上王的《游览山水》和纪古麻吕的《望雪》，诗中歌颂圣帝御代的语句比比皆是。还有《怀风藻》中大量描写"吉野"的诗作，在将吉野视为仙境的同时，对于造访吉野的天皇的溢美之词同样极为普遍。[2]这些赞美天皇仁德的歌功颂德之作，作品中往往堆砌着大量的颂扬帝德的文字，并为自己躬逢盛事而欢欣鼓舞。"天德十尧舜，皇恩沾万民。"（纪麻吕《春日应诏》）"帝德被千古，皇恩洽万民。"（息长臣足《春日侍宴》）如果将《怀风藻》的诗歌内容进行分类的话，如表1-3所示。

1　岡田正之『近江奈良朝の漢文学』、217頁。
2　波戸岡旭「『懐風藻』吉野詩の山水観──『智水仁山』の典故を中心に」『國學院雑誌』第85巻第10号、1984年10月、18-33頁；井実充史「吉野の風土観と吉野詩の位相」辰巳正明編『懐風藻：日本的自然観はどのように成立したか』笠間書院、2008。

表1-3 《怀风藻》诗歌内容分类*

单位：首

侍宴从驾	34	宴集	22	问适	8	赠与	6	七夕	6	咏物	5
述怀述志	9	游览	17	凭吊	3	算贺	2	忆人	2	临终	1
释奠	1	合计	116								

*山岸德平与冈田正之对《怀风藻》诗歌内容的分类基本一致，但增加了一首宴集诗，共计117首。参考山岸德平『山岸德平著作集 1（日本漢文学研究）』、冈田正之『近江奈良朝の漢文学』等著作。

由表1-3可见，《怀风藻》以侍宴从驾和宴集诗最多。侍宴从驾之作的大量产生，有赖于多种社会条件，但其直接诱因是天皇贵族等频繁举办各种诗宴。在典章制度、宫廷礼仪乃至生活规范无不刻意效仿华夏文明古国的近江奈良朝，最高统治者既注重"武功"，亦注重"文治"。而宣导汉诗、举办诗宴，正是体现其"文治"的重要环节。同时，这是对中国宫廷文采风流的一种追随，由此各种巧借君臣名目的诗宴便无间断地举办。问题是，日本汉诗发源于中国，但中国诗歌"兴观群怨"的功能却被无限弱化，赋诗作文仅被视为一种风流韵事。

如果从中国汉诗创作的本质在于"言志"这一点来看的话，八世纪日本的汉诗文创作，在多数场合中并不能真正陶写诗人的心声，而是多以歌颂天皇为中心。或者说，日本诗人还没有领略到中国诗歌创作的精髓就在于"发言为声"，仅耽溺于字面上的简单模仿。但是，遣唐诗人因为直接接触到长安文坛，接受汉籍浸淫的程度较深，对于中国诗歌精神的领悟也与非入唐诗人不同。《怀风藻》中收录藤原宇合述怀言志诗《悲不遇》一首：

> 贤者凄年暮，明君冀日新。周占载逸老，殷梦得伊人。
> 抟举非同翼，相忘不异鳞。南冠劳楚奏，北节倦胡尘。

学类东方朔，年余朱买臣。二毛虽已富，万卷徒然贫。

诗歌从一个怀才不遇者的角度来表达其才高见弃、老大无成的不平之鸣。诗在精神实质上与中国古代"感士不遇"的传统主题是一脉相承的。"二毛虽已富，万卷徒然贫。"尽管是一种慨叹，却不作遗世之想，而始终执着于用世与济世之初衷。山野清二郎曾指出宇合与其他以赞美天皇为主流的诗人不同，就在于他继承了中国文人的"言志"传统，并将其自觉地应用于诗歌创作中。宇合诗歌摆脱了奈良诗苑文学的集团性、功利性，而走向了一种独立性和个人性。[1]如果将宇合的诗歌放入当时诗歌环境中去考察，就会发现其最独特之处，就在于对中国诗歌创作精神的接受。而这些接受的触发点，毫无疑问是以长安留学为起点的。

国家意识的自觉

在八世纪初日本对唐朝的认识中，"唐＝绝域"这一观念一直占据主流。如《续日本纪》有大宝度遣唐使（702）归朝授予位阶之际，以"奉使绝域也"来描述唐的记载。[2]在这批使者之前，日本尽管也遣使至唐朝，但七世纪末期的遣使活动主要是为了修复白村江战役之后的外交关系，使者并没有到达唐朝都城长安。[3]随着大宝度遣唐使的入唐，日本恢复了与唐朝的文化交流，一种新

1 山野清二郎『「懐風藻」の詩風の変遷——藤原氏の詩から見て』『漢文学会会報』第34号、1975年6月、36頁。

2 《续日本纪》卷第三庆云元年十一月丙申条："赐正四位下粟田朝臣真人，大倭国田廿町，谷一千斛。以奉使绝域也。"见黒板勝美、国史大系編修会編『国史大系 第3巻 続日本紀 前篇』、21頁。《续日本纪》卷第三庆云四年五月壬子条："给从五位下巨势朝臣邑治，从七位上贺茂朝臣吉备麻吕，从八位下伊吉连古麻吕等，锦绝布锹并谷，各有差。并以奉使绝域也。"见黒板勝美、国史大系編修会編『国史大系 第3巻 続日本紀 前篇』、28頁。

3 鈴木靖民『古代日本の東アジア交流史』、236頁。

的对唐观开始形成。但即使是在第七次遣唐使的归国报告中，仍有"先是大唐，今称大周，国号缘何改称"（《续日本纪》庆云元年七月甲申朔条）的疑问。也就是说，天武、持统朝虽有派遣遣唐使，其间也有新罗使者来日，但关于唐朝国号的变更以及唐朝内形势的变化并没有充分的认识。[1] 这种情况对奈良朝知识人而言也不例外，以代表奈良文人汉诗最高创作水准的《怀风藻》为例，整理其中关于中国的称呼，则很容易发现这种对唐意识的自觉，最早发生于入唐诗人身上。换言之，具有长安体验的遣唐使诗人，对唐朝的认识与理解较之其他诗人，也有"春江水暖"的先知先觉。据《怀风藻汉字索引》，整部诗集中"唐"字共计出现十五处，[2] 分列如表 1-4。

　　根据上述文献，①②③⑤⑩皆为所附传文，其中出现"唐"字无疑指唐朝，关于这些传文的特征以及编纂者的对唐观问题，本章暂为不考，[3] 接下来重点关注其余五例"唐"字用法。例④⑥分别是弁正、道慈的诗题，其中"唐"字均为标示作诗地点，即指称现实意义上的唐朝。例④弁正《在唐忆本乡》诗题中，"唐"与"本乡"相对，以表示空间距离以及由之引发的心理距离，"唐"标示的空间位置，使其诗中的"日边瞻日本，云里望云端"成立，继而引发"远游劳远国，长恨苦长安"之叹。换言之，弁正诗歌中将"唐"视为他国，与"本乡""日本"对比的意识是极其鲜明的。道慈《在唐奉本国皇太子》与弁正诗歌类似，"唐"既指地点又与"本国"相对，道慈在唐朝对日本皇太子的赞颂，是与其在长安的思乡之情密切交织在一起的，这点还是值得特别关注的。

1　森公章『遣唐使と古代日本の対外政策』、40 頁。

2　辰巳正明『懐風藻漢字索引』新典社、1978、106 頁。

3　横田健一「懐風藻所載僧伝考」『關西大學文學論集』第 8 巻第 4 号、1959 年 4 月、321-348 頁。

表1-4　《怀风藻》中"唐"字索引及出处（按《怀风藻》中出现顺序）

序号	文献内容	《怀风藻》中出处
①	唐使刘德高	大友皇子传文
②	淡海帝世，遣学唐国	释智藏传文
③	太宝年中，遣学唐国……师及庆在唐死。元归本朝，仕至大夫。天平年中，拜入唐判官。到大唐见天子	释弁正传文
④	在唐忆本乡	释弁正五言诗题
⑤	太宝元年，遣学唐国……时唐简于国中义学高僧一百人……唐王怜其远学，特加优赏	释道慈传文
⑥	在唐奉本国皇太子	释道慈五言诗题
⑦	唐凤翔台下，周鱼跃水滨	田边史百枝《春苑应诏》
⑧	今日足忘德，勿言唐帝民	石川石足《春苑应诏》
⑨	论道与唐侪，语德共虞邻	采女比良夫《春日侍宴应诏》
⑩	天平年中，诏简遣唐使	石上朝臣乙麻吕传

　　例⑦⑧⑨三首诗作者虽无入唐经验，但据佐伯有清编《日本古代氏族事典》记载，田边史百枝、石川石足、采女比良夫皆为奈良朝贵族官吏，其中田边史百枝系大宝律令纂订者之一，其家族多涉足外交领域，如公元777年任遣唐录事的田边大川（后改姓"上毛野公"）及其子上毛颖人——也在公元804年任遣唐录事兼大外记入唐。[1]石川石足家族也曾与藤原不比等家族联姻，即使如此，这些八世纪初的诗歌中出现的"唐"字，基本上不是指称现实意义上的"唐国"。⑦诗中"唐凤"之"唐"，杉本行夫注"帝尧陶唐氏之唐"，帝尧即位后立国号唐，因称唐尧，又称陶唐氏，诗句借中国古代圣君唐尧来歌颂天皇美德。⑧诗中"勿言唐帝民"，同样为

1　佐伯有清『日本古代氏族事典』雄山閣、1994、303-304頁。

"唐尧帝时之民"，[1]典出晋代皇甫谧《高士传》卷上"壤父"，[2]诗句仍以古圣君唐尧歌颂天皇恩德。⑨诗"论道与唐侪，语德共虞邻"一句中，"唐"仍为帝尧陶唐氏，"论道与唐侪"也是说天皇美德直指陶唐氏。由此可见，这三首诗中所出现的"唐"字皆指帝尧陶唐氏，而与同时代大海彼岸的唐帝国毫无关系。

这种情形还可从与《怀风藻》同时代的《万叶集》中求证。《万叶集》中最早将"唐"训读为"もろこし"的，便是遣唐使山上忆良。唐最初被训读为"から"，从语源上讲，是由朝鲜半岛南部小国"伽罗"而来。伽罗国是日本最早与之进行海外交流的国家，也是古代日本输入外来文化的必由之路，因此"から"便从最初的仅指代"伽罗"，演变为整个朝鲜半岛的代称，八世纪后则因遣唐使的往来，被逐渐借用来指称唐。[3]"から"被用来泛指日本海外国家，这在《万叶集》中也很容易找到用例。《万叶集》中冠以"から"这一前缀修饰语的，可见からあゐ（韓藍）（第 348 首）、からころも（韓衣）（第 952 首）、からうす（辛碓）（第 3886 首）、からびと（漢人）（第 4153 首）、からくに（韓国）（第 4240 首）等。[4]从这些歌词的不同表记来看，至少在万叶时代，"からくに"并非限定于指唐朝，多数万叶歌人对于"唐"的认识也较为模糊。

然而，遣唐使山上忆良却能较早地将"からくに"以"韓国"表记，而在指称"唐"的场合则以"もろこし"表记，如在《镇怀石之歌》（第 813 首）中："韓国を向け平らげて……"，而在赠天

---

1 杉本行夫注訳『懐風藻』弘文堂、1943、113 頁。

2 "壤夫者，尧时人也。"帝尧之世，天下太和，百姓无事。壤夫年八十余而击壤于道中，观者曰：'大哉！帝之德也。'壤夫曰："吾日出而作，日入而息，凿井而饮，耕田而食，帝何德于我哉！"［（晋）皇甫谧：《高士传》卷上"壤夫"，《景印文渊阁四库全书》，台北，台湾商务印书馆，1983，第 448 册，第 89 页］。

3 河添房江「上代の舶載品をめぐる文化史」『アジア遊学』第 147 号、2011 年 11 月、52 頁。

4 垣見修司「『万葉集』と古代の遊戯：双六・打毬・かりうち」『アジア遊学』第 147 号、2011 年 11 月、67 頁。

平度遣唐使歌《好去好来歌》（第 893 首）中："の遠き境に遣はされ……"据《日本大百科全书》记载，"もろこし"源自对"諸越"的训读。"諸越"与"百越"同义，这一带原为日本遣唐使船登陆之所，将原来仅指称百越之地的"もろこし"，用来泛指整个唐土，恐怕正是从遣唐使之间流传开的。总之，在山上忆良的意识中，已经自觉地将"唐"与其他海外国家分辨开来，这也侧面说明了具有渡海经验的遣唐使，在其诗文创作中对"唐"认识的自觉。

遣唐使虽有对唐都长安高密度、长时段、近距离观看，却未能在文学中给予充分表现。《怀风藻》中所见长安宫苑名也多袭用汉一代，尤其是上林苑频频出现，如"不期逐恩诏，从驾上林春"（大神高市麻吕《从驾应诏》）；"幸陪瀛州趣，谁论上林篇"（巨势多益须《春日应诏其一》）；"适遇上林会，忝寿万年春"（田边史百枝《春苑应诏》）；"帝里浮春色，上林开景华"（百济和麻吕《初春于左仆射长王宅燕》），这些应诏诗歌多继承汉朝上林苑作为有德天子教化子民、与民同乐的政教空间的象征意味，歌颂君臣一体的理想政治关系，以之为当时天皇歌功颂德。

换言之，长安体验对遣唐使的汉诗创作虽然产生了重要影响，但遣唐使对于长安空间的表现意识却非常淡薄。这大概就在于长安并非一座普通的都城，作为唐的国都，长安城的营造蕴含着深厚的王权思想和华夷意识。日本在建立律令制国家之后，模仿长安城在奈良盆地营造平城京，但从近几年平城京遗址的考古发掘来看，[1] 平城京的造营实际暗含着一种与唐平等、对抗的"小中华意识"。[2] 所以，八世纪长安的繁华面影虽在遣唐使心中引起惊异和赞叹，但于

1　今泉隆雄「再び平城宮の大極殿・朝堂について」関晃先生古稀記念会編『律令国家の構造』吉川弘文館、1989、295 頁。
2　所谓小中华意识，是相对于唐的中华思想而言，即使诸蕃国与夷狄臣服，以与唐结为平等的邻国关系为目标的思想。见湊哲夫「平城遷都の史的意義」門脇禎二編『日本古代国家の展開　上巻』思文閣出版、1995、279 頁。

担负外交使命的遣唐使而言，更多的是要通过汉诗向整个东亚世界展示日本，这种情况下，长安城无疑是"他者"，故而很难成为被称颂的对象。

二　奈良诗僧弁正在唐汉诗考论

《怀风藻》共辑录六十四人诗作，其中僧侣四位，并附有僧传，僧侣中的智藏、道慈、弁正三人都曾入唐留学，其中又以弁正滞唐时日最久。弁正一生行实在日本史料中并不多见，这与阿倍仲麻吕情形多少相似，皆源于其年少时入唐，又滞唐日久，在日本史料上留下的记载有限所致。[1]《怀风藻》附弁正僧传大致记载了其俗姓、性情、入唐时间、在唐活动及子嗣之事。其传记云：

> 弁正法师者，俗姓秦氏。性滑稽，善谈论，少年出家，破洪玄学。太宝年中，遣学唐国。时遇李隆基龙潜之日，以善围棋，屡见赏遇。有子朝庆、朝元。法师及庆在唐死，元归本朝，仕至大夫。天平年中，拜入唐判官，到大唐见天子。天子以其父故，特优诏厚赏赐。还至本朝寻卒。[2]

1　日本正史中首次出现"弁正"之名，见《日本书纪》白雉四年（653）五月十二日条："入唐学问僧弁正，与大使吉士长丹同船出发往长安。"但这条文献中的"弁正"，与《怀风藻》诗人弁正在时间上相隔半个世纪之久，应考虑为同名不同人的可能性。《续日本纪》养老元年（717）七月二十三条也有记载："弁正任少僧都"。《僧纲补任》又有"又名弁净、弁静，天平元年（729）十月任大僧都，同五年（733）任僧正，同八年（736）殁"的记载。杉本行夫注释本认为这些史料所载弁正与《怀风藻》诗人弁正为同一人，并在《怀风藻》弁正注释条中补充了这些史料作为注脚。笔者通过查阅《续日本纪》《僧纲补任》《日本佛教人名词典》等史料，怀疑《怀风藻》诗人弁正与上述史料所提及弁正虽是同名，但活动时间与范围差异太大，应考虑为非同一个人。

2　小岛宪之校注『懐風藻 文華秀麗集 本朝文粋』佐竹昭广等编『日本古典文学大系 69』、96頁。

据传记可见，弁正入唐时间为日本大宝（701~704）年中，[1]与万叶歌人山上忆良（660~733）属同期。在唐玄宗登基之前，弁正因善围棋而特别受赏识。弁正殁于长安的具体时间，传记中并没有详细记载，但其子朝元于日本天平五年（733）再度作为遣唐判官入唐时，"天子以其父故，特优诏厚赏赐"，可见弁正在此之前大概已经故去。

弁正在唐创作两首汉诗，即五言《与朝主人》、五言《在唐忆本乡》，均收录于《怀风藻》中。关于《怀风藻》收录汉诗本身的价值，日本学界历来褒贬不一。《怀风藻》发现者林罗山将藻之脱简示于其师藤原惺窝，惺窝大喜，激赏曰："本朝之上代，不让中华之人，不可耻也。"林罗山本人也称《怀风藻》"诚是片言只辞，足比拱璧溢金也"。[2]明治维新之后，日本学界在"脱亚入欧"潮流的挟裹中，开始对《怀风藻》这种对唐人亦步亦趋的作诗手法大加贬斥，称诗集中的诗作毫无精神，但弁正诗作可算例外。杉本行夫更是高度肯定弁正诗作"完全无和臭之感"。[3]关于弁正其人其诗，在国内尚未见特别关注，日本学界的研究中也还留有相当多的疑问。换言之，研究古典诗歌时必须解决的三个基本问题：作于何时，作于何地，为何而作，就弁正这两首汉诗而言，尚属疑案。本章欲从对日本学界先行研究的批判出发，对《与朝主人》《在唐忆本乡》两首汉诗略做考述。

1　《续日本纪》卷二文武天皇大宝元年（701）正月丁酉条："以守民部尚书直大贰粟田朝臣真人，为遣唐执节使。"粟田真人一行于大宝二年（702）六月从筑紫出发，于同年十月到达唐都长安。见黑板胜美、国史大系编修会编『国史大系 第3巻 続日本紀 前篇』、1976、9頁。
2　详见林羅山「羅山文集」五十五卷，收入上田秋成『秋成遺文・懐風藻跋』修文館、1933、552-553頁。
3　杉本行夫注訳『懐風藻』、109頁。

《与朝主人》诗考

《与朝主人》

钟鼓沸城阙，戎蕃预国亲。

神明今汉主，柔远静胡尘。

琴歌马上怨，杨柳曲中春。

唯有关山月，偏迎北塞人。[1]

　　稽查《怀风藻》自昭和初期至今的诸种注释本，[2]对弁正此诗的注解一直存在严重分歧。从早期的释清潭本、泽田总清本、世良亮一本、杉本行夫本，到晚近的林古溪本、小岛宪之本等，争议的焦点一直集中在对诗歌所涉人物身份的不确定——诗题中的"朝主人"，"神明今汉主"的"汉主"，以及尾句的"北塞人"究竟指谁？既往研究中，以小岛宪之的注释与解读最能集前代诸本之大成。然而，小岛宪之曾不止在一个场合谈及《与朝主人》一诗的暧昧性，且小岛氏本人观点也有前后不一致之处。

　　小岛氏于 1962 年发表的论文《上代诗的表现——关于怀风藻》中如此解读该诗：前四句是称颂以怀柔之策降服四夷的神明汉主（具体指玄宗皇帝），后四句借出塞远嫁的王昭君故事，抒发驻边士兵的思乡之苦。"北塞人"指驻守边塞的将士，作者在诗里借"北塞人"抒发自己虽受玄宗赏遇，但难忘故土的悲苦之情。因此，这首诗应该是送给一个叫"朝"的日本人。[3]

1　小岛宪之校注『懐風藻 文華秀麗集 本朝文粹』佐竹昭広等編『日本古典文学大系 69』、97 頁。

2　釈清潭『懐風藻新釈』丙午出版社、1927；沢田総清『懐風藻注釈』大岡山書店、1933；世良亮一『懐風藻詳釈』教育出版社、1938；杉本行夫注訳『懐風藻』弘文堂、1943；林古渓『懐風藻新注』明治書院、1958。

3　小岛宪之「上代詩の表現：懐風藻をめぐって」『香椎潟』第 8 号、1962 年 12 月、7-8 頁。

　　然而，小岛宪之很快就推翻了自己的这一观点，其契机据说是受吉川幸次郎启发。1964年日本古典文学大系本《怀风藻》付梓，作为校注者的小岛宪之在随书出版的《月报》中，执笔《校注者的一言半语》一文，文章指出："吉川博士最新提出了一种观点，认为这首诗是以和蕃公主为背景而作。据《唐书》《唐会要》中记载的数十名和亲公主来看，与弁正滞唐时间吻合者，唯有景龙三年（709）[1]嫁入吐蕃的金城公主。弁正应该是亲睹了金城公主入蕃和亲的情景，有感于公主的悲哀命运，遂将自己的感想入诗赠予'朝主人'。"[2]

　　小岛宪之首次将《与朝主人》与"金城公主和蕃"联系起来，为该诗的研究打开了一个新局面。言及"金城公主和蕃"，不能忽略的巨大存在就是《全唐诗》《文苑英华》中收录的"送金城公主适西蕃应制诗"群（详见本节附录）。据《旧唐书》等史料载，唐中宗极为疼爱金城公主，曾亲率文武百官送公主入蕃，一直送至始平（今陕西兴平）。[3] "帝（中宗）悲泣歔欷久之，因命从臣赋诗饯别"，[4] 以修文馆大学士[5] 李峤为首的众文臣作应制诗送公主。宋代李昉等编纂的

1　小岛宪之认为金城公主是在709年入蕃和亲，但中国史学界一般认为是710年（吐蕃是709年十一月前来迎娶，金城公主是710年正月出嫁），本文采用"710年入蕃和亲"之说。

2　小島憲之「校注者から一言を」小島憲之校注『懐風藻』月報、岩波書店、1964、9頁。

3　《旧唐书》卷七《中宗本纪》景龙四年（710）春正月己卯，"幸始平，送金城公主归吐蕃"（第149页）。

4　(宋)王钦若《册府元龟》卷九七九："（景龙四年正月）己卯，幸始平县，以送金城公主。辛巳，设帐殿于百顷泊侧，引王公宰臣及吐蕃使入宴，中坐。酒阑，命吐蕃使进前，谕以公主驭幼。割慈远嫁之日，帝悲泣歔欷久之，因命从臣赋诗饯别。"（中华书局，1960，第11499页）

5　《唐诗纪事》卷九记载："初，中宗景龙二年，始于修文馆置大学士四员，学士八员，直学士十二员，象四时、八节、十二月。于是李峤、宗楚客、赵彦昭、韦嗣立为大学士，〔李〕适、刘宪、崔湜、郑愔、卢藏用、李乂、岑羲、刘子玄为学士，薛稷、马怀素、宋之问、武平一、杜审言、沈佺期、阎朝隐为直学士。又召徐坚、韦元旦、徐彦伯、刘允济等满员。其后被选者不一。凡天子飨会游豫，唯宰相及学士得从……帝有所感，即赋诗，学士皆属和，当时人所钦美。然皆狎猥佻佞，忘君臣礼法，惟以文华取幸。若韦元旦、刘允济、沈佺期、宋之问、阎朝隐等，无他称。"〔(宋)计有功著，王仲镛校笺《唐诗纪事校笺》，巴蜀书社，1989，第208页〕

《文苑英华》卷一七六记载了十七人所作的"送金城公主应制诗"（详见附录"送金城公主适西蕃应制诗群"）。这些诗同样散见于清代彭定求等编定的《全唐诗》中，以《奉和送金城公主入西蕃应制》或《奉和送金城公主适西蕃》为题，诗作达十八首之多。[1]

金城公主入蕃的景龙四年（710），弁正入唐已有七八年之久。据弁正传记，他与唐朝皇族交游甚密，不难推测其接触到"应制诗群"的可能性极高。因此，日本学界对这首诗的研究很快便转向与"应制诗群"的比较研究上，并重点阐述了既往注释本争议较大的几个问题。如高润生论文[2]不仅明确了诗中所涉人物的身份——"朝主人"即弁正所居舍馆内朝姓主人，"今汉主"指金城公主和蕃时在位执政的唐中宗，"北塞人"则指远嫁的金城公主，还对既往注释本关于"戎蕃"的模糊解释提出批判。高文指出，诗歌首句中的"戎蕃"，并不是诸注释本所说的泛指"夷"，而是金城公主和蕃地"西蕃"的别称。笔者查阅唐代涉西蕃史料，以为高氏观点颇为精准，下文便不再做续貂之举。然而，这首诗究竟作于何时、何地，以及缘由如何等问题，高氏一文并未详述。另外，高文推翻了既往注释本将"琴歌马上怨"注为"写昭君事"的做法，认为是"写金城公主事"，笔者以为这一观点也值得商榷。

敦煌文献编号伯2555号写卷中，有一首题为《王昭君》（安雅词）的长诗，这首诗又见于伯2673与伯4944写卷，题下均注为"安雅词"。据任二北先生说："《王昭君安雅》乃五言四句古风十九首，托昭君自述，非歌辞。"又云："安雅，体名不详。"[3] 高国藩先生对"安雅，体名不详""非歌辞"提出异议，指出所谓"安雅"，即

1　《全唐诗》实则与《文苑英华》收录相同，皆为十七首，因有同一首诗分别系于崔日用和赵彦昭两人名下，故为十八首。本稿所引该应制诗文本，均出自《文苑英华》卷一七六《诗·应制九》送公主十七首。后文相同，恕不赘述。

2　高潤生「懐風藻と中国文学——釈弁正『与朝主人』詩考」『皇学館論叢』第27巻第5号、1994年10月、26-31頁。

3　任半塘：《唐声诗》（下编），上海古籍出版社，2006，第196页。

为"安国的雅乐",安国是古西域城国,"安国乐"为胡声之一,历来见载于《隋书》《新唐书·礼乐志》等史书。[1]因此,敦煌"安雅词"应是配合安国雅乐曲调来唱的歌词,今曲调已散佚,只在敦煌写卷中留下这一首《王昭君》安雅词。

《王昭君》安雅词实为十九首四句五言诗组成的叙事长诗,以昭君与汉帝对答的方式展开情节,跌宕地叙述了昭君"二八进王宫,三十和远戎"的起因与过程。原诗较长,暂且不录全文,仅取第十四首描写昭君出塞时的悲壮场景为例。

> 来者请行行,前驱以抗旌。
> 琵笆(琶)马上曲,杨柳塞辕(原)情。[2]

这里描写昭君出塞的场景,重点突出了"琵琶""马上""曲""杨柳"等要素,这些要素在弁正诗句"琴歌马上怨,杨柳曲中春"中被原样继承或化用,甚至诗句结构、主题也完全一致。如果安雅词诚如敦煌写卷研究者所考证,产生于初唐之时,且有在民间大量流传的迹象,[3]那么弁正诗歌化用安雅词,则可视为敦煌文学影响中原文学乃至东亚文学的又一例证。事实上,敦煌文献与日本奈良平安朝文学的关系极为密切,日本学者对万叶歌人山上忆良与敦煌文献的研究,[4]国内学者利用敦煌文献研究成果对《万叶集》中的汉文训

1　高国藩:《敦煌本王昭君故事研究》,《敦煌学辑刊》1989 年第 2 期,第 49~59 页。

2　采用柴剑虹校录本。柴剑虹:《敦煌唐人诗文选集残卷(伯 2555)补录》,《文学遗产》1983 年第 4 期,第 146~154 页。

3　高国藩认为:"诗内有'二八进王宫'句,二八佳龄婚配是初唐的婚俗观,因为唐太宗规定,男二十,女年十五以上才能'申以婚媾,令其合好'(《唐会要》卷八三)……故此安雅词,恐系初唐产生,也可说它是唐代前期出现的民间诗歌。"(详见高国藩《敦煌本王昭君故事研究》,《敦煌学辑刊》1989 年第 2 期)

4　菊池英夫「山上憶良と敦煌遺書」『國文學:解釈と教材の研究』第 28 巻第 7 号、1983 年 5 月、50-57 頁;辰巳正明「山上憶良と敦煌詩——九相観詩との関係から」『国語と国文学』第 87 巻第 7 号、2010 年 7 月、1-14 頁。

解进行考证，[1] 都说明了敦煌文献在中日古典文学比较研究中的重要意义。

如此说来，弁正诗句"琴歌马上怨，杨柳曲中春"应如诸注释本所言，是以昭君出塞的典故，来写金城公主和蕃的情景。另外，弁正诗最后一句"唯有关山月，偏迎北塞人"，显然是对南朝诗人陈昭《明君词》末句"唯有孤明月，犹能远送人"[2] 的化用，陈昭此诗描写昭君对故国的留恋，以衬托其在胡地之孤寂，可见弁正对昭君题材诗文之熟悉。这么说来，弁正则是将昭君题材引入日本文学的第一人。平安时代，悲叹昭君远嫁的汉诗突然激增，《文华秀丽集》收录有嵯峨天皇御制诗《王昭君》，以及四首随和之作《奉和王昭君》。《和汉朗咏集》分类收诗时，甚至专辟一类以"王昭君"命名。《源氏物语》《平家物语》中也都有昭君故事，吟咏昭君出嫁异国的悲情如此便化为日本古代文学的独特主题，[3] 而这一主题的起点，则是弁正《与朝主人》一诗。

那么重复前面的问题，弁正该诗究竟作于何时、何地？是为何而作？

既往研究中有一种观点，认为这首诗应作于阿倍仲麻吕到长安之后，即唐开元五年（717）九月后所作。其主要理由为：从该诗题《与朝主人》得解，"朝主人"应指阿倍仲麻吕。盖因仲麻吕唐名"晁衡"，"朝"即"晁"也，既然诗题意为"赠与晁衡"，那么这首诗必然是作于仲麻吕到长安且与弁正会面之后。[4]

---

1 王晓平：《敦煌文学文献与〈万叶集〉汉文考证》，《中国文化研究》2004 年冬之卷，第 119~123 页；王晓平：《敦煌书仪与〈万叶集〉书状的比较研究》，《敦煌研究》2004 年第 6 期，第 76~80 页。

2 （宋）郭茂倩：《乐府诗集》卷二九《相和歌辞四》，中华书局，1979，第 434 页。另，这首诗又疑为南北朝诗人阴铿所作《昭君怨》。

3 阿部泰记：《中日王昭君故事中的通俗文艺思想》，《三峡论坛》2010 年第 4 期，第 32~34 页。

4 小島憲之『上代日本文學と中國文學：出典論を中心とする比較文學の考察』（上）塙書房、1988、143 頁。

　　这一说法值得商榷。首先可以肯定的是,《与朝主人》一诗应创作于金城公主和蕃的唐景龙四年（710）之后。另外，阿倍仲麻吕到达长安时，已是唐开元五年九月，即使很快能与弁正见面，此时距离金城公主和蕃也已经过去了七年有余，这次事件在长安城引起的震撼与骚动恐怕已经微乎其微，如果弁正真要以唐长安城的"新闻"赋诗赠与阿倍仲麻吕，玄宗即位时的种种宫廷政变，似乎更有"时效性"和"新闻感"，弁正有什么必要非选择"金城公主和蕃"这件"旧闻"大书特书？

　　还有一种观点认为这首诗作于玄宗登基之后，证据是《怀风藻》附弁正僧传言其"颇受玄宗赏遇"，说明弁正与唐玄宗私交甚密，那么诗句"神明今汉主，柔远静胡尘"中的"今汉主"，应该指唐玄宗李隆基。基于这条理由，诸多论者指出诗题《与朝主人》中"朝"作"朝堂"解，则弁正赠诗对象的"朝主人"应指"唐玄宗"。[1]

　　这一观点也不无可疑。因为"神明今汉主，柔远静胡尘"一句，很显然是在称颂主张和亲政策的皇帝"神明"，鉴于主张和亲的是唐中宗，而中宗朝对睿宗一系颇存忌惮，作为睿宗之子的玄宗，最后通过政变推翻了中宗一系的统治，因此很难想象弁正将此次和亲赋而成诗赠予玄宗。

　　以上不惮辞费，仅是为了说明如下观点：尽管很难断言《与朝主人》一诗具体作于何时，但至少可以肯定其上限时间应不早于金城公主入蕃的景龙四年（710），下限时间则不晚于唐玄宗登基的先天元年（712）。这样一来，也比较符合一般的逻辑，即诗歌的创作时间距离金城公主和亲事件不久，因而才会成为弁正取材赋诗的对象。

　　继续考证这首诗的创作地点，首先必须注意的一个重要史实

1　横田健一「『懐風藻』所載僧伝考」『關西大學文學論集』第8卷第4号、1958年3月、332頁。

是，该诗与“应制诗群”的遇合。金城公主适西蕃时，朝官皆随侍中宗设饯别宴于咸阳始平县，这些产生于同一时间、地点的应制诗，多采用寓情于景的手法，描述离别场景，因此呈现出丰富的地理景观，但这些景观在弁正诗中并没有出现。

首先，应制诗群多以宴会召开的自然环境起笔，铺设饯别的气氛。如张说诗句“春野开离宴，云天起别词”，说明了“应制诗群”创作的时间和地点，即春天的郊外，这与金城公主适西蕃相关史料完全相符。另外，应制诗群中关于地理环境的描写，与饯行场景、皇家仪仗的大量描写杂糅在一起，如刘宪“外馆逾河右，行营指路岐”，韦元旦“军容旌节送，国命锦车传”，极言持节送行阵容的威武壮观。吐蕃对这次和亲也极为重视，派出多达千余人的迎亲使团，并特地在悉结罗岭凿石行车。苏颋“帝女出天津，和戎转罽轮”一句，即说明有毛毡帷帐的车“罽轮”来迎接的史实。

其次，在应制诗群制作现场，肩负唐蕃和好使命的金城公主，无疑是万众瞩目的中心，应制诗人以公主所乘锦车为中心，不惜华词丽藻极力歌颂，继而抒发离别之情。如唐远悊“龙笛迎金榜，骊歌送锦轮”、武平一“日斜征盖没，归骑动鸣銮”，李峤“汉帝抚戎臣，丝言命锦轮”、刘宪“旌旆羌风引，轩车洪水随”、薛稷“月下琼娥出，星分宝婺行”、徐坚“关塞移朱额，风尘暗锦轩”、崔日用“六龙今出饯，双鹤愿为歌”、李适“烛有琼箫去，悠悠思锦轮”、武平一“日斜征盖没，归骑动鸣銮”、唐远悊“龙笛迎金榜，骊歌送锦轮”等，在这些诗句中“锦车”“锦轮”“轩车”“鸣銮”“锦轩”等词反复出现，烘托出了送别的现场感。

然而，弁正《与朝主人》一诗，与应制诗人身临其境的现场书写不同，首先具有时间上的滞后性，其次书写的地点也不在送别现场，因此全诗没有实写金城公主车驾的远去，其起句“钟鼓沸城阙，戎蕃预国亲”，显然也是从长安城内入笔。随之引发的第三个问题是，这首诗为何而作？笔者不打算纠缠于诗题所指的“朝主人"身份，这点学界已经讨论得足够充分了，我们不妨在送金城公主的应制诗群中寻找弁正写诗的动机。

据武平一《景龙文馆记》载，中宗朝是应制诗创造的高潮期。中宗每到一个地方，都有大量应景的应制诗创作，但不能简单地将这些应制诗看作单纯的文学创作，而要明确其背后强烈的政治意图。比如中宗至荐福寺的应制诗，因荐福寺原为中宗旧宅，所以关于荐福寺的应制诗都带有强烈的政治宣示目的。[1]"金城公主和蕃应制诗群"正是创作于这一大背景之下，这些出自修文馆学士之手的应制诗，行诗套路、笔法与中宗朝诸多的应制诗不无相近。如"应制诗群"多称颂中宗的和亲政策，认为公主的和蕃定能收到积极效果。但与"应制诗群"相比，弁正此诗的政治色彩并不突出，毋宁说更多是作为旁观者的描述，以及基于自身体验而发的感悟，是要借他人之酒杯，浇自己之块垒，如诗歌以"唯有关山月，偏迎北塞人"收尾，正是用乐府横吹曲名"关山月"来抒发自己的去国离乡之哀愁。

《关山月》本是魏晋以来新兴的横吹八曲之一，《乐府诗集》卷二三云："《乐府解题》曰：《关山月》，伤离别也。古《木兰诗》曰：万里赴戎机，关山度若飞……按相和曲有《度关山》，亦类此也。"据此可知《关山月》主题为抒发离别之情，其题名源于《木兰诗》。南北朝诗人多以月亮的视觉形象为中心，以咏物诗的笔法来处理"关山月"怀乡题材，唐人诗歌则开启了以边地苦寒之景、思乡之愁为抒情重心，将"月"后退为背景的创作模式。[2]弁正诗尾句显然是继承初唐以来"关山月"抒情模式的新变——见月思乡、望月怀人，"偏迎北塞人"之"迎"，将抒情触角转向内，转而抒发自己的心境，这是应制诗群所没有的，也是最能体现弁正"日本客"身份

1　王殊宁：《唐景龙年间修文馆学士考略》，《社会科学论坛》2006 年第 7 期，第 153~155 页。

2　阎福玲：《横吹曲辞〈关山月〉创作范式考论》，《河北师范大学学报》（哲学社会科学版）2005 年第 2 期，第 45~52 页。

的地方。释清潭认为，"今弁正远离日本寄居禹域，其情感上难忘故
土山河，而关山月却只迎接归来的北塞人，相形之下日本来客无人
迎接。自己在他国的孤独感、寂寞感无以言表。"[1] 据史料来看，这种
表述大概是不会错的，生活在盛唐长安的弁正，尽管颇受唐玄宗赏
遇，但在故去之前，仍坚持送次子朝元代自己回日本，足见其怀乡
情思之深。[2] 与应制诗群重点表现离别场景、借机抒发对夷狄的态度
相比，弁正诗歌更倾向于借彼之事、抒己之情，借此抒发同为"天
涯沦落人"的思乡悲愁。这种乡愁，在弁正《在唐忆本乡》一诗中
表现得更为鲜明。

《在唐忆本乡》诗考

《在唐忆本乡》

日边瞻日本，云里望云端。

远游劳远国，长恨苦长安。[3]

"日出之处遥望日本，却见白云飘渺；远游之人身处异国，唯有在
长安寄托思乡长恨。"这首诗披露了遣唐使在长安的思乡之苦，道
出了那一代遣唐使历经惊涛骇浪、九死一生，寄居异国无从还乡的
悲苦惆怅心境。诗题首先点明了诗歌创作的地点——"在唐"，创
作缘由——"忆本乡"，"本乡"为自称用语，是相对于"他乡"而
言，再次强调作诗地点在异域。"忆"有追溯感与方向感，与怀、
念、思这些静态动词不同，明显地带有一种情感的运动。至于创作
时间，由于缺乏直接证据，学界向来都是选取其他诗人材料作为参

1　释清潭『懐風藻新釈』、第40页。

2　川上富吉「秦忌寸朝元伝考」『大妻女子大学文学部紀要』第4号、1972年3月、2-12页。

3　小岛宪之校注『懐風藻 文華秀麗集 本朝文粋』佐竹昭広等编『日本古典文学大系 69』、98页。

考坐标。先行研究中有一种观点，以《怀风藻》收录道慈《在唐奉本国皇太子》诗为参照系，理由是弁正《在唐忆本乡》与道慈诗歌题目相似，故作如下推论：《在唐忆本乡》应作于在唐生活的日本遣唐使的某次聚会上，且这次聚会的目的大概是给即将归日本的道慈及弁正之子朝元送行，也即弁正这首诗作于唐开元六年（718）送遣唐使归国的饯别宴会上。[1]

　　这一观点恐怕很难成立。本质上讲，道慈和弁正都属于大宝二年（702）遣唐使，二人之间固然存在着显而易见的接触，但若仅以诗题相似作为立论依据，判断弁正《在唐忆本乡》与道慈《在唐奉本国皇太子》创作于同一场合，多少显得缺乏说服力。退一步讲，若是真以"诗题相似"为论据，比之道慈诗歌，《万叶集》第63首和歌《山上臣忆良在大唐时，忆本乡歌》岂不是更为接近？山上忆良和歌如下。

<blockquote>
诸公归日本，早作故乡人。
遥想御津岸，滨松待恋频。[2]
</blockquote>

　　选取忆良和歌而非其他，其理由之一，二者诗题中都出现了"在唐""忆本乡"，即都点明了创作的时间和缘由。理由之二，弁正、山上忆良、道慈都是同期入唐的遣唐使，但若论诗歌内容，弁正与山上忆良均为抒去国离乡之情，唯有道慈诗歌为日本皇太子歌功颂德。理由之三，弁正和山上忆良作品中都出现了"日本"国号，这无论在《怀风藻》还是《万叶集》，甚至整个日本上代文学

1　胡志昂「最盛期の遣唐使を支えた詩僧·釈弁正」『埼玉学園大学紀要』第9号、2009年12月、358-345頁。

2　这首和歌在国内有多种译本，本稿选用杨烈先生五言诗体译文，日文和歌原文："去来子等　早日本邊　大伴乃　御津乃濱松　待戀奴良武（訓読：いざ子ども早く日本へ大伴の御津の浜松待ち恋ひぬらむ）。"《万叶集》，杨烈译，第18页。

中都是首次出现。这两首作品是如此相似，以至于经常被混淆。国内学者如钱稻孙先生，在注释《万叶集》山上忆良这首和歌时，曾误将弁正《在唐忆本乡》注释为山上忆良在唐时所作。[1]考虑到上述三种理由，在没有确凿的否定材料之前，先以山上忆良和歌为间接材料，做这样的处理，虽说不中恐亦不远。

山上忆良作为最有影响力的万叶歌人，关于其和歌的注释与研究自古即盛。又兼《山上臣忆良在大唐时，忆本乡歌》是《万叶集》中唯一一首在日本境外所作和歌，故极引人注目。中西进通过考证山上忆良在长安的生活，指出忆良大约是在日本庆云年间（704~708）归国，[2]即随庆云元年（704）归国的粟田真人使节船或庆云四年（707）归国的巨势邑治使节船，而这首和歌很有可能是在他临发长安之际所作。[3]这一结论如果可靠的话，那么弁正《在唐忆本乡》诗创作的时间，恐不会晚于巨势邑治回日本的庆云四年。

此外，以山上忆良和歌为参考轴引发的另外一个重要问题是，二人在唐诗作很有可能为"日本"国号登场时间这一公案提供"以诗证史"的佐证。关于"日本"国号最初使用的时间问题，学界观点大致可分为六种：推古朝说、孝德朝说、齐明朝说、天智朝说、七世纪后半说、八世纪初说。关于诸观点的合理性及问题点，增村宏和大和岩雄在其著作中都有详细论述，[4]其中又以支持"七世纪后半说""八世纪初说"为最多。所谓"七世纪后半说"，即认为由"倭"改为"日本"是在七世纪末八世纪初，也即天武天皇（672~686）时期。"八世纪初说"认为"日本"这一国号应该出现在《大宝律令》（701）制定的前后一段时间，而大宝二年（702）的遣

1 钱稻孙:《万叶集精选》，中国友谊出版公司，1992，第33~34页。
2 中西進『山上憶良』河出書房新社、1973、188-189頁。
3 金伟译本《万叶集》中对这首和歌注释为："此歌该为出发前的宴席上所咏。"这一说法值得商榷（参考《万叶集》，金伟、吴彦译，人民文学出版社，2008，第43页）。
4 增村宏『遣唐使の研究』同朋舎、1988、12頁；大和岩雄『「日本」国はいつできたか：日本国号の誕生』六興出版、1985、7頁。

使是为了尽快将《大宝律令》中规定的新国号告知唐朝。如石上英一指出，天武持统朝的天皇号的成立，以及七世纪末日本国号的登场，使日本以一个新生的国家登上东亚舞台，而大宝度遣唐使担负的使命之一，就是将日本律令制国家的体制和"日本"这一新国号告知唐廷。[1] 井上亘从国号只有得到国际社会认定才有意义这一角度出发，通过批判通行的天武朝成立说，将"日本"国号的成立时间确定为大宝二年（702）。[2] 井上亘同时指出，"日本"这个国号本身只不过是根据"ひのもと"这个日语来表示"日出国"的意思而已，它是在与中国这个"外部"的紧张关系中被命名的。尤其是，这是日本朝廷在遭遇白村江战役大败之后，为了与"倭"诀别而策划出的新国号。

另外，中西进通过考证《万叶集》和歌中"日本"出现的场合和指代意义，"指出'日本'是包括忆良在内的藤原朝官人最初使用的"。[3] 吉田孝认为，山上忆良的和歌是首次成功地对中国自称"日本"，并得到承认后的遣唐使一行在回国前所开的宴会上所作和歌。[4] 河内春人也认为，弁正汉诗"是在一个类似文学沙龙的场合所作，意识到周围都是唐人，因此有意识地选择汉诗创作的结果"。[5] 山口博更是明确指出，忆良和歌作于回国时的离别宴会上，而弁正汉诗系同席吟咏之作，且弁正汉诗于公元733年由其子朝元带回日本。[6] 果真如此的话，弁正与山上忆良诗作中同时出现"日本"国号，便可以视为"日本"国号登场时间的重要史料，同时可证明那一代遣唐使面对"唐"这个巨大的他者，而萌生的自国意识。

1　参考石上英一「古代東アジア地域と日本」朝尾直弘編『日本の社会史 第1巻』岩波書店、1987、37頁。

2　〔日〕井上亘:《虚伪的"日本"：日本古代史论丛》，社会科学文献出版社，2012，第283页。

3　中西進『山上憶良』、183-186頁。

4　吉田孝『日本の誕生』岩波書店、1997、2-3頁。

5　河内春人「日本国号の由来と来歴」『歴史地理教育』第735巻第10号、2008年10月、73頁。

6　山口博『万葉集の誕生と大陸文化：シルクロードから大和へ』角川書店、1996、73頁。

以迁都平城京为开端，日本正式进入奈良时代。这一时期，随着遣唐使派遣规模的壮大及汉文化的深度影响，日本确立了以天皇制为中心的律令国家体制，并模仿长安城在奈良盆地营造平城京。关于平城京营造的思想，《续日本纪》和铜元年（708）二月戊寅条迁都诏书有载："然则京师者，百官之府，四海所归。"这与《续日本纪》神龟元年（724）十一月条"亦有京师，帝王为居，万国所朝"是相通的。由此可见，平城京不仅是天皇所居之都、日本国内政治统治的中心，也是"万国"朝贡的中心，[1]是与长安相媲美的"东夷小帝国"之都。[2]八世纪日本的这种国家意识为奈良朝文人所共有，这点在《怀风藻》整部诗集中都表现得非常鲜明。当时的皇族官吏、贵族文人在平城京内频开酒宴，通过汉诗酬唱歌颂天皇仁政、赞美海内升平，尤其是在接见各国使节的公宴上，汉诗唱和不仅具有国际文化交流的作用，汉诗水平的高低更是与国家威严联系在一起，成为文化外交的重要手段。[3]遗憾的是，目前学界关于"日本"国号的研究中，类似《怀风藻》《万叶集》这种文学史料，并没有受到足够的重视，尽管有许多学者已经注意到了这些材料的存在，却因为文学的虚构性而拒绝将其作为史料。如奥间德一在论述中尽管提到了弁正的汉诗，却认为这"仅仅可以推测一些文人学者在非正式的场合使用日本国号，正式的经官方认可的使用记载，除编纂《日本书纪》之外其他的论据都不能称为史实"。[4]笔者以为这种说法值得商榷，因为在奈良时代，作为遣唐使或入唐僧进入长安的，都是在日本政治、法制、文化等某一方面极具影响力的人物，绝非普通文人学者可比拟，一般而言，这些担负着外交使命的遣唐

1　石母田正『日本古代国家論　第1部』岩波書店、1973、330-348 頁。

2　小林茂文「藤原京の造営思想と天皇制」『史學』第 77 巻第 2、3 合併号、2008 年 12 月、197-207 頁。

3　波戸岡旭「八世紀─日本人の国際感覚──『懐風藻』の世界から」『國學院雜誌』第 103 巻第 11 号、2002 年 11 月、158-171 頁。

4　奥間徳一『大日本国号の研究』大同館書店、1935、7 頁。

使诗人，绝不可能在未经官方同意的情况下，在另外一个国家随意使用"日本"国号。

　　因此，弁正《在唐忆本乡》一诗也不尽是抒发思乡之情，而是自有其特殊的政治含义。如弁正在诗中一方面抒发对本乡"日本"的思念，另一方面却渲染"长恨苦长安"之叹。小岛宪之指出，弁正诗中"长恨苦长安"与《世说新语》"长安日远"[1]典故的关系，[2]这一典故在后世文人的化用中逐渐套语化，即以"日"与"长安"的空间隐喻，来揭示自己渴望入京博取功名或离京淡泊归隐的政治理想。如王勃"望长安于日下，目吴会于云间"（《滕王阁序》）、"去去如何道，长安在日边"（《白下驿饯唐少府》），杜审言"长安遥向日，宗伯正乘春"（《泛舟送郑卿入京》），等等。然而，稍事追溯，则会发现弁正化用"长安日远"而产生的"苦长安"之叹，与初唐诗人通过"长安日远"抒发魏阙之思的内涵稍有不同。

　　长安作为都城，经历代王朝之沿革，至唐代作为李唐王朝君临天下的首善之区，其政治地位趋于顶峰，繁华富庶在世界上亦绝无仅有，兼之唐代以诗取士科举制度的发达，给出身低微的文人士子带来实现仕途理想的可能，因此唐代文人的魏阙之思最终都指向了帝都长安。因之唐代诗人笔下长安的"远"与"近"，则内括着诗人和唐朝皇权的心理距离，离长安的惆怅或者往长安的欣喜，其实折射的都是同一种心理，即渴望被皇权赏识并高居庙堂的政治理想。

　　然而，弁正诗歌中的"日"并非喻指长安，而是指代故国日本。《隋书·倭国传》云："大业三年（607），其王多利思比孤遣使

1　《世说新语》卷中《夙慧》载："（晋元帝）因问明帝：'汝意谓长安何如日远？'答曰：'日远。不闻人从日边来，居然可知。'元帝异之。明日，集群臣宴会，告以此意，更重问之。乃答曰：'日近。'元帝失色，曰：'尔何故异昨日之言邪？'答曰：'举目见日，不见长安。'"〔（南朝宋）刘义庆撰，徐震堮著《世说新语校笺》，中华书局，1984，第 323 页〕

2　小岛宪之『上代日本文学と中國文学：出典論を中心とする比較文学の考察』（上）、143 頁。

朝贡。使者曰：'闻海西菩萨天子重兴佛法，故遣朝拜，兼沙门数十人来学佛法。'其国书曰'日出处天子致书日没处天子无恙'云云。帝览之不悦，谓鸿胪卿曰：'蛮夷书有无礼者，勿复以闻。'"[1]《旧唐书》卷一九九《日本国传》云："或曰：倭国自恶其名不雅，改为日本。"[2]《新唐书·日本传》云："咸亨元年（670），遣使贺平高丽。后稍习夏音，恶倭名，更号日本。使者自言，国近日所出，以为名。"[3]由此可见，"日本"国号的出现，本身就是文化边鄙心态的产物，日本希望通过改名，达到重新构建自我认同的目的。因此对日本遣唐使而言，"日"与"日本国"是一体的、同质的，这与唐人以"日"喻指长安是不同的。

日本遣唐使中多有习文者，比如唐长安三年（703）来使的朝臣真人，"好读经史，解属文"，[4]弁正也是如此。熟悉中国典籍的遣唐使，一方面沉浸于中华文化的博大精深之中，用其标准来衡量修正自身文化的鄙恶；另一方面，面临着中华文化这一强大他者的存在，又在诗作中不由自主地表现出哀怨微妙的感情。前者从"日边瞻日本，云里望云端"表现出来，后者却在"长恨苦长安"一句中透露出来。如此一来，诗歌最后便将遣唐使苦于作为他者、过客的边鄙心态，写得历历在目，其愁之不可销，令人扼腕。

1　《隋书》卷八一《倭国传》，中华书局，1973，第1827页。
2　《旧唐书》卷一九九《日本国传》，第5340页。
3　《新唐书》卷二二〇《日本传》，中华书局，1975，第6208页。
4　《旧唐书》卷一九九《日本国传》："长安三年，其大臣朝臣真人来贡方物。朝臣真人者，犹中国户部尚书，冠进德冠，其顶为花，分而四散，身服紫袍，以帛为腰带。真人好读经史，解属文，容止温雅。则天宴之于麟德殿，授司膳卿，放还本国。"（第5340~5341页）

附录

送金城公主适西蕃应制诗群[1]

（1）奉和圣制送金城公主适西蕃应制·李峤

汉帝抚戎臣，丝言命锦轮。还将弄机女，远嫁织皮人。
曲怨关山月，妆消道路尘。所嗟秾李树，空对小榆春。

（2）同前·崔湜

怀戎前策备，降女旧姻修。箫鼓辞家怨，旌旃出塞愁。
尚孩中念切，方远御慈流。顾乏谋臣用，仍劳圣主忧。

（3）同前·刘宪

外馆逾河右，行营指路岐。和亲悲远嫁，忍爱泣将离。
旌旆羌风引，轩车汉水随。那堪马上曲，时向管中吹。

（4）同前·张说

青海和亲日，潢星出降时。戎王子婿宠，汉国旧家慈。
春野开离宴，云天起别词。空弹马上曲，讵减凤楼思。

（5）同前·薛稷

天道能殊俗，深仁乃戢兵。怀荒寄赤子，忍爱鞠苍生。
月下琼娥去，星分宝婺行。关山马上曲，相送不胜情。

（6）同前·阎朝隐

甥舅同亲地，君臣厚帝乡。还将贵公主，嫁与傿檀王。
卤簿山川间，琵琶道路长。回瞻父母国，日出在东方。

1　引用诗歌皆出自《文苑英华》卷一七六《诗·应制九》，第860~861页。

（7）同前·苏颋

帝女出天津，和戎转毂轮。川经断肠望，地与析支邻。
奏曲风嘶马，衔悲月伴人。旋知偃兵革，长是汉家亲。

（8）同前·韦元旦

柔远安夷俗，和亲重汉年。军容旄送国，节命锦车传。
琴曲悲千里，箫声恋九天。唯应西海月，来就掌中圆。

（9）同前·徐坚

星汉下天孙，车服降殊蕃。匣中词易切，马上曲虚繁。
关塞移朱额，风尘暗锦轩。箫声去日远，万里望河源。

（10）同前·崔日用

圣后经纶远，谋臣计画多。受降追汉策，筑馆许戎和。
俗化乌孙垒，春生积石河。六龙今出饯，双鹤愿为歌。

（11）同前·郑愔

下嫁戎庭远，和亲汉礼优。笳声出虏塞，箫曲背秦楼。
贵主悲黄鹤，征人怨紫骝。皇情眷亿兆，割念俯怀柔。

（12）同前·李适

绛河从远聘，清海赴和亲。月作临边晓，花为度鸟春。
主歌悲顾鹤，帝策重安人。独有琼箫去，悠悠思锦轮。

（13）同前·马怀素

帝子今何去，重姻适异方。离情怆宸掖，别路绕关梁。
望绝园中柳，悲躔陌上桑。空余怨黄鹤，东顾忆回翔。

（14）同前·武平一

广化三边静，通姻四海安。还将膝下爱，特副域中欢。

圣念飞玄藻，仙仪下白兰。日斜征盖没，归骑动鸣鸾。

（15）同前·徐彦伯

凤宸怜箫曲，銮闱念掌珍。虏庭遥作馆，汉策重和亲。

星转银河夕，花移玉树春。圣心栖送近，留眄望征尘。

（16）同前·唐远悊

皇恩眷下人，割爱远和亲。少女风游兑，姮娥月去秦。

龙笛迎金榜，骊歌送锦轮。那堪桃李色，移向虏庭春。

（17）同前·沈佺期

金榜挨丹掖，银河属紫阍。那堪将凤女，还以嫁乌孙。

玉就歌中怨，珠辞掌上恩。西戎非我匹，明主至公存。

三　藤原宇合的都城意识与国家观

　　藤原宇合是奈良初期政坛核心人物，赠太政大臣藤原不比等第三子。长屋王政权倒台之后，藤原宇合与其兄藤原武智麻吕、藤原房前及其弟藤原麻吕均列卿台阁，并称"藤原四子"，成为奈良政坛真正的执牛耳者。灵龟二年（716），年仅二十三岁[1]的藤原宇合以"正

1　关于藤原宇合的年龄问题，学界一直存在争议。契冲在《万叶代匠记》中提出宇合"生于天武十三年（684），卒年五十四岁"，这一说法遭到普遍质疑。如泽泻久孝指出《代匠记》的五十四岁之说并无文献可考，实在可疑，我等恕难从之。大野保认为宇合应为"持统八年（694）生，卒年四十四岁"，参考大野保「『宇合』年齢考」『国文学研究』第58号、1976年2月、81-98页。本书欲以学界普遍赞同的"四十四岁"之说为基础。

六位下"身份被任命为遣唐副使时，其政治地位并不算高。然而宇合得其父偏爱，被委以考察唐朝政治制度之重任，并仿唐制在日本建立按察使制度，以促进日本律令制体系的完善，这在很大程度上得益于他高深的汉文学修养。利光三津夫在考察宇合的生平时曾指出："据《怀风藻》所收录汉诗，或《万叶集》所收和歌来看，宇合无疑是藤原不比等四子中，最富文才的人选"。[1]《尊卑分脉》"宇合传"记载其"器宇弘雅。风范凝深。博览坟典。才兼文武矣。虽经营军国之务。特留心文藻。天平之际，尤为书翰墨之宗。有集二卷"。由此可知，宇合不但是一位军事人才，还是奈良朝的"翰墨之宗"。《怀风藻》现收录藤原宇合汉诗六首，是整部诗集中收录诗歌数最多的诗人。《万叶集》存其和歌六首,《经国集》录赋作《枣赋》一首，另有《家集》二卷失传，这些足见藤原宇合作为奈良朝一流文人的实力。

　　目前日本学界关于藤原宇合的研究，大致可分为四个方面:（1）宇合生平考证的研究；[2]（2）八世纪日本政治史中藤原宇合的地位与影响；[3]（3）宇合汉诗文对中国典籍的受容研究；[4]（4）宇合与《常陆国风土记》编纂之间的关系研究。[5] 本节拟以《怀风藻》所收藤

1　利光三津夫「藤原宇合と大和長岡」『法学研究』第 40 巻第 4 号、1967 年 6 月、105 頁。

2　参考大野保『『宇合』年齢考』『国文学研究』第 58 号、1976 年 2 月、81-98 頁；金井清一「藤原宇合年齢考」『万叶詩史の論』笠間書院、1984；関隆司「藤原宇合私考」(1)『高岡市万叶歴史館紀要』第 11 号、2001 年 3 月、44-52 頁。

3　参考利光三津夫「藤原宇合と大和長岡」『法学研究』第 40 巻第 4 号、1967 年 6 月、97-110 頁；木本好信「藤原四子体制と宇合：宇合像の再検討」『古代文化』第 44 巻第 1 号、1992 年 1 月、25-35 頁；木本好信「石上朝臣氏と藤原式家 (1)：石上乙麻呂と藤原宇合・広嗣」『米沢史学』第 10 号、1994 年 11 月、1-14 頁。

4　参考松浦友久「藤原宇合『棗賦』と素材源としての類書の利用について」『国文学研究』第 27 号、1963 年 3 月；土佐朋子「藤原宇合『在常陸贈倭判官留在京』詩の論」『和漢比較文学』第 40 号、2008 年 2 月、42-56 頁；土佐朋子「藤原宇合の辺塞詩」『東京医科歯科大学教養部研究紀要』第 42 巻、2012、1-11 頁；高田宗平「藤原宇合の『論語』受容：「懐風藻」所載藤原宇合詩序二篇を手がかりとして」『アジア遊学』第 152 号、2012 年 5 月、79-90 頁。

5　参考秋本吉郎「九州及び常陸国風土記の編述と藤原宇合」『国語と国文学』第 32 巻第 5 号、1955 年 4 月；井上辰雄「『常陸国風土記』編纂と藤原氏」『古代中世の政治と地域社会』雄山閣、1986。

原宇合汉诗为例，以奈良朝政治外交为背景，通过探讨宇合诗中与
"都"相关语丛的汉籍出典问题，来探讨宇合及整个奈良朝贵族都
城意识的产生，及其背后所折射的对唐观和国家观。

关于"都"的词语

据岸俊男考察，日本关于"京"的概念的成立应在天武朝
（672~686）末期，尤其是以藤原京的形成为开端，作为模糊概念的
"ヤマトのミヤコ"与作为行政区且具有一定京域范围的"京"始自区
别开来。另外，岸俊男将天武朝作为分水岭的另一个理由是，《日本
书纪》"天智纪"以前的记载中，"宫""京""都"等概念处于一种
混用状态，并没有严格的区分；而天武五年（676）以降，"京"开
始特指具有一定京域范围且与"畿内"并称的行政区。[1]

如果将考察的视野再放大一些，就会发现日本"京"的概念的
成立，与东亚都城时代的诞生时期是吻合的。妹尾达彦先生在《东
亚都城时代的诞生》一文中指出，六世纪末重新统一中国大陆的隋
王朝，建立了以大兴城为中心的新集权国家，是为都城时代的开
始。唐原封不动地继承了隋的都城，形成了以都城长安为中心的行
政城市网络，给毗邻地域带来了强烈的紧张感，从而促使了与唐对
抗的具有政治组织和外交机能的国家的建设，各国纷纷营造与唐
长安城相对抗的都城，将都城设计为与其他国家进行外交礼仪的舞
台，终于在七至八世纪迎来了东亚都城时代的诞生。[2]

活跃于东亚都城时代的藤原宇合，作为奈良朝的贵族军官，曾
于神龟三年（726）十月至天平四年（732）三月任知造难波宫知事，
专职难波宫的营造。《万叶集》收录《式部卿藤原宇合卿被使改造

1　岸俊男『日本古代宫都の研究』、11 頁。
2　妹尾达彦：《东亚都城时代的诞生》，载《唐史论丛》第 14 辑，陕西师范大学出版社，2012，
　　第 299~301 页。

难波堵之时作歌一首》。

> 昔日难波宫，人言田舍美。
> 而今改建都，颇有都城美。[1]

"昔日难波宫，不过鄙陋田舍，如今改建成都城，是何等气派壮哉！"通过这首和歌，当时难波宫改造的状况可见一斑，而宇合在歌中对难波宫的夸饰之情也溢于言表。与此相关的问题是，在奈良朝推崇汉诗的风尚下，汉诗创作能力不仅是必备的素养，更是与唐、新罗、渤海等东亚诸国交流的重要的外交手段。为了显示自己的汉学功底，奈良知识人在汉诗创作中极为重视化用汉籍中的典故，[2]而这些典故通常是以凝缩的词语为单位来表现的。宇合作为当时首屈一指的汉诗人，其汉诗中对于与皇权、政治、国家密切相关的平城京是如何表现的，值得我们思考。因此在分析藤原宇合的帝都意识之前，有必要考察其汉诗中与"京"相关的词语。

考察"京"有关的词语时，正如妹尾达彦先生所指出的那样，必须注意到"近代国家（国民国家 nationstate）与近代前国家（王国 realm）其都城的功能及象征性之间的根本差异"，以及由此产生的指代"都"时的不同的词语群。概而言之，"与近代前中国王都有关的词语有京师、京城、京、都、都城、王都、王城、京都、帝都等。而表示近代国家政权所在地的词语有首都、首府、国都等"。[3]近代前国家的王都大多衍生于大军阀的军事据点，君主存在于军阀之间势力均衡的基础上，虽为专制国家却并不等于由中央

---

1 《万叶集》卷三"杂歌0312"，杨烈译，第77页。
2 小岛宪之正是注意到了这一点，才提出以"出典论"为研究方法，对日本上代文学和中国文学进行比较文学研究的可能，并著有『上代日本文學と中國文學：出典論を中心とする比較文學の考察』上、中、下三卷，从理论和实践两方面证实了中日古典文学比较研究的可靠性。
3 妹尾達彦『長安の都市計画』講談社、2001、92-95頁。

政府统一行使权力的集权制国家。因此，"统治者通过将王都表现为天或神赋予正统性的都城以突出都的中心地位，并同时借助象征的力量来克服都城在军事力量集权上的弱势"。如此一来，近代前国家的王都与皇帝、贵族这些统治阶级及少数现有政权的既得利益者密切相关，庶民对王都的关心极为有限，这点与具有国民意识的近代国家市民有着天壤之别。换言之，对政权及王都有自觉意识的，不过是皇帝及其身边的军人、官僚或预备成为官僚的少数知识分子。[1]

具体到藤原宇合，《怀风藻》共收录宇合汉诗六首，分别是《暮春曲宴南池并序》《在常陆赠倭判官留在京并序》《秋日于左仆射长王宅宴》《悲不遇》《游吉野川》《奉西海道节度使之作》，其中与"都"相关的词语有"帝里""王畿""帝京""皇都"等，可以说他是整部《怀风藻》中歌颂王都最多的诗人，其诗句摘录如下。[2]

　　　ⅰ　帝里烟云乘季月，王家山水送秋光。沾兰白露未催臭，泛菊丹霞自有芳。(《秋日于左仆射长王宅宴》)

　　　ⅱ　驰心怅望白云天，寄语徘徊明月前。日下皇都君抱玉，云端边国我调弦。(《在常陆赠倭判官留在京并序》)

　　　ⅲ　夫王畿千里之间，谁得胜地。帝京三春之内，几知行乐。(《暮春曲宴南池》诗序)

首先看ⅰ中的"帝里"一词。小岛宪之在考察"帝里"的出典时，指出《晋书》王导传有"建康古之金陵，旧为帝里"。初唐王勃诗有"帝里寒光尽"(春日宴乐游园)、"帝里金茎去"(扶风昼届

1　北村優季「日唐都城比較制度試論」北村優季『平城京成立史論』吉川弘文館、2013。
2　本书引用《怀风藻》文本均出自小岛宪之校注本，后文恕不赘述。参考小岛宪之校注『懐風藻 文華秀麗集 本朝文粹』佐竹昭広等編『日本古典文学大系 69』。

离京浸远）等例子。[1] 据《怀风藻汉字索引》，[2] 整部《怀风藻》中"帝里"一词用例共有四处，在宇合诗外三例如下。

　　帝里浮春色，上林开景华。（百济和麻吕《初春于左仆射长王宅燕》）
　　帝里初凉至，神衿玩早秋。（藤原房前《七夕》）
　　近江惟帝里，禅叡寔神山。（麻田连阳春《和藤江守咏禅叡山先考之旧禅处柳树一之作上》）

　　其中藤原房前为藤原不比等次子，即宇合之兄，《怀风藻》中共收录藤原房前汉诗三首，其排列顺序紧邻宇合。诸注释本对于宇合、藤原房前、百济和麻吕诗句中的"帝里"都指奈良基本无异议。杉本行夫注释本特别指出麻田连阳春系百济国移民，其诗句中的"帝里"应指天智天皇时建都的大津。[3]

　　ii 和 iii 中的"皇都""帝京"等词，整部《怀风藻》中仅在宇合诗歌中出现过。作为遣唐副使的藤原宇合，曾亲睹唐长安城的盛况，这种记忆对于其汉诗中关于"京""都"的表现带来影响。下文将通过重点分析"皇都""帝京"的出典与关联文献，来探讨藤原宇合"都"意识的产生及其国家观。

"日下皇都"出典及其隐喻

　　整部《怀风藻》中"皇都"一词仅见于宇合《在常陆赠倭判官留在京并序》一诗。这首诗是远离帝京赴任常陆国的宇合，勉励怀

---

1 小岛宪之『上代日本文学と中国文学：出典論を中心とする比較文学の考察』（上）1279 頁。
2 辰巳正明『懐風藻漢字索引』、10 頁。
3 麻田连阳春，百济国朝鲜王准也之后，神龟中位列正八位、赐姓麻田连。见杉本行夫注訳『懐風藻』、246 頁。

才不遇的友人倭判官之作。整首诗由诗序和十八句七言诗构成，也是《怀风藻》中篇幅最大的作品之一。关于这首诗的文本分析，井实充史、[1]胡志昂、[2]土佐朋子[3]等学者的研究成果已相当丰富，鉴于篇幅关系，此处略去不谈。本节仅关注该诗句中的"日下皇都君抱玉，云端边国我调弦"一联，并试图在前学研究的基础上，探讨其出典及其寓意。

关于宇合诗中"皇都"一语的出典，小岛宪之将"皇都"与"日下"视为一个整体来考察，进而指出"日下皇都"与《世说新语》卷中《夙惠》"举目见日，不见长安"的派生关系。[4]这则典故在后世文人的化用中逐渐套语化，即以帝王比日，以皇帝所在地为"日下"，通过日与长安的空间隐喻，来揭示自己渴望入京博取功名或离京淡泊归隐的政治理想。如王勃"望长安于日下，指吴会于云间"（《滕王阁序》），"去去如何道，长安在日边"（《白下驿饯唐少府》）；李峤"将交洛城雨，稍远长安日"（《扈从还洛呈侍从群官》）；李白"南风一扫胡尘静，西入长安到日边"（《永王东巡歌》）；等等。

笔者以为，宇合诗句"日下皇都君抱玉，云端边国我调弦"，从句法构成来看与《世说新语》卷下《排调》的"云间陆士龙，日下荀鹤鸣"[5]更为接近，此处"云间"与"日下"相对，关于"日

1　井実充史「藤原宇合の不遇開陳の詩」『東洋文化』復刊第 75 巻 309 号、1995 年 9 月、9 頁。

2　胡志昂「奈良王朝の『翰墨之宗』——藤原宇合論」池田利夫・野鶴群芳『古代中世国文学論集』笠間書院、2002、33-63 頁。

3　土佐朋子「藤原宇合『在常陸贈倭判官留在京』詩の論」『和漢比較文学』第 40 号、2008 年 2 月、42-56 頁。

4　小島憲之『上代日本文学と中国文学：出典論を中心とする比較文学的考察』（上）、454-455 頁；（南朝宋）刘义庆撰，徐震堮著《世说新语校笺》卷中《夙惠》，第 322 页。

5　"荀鸣鹤、陆士龙二人未相识。俱会张茂先坐。张令共语。以其并有大才，可勿作常语。陆举手曰：'云闲陆士龙。'荀答曰：'日下荀鸣鹤。'陆曰：'既开青云睹白雉，何不张尔弓，布尔矢？'荀答曰：'本谓云龙骙骙，定是山鹿野麋。兽弱弩强，是以发迟。'张乃抚掌大笑。"
　　［（南朝宋）刘义庆撰，徐震堮著《世说新语校笺》卷下《排调》，第 424 页］

下"，徐震堮校笺："日下，指京都。荀隐，颍川人，与洛阳相近，故云。"宇合诗中"日下"对"云端"，"皇都"对"边国"，同时"日下"与"皇都"、"云端"与"边国"又构成同意互指的关系，这与《世说新语》中"云间日下"典故的用法如出一辙。另外，《怀风藻》中收有采女比良夫五言《从驾应诏》一首，其中"云间颂芳泽，日下沐芳尘"一句，与"云间日下"典故的句法完全一致，这不难看出《怀风藻》诗人对这则典故的熟悉。

与"日下"相关的另一则重要文献是唐玄宗御制诗《送日本使》。《延历僧录》相关记事被采录于《东大寺要录》、《东大寺杂集录》及《日本高僧传要文抄》中。现将筒井英俊校订《东大寺要录》中开元皇帝御制诗《送日本使》摘录如下。

> 日下非殊俗，天中嘉会朝。朝余怀义远，矜尔畏途遥。
> 涨海宽秋月，归帆驶夕飚。回声彼君子，王化远昭昭。[1]

许多学者认为宇合诗中的"日下"与玄宗诗歌"日下非殊俗"一句的"日下"有关，笔者以为这种可能性极小。首先从这两首诗的创作时间来看。江户汉学者上毛河世宁纂辑《全唐诗逸》卷上收录有玄宗《送日本使》一诗，注文中说明了这首诗的创作年代，即藤原清河请归日本之时的天平胜宝五年（753）。[2] 关于宇合诗歌创作的年代，据诗题"在常陆赠倭判官留在京"，可知是宇合任常陆国守时，另诗序中又有"待君千里之驾，于今三年"，可知是宇合任常陆国守的第

---

1 另，市河宽斋《全唐诗逸》（卷上"知不足斋丛书"所收）《送日本使》一诗"朝余"作"念余"，"回声"作"因惊"。关于该诗的诸版本及校注，详见增村宏「唐の玄宗の詩『送日本使』について——関係文献とその理解」增村宏『遣唐使の研究』。
2 《日本高僧传》载：天平胜宝四年，藤原清河为遣唐大使，至长安见元宗。元宗曰："闻彼国有贤君，今观使者趋揖有异。"乃号日本为礼仪君子国。命晁衡导清河等视府库及三教殿，又图清河貌纳于蕃藏中。及归赐诗。详细参考市河宽斋《全唐诗逸》卷上（"知不足斋丛书"所收）。

三年，也即养老五年（721）创作了这首诗。[1]也就是说，宇合的诗歌比玄宗诗歌出现早 30 年，因此"日下皇都"的说法不可能来源于玄宗诗歌。

　　其次，关于"日下"与日本国号的关系问题。关于"日下"即"日本"，江户儒学者村濑栲亭（原名源之熙，栲亭为号）在《艺苑日涉》中即指出："《尔雅》曰觚竹、北户、西王母、日下谓之四荒。郭璞注，日下在东。邢昺疏，日下谓日所出处其下之国也。熙按下与本国读相通。日下即日本也。"[2]饭岛忠夫在论中国思想对日本神代说话的影响时，也指出"日本"和"日下"之间存在思想上的联系，认为日本国号来源于《尔雅》的"日下说"也未必不可能。[3]因此，宇合诗中的"日下"便具有了双重含义：对唐而言，是指整个日本国；对日本而言，则指天皇所在的皇都。

　　然而玄宗诗中的"日下"却并非指日本，尽管藏中进曾指出"日下"指东方日下的日本国，与次句的"天中"相对，表现了玄宗尊大的帝王意识和大中华思想。[4]但铃木治等人则否定了该诗中的"日下"指"日本"，认为这是一种自欺欺人的说法。[5]增村宏指出，玄宗诗中的"日下"应以中国思想中的"日下"理念为基础来理解。[6]中国古代以帝王喻日，因以帝王所在之地即为"日下"，因此玄宗诗中的"日下"不可能指日本国。

　　但不能否认的是，宇合诗中的"日下皇都"一语，与中国典籍密切相关。换言之，宇合对奈良帝都的描述语汇直接取自汉籍，若追溯其典

1　利光三津夫「藤原宇合と大和長岡」『法学研究』第 40 卷第 4 号、1967 年 6 月、105 頁。
2　村瀬栲亭『「芸苑日渉」日本随筆全集』（第 1 卷）国民図書株式会社編、1930、384 頁。
3　飯島忠夫『日本上古史論』中文館書店、1947、63 頁。
4　蔵中進『唐大和上東征伝の研究』桜楓社、1976、435 頁。
5　鈴木治『白村江』学生社、1972、170 頁。
6　増村宏「唐の玄宗の詩『送日本使』について——関係文献とその理解」増村宏『遣唐使の研究』同朋舎，1988，390 頁。另外，还可参考这本著作中收录的增村宏另外一篇论文「日出処天子と日没処天子——倭國王の国書について」。

故来源，则不难发现其与藤原宇合曾经生活过的唐都长安，有着千丝万缕的联系，下文将通过继续解读"帝京"一词来探讨这种可能性。

"帝京"与初唐"帝京篇"

"帝京"一语出现在宇合五言诗《暮春曲宴南池》诗序中。根据小岛宪之对诗题的注释，这首诗描写了暮春三月时节，在宇合私宅南池举办私宴的场景。[1] 土佐朋子通过研究"曲宴"一语，指出诗题中的"曲宴"并非"曲水宴"的略称，而是与"公宴"相对的"私宴"或"小型宴会"。另外，土佐氏根据平城京遗址的发掘报告，指出诗中"南池"并非在宇合私宅，而是指平城宫南部某地的池。[2] 笔者赞同土佐氏的观点，并欲在此研究成果上，继续推进关于"帝京"一语的研究。

诗序开篇"夫王畿千里之间，谁得胜地。帝京三春之内，几知行乐"一句，从"王畿千里""帝京三春"着眼，描述暮春帝京风景，视野极为开阔。"王畿"（王城附近四方千里的地域）千里之间，有谁能见到如此胜景。"帝京"（奈良帝都）暮春三月，又有几人能享受到如此盎然春色。寥寥几笔，对于帝京风景的自满与赞颂之情跃然而出。如土佐氏所述，这首诗只是在宫内一隅举办的私宴，但宇合的起笔却极为不俗，从整个"王畿""帝京"落笔，气势宏阔。这种起笔的纵横开阔之感，与汉赋"京都赋"极为相似。另外，诗序中所用"帝京"一词，最显而易见的联系，便是被宇文所安称之为初唐"帝京诗"的诗歌，尤以唐太宗《帝京篇》十首及骆宾王《帝京篇》闻名，之外还有卢照邻《长安古意》、王勃《临高台》等，这些流行于初唐的"帝京诗"，是在汉代"京都赋"的

---

1 小岛宪之校注『懐風藻 文華秀麗集 本朝文粋』佐竹昭広等编『日本古典文学大系 69』、147 頁。
2 土佐朋子「藤原宇合『暮春曲宴南池』詩の論」『古代研究』第 39 号、2006、23—41 頁。

基础上发展而来的。[1]

汉赋自司马相如奠定格局以来，题材主要限于苑猎祭祀等类，京都赋题材始于东汉初年迁都洛邑一事，班固《两都赋》即为主张迁都洛邑者的代表。《两都赋》序阐述了其创作动机："臣窃见海内清平，朝廷无事，京师修宫室，浚城隍，起苑囿，以备制度。西土耆老，感怀怨思，冀上之眷顾，而盛称长安旧制，有陋雒邑之议。故臣作《两都赋》，以极众人之所眩曜，折以今之法度。"[2]可见京都赋的产生主要与当时迁都的政治事件有关。《文选》将"京都赋"置于十五类赋之首，选入了班固《两都赋》，张衡《二京赋》《南都赋》和左思《三都赋》，这也是《文选》编排体例最为引人注目之处。《文选》的这种排序，与刘歆《七略》、班固《汉书·艺文志》诗赋略以屈原赋类置首不同，与后世文学总集《文苑英华》等首标"天象""岁时""地理"等而次级人文分类的"都邑""宫室"等亦不同，甚至四库馆臣言地理时，"都会"也仅归于第三位。

傅刚从"京都赋"产生的源头出发，指出《文选》的这种编排体例与"京都赋"在赋文学史上的地位有关，尤其是自《两都赋》《三都赋》产生以来，极受魏晋南北朝人重视。[3]韩晖认为《文选》将京都赋置首的现象，无疑显示出编者梁太子萧统对京都赋的重视，其深层则是编者的帝京文化意识及其对帝王文化的宣扬。[4]邓稳指出《文选》首列京都赋，与二十四史的《本纪》遥相呼应，体现了中国学术以帝王为中心的思维模式，使帝王中心论影响下的都城

1 〔美〕宇文所安（Stephen Owen）：《初唐诗》，贾晋华译，生活·读书·新知三联书店，2014，第84~85页。

2 （梁）萧统编，（唐）李善注《文选》卷一《赋甲》，上海古籍出版社，1986，第3~4页。

3 傅刚：《〈昭明文选〉研究》，中国社会科学出版社，2000，第113~115页。

4 韩晖：《〈文选〉京都赋置首的文化分析》，《广西师范大学学报》（哲学社会科学版）2004年第1期，第76~82页。

居中观念在赋中得以全面展现。[1] 上述观点尽管研究视角不同，但最终都指出了京都赋的重要特征，即以王都与政治、王权的特殊关系为论述对象。

日本通过《文选》很早就接触到了汉代"京都赋"。关于《文选》传入日本的具体时间，迄今为止没有定说。山田胜久通过综合考察《伊予风土记》中汤冈碑文所用对句，及公元 604 年成书的《十七条宪法》所引用汉籍，以及《日本书纪》所见《文选》的影响等，指出七世纪初期日本通过与朝鲜半岛的频繁交流，可能已经接触到了《文选》。具体而言，《文选》传入日本的时间，应为推古天皇八年（600）前后。[2]

初唐帝京诗是在"京都赋"的基础上发展而来的。这些诗的基本内容是描写唐帝国京师长安地势之雄伟、宫殿之壮丽、街市之繁华，这种未脱六朝宫体诗的绮丽诗风是整个初唐诗坛的主流。如《全唐诗》卷一所收唐太宗《帝京篇》十首并序，仍然无法跳脱传统的宫廷诗的窠臼，基本上是以赞美帝京长安地势之得天独厚、城郭之雄伟壮丽、武宴畋猎之盛况为主。如其一：

> 秦川雄帝宅，函谷壮皇居。绮殿千寻起，离宫百雉余。
> 连薨遥接汉，飞观迥凌虚。云日隐层阙，风烟出绮疏。[3]

宇文所安以为，这首诗开篇虽然极为宏壮，接下来却写得很蹩脚，表面上看起来境界开阔、笔力雄健，但事实上是从汉代京都赋中抽出歌颂长安的陈词滥调奏合而成。[4]

1　邓稳：《由京都赋看王城居中的观念》，《中国韵文学刊》2013 年第 1 期，第 88 页。
2　山田勝久「奈良・平安時代の漢籍受容の一考察——『文選』と『白氏文集』の流伝について」『語学文学』第 17 号，1979 年，30-37 頁。
3　《全唐诗》卷一《太宗皇帝》，第 1 册，第 1 页。
4　〔美〕宇文所安：《初唐诗》，第 91~92 页。

　　藤原宇合滞留长安期间（717~719），恰逢初唐文学处于末期而盛唐文学还未兴起之时，这一时期居于诗坛主流的正是派生自汉代"京都赋"的帝京诗，如李百药、袁朗、陆敬、王绩等人的诗作。这批帝京诗产生的原因，与太宗治世时儒学和史学的复兴密切相关，诗人们不仅感受到了眼前的辉煌，而且产生了一种对于历史的浪漫幻想，为都城的繁荣与衰败的鲜烈对比而惊叹，于是诞生了一批吟唱帝京的辉煌或颓败的诗歌。换言之，在初唐向盛唐过渡的这段时期，伟大的都城很容易被当成国家的象征，壮丽的长安城正是在这种意义上，作为唐帝国一统天下的最直接见证而被塑造出来。

　　宇合在长安是否有可能接触到这些帝京诗还不能肯定，但是太宗《帝京篇》传入日本的记载，见《日本国见在书目录》"太宗文皇帝集卅卷""文皇帝集一卷"，另外在正仓院文书天平二十年六月十日《更可请章疏事》中，也可见《太宗文皇帝集四十卷》（大日本古文书三）的记事。[1]因此小岛宪之指出，市河宽斋《全唐诗逸》收有《全唐诗》未见的太宗诗四首，至少可以断定上代人通过太宗文皇帝集或者《翰林学士集》已经接触到了太宗的《帝京篇》。[2]

　　另外，《怀风藻》受《文选》编撰的影响，已经成为一个无须赘述的事实。宇合汉诗中对帝京奈良风景的描写手法，与汉代"京都赋"和初唐"帝京篇"的壮大风格极为相似，诗中对于王权象征的都城的歌颂，与初唐那种新兴的盛世气象、上扬的民族自信心相通，接下来的部分，将重点探讨宇合这种都意识诞生的原因及时代背景。

1　矢島玄亮『日本国見在書目録：集証と研究』汲古書院、1984。参考第 1373 条（第 207 页）、第 1416 条（第 214 页）记事。

2　小島憲之『上代日本文學と中國文學：出典論を中心とする比較文學的考察』（下）塙書房、1988、1253 頁。

宇合官吏生涯及其帝京意识的产生

《续日本纪》中关于藤原宇合官吏生涯的记载，大体摘列如下。

A. 灵龟元年（715）八月癸亥条：正六位下藤原朝臣马养为副使。八月己巳条：授从六位下藤原朝臣马养从五位下。（《续日本纪》卷七）[1]

B. 养老三年（719）正月壬寅条：藤原朝臣马养并正五位上。秋七月庚子条：常陆国守正五位上藤原朝臣宇合，管安房、上总、下总三国。（《续日本纪》卷八）

C. 神龟元年（724）四月丙申条：以式部卿正四位上藤原朝臣宇合为持节大将军。（《续日本纪》卷九）

D. 神龟三年（726）十月庚午条：以式部卿从三位藤原朝臣宇合为知造难波宫事。（《续日本纪》卷九）

E. 天平三年（731）十一月丁卯条：始置畿内总官。诸道镇抚使……从三位藤原朝臣宇合为副总官。（《续日本纪》卷一一）

F. 天平四年（732）八月丁亥条：从三位藤原宇合为西海道节度使。（《续日本纪》卷一一）

G. 天平九年（737）八月丙午条：参议式部卿兼大宰帅正三位藤原朝臣宇合薨。（《续日本纪》卷一二）

《续日本纪》中关于藤原宇合官吏生涯的记载，始于灵龟元年（715）八月癸亥条：正六位下藤原朝臣马养为副使，这也是日本正

1　藤原宇合原名"藤原马养"，相关史料见《公卿補任》神龟三年条："非参议藤原宇合右大臣不比等三男。本名马养。"《尊卑分脈》式家宇合卿流条："本名马养，遣唐使以后改宇合。"

史中关于宇合的最早记事，可见藤原宇合的官吏生涯是以其入唐为开端的。结束遣唐使任命归朝后的藤原宇合，曾先后任常陆国按察使、持节大将军、知造难波宫事、畿内副总官、西海道节度使等，辗转于日本边国各地，直至天平九年（737）因瘟疫殁。其四十四年的官吏生涯，正如《尊卑分脉》所云为"经营军国之务"的一生。

戎马一生的藤原宇合，大部分时间在远离帝京的边国度过，宇合诗《在常陆赠倭判官留在京并序》吟咏"自我弱冠从王事，风尘岁月曾不休"，这大抵便是他一生的真实写照。但是，宇合汉诗中却没有中国诗人一旦远离帝京便产生的悲叹幽怨之感，相反即使远离帝京，宇合仍有"云端边国我调弦"的悠然自得。另外，无论是"夫王畿千里之间，谁得胜地。帝京三春对之内，几知行乐"，还是"帝里烟云乘季月，王家山水送秋光"，甚至是《经国集》所收宇合《枣赋》开篇"一天之下，八极之中，园池绵邈，林麓丰茸"，都洋溢着一种积极、自信、乐观的情绪。那么，宇合汉诗中盛赞平城京的这种浓厚的帝京意识是如何产生的？

首先来探讨藤原宇合之父藤原不比等与平城京迁都的关系。关于这个问题，长期以来以喜田贞吉博士于大正四年出版的《帝都》一书中的论述最具影响力。喜田贞吉主要从政治地理的角度，论述了藤原不比等作为迁都主倡者的原因。[1]之后这一观点多被学界继承，但正如林陆朗指出，诸氏对于不比等与迁都平城京之间的关系的论述，极为模糊不清。鉴于此，林氏参考平城京考古调查报告，指出平城宫东部突出部分与法华寺接壤，而法华寺（宫寺）在作为光明皇后的寝宫之前，有可能是皇后之父藤原不比等的宅邸，或是与藤原不比等有关的建筑物，由此证明了不比等作为迁都平城京的主推者的作用。[2]也就是说，作为迁都主倡者的藤原不比等，为显示其外孙首皇子（圣武天皇）

1　喜田貞吉「帝都」『喜田貞吉著作集　第5巻　都城の研究』、10頁。
2　林陸朗「平城遷都の事情」鈴木靖民編『論集日本歴史 2』有精堂、1973、203-213頁。

继承皇位的正统性与尊贵性，才主张模仿长安城建立平城京。

养老四年（720）八月，藤原不比等殁。养老五年（721）九月，藤原宇合之兄武智麻吕任造宫卿，负责修葺整备平城京宫殿，从此开始了以凸显天皇神圣地位为目的，粉饰太平治世，将平城宫内里实现庄严化的过程。此时武智麻吕的位阶、官职是从三位中纳言，也是历代造宫卿中地位最高的。《武智麻吕传》记载："其九月。兼造宫卿。时年卅二。公将工匠等。案行宫内。仍旧改作。由是宫室严丽。人知帝尊。"[1] 由此可见，武智麻吕整备平城宫的目的，乃是让"人知帝尊"，即通过宫殿的庄严华丽以显示天皇的尊贵与仁德。这种理念与唐长安城的造营思想密切相关，即通过宏伟雄壮的都城，将天皇权力最大限度地视觉化。

其次关于平城京营造的思想，《续日本纪》和铜元年（708）二月戊寅条迁都诏书载："然则京师者，百官之府，四海所归。"这与《续日本纪》神龟元年（724）十一月条"亦有京师，帝王为居，万国所朝"是相通的。由此可见，平城京不仅是天皇所居之都、日本国内政治统治的中心，也是"万国"朝贡的中心，[2]是与长安相媲美的"东夷小帝国"之都。这里的"四海""万国"，不仅指日本列岛边境诸种族，也包括唐王朝及朝鲜诸岛。[3]

以迁都平城京为开端，日本正式进入奈良时代。这一时期，随着遣唐使派遣规模的壮大及汉文化的深度受容，日本确立了以天皇制为中心的律令国家体制，并模仿长安城在奈良盆地营造平城京。从平城京遗址考古发掘来看，平城京内的中枢设施可分为东区和中央区。其中东区作为日常政务场所，其配置基本继承了藤原宫殿舍

---

1 延慶「武智麻呂伝」山岸德平等校注『日本思想大系 8 古代政治社會思想』岩波書店、1979、35 頁。

2 石母田正『日本古代国家論 第1部』、330-348 頁。

3 小林茂文「藤原京の造営思想と天皇制」『史學』第 77 卷第 2、3 合併号、2008 年 12 月、197-207 頁。

的传统，遗迹以掘立柱非瓦葺建筑为主，但以朱雀大街为中心的中央区宫室遗迹，则以础石瓦葺建筑为主，由此学者们推测，中央区大极殿是以唐长安城大明宫含元殿为原型建造的，是接待诸蕃国朝贺、飨宴的礼仪空间。[1] 如此说来，平城京对长安城并非只是单纯的模仿，而是暗含着一种与之对抗的"小中华意识"，即将唐视为邻国，将高句丽、新罗等朝鲜诸国视为蕃国的东夷小帝国思想。养老四年（720）成书的《日本书纪》，其编撰目的之一即是向东亚诸国展示日本的优位意识，这种国家观为奈良朝知识人所共有。皇族官吏、贵族文人在平城京内频开酒宴，通过汉诗酬唱歌颂天皇仁政、赞美海内升平，尤其是在接见各国使节的公宴上，汉诗唱和不仅具有国际文化交流的作用，汉诗水平的高低更被与国家威严联系在一起，成为文化外交的重要手段，这正是成书于奈良朝的《怀风藻》中侍宴、应诏诗占据绝大多数的重要原因。

这种日本中心主义的国际意识，在《怀风藻》中表现得也极为鲜明，如诗集卷首载大友皇子《侍宴》诗："皇明光日月，帝德载天地。三才并泰昌，万国表臣义。"这首诗约创作于天智天皇即位不久的朝贺宴上，诗歌内容虽以赞颂帝德为主，但在公宴场合吟诵"万国表臣义"，无疑说明了那个时代知识人共有的"日本中心主义"的国家观。[2] 另外，《怀风藻》收录藤原不比等汉诗《元日应诏》，"正朝观万国，元日临兆民"一句与大友皇子诗句可谓异曲同工，足见奈良时代这种"帝国主义式"的国家观的盛行。因此井上和人氏指出，平城京建造的意义，就在于确立对唐帝国及新罗的外交关系，以寻求国内及国际的同心性。[3] 藤原宇合歌颂平城京的汉诗

1 今泉隆雄「再び平城宮の大極殿・朝堂について」関晃先生古稀記念会編『律令国家の構造』、295 頁。

2 波戸岡旭「八世紀——日本人の国際感覚——『懐風藻』の世界から」『國學院雜誌』第 103 巻第 11 号、2002 年 11 月、158-171 頁。

3 井上和人「古代都城建設の実像——藤原京と平城京の史的意義を問う」『日本古代都城制の研究：藤原京・平城京の史的意義』吉川弘文館、2008、54 頁。

正是在这种政治背景中诞生的，即以其父建立律令制国家的政治理念为理想，以汉诗为创作手段，通过盛赞王都平城京来彰显日本的国家意识。

藤原宇合是奈良朝描写平城京最多的诗人，且多用笔在对平城京园林景观的描绘上，这种铺陈的方法与"京都赋""帝京篇"颇为接近，却与《万叶集》中表现平城京的和歌相去甚远。池田三枝子认为："平城京的都市景观在万叶和歌中几乎没有直接表现，歌人们至多以自然景观为媒介来抽象烘托。"[1]究其原因，大概就在于平城京的设计思想是将天皇的权威具象化，与直抒性情的和歌相比，汉诗更易于用来粉饰政治。但有趣的问题是，激发宇合产生"都"意识的文学因素，很有可能是其在长安留学期间接触到的初唐文坛。那么，无论是宇合赞颂的对象平城京，还是宇合受容的表现手段"京都赋""帝京诗"，都无法脱离长安城的影像，但在宇合的汉诗中，长安城却是绝对缺席的。这恐怕就在于八世纪长安作为国际繁华之都，在遣唐使心中引起了惊异和赞叹，但长安城又并非普通的都城，而是象征国家权力和皇帝威严的王权之都，对于担负外交使命的遣唐使而言，长安城无疑是"他者"，尤其是在日本建立律令制国家之后，将唐视为对等的邻国，这都导致了律令制国家的文人很难将长安视为称颂的对象。

1　池田三枝子「平城京─歌表現と政治理念」『国語と国文学』第 87 巻第 11 号、2010 年 11 月、15-25 頁。

第二章 "敕撰三集"诗人对
长安城的节制性观看

　　"敕撰三集"的编撰与遣唐使频繁往来东亚海
域的历史密不可分。这一时代，日本加快了遣唐
使的派遣步伐，模仿唐城建立平安京。嵯峨天皇
（786~842）重用遣唐使菅原清公在日本朝廷推行唐
风文化，菅原清公（770~842）依据自己在唐大明
宫所见，将平安京的宫殿、宫门一律改成了长安、
洛阳的名称。[1] 如此一来，生活于平安京的贵族官

1　参考承久年间（1219~1222）成书的《九条家本延喜式附图》中的
　　"左右京图"。另据《口游》记载平安京坊名云："教业、永昌坊，宣
　　风，淳风坊，安众、崇仁坊，陶化、是左京。谓之东京坊门，起三
　　条。丰财、永宁坊，宣义、光德坊，毓财、延嘉坊，开建、是右
　　京。谓之西京坊门，起三条。今案，坊门弘仁九年（819）所定。"
　　如铜驼坊、教业坊、宣风坊、淳风坊、安众坊、陶化坊、丰财坊、
　　毓财坊等仿自洛阳，永昌坊、崇仁坊、永宁坊、宣义坊、光德坊等
　　仿自长安。

员每日经过大内里的日华门、月华门上朝,[1] 就仿佛在"小长安"处理公务一般。但在菅原清公参与编纂的"敕撰三集"中,唐长安城的地名却了无踪迹。当然,长安在"敕撰三集"中并非完全的"不可见",只是其可见性被一些来自中国诗歌的常规形式、主题、技法和象征所支配或遮蔽,而这些技法和象征暗示了日本人观看长安的特有视角。观看者总是有意无意地自囿于一个特定的时空内——汉朝旧都长安而非唐长安城,以及特定的性别上——来自女性的而非男性的审视,尽管观看者都是男性,但他们通过描摹各类生活在长安却被男性、君主或王权放逐的悲剧女性,实现了其对长安的节制性书写。从平安初期日本人对长安空间的复制与其长安形象传递、建构之间的龃龉出发,通过研究"敕撰三集"中日本文人对长安的选择性观看,可以发现"长安"引发的都城理念在日本的挪用及其恰当性。

一 平安朝乐府中的"长安—边塞"模式

公元 794 年,桓武天皇(737~806)从长冈京迁都平安京,开始了绵延近四百年的平安王朝。在平安朝初期的半个世纪,日本加快了派遣遣唐使的步伐,模仿唐朝都城建立平安京,引进律令制国家体制,建立大学寮,推广唐风文化。桓武天皇以后,历代天皇奖掖汉诗汉文创作,嵯峨、淳和天皇治世期间(809~832)集其大成,在宫廷中形成了汉诗创作沙龙,宫廷贵族和一部分僧人将汉文学推向了高峰。至嵯峨天皇御宇的弘仁五年(814),小野岑守、菅原清公等文臣奉敕编撰了第一部汉诗集《凌云集》。奉敕编修国史律

---

1 月华门指唐大明宫的宫门,与日华门相对。同时,月华门也是平安京内里紫宸殿南庭之西校书殿和安福殿之间的宫门名。

令，已见于奈良朝廷，如《大宝令》《日本书纪》等皆为钦定，然奉敕编撰汉诗集，实为日本史上一项前所未闻的创举。距《凌云集》成书仅四年的弘仁九年（818），编修者藤原冬嗣同受嵯峨天皇敕令，编撰了第二部汉诗集《文华秀丽集》。嵯峨天皇笃爱汉诗文，其治世期间建庠序、兴汉学、革流弊、固政体，谋求以儒家学说教化国民。后嵯峨天皇退位，淳和天皇承继其兄长之流风余韵，于天长四年（827）敕命文臣滋野贞主等编修第三部汉诗文总集《经国集》，以上三部诗集合称为"敕撰三集"。"敕撰三集"以魏文帝曹丕（187~226）《典论·论文》中的"文章经国"理念为指导，积极继承与化用中国六朝及初唐时期的汉文学成就，推动了日本汉文学史上第一个隆盛时期的形成。

在"唐风文化"盛行的时代潮流中诞生的"敕撰三集"，也呈现出初唐诗歌影响的痕迹。宇文所安以"宫廷诗"作为初唐诗歌的主流，认为宫廷诗是一种规范化的艺术，其规范性体现在结构、主题、词丛范围的程式化，以及摒弃强烈的政治道德和个人感情上。宇文所安指出，宫廷诗中两类诗占主导地位：一类是模仿民间抒情诗的乐府，其中爱情诗居多，且雅致而不再朴素；另一类是正规应景诗，用以赞美朝臣的日常生活事物。[1]这一见解同样适用于讨论平安朝初期的日本汉诗。正如中国从南朝后期到初唐，宫廷诗人的创作大多是"创造性模仿"，日本的宫廷诗则是对中国诗人"创造性模仿"的模仿，修辞和修饰性法则成了主要的崇尚与追求，无论是诗体的基本模式还是题材及典故，都显示出程式化的特征来。

"敕撰三集"中的乐府诗

平安朝初期的宫廷诗宴，也一度喜好以中国古乐府为题创制新

1 〔美〕宇文所安：《初唐诗》，第 323 页。

词。中国乐府"始于汉武，本为官署之名，其职能在采诗歌，被以管弦以入乐，故后世遂以乐府官署所采获保存之诗歌为乐府。"[1]建安时期文人善用古乐府旧曲改制新词，开元、天宝时期文人的主要事业也在于制作乐府歌辞。唐代中世以后，乐府亡而词兴。中国乐府诗在日本的流播与影响主要在九世纪初期。

"敕撰三集"第二部的《文华秀丽集》（818）中始设"乐府部"，这也可视为日本人汉诗文体意识的发端。但诚如猪口笃志所言，平安朝诗人大多只是借用了《长门怨》《折杨柳》等中国乐府的标题，形式上却都是五律体，而并非乐府体，由此可见编撰者可能还不懂乐府之本意。[2]《文华秀丽集》"乐府部"共收录诗文九首，分别如下：

> 嵯峨天皇与文臣良岑安世、菅原清公、朝野鹿取、藤原是雄四人的唱和之作《王昭君》，共五首。
> 嵯峨天皇作《梅花落》一首，菅原清公同题奉和一首。
> 嵯峨天皇作《折杨柳》一首，巨势识人同题奉和一首。

《王昭君》《梅花落》《折杨柳》三种乐府诗题均可见于宋人郭茂倩《乐府诗集》中。如《王昭君》载于《乐府诗集》卷二九《相和歌辞四》，原为汉曲，咏昭君出塞匈奴事。[3]《梅花落》见卷二四《横吹曲辞四》，本为笛中曲，咏梅花于苦寒中独放。[4]《折杨柳》见卷二二《横吹曲辞二》，原出北国，咏兵革苦辛事。[5]三种乐府诗题都有嵯峨天皇诗作留存，可知其独钟"乐府"之事。另外，与嵯峨

---

1 罗根泽：《乐府文学史》，东方出版社，2012，第2~3页。
2 猪口笃志『日本漢文学史』、114页。
3 （宋）郭茂倩：《乐府诗集》，第426~431页。
4 （宋）郭茂倩：《乐府诗集》，第349~352页。
5 （宋）郭茂倩：《乐府诗集》，第328~333页。

天皇奉和的诗人如菅原清公、朝野鹿取、巨势识人等文臣，都有过随遣唐使团到达长安的经历，由此不难想象，"乐府"作为一种"唐风"浓郁的新兴域外诗歌形式，为嵯峨朝君臣所追慕的图景。

"敕撰三集"第三部的《经国集》(827)卷一〇收录乐府诗共十一首，其中九首依然是嵯峨天皇与文臣唱和之作。《经国集》"乐府部"收录诗作如下：

> 嵯峨天皇《塞下曲》一首，菅原清公、巨势识人同题奉和二首。
>
> 菅原清公奉和嵯峨天皇《塞上曲》一首。
>
> 有智子内亲王、巨势识人奉和嵯峨天皇《巫山高》二首。
>
> 有智子内亲王、菅原清公、滋野贞主奉和嵯峨天皇《关山月》三首。
>
> 小野岑守作七言《梅花引》二首。

关于《塞下曲》和《塞上曲》，据《乐府诗集》卷第二一《横吹曲辞一》记载："《西京杂记》曰：'戚夫人善歌《出塞》《入塞》《望归》之曲。'则高帝时已有之。疑不起于延年也。唐又有《塞上》《塞下》曲，盖出于此。"[1]可知《塞下曲》和《塞上曲》为唐人新制乐府诗题。《乐府诗集》卷九二、卷九三"新乐府辞"中便收录有李白、僧贯休等人作《塞上曲》《塞下曲》诗若干。《巫山高》出自《乐府诗集》卷一六《鼓吹曲辞一》："《乐府解题》曰：'古词言，江淮水深，无梁可度，临水远望，思归而已。'"[2]《关山月》见《乐府诗集》卷二三《横吹曲辞三》："《乐府解题》曰：'关山月，伤离别也。'"[3]《梅花引》未见于《乐府诗集》，《李太白集注》中有"羌笛梅花引，吴溪

---

1 （宋）郭茂倩：《乐府诗集》，第318页。

2 （宋）郭茂倩：《乐府诗集》，第228页。

3 （宋）郭茂倩：《乐府诗集》，第317页。

陇水情"一句,杨齐贤注曰:"梅花引,曲名,《乐府诗集》梅花落,本笛中曲也。"[1]将《梅花引》视为乐府《梅花落》的别称。

"敕撰三集"中还有一些乐府诗作,虽未被归类到"乐府部"中,但依然取自乐府旧题,如《文华秀丽集》"艳情部"收录的嵯峨天皇、巨势识人所作《长门怨》,可见于《乐府诗集》卷四二《相和歌辞十七》收录梁代柳恽等人作《长门怨》。[2]《文华秀丽集》"艳情部"还收录了嵯峨天皇、巨势识人、桑原腹赤(789~825)作《婕妤怨》,与《乐府诗集》卷四三《相和歌辞十八》收录唐代崔湜等人作《婕妤怨》相仿。[3]

这些乐府诗多为宴会上天皇与臣僚的唱和之作,作品主题狭窄而固定,基本不脱中国南北朝时期的古老范畴,而且日本诗人对题材的处理方式不十分讲究精巧,典故与意象多照搬汉乐府同题诗作,故内容也多吟咏中国的历史与风物。另外,因为缺乏对中国的实地踏查,这些乐府诗中的风物描写呈现出高度的模式化,尤其体现在对边塞、荒漠、雁阵、关山月等塞外景物的想象上。这些诗歌还有着反复出现的主题,相对稳定的段落和句式,以及特有的描写步骤。这种缺乏生命力的表现手法,时间久了很容易让人感到索然无味,这大概也是乐府在日本汉诗中仅作"昙花一现"的要因之一吧。后藤昭雄指出,日本的乐府诗仅见于平安初期的"敕撰三集",平安中后期的汉诗集中很难觅其踪迹,这是因为乐府在内容与表达上都太具中国色彩的缘故。[4]"敕撰三集"中的佳作,无疑是那些模仿唐风文化致力于描写中国文学空间的作品,而乐府正是其中的典型。平安中后期,国风文化日渐强盛,日本开始了对唐风文化的脱

---

1 (清)王琦:《李太白集注》卷二三《青溪半夜闻笛》,《景印文渊阁四库全书》第1067册,第412页。
2 (宋)郭茂倩:《乐府诗集》,第620~625页。
3 (宋)郭茂倩:《乐府诗集》,第629~631页。
4 〔日〕后藤昭雄:《日本古代汉文学与中国》,高兵兵译,中华书局,2006,第94页。

离与反思，在这种趋势下，中国化的乐府诗自然也就结束了其历史
使命。唯一例外的乐府是《王昭君》，一直到平安朝中期依然在不
断被吟咏。而"敕撰三集"中涉及长安的诗作，也多与昭君乐府
相关。

昭君乐府与长安

《凌云集》（814）中虽未设"乐府部"，但也收录了不少乐府诗
题的诗作，如嵯峨朝最为著名的文人官僚滋野贞主（785~852），曾
创作了一首《王昭君》，诗云：

> 朔雪翩翩沙漠暗，边霜惨烈陇头寒。
> 行行常望长安日，曙色东方不忍看。[1]

滋野贞主不仅参与了《文华秀丽集》和《经国集》的编纂，还
负责执笔《经国集》序文的撰写。"敕撰三集"中共收录滋野贞主
诗文三十三首，这一数量仅次于嵯峨天皇居第二位，由此可见其
重要性。滋野贞主的这首《王昭君》还被收入江户时期学者林鹅
峰（1618~1680）的《本朝一人一首》中。林鹅峰以精深的汉学修养
博采奈良朝至江户前期诸诗集，于每位诗家仅取一首汉诗，编成七
卷——《本朝一人一首》，并加评话于各篇之后。这部在日本诗史上
颇具盛名的诗集中便列举了这首《王昭君》，其后附林鹅峰评语云：

> 贞主者，博览之硕儒也。其所著《秘府略》一千卷，今不
> 传于世，可惜焉。其诗章今存者长短多多。今据岑守之选载此

---

1 「凌雲集」塙保己一編『羣書類従　第 8 輯（装束部・文筆部　第 1）』訂正版、続群書類従完成
　 会校、1960、465 頁。

诗，颇有唐人之风。[1]

滋野贞主曾与嵯峨朝诸儒奉敕"撰集古今文书，以类相从"，是为一千卷的汉籍类书《秘府略》。这部比《太平御览》成书早了近百余年的大型类书，今虽不存，但从残卷来看，亦知滋野贞主之博闻强识及其在汉学方面的精深造诣。林鹅峰称贞主这首《王昭君》具有"唐人之风"，对其赞赏之情溢于篇间。

诗歌描述了王昭君北行匈奴途中，与长安渐行渐远的悲哀情景。诗歌后两句"行行常望长安日，曙色东方不忍看"，显然借鉴了石崇《王明君辞并序》中的诗句。石崇诗作同样收录于郭茂倩的《乐府诗集》中，被列为"相和歌辞吟叹曲"。[2]我们先来看石崇《王明君辞》中的一句诗文：

行行日已远，遂造匈奴城。

这句诗背后又暗含着《古诗十九首》第一首的开头："行行重行行，与君生别离。"石崇诗句是对"行行重行行"文本内部的变化，而滋野贞主显然又将石崇的五言诗句扩充为七言，但不是通过常见的加入虚词或将单音节名词换成复合词的方法，而是在石崇"日已远"的基础上扩充，为"日"加入空间限定词"长安"，这显然是对"长安日远"典故的叠加使用，来增加一种历史的纵深感。"长安日远"典故所包含的深切情感和丰富意韵，在中国诗文中成了一种惯用事类，并在多个层面上呈现出中国文人对长安城的情感体

1　林鹅峰「本朝一人一首」小岛宪之校注、佐竹昭广等编『新日本古典文学大系 63』岩波書店、1994、361 頁。

2　《昭君》类曲题在《乐府诗集》有两类曲调：一类是相和歌的吟叹曲，主要包括《王明君》《昭君叹》《王昭君》三个同题曲调；另一类属于琴曲歌辞，主要包括《昭君怨》《明妃曲》《明君操》《明妃怨》四个同题曲调。这两类曲调的主题基本一致，都是表现昭君和亲的主题。

验，同时也为日本文人的长安想象提供了经典的文学意象。[1] 滋野贞
主借"长安日远"的典故来渲染昭君出塞的心情，实际上也包含着
平安朝文人对长安的遥远体验。

　　石崇诗作的重点在于推测昭君嫁入匈奴之后的景象，无论是
"殊类非所安，虽贵非所荣"，还是"昔为匣中玉，今为粪上英"，
都在于说明昭君下嫁匈奴实为耻辱，流露出强烈的同情与遗憾之
意。在石崇之前，昭君出塞的本事最早见于班固《汉书》。[2]《汉书》
既为史籍，记事自然多简约，这就为后来者借由文学作品驰骋想
象提供了无限的可能。继《汉书》之后，记载昭君故事的是音乐文
献《琴操》。《琴操》中的昭君事迹由两部分构成：其一，为琴曲解
题故事，该故事只保留了《汉书》昭君出塞的基本框架，却增添了
关于昭君美貌、请愿和亲、吞药自杀等信史中不曾记载的情节。其
二，为"昭君怨"乐府歌词，也即托名为王昭君所作的《昭君怨》
（又作《怨旷思维歌》）。[3] 自《昭君怨》以降，汉魏之际有关昭君故事
的乐曲异常繁盛。[4] 然而石崇的《王明君辞》不仅给昭君形象配以琵

1　现存几部重要的唐代类书中，都收录有晋明帝辩"长安日远"的典故，如《北堂书钞》卷七
　《帝王部·幼知门》"答长安近日"条、卷二二《帝王部·太子门》"显宗对日"条；《艺文类聚》
　卷一六《储宫部》；《初学记》卷一《天部·日门》所收"长安近，车轮远"条；《白氏六帖》卷
　六《幼敏门》"长安远于日"条、卷一一《太子门》"惠对日"条等，皆引晋明帝事。《艺文类聚》
　《初学记》《白氏六帖》等汉籍在日本平安朝流播甚广，因此日本人很早就熟知这则典故。
2　《汉书》卷九《元帝纪》：竟宁元年（公元前33年）春正月，匈奴虏韩邪单于来朝。诏曰："匈
　奴郅支单于背叛礼义，既伏其辜，虏韩邪单于不忘恩德，乡慕礼义，复修朝贺之礼，愿保塞
　传之无穷，边垂长无兵革之事。其改元为竟宁，赐单于待诏掖庭王樯为阏氏。"（中华书局，
　1962，第297页）
3　其辞曰："秋木萋萋，其叶萎黄。有鸟处山，集于苞桑。养育毛羽，形容生光。既得升云，上
　游曲房。离宫绝旷，身体摧藏。志念抑沉，不得颉颃。虽得委食，心有徊徨。我独伊何，改
　往变常。翩翩之燕，远集西羌。高山峨峨，河水泱泱。父兮母兮，道里悠长。呜呼哀哉！忧
　心侧伤！"［（宋）郭茂倩：《乐府诗集》卷五九《琴曲歌辞三》，第853~854页］
4　如南朝宋谢希逸《琴论》曰"平调《明君》三十六拍，胡笳《明君》三十六拍，清调《明
　君》十三拍，间弦《明君》九拍，蜀调《明君》十二拍，吴调《明君》十四拍，杜琼《明君》
　二十一拍"，共有七曲。又据《琴集》记载："胡笳《明君》四弄，有上舞、下舞、上间弦、
　下间弦。《明君》三百余弄，其善者四焉。又有胡笳《明君别》五弄，辞汉、跨鞍、望乡、奔
　云、入林是也。"［（宋）郭茂倩：《乐府诗集》卷二九《相和歌辞四》，第425~426页］

琶，还对昭君出塞后的生活大加悬想，劈空造奇，言辞间带有强烈的民族倾向，极易引起身遭异族统治的汉人的感情共鸣。[1] 这种叙事方式在汉唐之间的昭君乐府中并不多见。然而，石崇这种抵抗外族的心理，在朝野鹿取（774~843）的《奉和王昭君》中也有类似表现。

> 远嫁匈奴城，罗衣泪不干。画眉逢雪坏，裁鬓为风残。
> 塞树春无叶，胡云秋早寒。阏氏非所愿，异类谁能安。[2]

诗中"远嫁匈奴城"与石崇的"遂造匈奴城"，显然共享着同一个诗歌材料库。"阏氏非所愿，异类谁能安"一句，本自石崇的"殊类非所安，虽贵非所荣"。"非所……"的句式取自石崇，只是"殊类"被换成了"异类"。

　　对滋野贞主这些日本文人而言，长安的遥远体验在空间和时间两个向度上都有。首先是空间距离的遥远。平安朝能有实际长安体验的只限于少数遣唐使，且这些人是以九死一生的渡海涉险为代价。对更多的平安朝文人来说，所谓国际之都长安的繁华面影，只能撷取自中国诗文中的诸多意象。其次昭君远嫁辞别的西汉长安，在九世纪初的日本人看来，无疑又有着时间上的遥远。约汉魏间成书的《三辅黄图》"汉长安故城"云："汉之故都，高祖七年修长安宫城，自栎阳徙居此城，本秦离宫也。初置长安城，本狭小，至惠帝更筑之。"[3] 汉惠帝时，数次发动长安城民修筑城墙，建西市和东市。[4] 汉武帝时，又在长安城西作建章宫，在未央宫北建

1　张文德：《王昭君故事的传承与嬗变》，学林出版社，2008，第 56 页。

2　小岛宪之校注「懐風藻　文華秀麗集　本朝文粋」佐竹昭広等編『日本古典文学大系 69』、253-254 頁。

3　何清谷：《三辅黄图校释》，中华书局，2005，第 63 页。

4　《汉书》卷二《惠帝纪》云："元年春正月，城长安……三年春，发长安六百里内男女十四万六千人城长安，三十日罢……六月，发诸侯王列侯徒隶二万人城长安……（五年）九月，长安城成。（六年六月）起长安西市。"（第 88~91 页）

桂宫。[1] 从高祖定都时宫城只以长乐、未央二宫为主体，至武帝时城内殿宇台阁竞相骋丽、城外离宫别苑千门万户，历经半个多世纪的增饰修筑，长安城成为周秦以来规模最大的城市。随着西汉长安的空前繁荣及尊帝意识的高涨，描写帝王所居之处的宫殿、苑囿、郊猎的京都赋始盛。东汉伊始，建都洛阳，但京都赋的出现，使得论说都城成为汉大赋的创作热点，《文选》卷首所收京都赋，就是这一时期赋作的结晶。两京赋中关于汉长安城"八街九陌"的描述，就成了日本人长安空间想象中的重要来源，尤其是在平安末期的《本朝无题诗》中表现得尤为丰富。《经国集》收录小野末嗣的《七言奉试赋得王昭君一首》也描写了"长安陌"：

> 一朝辞宠长安陌，万里愁闻行路难。
> 汉地悠悠随去尽，燕山迢迢犹未殚。
> 青虫鬓影风吹破，黄月颜妆雪点残。
> 出塞笛声肠暗绝，销红罗袖泪无干。
> 高岩猿叫重烟苦，遥岭鸿飞陇水寒。
> 料识腰围损昔日，何劳每向镜中看。[2]

诗题中的"七言奉试赋得"说明了它是一首奉试诗，也是一首赋得诗，这就决定了它是一首规范化的诗歌。以"王昭君"作为奉试诗的题目，足以说明这一时期对这一题材的重视。这首诗仍然从

---

1 《汉书》卷六《武帝纪》："太初元年……二月，起建章宫。""太初四年……秋，起明光宫。"（第199~202页）《三辅黄图校释》卷二："（武）帝于是作建章宫，度为千门万户，宫在未央宫西长安城外。""桂宫，汉武帝造，周回十余里。"（何清谷：《三辅黄图校释》，第122、133页）

2 这首诗诸底本中将"长安"抄为"长沙"，因此向来不被录入书写长安的诗歌中。小岛宪之认为，诸抄本的误抄之举也并非没有依据，因为《汉书》中记载王昭君的籍贯是"南郡秭归"。但是，"一朝辞宠长安陌"诗句，显然与《文华秀丽集》中藤原是雄《奉和王昭君》第二句"辞宠别长安"类似，都是为了表现昭君挥泪辞别长安的场景，诸抄本很可能是将"长安"的草体误认成"长沙"。小岛憲之『国風暗黒時代の文学 下1（弘仁·天長期の文学を中心として）』塙書房、1991、3825頁。

昭君辞别"长安"写起，将"汉地"与"燕山"并举。与前述的乐府诗一样，此类诗作都是借由"汉女和亲"的主题，将闺怨诗、边塞诗、艳情诗等多种元素糅合在一起，并且在这一主题之下关联着一系列话题——如辞别长安、边地景物、风霜残貌、怀恋故都等，甚至这些话题被提到的顺序都与前期文本一样固定，且每一个话题都有自己的一套词汇，如辞别时的地理表现有"长安、汉地"，表现胡地的则有"燕山、胡尘、陇头"等，摹写昭君容貌的是"鬓影、妆残、罗衣"等，最后再套用乐府中现成人物角色的程式化反应，装饰一些缺乏生气的感伤结束全诗。这些昭君乐府诗本来多是宫廷宴会上所作，因此如何以最快的速度做出一首符合规范、文辞雅致的诗歌，远比追求独创的艺术审美和复杂严肃的思想意义来得重要，这些因素综合指向了这类诗歌的程式化与套语化写作倾向。尽管长安在这些乐府诗中反复出现，但我们并不能说这一时期日本文人已经开始了长安书写，只能说与长安相关的地名和人名为日本宫廷汉诗提供了一套高雅的代用语。

重建"中心与边界"

"敕撰三集"中涉及长安的诗作，多与昭君乐府相关。昭君故事在日本古文献中的较早记录，见于真福寺本《珣玉集》卷一四《美人篇王昭越众》，系引《汉书》而来。[1]昭君形象进入日本乐府诗，却是在"敕撰三集"。"敕撰三集"中共有昭君诗八首，大约四首都写到了昭君辞别长安的场景。其中《文华秀丽集》"乐府部"收录有嵯峨天皇御制《王昭君》，并良岑安世（785~830）、菅原清公（770~842）、朝野鹿取（774~843）、藤原是雄（？~831）四位文臣同题奉和之作。江户时期学者林鹅峰选编《本朝一人一首》时，特别

1　参考山田孝雄「珣玉集と本邦文學」『芸文』第 15 卷第 11 号、1924 年 11 月、1-15 頁。

采录藤原是雄诗作,并附注释曰:

> 昭君嫁胡国,中华诗人怜之,作歌作曲,而列乐府。其余
> 声及本朝,弘仁帝有昭君乐府御制,良岑安世菅清公朝野鹿取
> 及是雄皆和之,并载在《文华秀丽集》。今以是雄未见于前,
> 载于此,若欲试群作优劣,则考秀丽集而可也。[1]

林鹅峰所言"弘仁帝有昭君乐府御制",则是指嵯峨天皇的这
首《王昭君》:

> 弱岁辞汉阙,含愁入胡关。天涯千万里,一去更无还。
> 沙漠坏蝉鬓,风霜残玉颜。唯余长安月,照送几重山。[2]

嵯峨天皇是桓武天皇的次子,他迷恋汉学,于诗赋、书法、音
律等皆有相当的造诣。嵯峨天皇在位期间大力推行"唐化",从礼
仪、服饰、宫殿建筑、节日习俗等方面都尽力模仿唐朝,将日本的
宫廷文化推向了全盛时期。《凌云集》序称:"皇帝陛下,握哀紫极,
御辨丹霄。春台展熙,秋茶蔼繁。叡知天纵,艳藻神授。犹且学以助
圣,问而增裕也。属世机之静谧,托琴书而终日。"[3]赞颂嵯峨天皇治
世之贤明、才思之富瞻以及奖掖文艺之盛举。"敕撰三集"正是在嵯
峨天皇的授意下编纂而成。嵯峨天皇诗作的构思立意有突破旧题本
事,有意识地向艳诗倾斜的意味,这与沈约《昭君辞》有些类似。[4]

1　林鵞峯『本朝一人一首』小島憲之校注、佐竹昭広等編『新日本古典文学大系 63』、363 頁。
2　小島憲之校注『懐風藻 文華秀麗集 本朝文粋』佐竹昭広等編『日本古典文学大系 69』、252 頁。
3　「凌雲集」塙保己一編『羣書類従 第 8 輯(装束部・文筆部 第1)』訂正版、465 頁。
4　沈约《昭君辞》:"朝发披香殿,夕济汾阴河。于兹怀九折,自此敛双蛾。沾妆疑湛露,绕臆
　　状流波。日见奔沙起,稍觉转蓬多。胡风犯肌骨,非直伤绮罗。衔涕试南望,关山郁嵯峨。
　　始作阳春曲,终成苦寒歌。唯有三五夜,明月暂经过。"〔(南朝梁)沈约著,陈庆元校笺《沈
　　约集校笺》,浙江古籍出版社,1995,第 285~286 页〕

　　沈约诗文在嵯峨朝文坛流播甚广，[1]《经国集》卷一一收录滋野贞主《临春风效沈约体应制》一首，即效仿《玉台新咏》卷九所录沈约同题诗歌而来。沈约《昭君辞》为嵯峨天皇诗作提供了一个材料库和形式上的模板，但也许并不是唯一。沈约从昭君辞别汉长安城未央宫的披香殿起笔，这种从细节上具象化地展现长安城某一个空间位置——往往是整个皇城的地标界限或标志性建筑，如宫、阙、陌、门、关隘等，在日本的昭君乐府中都被笼统地替换成"长安""汉阙"，这标示出日本文人欲以"外"视角俯瞰长安的心理投射。嵯峨天皇以"辞汉阙、入胡关"起笔，之后以沙漠、风霜写边地之苦寒。沈约诗中对昭君妆容、肌骨的注意，是齐梁艳诗中摹写女性身体的常见手法，这在嵯峨天皇诗中以"蝉鬓""玉颜"的方式再现。最后收笔以"唯余长安月，照送几重山"，同样可视为是对沈约尾句"唯有三五夜，明月暂经过"的祖述。只是沈约诗句以昭君的一去不复返和明月的周而复始形成对比，透露出浓浓的感伤；而嵯峨天皇将其置换成时空特定的"长安月"，以此强调离京者的凄凉。值得注意的是，在日本汉诗中经常会看到"长安月"成为一个脱离了原始语境、自由浮动的词组，它几乎可以作为一个关于长安的套语而独立存在——被应用于任何需要象征"都城"的情景中，且往往附带着感伤。

　　昭君乐府的基本主题和形式在中国一经建立，再由嵯峨天皇之作在日本实现了权威化，其余参与奉和赋诗的文人就不得不接受中国昭君乐府作为文学遗产对诗歌创作的绝对限制。[2]但是作为失去创

1　空海《文镜秘府论》天卷序："沈侯、刘善之后，王、皎、崔、元之前，盛谈四声，争吐病犯，黄卷溢箧，细帙满车。"天卷《四声论》又引萧子显《齐书》云："沈约、谢朓、王融，以气类相推，文用宫商，平上去入为四声，世呼为永明体。"沈约（441~513）是齐、梁文坛的领袖，学问渊博，精通音律，其"四声八病"之说为当时韵文的创作开辟了新境界，且对日本汉诗影响至深。

2　小岛宪之「弘仁期文学より承和期文学へ——嵯峨天皇を中心とする応制奉和の詩賦をめぐって」『国語国文』第 34 巻第 9 号、1965 年 10 月；小岛宪之「弘仁期文学より承和期文学へ——嵯峨天皇をめぐる応制・奉和の詩について -1-」『国語国文』第 35 巻第 2 号、1966 年 3 月、19 頁。

作自由和深度的补偿，他们往往在技巧、文体、修辞和精致性上寻觅更为新奇的表现。如藤原是雄的《奉和王昭君》：

> 含悲向胡塞，辞宠别长安。马上关山远，愁中行路难。
> 脂粉侵霜减，花簪冒雪残。琵琶多哀怨，何意更为弹。[1]

与嵯峨天皇的"汉阙""胡关"起笔相似，藤原是雄首句以"胡塞"与"长安"并举。这种将"长安—胡塞""汉阙—胡尘"并举的手法，在南北分裂的六朝时期的昭君乐府诗中很是常见，如庾信《王昭君》"朝辞汉阙去，夕见胡尘飞"，但在大一统的时期这种"民族主义"的倾向要缓和得多。然而这种程式化的地理意象几乎成为日本昭君乐府中的固定模式，程式句的出现甚至暗示同一主题的其他相邻成分，如朔雪、陇头、沙漠、关山、霜楼、边塞等富有边地特征的景物，以及罗衣、蝉鬓、玉颜、脂粉、琵琶等与女性特征相关的词语。因此平安初期的昭君乐府诗其实更像是在共享一个流动的诗歌材料库，这个材料库与流传至日本的诗文集、类书亲密无间，形成了一些联系松散的话题和程式句。总之，"敕撰三集"中的昭君乐府是被规范化了的诗作，它们大多以三段式的方式展开。

第一，写离别故都长安的场景。

> 弱岁辞汉阙，含愁入胡关。（嵯峨天皇《王昭君》）
> 魂情还汉阙，形影向胡场。（良岑安世《奉和王昭君》）
> 一朝辞宠长安陌，万里愁闻行路难。（藤原是雄《奉和王昭君》）

1　小岛宪之校注『懐風藻 文華秀麗集 本朝文粋』佐竹昭広等編『日本古典文学大系 69』、254 頁。

第二，描写塞外旅途的艰难。

> 青虫鬓影风吹破，黄月颜妆雪点残。（小野末嗣《七言奉试赋得王昭君》）
> 虏地何辽远，关山不忍行。（良岑安世《奉和王昭君》）
> 陇月分行镜，胡冰冻旅装。（菅原清公《奉和王昭君》）
> 画眉逢雪坏，裁鬓为风残。（朝野鹿取《奉和王昭君》）

第三，寄情于日、月等自然景物，抒发对长安的留恋回望。

> 行行常望长安日，曙色东方不忍看。（滋野贞主《王昭君》）
> 唯有长安月，照送几重山。（嵯峨天皇《王昭君》）
> 愿为孤飞雁，岁岁一南翔。（良岑安世《奉和王昭君》）

对长安的不舍与对边塞的恐惧构成传统昭君乐府的流行开头，接下来诗人会通过"流观"的方式对塞外景观逐一展示，这些景观因猎奇的视角而被描写的荒凉、粗粝又严酷，与行走于其中的昭君——被长安"驱逐"的美貌女性形成鲜明反差。这些乐府诗最后总会以回望长安的方式而将视线再次引回长安，视觉上构成一个完整的叙事循环。而且，"回望"中的长安，总是与"日""月"这种宇宙中的永恒意象相结合，构成一个限定性的隐喻。这些隐喻在日本汉诗中用得非常多，无论白天还是黑夜，长安最后总是与"日""月"结合，形成一种恒久的象征与想象。

这些乐府诗中的长安表述有一些共同特征，即空间上的"长安—边塞"对峙模式与时间上的"近汉远唐"。这些诗文集体阐释了周边国家文人对古代中国的边界感知——在威严壮丽的都城畛域之外，是连绵不断的沙漠戈壁，它们是这个大一统帝国的边塞，那里生活的异域之人既受惠于帝国文化的恩泽，却也对王权构成了一定的威胁。日本文人将其对长安的阅读经验——完全是指传统意义上的对文献、文字的纯粹阅读——过滤之后，在文本中隐喻了都城存在的本质——为了遏制来自边塞的军事威胁。

"长安—边塞"模式的构建最初来自中国一个源远流长的诗歌传统——边塞诗。如果检视这一时期日本人的诗歌，会发现他们对边塞的兴趣浓厚得令人狐疑，一个没有塞外游牧势力威胁的民族，一个不存在沙漠戈壁景观的岛国，何以会对关山、陇头、漠北等塞外景观如此着迷？以至于在诗歌中不断地重复着这一虚构的世界。这种观照的方式一直延续到战后，我们看看井上靖的一系列西域小说，如何处理西域与长安的关系便会明了。这种对于边塞的好奇与梁陈之际诗人对于边塞的虚构并无二致。田晓菲指出，边塞诗的诞生与诗人的实际经验毫不相干。边塞诗是对遥远浪漫的"异地"的构筑。写作边塞诗的乐趣就在于对北地苦寒富有想象力的铺张描写，对他们只在史籍中读到过的边远地名一一列举，这是典型的对文化他者的建构，这种对于文化他者的建构反过来是加强自我文化身份的手段。[1] 如果借用"文化他者的建构"这一角度来理解日本的边塞诗，一个不能忽视的历史背景是，"安史之乱"的爆发以及这一消息由宝龟年间遣唐使带入日本并写入其国史的事实。据《续日本纪》卷三五宝龟九年（778）十月乙未条：

> 臣滋野等，去宝龟半年六月廿四日，候风入海。七月三日，与第一船同到扬州海陵县。八月廿九日，到扬州大都督府。即依式例安置供给。得观察使兼长史陈少游处分，属禄山乱，常馆凋敝。入京使人，仰限六十人。以（来）十月十五日，臣等八十五人发州入京，行百余里，忽据中书门下牒，搏

1　田晓菲：《烽火与流星：萧梁王朝的文学与文化》，中华书局，2010，第245~246页。

节人数限以廿人。臣等请更加廿三人。[1]

　　上毛野大川等人进京之时，离安史之乱虽已经过了十几年，但因战乱给唐帝国带来的经济问题，致使政府无力修缮馆驿，呈现出一派凋敝不堪的景象。依据惯例，遣唐使登陆中国之后，一应费用都应由唐朝政府承担，但因财政窘迫，唐政府便将接待进入长安的使者人数限制为六十人，后又一再消减至二十人，帝国的衰败可想而知。这批遣唐使中的上毛野大川，参与了《续日本纪》的编纂，他将自己目睹的唐都长安之败状记载于日本国史中，这对日本人的边塞认识及对唐观都产生了非常重要的影响。[2]

　　如果说"安史之乱"的消息在日本律令制国家的传播，使得这些兼具律令制官僚和宫廷文人双重身份的日本诗人，不得不重视"边塞"对长安政权的威胁，那么中国边塞题材诗文在日本的流播，则为他们提供了书写"边塞"风景的范本。他们对孕育边塞诗的历史土壤——自汉朝起中原政权便需常年应对匈奴的威胁与挑战，对西域民族政权的怀柔或征战让汉朝颇费心力——认识究竟有多深刻暂且不论，但自乐府至初盛唐诗歌，都记载着大量的边塞题材诗，这些诗作将目光放在悲凉壮阔的边塞风景的抒写上，那里有着与中原地区迥异的自然风光，这些"风景"通过被阅读而进入日本文学，并成为日本人想象边塞的基本材料。与此同时，"长安—边塞"模式的建构却是九世纪初日本律令制国家官僚文人观看"长安"的基本方式。我们虽然讨论了"边塞"带来的政治、外交问题在文学创作中的投射，但就"敕撰三集"中长安"虚像"的生成问题而言，"长安—边塞"模式中的另一极"长安"其实发挥着更为重要的作用。因此之故，平安初期日本人诗文中的长安，并不是遣唐使往

1　黑板胜美、国史大系编修会编『国史大系　第4卷　続日本紀　後篇』、443~444 頁。
2　葛继勇：《遣唐使上毛野大川与〈续日本纪〉的唐日关系记事》，《日语学习与研究》2007 年第 5 期，第 41~45 页。

来的现实中的晚唐长安城——那个大一统的唐帝国的王权之都，而是西汉的故都——随时受到"胡地"威胁、由女性和亲求得暂时和平的长安。这种时空上的滞后性，是平安初期日本人长安书写中的共同特征。

二　艳情诗与"女性观看"机制

"闺怨诗"起源于中国六朝宫体诗派中以"闺怨"为题的一类诗歌，最早由范云（451~503）开创，其后何逊《闺怨》，王僧儒《春闺有怨》《秋闺怨》，萧子显《春闺思》，萧纲《秋闺夜思》《秋闺情》等题作"闺怨""闺思"的诗作联翩问世，其影响所及，远达隋唐一代。所谓"闺怨"，是指"闺"（女性的居室）中人在"怨"中表达女性的思夫（或爱人）之情的作品。[1]《文华秀丽集》中专设"艳情部"，收录有十一首闺怨诗，这些诗歌从内容上看接近于《文选》中言"情"的赋以及《艺文类聚》中的闺情诗，有些作品明显地来自对《玉台新咏》作品的模仿。这些"艳情诗"从创作情形来看，除巨势识人的《和伴姬秋夜闺情》一首之外，其余均为嵯峨天皇与文人官僚唱和之作。《文华秀丽集》和《经国集》中的"乐府"部也载有许多闺怨诗，这些诗歌基本为汉魏六朝文学的模仿之作，风格通常流于浮靡轻艳，注重形式美的追求，尤其重视用典、讲究声律和追求辞藻，甚至可以说是绮靡的宫体诗的延伸。

闺怨诗虽是歌唱男女之爱这一普遍主题，但其特殊的表现手法——由男性诗人以女性的观点进行爱情描写，又被确立为中国爱情诗的主要方法，中国闺怨诗除了表达女性的怨恨情愁之外，也常被男性诗人用于感怀不遇，这在中国诗歌史上是一种典型现象，甚

---

1 〔日〕松浦友久：《中国诗歌原理》，郑天刚译，辽宁教育出版社，1990，第58页。

至一度成为主流。但从日本闺怨诗的创作上看，平安时代的诗人显然没有现实的生活体验，仅是借用"闺怨诗"这种文学载体，施展想象之能，竭尽华丽的辞藻和典故，去描绘身处空闺中的女性的思绪愁情。这些作品的"虚构化"特征极其突出，因为从原初的中国语境中被分离了出来，它们所使用的材料便不包含私人性，而是通过在日本宫廷的创作与阅读，提供了一种潜在的可被分享的意义。日本的"闺怨诗"仅是诗人空想的一个异国世界，而"长安"总是这异国世界最为绚丽繁华的背景舞台。一个有趣的现象是，日本诗人的长安想象，大多建立在与边塞相关的那些悲哀的女性身上，尤其是生活在长安的那些倡家女子，接下来我们将会分享两首诗。这两首诗中的女性都相貌妖娆、能歌善舞，象征着长安的繁荣面影，但这种华丽的幻象很快会被遥远的边塞战事所打破。

从菅原清公《奉和春闺怨》谈起

　　《文华秀丽集》中的闺怨诗，大都产生于嵯峨天皇与近臣文人唱和的诗宴上。诗人们从中国的闺怨诗中寻枝摘叶，将惯用的典故和华丽的辞藻从原初的中国语境中剥离出来，虚构出了一个空想的艺术世界。

　　"敕撰三集"中的闺怨诗有一个特征，那就是篇幅长大，呈现出近似于叙事长诗的特征，由此可见平安朝文人在闺怨诗的创作上着墨颇深。这些诗多是宫廷宴会上的唱和之作，诗人们共享着同一个创作的"场"，因此一组同题奉和的诗作中往往共用一些典故，这些典故的形成、凝聚、使用与转述过程，很好地诠释了他们使用这些典故的"动机史"。因为只有在不断地使用、转述过程中，词语才有可能积淀、容纳甚至超越其字面的内容或改变其原来的意义，这一点正是古代日本知识阶层学习、接受中国古籍的主要方式。以下我们将主要以日本"闺怨诗"中有关长安的典故为例溯源穷流，将其反复的征引视为一种有潜在意义的表达方式，通过对典故转述、使用的"动机史"的阐释，厘清这些典故在日本演变的脉络。首先来看《文华秀丽集》收录菅原清公的《奉和春闺怨》：

怨妇含情不能寐，早朝褰幌出栏楯。
自言楚国名倡族，家是宫东宋玉邻。
独赖耶娘偏爱重，何图见者以为神。
庭前见舞鸾常顾，楼上吹萧凤未臻。
四五芳期当顺礼，出从君子正为嫔。
男儿好事方有□，□□从□□□年。
荡子别来多岁月，那堪夜夜掩空扉。
要身屡验真知瘦，眼睑常啼谩似肥。
合欢寂院宁蠲忿，萱草闲堂反召悲。
可妒桃花徒映靥，牛憎柳叶尚舒眉。
心如煎，眼不眠。
良人不意思归引，贱妾常吟薄命篇。
胸上积愁应满百，眼中行泪且成千。
君不见闺□怨□□颜华，
直为思君塞路遐。
奈何征人大无意，一别十年音信赊。
桑下受金君岂吝，机中织锦讵能嘉。
罗帐空，角枕冻，角枕罗帐恨无穷。
春苑看花泣长安，宵闺理线忆桑干。
颓思懒听门前鹊，衰面惭当镜里鸾。
愿君莫学班定远，慊慊徒老白云端。[1]

1　小島憲之校注『懐風藻 文華秀麗集 本朝文粋』佐竹昭広等編『日本古典文学大系 69』、240頁。

　　从诗题中的"奉和"可知,这首诗是菅原清公为奉和嵯峨天皇的《春闺怨》所作,同题共咏的奉和之作还有记于朝野鹿取、巨势识人名下的两首。嵯峨天皇御制《春闺怨》虽然没有保存下来,但从这几首《奉和春闺怨》内容和结构相似的特征来看,这应该是一组描写"征夫思妇"主题的杂言诗,且都采用七言和三言交错变换的形式,通过有序的参差带来一种形式上的美感。这些奉和诗作仍然以"长安—塞外"模式设定诗歌空间,因此还可视为前述"昭君乐府"诗延长线上的作品。这组杂言诗中的女性形象类型化程度严重——她们一般是生活于繁华帝京的美貌女子,却因为丈夫出征独守空闺,诗句中往往装点着捣衣、戎路、征人、孤月的意象,却对征战之苦毫无批判。

　　菅原清公这首《奉和春闺怨》内容可分为四个部分。前四句讲楚国倡家女子的身世与美貌。开篇以夜不能寐的怨悱起笔自陈身世——自言出身于"楚国名倡族",家住"宫东宋玉邻",后者显然取典于宋玉的《登徒子好色赋》,这是中国古典文学中第一篇着力刻画美女的名作,其中写道:"天下佳人,莫若楚国。楚国之丽者,莫若臣里。臣里之美者,莫若臣东家之子。东家之子,增之一分则太长,减之一分则太短。着粉则太白,施朱则太赤。"自宋玉之后,"东家邻女"就成了美女的代称,如萧纲《和湘东王名士悦倾城》中的美女:"经居李城北,住在宋家东。"菅原清公正是在中国文人描写美女的传统上,使用了宋玉东家邻的典故,又为诗中的女子设定了一个楚国倡家的出身,其后以"耶娘偏爱""见者以为神"来侧面烘托女子的美貌,这也是南朝乐府艳歌中常见的手法。

　　次之六句陈述这位楚国美女的出嫁。她嫁给了一位长安的荡子,但丈夫长年游荡四方不归家,她只好"夜夜掩空扉"。其后举合欢、萱草、桃花、柳叶四种植物意象,来衬托女子的孤独与悲伤。这一部分内容取意《古诗十九首》其一《青青河畔草》的尾句:"昔为倡家女,今为荡子妇,荡子行不归,空床难独守。"这首诗也是《古诗十九首》中唯——首以第三人称写思妇形象的诗篇，《初学记》中也有收录，菅原清公很可能是从《初学记》取典。菅原清公诗作还将艳情诗与边塞诗糅合在一起，在紧接其后的六句杂言诗句中，陈述女子闺怨的原因在于丈夫的出征。这与中国初盛唐时期艳情诗与边塞诗的合流倾向一致。中国的边塞诗主题经由鲍照确定后，至庾信进一步开拓，梁陈诗人又创出歌咏征人思妇的长篇歌行，初盛唐的边塞诗内容便大体上没有超出南朝边塞诗的题材范围。艳情也是在齐梁之际发展起来的大宗，其基本题材继续在初盛唐流行。菅原清公诗作最后六句是整首诗的高潮，女子回首往事，追忆故乡，"春苑看花泣长安，宵闺埋线忆桑干"，不由哀叹容颜日益衰老，期待丈夫能早归。这句与庾信《怨歌行》中远嫁长安少年的女子，心头升起的无限望乡之情何其相似："家住金陵县前，嫁得长安少年。回头望乡落泪，不知何处天边。"倪璠《庾子山集注》谓："自喻信本吴人，羁旅长安，同于女子伤嫁，如乌孙马上之曲，明妃出塞之词也。"[1]庾信的诗如果可以解做代言体，以女子伤嫁喻自己飘泊长安，那菅原清公诗作中"泣长安""忆桑干"的女子又当作何解呢？

　　如果要从这首诗的女性形象中刻意挖掘什么微言大义，则难免有些胶柱鼓瑟之嫌。以男女情爱隐喻君臣关系的旧例，固然是中国诗骚以来的比兴传统，但这一传统在六朝宫体诗中已经被消解得差不多了。宫体诗往往把这种怀抱"怨"情等待男性的女性形象，视为表现女性美的典型。"香草美人"之喻的遗失，使得这些出自男性笔下的女性形象，反而具有了一种纯粹观念化的"美"。[2]但是，这些美丽而又被动的女子，在无尽又无望的期待中产生的幽怨，本来是中国士人女性观的形象化产物，在移植到日本之后，这些女性

1　（北周）庾信撰，（清）倪璠注《庾子山集注》卷五《怨歌行》，中华书局，1980，第404页。
2　〔日〕松浦友久：《中国诗歌原理》，第59页。

的形象因为缺乏现实的投射以及历史的依托，就变成了平安初期宫廷的一种文字游戏。

另外，这首诗将闺怨的原因设定为征夫远行而引起的分别，从而将边塞诗与闺怨诗结合的方法，构成了《文华秀丽集》中闺怨诗的一大特征。如诗集中收录的菅原清公另一首《赋得络纬无机应制》，诗云：

> 岁暮倡楼冷，征夫消息希。
> 思虽宁有忆，谁为织寒衣。
> 细纬元无杼，疏经不待机。
> 匹成如可借，远送寄金微。[1]

巨势识人《奉和春情闺愁》：

> 莺啼庭树不堪妾，雁向边山难寄君。
> 绝恨龙城征客久，年年远隔万重云。[2]

嵯峨天皇《和内史贞主秋月歌》：

> 洞庭叶落秋已晚，虏塞征夫久忘归。
> 贱妾此时高楼上，衔情一对不胜悲。[3]

桑原腹赤《和滋内史秋月歌》：

1 小島憲之校注『懐風藻 文華秀麗集 本朝文粋』佐竹昭広等編『日本古典文学大系 69』、305 頁。

2 小島憲之校注『懐風藻 文華秀麗集 本朝文粋』佐竹昭広等編『日本古典文学大系 69』、246 頁。

3 小島憲之校注『懐風藻 文華秀麗集 本朝文粋』佐竹昭広等編『日本古典文学大系 69』、308 頁。

汉边一雁负书叫，外城千家捣衣声。

月落月升秋欲晚，妾人何耐守闺情。[1]

　　这些闺怨诗与上述的乐府诗情况相同，也存在着组成诗歌共享
材料的一系列主题、话题和程式句。就像菅原清公这首看似规模庞
大的闺怨诗，其实并没有一个完整的情节逻辑，它只是若干个熟悉
主题的组合——"楚国东邻女""昔为倡家女，今为荡子妇""征夫
思妇"等。这种结构惯例在日本的闺怨诗中起着重要的作用，其基
本模式可分为三段，由主题、描写式的展开和作者（或角色）的反
应三部分组成，在整个九世纪初的日本宫廷文学中，这种叙事倾向
一直都作为诗歌创作的背景而存在。

阴影里的都城

　　与菅原清公同时奉和嵯峨天皇诗作的朝野鹿取，也有一首《奉
和春闺怨》，诗云：

妾本长安恣骄奢，衣相面色一似花。

十五能歌公主弟，二十工舞季伦家。

使君南来爱风声，春日东嫁洛阳城。

洛阳城东桃与李，一红一白蹊自成。

锦褥玳筵亲惠密，南鹏东鲸还是轻。

贱妾中心欢未尽，良人上马远从征。

出门唯见扬鞭去，行路不知几日程。

1　小岛宪之校注『懐風藻 文華秀麗集 本朝文粋』佐竹昭広等编『日本古典文学大系 69』、
　　309 頁。

尚怀报国恩义重，谁念春闺愁怨情。

纱窗闭，别鹤唳。

似登陇首肠已绝，非入楚宫腰忽细。

水上浮萍岂有根，风前飞絮本无蒂。

如萍如絮往来返，秋去春还积年岁。

守空闺妾独啼虚，座尘暗空阶草萋。

池前怅看鸳比翼，梁上惭对燕双栖。

泪如玉箸流无断，发似飞蓬乱复低。

丈夫何时凯歌归，不堪独见落花飞。

落花飞尽颜欲老，早返应看片时好。[1]

　　朝野鹿取曾任遣唐使的准录事来过长安，后任嵯峨天皇之子的侍讲，并参与了《日本后纪》的编撰工作。这首诗中怨妇的设定是长安歌妓，讲述其嫁与洛阳荡子的故事。这首杂言诗长达230言，前三句以第一人称描写生活富沃奢侈的长安歌妓嫁与洛阳男子的故事。"十五能歌公主弟"出自汉武帝皇后卫子夫的典故，她曾为平阳公主家的歌女。"二十工舞季伦家"是说石崇宠妾绿珠的故事。这两句都是为凸显女子的美貌与才艺。其后五句写女子因丈夫从军远征而与之离别，其中"尚怀报国恩义重，谁念春闺愁怨情"一句，似乎含着隐隐的批判。最后一部分从女子无心装扮入手，细腻地描写了其身体、容貌的变化——"腰忽细""泪如玉箸""发似飞蓬"，并借"浮萍""飞絮""座尘""草萋"等流动不居的意象暗示女子的命运，以"鸳比翼""燕双栖"比兴抒发女子的怨情，最后以"落花飞尽"所蕴含的年岁流转的意蕴，悲叹容颜易老，将"怨"情推向极致，并自然引出期盼丈夫早日归来的主题。这首杂

1　小島憲之校注『懐風藻 文華秀麗集 本朝文粹』佐竹昭広等編『日本古典文学大系 69』、242 頁。

言诗对女性容貌、心理的细腻书写颇有中国宫体诗的特点，无论是在结构上还是情感上，甚至道德的批判上，都显然高妙许多。

与菅原清公、朝野鹿取同时奉诗的还有巨势识人，其《奉和闺怨诗》同样从女性的成长起笔，写长安城内的名妓嫁为他人妇，但丈夫出征边塞后，"皇城一去关山远，闺阁连年音信稀"，从而引起怨情。诗人从唐代的《拟闺人》《荡子从军》等作品中汲取了大量滋养，从而展现出一种清艳秀明、华而不绮的娟韶诗风。这三首闺怨诗将美艳、感伤的长安怨妇作为都市文化意象的主要载体，她们不能在都城空间内自由行走，因此书写的视角狭窄而固定。诗作中的女性都采用第三人称的视角，她们作为长安文化的一种符号，其实是从与诗人的实际生活体验无直接关系的角度描写，类型化程度比较严重，这一问题在中国的宫怨诗中同样存在。[1]

菅原清公、朝野鹿取以及巨势识人，都有随遣唐使团到过长安的经历，他们的闺怨诗都以长安作为舞台，以繁华的都市作为思妇生活的场景，似乎也并非偶然。延历二十三年（804）十一月二十五日，唐德宗在大明宫麟德殿接见了菅原清公、朝野鹿取等一行。菅原清公归国之际，在唐朝作有《越州别敕使王国父还京》一诗："我是东蕃客，怀恩入圣唐。欲归情未尽，别泪湿衣裳。"菅原清公回到日本之后，成为嵯峨天皇宠信的重臣，在日本积极推行唐朝文化。弘仁十年（819）正月，菅原清公"加正五位下，兼文章博士，侍读《文选》，兼参集议之事"，并参加了"敕撰三集"的编修工作，被世人尊为"国之元老"。朝野鹿取虽出身寒门，但以学赡词富、聪俊练达而著称，后官至参议，人称"干吏"。"敕撰三集"中收录有多首朝野鹿取与嵯峨天皇的唱和诗。如《凌云集》所载嵯峨天皇的七言律诗《和左卫督朝臣嘉通秋夜寓直周庐听早雁之作》，

1　〔日〕松浦友久：《中国诗歌原理》，第45页。

诗题中的"朝臣嘉通"就是指朝野鹿取，[1]"嘉通"是朝野鹿取仿唐人取的"字"，一般用于关系亲密的人之间，嵯峨天皇以"字"而非正式姓名称呼他，足见朝野鹿取与嵯峨天皇的亲密。

诚如前述，菅原清公将自己在长安的见闻很好地复原在了平安京，也就是说曾经进入都市空间内部、进行过亲身实践的遣唐使三人，对于长安都市空间的了解与知识传递之间基本一致，但关于长安的知识传递与形象建构之间却存在着巨大的龃龉。换言之，这些有着实际长安体验的文人，为何要选择空闺之中哭泣的女性作为观看长安城的方式？

如果将遣唐使直接体验到的唐长安城称为第一空间，我们会发现它是一个可以通过实证被测量和绘制成地图的物质化的空间，是地理学家、考古学家熟悉的文本和主题。同样类似的物质化空间还有平安京，它是遣唐使通过对长安城的复述、模仿而重建的都城，同样可以被测量和绘制。然而，遣唐使在诗文中通过想象、描述制作出的长安意象，则是一种隐喻的第二空间，它具有强烈的主观性，且不仅关注可感知的物理空间和地理，还研究认知的、概念的和象征的世界。如果第一空间是地理学家的主要文本，那么第二空间就是一种概念和意识形态"话语"（discourse），[2]它必然会抬高一些或贬低另外一些空间景观，因此第二空间呈现出的都市形象往往是非均质化的，存在着阶级或性别的差异。具体就"敕撰三集"诗人而言，他们都选择了生活在长安的女性来书写都城，让这些被限制在"深闺 / 后宫"——建筑深处的女性，讲述了有关长安都市生活的另一个故事。

长安都市建筑以宫室为中心，这些宫室建筑从柱间数、屋顶形

1　金原理「小野岑守考」金原理『平安朝漢詩文の研究』九州大学出版会、1981、78 頁。

2　Edward W. Soja, "Third Space: Expanding the Scope of the Geographical Imagination," In Alan Read, Ed. *Architecturally Speaking: Practices of Art, Architecture and the Everyday* (London and New York: Routledge, 2000), pp.13-30.

态、装饰、色彩，都被严格序列化，以维护以皇帝为顶级的儒教等级。[1]中国古代的建筑空间始终是以男性社会为中心的。从中国古代住宅建筑的"门堂之制"到宫殿建筑的"三朝五门"，再到礼制建筑"明堂辟雍"都是为男性设计的空间，公共建筑空间中基本没有女性的位置，男性处于建筑的中心位置，而女性处于建筑中的边缘或者角落。后妃居住的宫室处于皇宫建筑的最深处，以与朝堂的男性空间相区别，其次在后宫内部又有着无数的等级，且后宫的等级依然无法摆脱来自前朝的男性世界的支配，建筑方位的等级强化了空间的权力和性别。在女性主义地理学家看来，建筑空间的差别是一个强势集体对弱势集体维持其统治地位的运作机制，空间的域界造就了女性的不平等。[2]日本闺怨诗中的这些女性虽然生活在繁华的帝都长安，但生活的空间却被局限于"深闺"，诗作中作为背景或道具的都是充满了都市气息的女性物品，如角枕、罗帐、罗衣、纨扇等，有着强烈的性别暗示。因此，当日本文人将闺怨诗中的女性设定为长安城的代言人时，实际上是通过都城对女性的压制，实现了唐帝国与周边政权关系的转喻。

《文华秀丽集》"艳情部"这几首题作《春闺怨》的长诗，女性身份都是倡家女。她们在繁华的帝都长安，因思念远在边关的丈夫而心生哀怨。倡女作为都市中消费文化的产物，最容易与文学发生关系。魏晋南北朝时，享乐主义和任情好色风气盛行，再加上舞蹈和音乐的繁荣发展，倡女群体逐渐壮大，不仅宫廷之中倡女无数，就连社会上的一些世家大族也开始大量蓄养家妓。受这一社会风气之影响，南北朝时期以倡女为创作主题的诗作比比皆是，它们或者赞美称颂倡女的婉转歌喉和曼妙体态，或者表现她们的悲惨生活和情感哀怨。

---

1 〔日〕伊东忠太：《中国古建筑装饰》，刘云俊等译，中国建筑工业出版社，2006，第7页。
2 〔美〕达夫妮·斯佩恩（Daphne Spain）：《空间与地位》（Cities and Society），雷月梅译，参考汪民安、陈永国、马海良主编《城市文化读本》，北京大学出版社，2008，第300页。

《玉台新咏》中描写倡女之怨的诗篇有十二首，以不同的视角刻画了她们的痛苦和哀怨。因此当宫廷文学将视野投向女性的时候，她们也最容易成为都市的代表。某种程度上，就像现代文学中经常以妓女作为都市消费文化的符号一样。在这种完全虚构性的题材中，倡女之怨也最引日本诗人注目，他们将闺怨诗与边塞诗结合，形成空间对峙的两极，在这些表达征怨的作品中，战争性质、征役地点都略无交代，只突出征役之久、幽怨之深以及百无聊赖、中夜垂泪等相思之状，因此长安往往作为边塞的对立面出现。边塞诗与闺怨诗的结合，构成了《文华秀丽集》中闺怨诗的一大特征。如：

> 岁暮倡楼冷，征夫消息希。（菅原清公《赋得络纬无机应制》）
> 皇城一去关山远，闺阁连年音信稀。（巨势识人《奉和春闺愁》）
> 洞庭叶落秋已晚，虏塞征夫久忘归。（嵯峨天皇《和内史贞主秋月歌》）

这些诗都将怨妇丈夫的形象设定为边塞军士，随着丈夫出征戍边，引起相爱男女之间的距离感，制造出一种悲剧效果——"对家园或者女性空间的描述可以说是边塞诗一个必要的组成部分，因为它突出了远在边塞的男性空间。"[1]

宫怨诗与汉长安宫殿的书写范式

《文华秀丽集》"艳情部"同时收录有《婕好怨》《长门怨》等宫怨诗作。宫怨诗，一般是指歌唱宫中女子哀叹天子爱衰的作品，

---

[1] 田晓菲:《烽火与流星：萧梁王朝的文学与文化》，第35页。

这类作品首先是宫廷妃嫔制度的产物，因此多会涉及后宫妃嫔的居住空间。其次，宫怨诗经常会与乐府结合，并借用乐府旧题所规定的女性历史人物而发思古之幽情，其中又以《婕妤怨》《长门怨》最为著名。日本的宫怨诗是中国宫怨诗延长线上的产物，因此也多以中国历史上的女性人物为对象，围绕着这些女性的特定意象加以歌咏。兼之这些作品与诗人的社会体验不发生直接联系，因此呈现出一种纯虚构的特征来。《文华秀丽集》将《婕妤怨》《长门怨》等收录于"艳情部"，而将《王昭君》相关作品收录于其后的"乐府部"，充分说明诗集撰录者对"艳情诗"与"乐府诗"的区别意识。

日本宫怨诗中的长安景观选择了"西汉"这一时间滤镜，但不像《文选》所收"京都赋"那样详尽地描绘汉长安宫室之巍峨、物产之丰富，而是在古老的乐府中延续着传统的叙述套路，呈现出极其"虚化"的特征。这些诗作显然产生于嵯峨天皇及其身边的文学近臣、贵族游赏的诗宴上，文本之间互相响应，它们可能共享着一部来自中国的诗集或者类书，日本文人通过阅读、注释使其在本朝流通，并通过在宫廷诗宴上的创作再次扩充了这些中国诗句的表现力，同时将西汉长安的相关宫殿名带入日本。比如嵯峨天皇及其文臣的这组《婕妤怨》奉和诗。嵯峨天皇《婕妤怨》诗云：

> 昭阳辞恩宠，长信独离居。
> 团扇含愁咏，秋风怨有余。
> 闲阶人迹绝，冷帐月光虚。
> 久罢后庭望，形将岁时除。[1]

巨势识人《奉和婕妤怨》：

1　小島憲之校注『懐風藻 文華秀麗集 本朝文粋』佐竹昭広等編『日本古典文学大系 69』、249 頁。

昔时同挚爱，翻怨裂纨倩。

孤帐秋风冷，空帘晓月明。

啼颜拭尚湿，愁黛画难成。

绝妒昭阳近，闻来歌吹声。[1]

桑原腹赤《奉和婕妤怨》：

年色诚难保，妾人独自尤。

昭阳歌舞盛，长信绮罗愁。

月向空帐落，风经暗叶流。

银环终不赐，娇爱永成秋。[2]

　　这几首诗歌都是采用六朝以来传统的乐府诗题"婕妤怨"，如小岛宪之的注释，嵯峨天皇诗中的"团扇含愁咏"一句，来自班婕妤《怨歌行》的"裁为合欢扇"一段，巨势识人诗歌末尾，与南朝才女刘令娴《和婕妤怨》的"况复昭阳近，风传歌吹声"表现手法极为相似。[3]《婕妤怨》原为乐府楚调曲名，《乐府诗集·相和歌辞十八·班婕妤》郭茂倩题解曰：

　　《乐府解题》曰："《婕妤怨》者，为汉成帝班婕妤作也。婕妤，徐令彪之姑，况之女。美而能文，初为帝所宠爱。后幸赵飞燕姊弟，冠于后宫；婕妤自知见薄，乃退居东宫，作赋及

1　小岛宪之校注『懐風藻 文華秀麗集 本朝文粋』佐竹昭広等編『日本古典文学大系 69』、249 頁。

2　小岛宪之校注『懐風藻 文華秀麗集 本朝文粋』佐竹昭広等編『日本古典文学大系 69』、250 頁。

3　小岛宪之校注『懐風藻 文華秀麗集 本朝文粋』佐竹昭広等編『日本古典文学大系 69』、249-250 頁。

《纨扇诗》以自伤悼。后人伤之而为《婕妤怨》也。"[1]

解题中所说的"赋"即《汉书》中收录的《自悼赋》,"纨扇诗"即
《文选》所载《怨歌行》。《婕妤怨》类诗作大多基于传为班氏所作
《自悼赋》《怨歌行》中所述情节,结合《汉书》所载相关史事,通
过春苔、秋草、蛛网、团扇、玉阶、驳藓、寒霜、黄昏等富有晦暗
特征的意象,突出婕妤失宠后的孤寂和哀怨。如《玉台新咏》卷
五何思澄、孔翁归同题《奉和湘东王教班婕妤》,卷八徐悱妻刘氏
《和婕妤怨》,卷一〇庾肩吾《咏长信宫中草》,等等。

在这类作品中,"长信""昭阳"等汉长安的宫殿也逐渐形成了
抒怨的固定意象。"昭阳"指西汉后宫的"昭阳殿",《三辅黄图·未
央宫》:"武帝时后宫八区,有昭阳、飞翔、增成、合欢、兰林、披
香、凤皇、鸳鸯等殿……成帝赵皇后居昭阳殿。有女弟,俱为婕妤,
贵倾后宫。"[2]班固《西都赋》论及西汉后宫时,以昭阳殿为后宫之
首,极尽铺陈地描述了昭阳殿的豪奢。张衡在《西京赋》中,也曾
对昭阳殿内部的琳琅珠宝和华美服饰进行了描述,昭阳殿的器物以
金玉珠宝、翡翠琉璃之物为主,色彩斑斓,形态天成,西汉长安宫
阙的壮丽富裕由此可窥一斑。

"长信宫"是汉长安城长乐宫中最重要的建筑物之一,系汉高
祖改建秦离宫兴乐宫而来,汉代太后一般住在长信宫。《三辅黄图》
有"长信宫,汉太后常居之"这样的记载。因《婕妤怨》之故,长
信宫与昭阳殿便成为日本汉诗中表现长安地名的主要地标。这些诗
作将汉长安城的宫殿建筑反复置于其中,作为长安的地标性建筑,
使其成为抒发哀怨的固定意象。如《凌云集》收录淳和天皇的《九
月九日侍燕神泉苑各赋一物得秋露应制》:

---

1 （宋）郭茂倩:《乐府诗集》卷四三《相和歌辞十八》,第 628 页。参阅《汉书》卷九七下《外
　　戚传下》"孝成班婕妤",第 3983 页。
2 何清谷:《三辅黄图校释》,第 163~165 页。

未央阙侧承双掌。长信宫中起只啼。[1]

《文华秀丽集》中桑原腹赤的《春和听捣衣》：

守夜宫钟乍相和，应通长信复昭阳。[2]

　　这些作品的共同特点是，其中的女性形象是从与诗人的实际生活体验无直接关系的所谓第三人称出发，以客观的手法描写的，所以这些作品描写女性的类型化程度也很高。同样情况还可见于题名为《长门怨》的系列作品。"长门"同为汉代宫殿名，最早有司马相如《长门赋》，传闻代失宠于汉武帝的陈皇后叙写幽怨。自汉以来，古典诗歌中常以"长门怨"为题抒发失宠宫妃的哀怨之情，"长门幽怨"的典故经后人不断丰富，渐次衍生出《长门怨》等"宫怨"类乐府诗题。据《乐府诗集·长门怨》解题曰：

　　《长门怨》者，为陈皇后作也。后退居长门宫，愁闷悲思，闻司马相如工文章，奉黄金百斤，令为解愁之辞。相如为作《长门赋》，帝见而伤之，复得亲幸。后人因其赋而为《长门怨》也。[3]

嵯峨天皇曾作《长门怨》：

日暮深宫里，重门闭不开。
秋风惊桂殿，晓月照兰台。

1　「凌雲集」塙保己一編『羣書類從 第 8 輯（装束部·文筆部 第 1）』訂正版、456 頁。
2　小島憲之校注『懐風藻 文華秀麗集 本朝文粋』佐竹昭広等編『日本古典文学大系 69』、251 頁。
3　（宋）郭茂倩：《乐府诗集》卷四二《相和歌辞十七》，第 621 页。

对镜容华改，调琴怨曲催。

君恩难再望，买得长卿才。[1]

　　嵯峨天皇同样采用"女性"观看的模式，借用"长门"这一类型化了的地理意象，将长安的故事地图置于宫廷内部、宫殿深处的女性形象上，借助这样一种观看机制对长安都市开始想象。川口久雄指出："王昭君、李夫人、班婕好、孟姜女等在中国广泛传唱的悲剧女性的故事，逐渐融会贯通为弘仁宫廷诗歌的一种典故……这种在中国社会中通行的通俗故事，通过一种杂言体诗歌，以一种高昂的、感动的节奏，成为日本宫廷文学沙龙传唱吟咏的对象，曾经在宽平、延喜的年间的宫廷女性中广泛流传。"[2]

　　承上，"敕撰三集"中的长安书写，集中在昭君题材的乐府诗、表现"怨妇征夫"的闺怨诗以及丧失君王宠爱的宫怨诗中，因此生活在长安都市空间中的人物都是些"被放逐的女性"，这些"深宫／深闺"中的女性，成为日本诗人观看、进入长安都城空间的方式。她们是政治、社会或战争的受害者，长安之于她们不再是单纯的物理空间，而是作为一种寓言和隐喻出现。这些被"王权／男性"放逐或抛弃的女性，将长安城内那些遭人冷落的宫室连接在一起，赋予都城一种新的意义，并将其作为想象中的长安都市的地标。都城因此还被赋予了一种道德的含义：长安代表权力的拥有者，它以傲慢的姿态拒绝"弱者"，这里的"弱者"虽然都是以女性身份出现，但何尝不是日本文人自身的精神投射？他们以文化边缘者的身份，实现了对"长安"这一权力中心的反扑与消解。

1　小岛宪之校注『懐風藻 文華秀麗集 本朝文粋』佐竹昭広等编『日本古典文学大系 69』、247-248 頁。
2　川口久雄『平安朝日本漢文学史の研究 上』明治書院、1959、31 頁。

三 都城思想对九世纪初日本文人长安书写之干预

以上讨论了"敕撰三集"诗人书写长安的三种模式：时间上模糊汉、唐，权力空间上消解中心、边缘，性别空间上采用"女性"观看视角，通过描述都城对女性的压制，实现了唐帝国与周边政权关系的转喻。"敕撰三集"成书的九世纪初期，中日之间仍有遣唐使频繁往来，其间不乏空海、菅原清公、圆仁等汉诗文中的佼佼者，然而"敕撰三集"中的长安景观，依然是"虚化"的，这些诗作既不能像《文选》所收"京都赋"那样详尽地描绘长安帝京之巍峨，也不像初唐"帝京诗"那样真实地描写长安市井之风俗，而是在古老的乐府中延续着传统的叙述套路，以汉长安城作为诗歌背景，用中国诗文特有的修辞习惯，将都城隐入诗歌背后，而拒绝对其进行任何的正面描写。"敕撰三集"诗人对长安的节制性观看，是在九世纪初期中、日两国政治变革、社会文化、外交心理等因素的交互作用下产生的，因此每种表现模式并不孤立自足，它们同时受文学发展及国际政治格局变动的影响。尤其是考虑到"敕撰三集"诞生于"文章经国"思想作为国家意识形态、都城与王权思想密切粘连的律令制时代，对这一问题的思考就必须进入东亚思想史领域。

"文章经国"与"敕撰三集"的编纂

日本以大化改新（645年）为起点，仿照唐朝律令制建立起古代中央集权的国家。日本律令制在嵯峨天皇统治的九世纪初达到高峰，这一时期也是天皇制走向成熟的时期，出于巩固皇权、维护中央统治者的需要，魏文帝曹丕在《典论·论文》中提出的"文章经国"思想作为意识形态建构的重要一环被引入日本，并总领着这一时期三部国家汉诗集的编纂及总序的撰写。平安朝君臣以"文章经国"思想为基础，通过将文章与国家经营的政治理念相结合，将文学的不朽性与国家政权的永恒性相结合，使得文学参与到日本律令制国家体制的建构中。[1]

《典论》是魏文帝曹丕立言以垂典范于后世的精心之作，约作于建安末年。《典论》体例，据《三国志·魏书·文帝传》所云"勒成垂百篇"，《隋书·经籍志》著录为五卷。《宋史》以后不复著录，可知全书在宋代亡佚了。《论文》是《典论》中论述文人、文体及作文的名篇，因被萧统编入《文选》而得以传世。古代日本人对《典论·论文》的接触，从《正仓院古文书》中收录的《文选》卷五二残卷来看，主要是通过《文选》。该残卷选抄了李善注《王命论》《典论·论文》《六代论》等文字，从纸背记录可以判断是志斐连麻吕抄于天平十七年（745）十二月二日。[2]唐显庆三年（658），李善将其《文选注》六十卷献给高宗，可见不到百年，李善注本就已经在日本传播开来，并作为大学寮的教科书而为当时的知识阶层所熟知。

当时唐、日消息之所以往来迅疾，延历二十三年（804）日本朝廷派出的第十六次遣唐使团功不可没。这次使团由大使藤原葛野麻吕、副使石川道益、判官菅原清公总领，这三人均为"敕撰三集"中的诗人和显吏，学问僧空海、最澄及留学生橘逸势也在其列，一行人共乘海船四艘入唐。空海（774~835）是这批使者中的佼佼者，他在

1　关于这一问题，可参考 Wiebke Denecke「嵯峨朝における『文章経国』再論」（『アジア遊学』第 162 号、2013 年 3 月、93-10 頁）、滝川幸司「経国の『文』：『典論』『論文』の受容と勅撰集の成立」（河野貴美子『日本「文」学史』第 1 冊、勉誠出版、2015、338-377 頁）中对学术史的梳理。池田源太、小島憲之、松浦友久、金原理、后藤昭雄、波户冈旭、半谷芳文、大曽根章节等学者，从不同角度探讨了日本"文章经国"思想的实质、变迁与原因。

2　佐佐木信綱等編『南京遺文·南京遺芳』第 29 篇、八木書店、1987. 相关研究参考静永健《日本八至九世纪考古文献所见〈文选〉断简考》，详见张伯伟主编《域外汉籍研究集刊》第 9 辑，中华书局，2013，第 18 页。

中日文化交流中的贡献旷绝古今。与空海同行的判官菅原清公，从唐朝回国后成为嵯峨天皇宠信的重臣，在日本大力推行唐制。弘仁十年（819）正月，菅原清公"加正五位下。兼文章博士，侍读《文选》。兼参集议之事"。菅原清公在日本宫廷讲读的《文选》究竟用的是哪一种底本，已经不得而知，但从日本早期《文选》的流布情况来看，多为唐人注本是不争的事实。据《日本国见在书目录》[1]所录有五种：

> 《文选六十卷》，李善注。
>
> 《文选钞六十九卷》，公孙罗撰。
>
> 《文选音决十卷》，公孙罗撰。
>
> 《文选音义十卷》，释道淹撰。
>
> 《文选音义十三卷》，曹宪撰。

李善、公孙罗皆为曹宪弟子，这些著述既是《文选》教授在唐朝公私门学大兴的佐证，也是中国《文选》学走向兴盛的最初成果。[2]

论及《典论·论文》在日本接受中的媒介问题，"唐朝"是一个无法忽视的巨大存在。日本学者经常引用弘仁三年（812）嵯峨天皇下诏修改教育制度的敕令，来说明日本接受曹丕的"文章经国"思想其实是受唐太宗的影响。嵯峨天皇敕令云："经国治家，莫善于文。立身扬名，莫尚于学。是以，大同之初，令诸王及五位已上子孙十岁已上，皆入大学，分业教习……"[3]这则为律令国家培养官僚的敕令，实际上化用了唐太宗《帝范》之《崇文》篇："宏风导俗，

1　孙猛：《日本国见在书目录详考》，上海古籍出版社，2015，第1499页。

2　饶宗颐在《唐代文选学略述》中论隋唐之际选学蓬勃之原因，认为除继承此前音注之学以外，有三点须加措意：一是《汉书》学与《文选》学二者之兼行互补；二是大型类书著述之兴盛；三是崇文、弘文二馆收藏图书对于文学资料之助益（详见饶宗颐《敦煌吐鲁番本文选》，中华书局，2000，第5页）

3　《日本后纪》卷二二弘仁三年五月戊寅敕。参考『国史大系 第3卷 日本後紀 続日本後紀 日本文徳天皇実録』経済雑誌社、1898、134頁。

莫尚于文。敷教训人，莫善于学。因文而隆道，假学以光身。"《帝范》是唐太宗为太子李治所作的政治教科书，《崇文》篇的目的在于强调一个理想的君王应该"崇文"，并通过"崇文"来"弘风导俗"。嵯峨天皇敕令的变化在于将太宗《崇文》篇中的"宏风导俗"提升到"经国治家"的高度，将"文"所具有的对世俗伦理秩序的疏导直接引入"经国"一途，这种"创造性"接受的手法，无疑说明了嵯峨帝对文学所具有的政治功能的重视。

再如嵯峨朝设立"花宴节"，命群臣赋诗追赏，被认为是受唐德宗时代文治政策的影响。[1]《旧唐书·德宗纪下》贞元四年（788）九月二日诏令，定正月晦日、三月三日、九月九日在景胜之地赐宴百官。[2] 贞元五年（789）正月二日德宗再度下诏，新增中和节以替代正月晦日。[3] 由此中和节、上巳节、重阳节这"三令节"便固定下来。逢三令节日，德宗还在长安东南隅曲江池赐宴，与群臣赋诗追赏。贞元五年中和节德宗赐诗与李泌所作奉和诗，现存于《全唐诗》中。《日本后纪》卷二二"嵯峨纪·五"记载了嵯峨朝弘仁三年（812）的诗宴情况：

> 二月辛丑，幸神泉苑，览花树。命文人赋诗。赐绵有差。花宴之节，始于此矣。
> 七月癸亥，幸神泉苑，观相扑。命文人赋七夕诗。

1　大塚英子「嵯峨天皇と『花宴之節』」『古代文化史論攷』第 6 号、1986 年 11 月、21-44 頁。滝川幸司「宮廷詩宴雑考」『奈良大学紀要』第 33 号、2005 年 3 月、1-28 頁。李宇玲「落花の春：嵯峨天皇と花宴」『アジア遊学』第 188 号、2015 年 9 月、168-183 頁。

2　《旧唐书》卷一三《德宗纪下》贞元四年九月丙午诏："今方隅无事，烝庶小康，其正月晦日、三月三日、九月九日三节日，宜任文武百僚选胜地追赏为乐。每节宰相及常参官共赐钱五百贯文，翰林学士一百贯文，左右神威、神策等军每厢共赐钱五百贯文，金吾、英武、威远诸卫将军共赐钱二百贯文，客省奏事共赐钱一百贯文，委度支每节前五日支付，永为常式。"（第 336 页）

3　《旧唐书》卷一三《德宗纪下》贞元五年春正月壬辰朔乙卯诏："自今宜以二月一日为中和节，以代正月晦日，备三令节数，内外官司休假一日。"（第 367 页）

> 九月甲子，幸神泉苑。宴侍从巳上，奏妓乐，命文人赋诗。[1]

据"二月辛丑"条可知，日本的"花宴节"始于此。嵯峨朝"花宴节"赋诗现存于《凌云集》，如《凌云集》收录嵯峨天皇御制《神泉苑花宴赋落花篇》，及小野岑守《于神泉苑侍燕，赋落花篇，应制》、高丘弟越《于神泉苑侍宴，赋落花篇，应制》等，均为花宴节时所作。《凌云集》还收录有嵯峨天皇与群臣在重阳节的唱和诗，如嵯峨天皇御制《九月九日于神泉苑宴群臣，各赋一物得秋菊》、皇太弟（后淳和天皇）《九月九日侍燕神泉苑，各赋一物，得秋露，应制》、良岑安世《九月九日侍宴神泉苑，各赋一物，得秋莲，应制》、小野岑守《九月九日侍宴神泉苑，各赋一物得秋柳，应制》、菅原清公《九月九日侍宴神泉苑，各赋一物，得秋山》等，各自以秋露、秋莲、秋柳、秋山为题，作应制诗。嵯峨朝不仅模仿唐德宗朝设节日赐宴群臣、赋诗唱和，还与德宗一样赏赐文武官僚。仅就弘仁三年史料来看，嵯峨天皇在花宴节"赐绵有差"，在五月己巳"赐五位已上衣衾"，重阳节"赐禄有差"，由此不难想象，诗宴制度给国家经济带来了多么沉重的负担。

事实上，弘仁三年（812）的日本，灾情严重，农作物歉收。根据《日本后纪》记载，这一年平安京饥馑严重，六月庚寅，朝廷再次"赈给京中饥民。"[2]六月十六日，因京中米价过高，朝廷恐有动乱，以低价将官仓米粜于饥民，"壬寅，京中米贵。出官仓米，以减价粜贫民"。[3]六、七月旱情横行，朝廷又忙于奉币祈雨。如六月

1 参考黑板胜美、国史大系编修会编『国史大系 第3卷 日本後紀 續日本後紀 日本文德天皇實録』、131-139頁。
2 黑板胜美、国史大系编修会编『国史大系 第3卷 日本後紀 續日本後紀 日本文德天皇實録』、135頁。
3 黑板胜美、国史大系编修会编『国史大系 第3卷 日本後紀 續日本後紀 日本文德天皇實録』、136頁。

壬子敕:"甘泽不降,稍涉旬日。眷彼南亩,深轸于怀。所冀神灵垂佑,早致嘉雨。宜走币畿内,祈于名神。"[1]秋七月丁巳朔敕:"顷者疫旱并行,生民未安。静言于此,情切纳隍。但神明之道,转祸为福。庶冯佑助,除此灾祸。宜走币于天下名神。"[2]七月戊午条:"御大极殿,奉币于伊势大神宫。为救疫旱也。"[3]另外,平安京以外的地方也不太平,六月萨摩国遭遇蝗虫灾害,朝廷免其赋税:"辛卯,萨摩国蝗,免逋负稻五千束。"[4]其后几年,饥馑旱灾连年绵延,并未减缓,朝廷经济由是不堪重负。即使如此,嵯峨朝的诗宴不减反增,诗宴举办的地点甚至从宫廷延伸至贵族宅邸。我们来看弘仁四年的诗宴情况:

> 春正月,丙子,曲宴后殿。命文人赋诗,赐禄有差。
>
> 二月壬子,宴神泉苑。命文人赋诗。奏乐,赐绵有差。
>
> 四月甲辰,幸皇太弟南池,命文人赋诗。
>
> 秋七月,辛亥朔丁巳,幸神泉苑,观相扑。命文人赋七夕诗。
>
> 八月乙未,幸皇太弟南池。命文人赋诗,雅乐寮奏乐。赐五位已上衣被。
>
> 九月,庚戌朔戊午,幸神泉苑。命文人赋诗,赐绵有差。[5]

因诗宴花费巨丰,弘仁五年(814)三月,右大臣藤原园人以国

1　黒板勝美、国史大系編修会編『国史大系　第3巻　日本後紀　続日本後紀　日本文徳天皇実録』、136頁。

2　黒板勝美、国史大系編修会編『国史大系　第3巻　日本後紀　続日本後紀　日本文徳天皇実録』、137頁。

3　黒板勝美、国史大系編修会編『国史大系　第3巻　日本後紀　続日本後紀　日本文徳天皇実録』、137頁。

4　黒板勝美、国史大系編修会編『国史大系　第3巻　日本後紀　続日本後紀　日本文徳天皇実録』、135頁。

5　黒板勝美、国史大系編修会編『国史大系　第3巻　日本後紀　続日本後紀　日本文徳天皇実録』、143-145頁。

家财政危机为由，强烈主张废除"花宴节"。弘仁七年（816）四月，藤原园人又上书建议停止五月诗宴节，[1]但嵯峨天皇以诗宴是君臣同心治理国家不可或缺的文治政策为由，拒绝了藤原园人的奏请。弘仁年间诗宴上所作的诗歌，被整理成集，这就是三部敕撰汉诗集的主体。当然，嵯峨天皇并非没有意识到国库经济的危机，因此才会在弘仁五年五月甲寅（八日）下令，言天皇子女众多，空府库，故"除亲王之号，赐朝臣之姓"。[2]所谓的嵯峨源氏，就是从这里诞生的。

波户冈旭在考察《凌云集》序时指出，古代中国人给文集作序时有引用典籍——尤其是经学典籍的传统，其目的是以原典为证使读者信服。但到了唐人给诗文集作序时，则开始引用文学作品或文学批评著作，如唐人芮挺章的《国秀集》（744）序开篇就引用陆机的《文赋》，言"昔陆平原之论文曰"云云，则不仅有修辞之效果，更有以陆机观点为诗集理念的意图。小野岑守在《凌云集》序文开篇引用曹丕《典论·论文》的方法，可能正是因袭《国秀集》序，这种追仿唐人的方法大有彰显以中国文学理念为正统的意味。[3]半谷芳文也曾撰写系列文章专事探讨初唐文艺观如何作用于日本接受"文章经国"思想的过程与细节，[4]笔者以为，日本人对曹丕《典论·论文》的接受，主要以"文章经国"思想为中心，这种接受方法与《文选》在平安初期取得的权威地位密不可分。

初唐时期，随着李善奏上的《文选注》获得官方认可，《文选》研习随之转向，溢出训读范畴。又因科举制度的强化，诗赋辞章

---

1 《类聚国史》卷七三弘仁七年四月乙巳条。

2 《日本纪略》弘仁五年五月甲寅条。黒板勝美、国史大系編修会編『国史大系 第5巻 日本紀略』経済雑誌社、1898、419頁。

3 波戸岡旭「嵯峨天皇と三勅撰集」『上代漢詩文と中国文学』笠間書院、1989、258-259頁。

4 参考半谷芳文「平安朝七言排律詩の生成──『文章経国』的文芸観に基づく文学営為の一つとして」『和漢比較文学』第47号、2011年8月、1-18頁；半谷芳文「『文章経國』的文藝観と詩賦實作に關する試論：奈良末・平安初期と初唐における文藝觀位相の差異から」『中国詩文論叢』第33号、2014年12月、297-309頁；大塚英子「『文章経国』の比較文学的一考察──勅撰3漢詩集の編纂をめぐって」『国文学：解釈と鑑賞』第55巻第10号、1990年10月、103-107頁。

成为学习重点，文学特性迅速凸显，取代学术一途成为主流。[1]《文选》作为诗文总集之弁冕、八代文学之选粹，其在文学领域的作用正可与儒家之"六经"媲美，且沾溉士林，衣被词人，非一代也。可以说《文选》在唐代不仅是一部重要的诗文总集，更是集诗教、文教、政教于一体的经典教科书，其文化、社会影响至深。对《文选》的讲授、研究和注释也就相应成了一项专门学问———"文选学"。初唐"文选学"的新思潮连绵不断地进入日本朝廷，并迅速影响了日本文人研读《文选》的方式，甚至也影响了日本朝廷选拔、考核官吏的机制。奈良平安时代，《文选》在日本律令制官僚的选拔与考评中占有非常重要的地位。如《考课令》规定："凡进士，试时务策二条。帖所读，《文选》上帙七帖，《尔雅》三帖"；"其策文词顺序，义理惬当。并帖过者为通。事义有滞，词句不伦，及帖不过者为不。"[2]《选叙令》曰："进士，取明闲时务，并读《文选》《尔雅》者。"[3]尤其是在平安初期，随着专以中国古典文学与史学教学为主的"文章道"的不断扩充，《文选》的权威地位更是达到前所未有的高度。如《延喜式》规定"文章道"以"三史"、《文选》为教科书，《文选》因此具有了"准经"的地位。

　　受初唐"文选学"重视"诗赋"的影响，平安初期日本朝廷通过扩充文章道，加强了以"诗赋"考试选补文章生的力度。日本的文章道本是模仿唐朝昭文馆、崇文馆等贵族子弟学校制度而创立的，因此大学寮在选拔文章生时，也效仿唐朝以诗赋取士。[4]如《延

1　学界常以《新唐书·选举志》记载李德裕恶进士，曾向武宗进言来说明其时科举之士家中常　置《文选》的盛况。李德裕曰："臣无名第，不当非进士。然臣祖天宝末以仕进无他岐，勉强　随计，一举登第。自后家不置《文选》，盖恶其不根艺实。"（第1169页）
2　《令集解》卷二二《考课令》，黑板勝美、国史大系編修会編『国史大系　第22卷　律令義解』　（新訂増補）吉川弘文館、1966、151頁。
3　《令集解》卷一七《选叙令》，黑板勝美、国史大系編修会編『国史大系　第22卷　律令義解』　（新訂増補）、137頁。
4　古藤真平「嵯峨朝時代の文章生出身官人」『アジア遊学』第188号、2015年9月、88頁。

喜式》规定："凡补文章生者，试诗赋，取丁第己上。若不第之辈，犹愿一割者，不限度数试之。"[1] 文章生还要在频繁举行的宫廷诗宴上，与其他诸司官僚一起奉召赋诗，[2] 因此暗自背诵《文选》成为时代风潮，如《文德天皇实录》藤原诸成卒传中特意记载了他能背诵《文选》之事："弘仁中为文章生。聪慧超伦，暗诵文选上帙。"[3] 由此说明《文选》与日本律令制国家官僚的政治生活密切相关。

平安初期政坛的重要人物大都兼具宫廷文人与律令国家官僚的双重身份，他们通过文学活动参与国家政治，因此学习文之典范的《文选》，自然就被视为"经国大业"。[4] 这种倾向一直延续，如菅原文时在天庆四年（941）三月《文选》竟宴的诗序中说：

> 翰林江学士（大江维时）大夫，始授文选于诸生，盖朝议也。夫昭明太子之撰斯文也，驱七代之人英，搜千戴之鸿藻……取而集之，名曰文选。诚是经国大业，化俗之基者也。[5]

诗序中提到的"大江维时"，就来自平安宫廷《文选》讲读世家的大江家。当时宫廷流行《文选》讲读与竟宴，并持续了很多年，[6] 如《菅家文草》《扶桑集》等诗文集中都收录有《文选》竟宴诗，

---

1 《延喜式》卷一八"式部上"，皇典講究所、全国神職会校訂『延喜式』（上卷）临川書店、1992、664 頁。
2 《延喜式》卷一九"式部下"。"九月九日菊花宴"："应召文人者。前二日简定文章生并诸司官人，堪属文者。造薄预令宣告。当日质明……余节应召文人者，准此。"参考皇典講究所、全国神職会校訂『延喜式』（上卷）、689-690 頁。
3 黒板勝美、国史大系編修会編『国史大系 第 3 卷 日本後紀 続日本後紀 日本文徳天皇実録』（新訂増補）吉川弘文館、1966、533 頁。
4 後藤昭雄「宮廷詩人と律令官人と——嵯峨朝文壇の基盤」後藤昭雄『平安朝漢文学論考 補訂版』勉誠出版、2005、32-33 頁。
5 《本朝文粹》卷九《七言，北堂文选竟宴，各咏句，得远念贤士风》，大曾根章介、後藤昭雄等校注、佐竹昭広等編『新日本古典文学大系・本朝文粹』岩波書店、1992。
6 松浦友久「上代日本漢文学における賦の系列——『経国集』『本朝文粹』を中心に」松浦友久『日本上代漢詩文論考（松浦友久著作選 3）』研文出版、2004、36-37 頁。

足见《文选》在平安前期文化史上的地位。《文选》序文中提倡的"文之时义远矣哉",也深刻影响了日本人对"文"的态度。如《经国序》云:"是知文之时义大矣哉!"《文镜秘府论》天卷序曰:"是知文章之义,大哉远哉!"正是通过对《文选》的注释、讲读与接受,古代日本"文章经国"思想的基础得以形成。

因《典论·论文》是随唐人注《文选》传入日本,故《文选》中收录的曹丕诗文(诗五首、文二篇)及其周边文献,也对《典论·论文》在日本的接受产生了类似媒介的影响,最典型的就是谢灵运《拟魏太子邺中集诗八首》。日本学者辰巳正明曾专文讨论魏文帝曹丕和建安七子的邺下文学活动,如何通过谢灵运的《拟魏太子邺中集诗八首》的再创作,促生了日本古典诗歌的审美思潮。[1] 文章重点考察了谢灵运在日本接受曹丕过程中的媒介作用,至于曹丕《典论·论文》在日本的影响,并没有具体展开。

曹丕《典论·论文》以"文人相轻,自古而然"开篇,在全篇近六百字的短文中,论述作家才性与文体、文气之关系,以及文章的价值功用等问题,尽管有些观点的推演还只是引其端绪,但已约略涉及了中国文学批评史上的若干主轴问题,因此被视为"自《毛诗序》以来最重要的文论作品"。[2] 平安初期文人对《典论·论文》的接受,整体上以其论文章功用的"盖文章,经国之大业,不朽之盛事"为重点,对曹丕关注的"文人相轻""文气论"等问题共鸣不大。曹丕《典论·论文》首现于日本文献,是在嵯峨天皇御宇的弘仁五年(814),小野岑守、菅原清公等文臣奉敕编撰的第一部汉诗集《凌云集》序文开篇:

> 魏文帝有曰:"文章者,经国之大业,不朽之盛事。年寿有

1　〔日〕辰巳正明:《曹丕与日本文学》,刘静译,《国际中国文学研究丛刊》第 4 辑,上海古籍出版社,2016,第 353~364 页。
2　徐公持:《魏晋文学史》,人民文学出版社,1999,第 61 页。

时而尽，荣乐止乎其身。"信哉。伏惟，皇帝陛下，握衷紫极，御辨丹霄……爰诏臣等，撰集近代以来篇什。[1]

《凌云集》诗集命名取自曹丕在黄初二年（221）所筑的"凌云台"。该序文由嵯峨天皇近臣小野岑守执笔，岑守将曹丕观点置于篇首，"信哉"二字重申以"文章经国"作为整部诗集的编纂理念，其后才铺陈赞颂嵯峨天皇治世之贤明、才思之富瞻以及奖掖文艺之盛举。

弘仁十四年（823），嵯峨天皇退位，淳和天皇承继其兄长之流风余韵，于天长四年（827）敕命文臣滋野贞主等编修第三部汉诗文总集《经国集》——诗集命名显然取意"文章经国"。滋野贞主（785~852）为《经国集》撰写总序，他曾参与《文华秀丽集》和《经国集》两部诗集的编纂，是嵯峨朝最具代表性的文人政治家之一。《经国集》序云：

> 夫贫贱则慑于饥寒，富贵则流于逸乐。遂营目口之务，而遗千载之功。是以古之作者，寄身于翰墨，见意于篇籍。不托飞驰之势，而声名自传于后。[2]

这段序文除了缺失"不假良史之辞"一句之外，其余内容几乎是原样照搬曹丕的"文章经国"观点，只是在顺序上有所调整而已。由此可见，"文章经国"观念主导着"敕撰三集"时代日本宫廷的文学创作，三部敕撰汉诗集的编纂也体现出当时文人官僚以诗文之盛衰，系乎国家之兴亡的文学意识，折射出平安时代汉文学所具有的政治意义。

1　『凌雲集』塙保己一編『羣書類従　第8輯（装束部文筆部第1）』訂正版、449頁。
2　『経国集』塙保己一編『羣書類従　第8輯（装束部文筆部第1）』訂正版、491頁。

　　"文章经国"思想之所以能在九世纪初参与日本律令国家的运作，与日本天皇制在这一时期迎来鼎盛相关。日本天皇制的确立大约是在七世纪后半叶的天武天皇时期。[1] 尽管"天皇"这一称谓的首次使用，是在公元 608 年日本遣隋使所携国书中："东天皇敬白西皇帝"，[2] 但天皇在这一时期并非像中国皇帝那样是一位奄有四海的绝对统治者，这与大和政权的形成方式密切相关——其政权是由氏族豪强的联合体构成，而天皇只是其中势力较强的一个部族首领。[3] 推古天皇（554~628 年）即位，启用圣德太子为摄政，引进中国儒家思想中的君臣观念，对日本氏族豪强的擅权僭越行为进行约束，以期巩固并强化皇权。圣德太子去世后，氏族豪强卷土重来，再次控制了朝政大权。直至孝德天皇（596~654）于大化元年（645）颁布《改新之诏》，在削弱氏族豪强势力的同时，试图建立以唐王朝为模范、实现天皇至上的国家制度，推古朝未竟的改革事业才重回正轨。

　　以所谓的"大化改新"为界，天皇权力得到了强化。至八世纪，随着遣唐使的频繁往来，日本的律令制国家体制进一步得以完善，但即使这一时期，天皇的权力、身份在制度上也未完全确立。与中国以"德治"为标准，将"皇帝"等同于"天子"而为政权寻求合法性的"天命思想"不同，日本天皇的继位更多强调的是对皇族血统的继承。换言之，血缘门第决定了继位的神圣性。因此与中国基于"天命思想"组成的政权形式不同，日本的政权比起君臣秩序来显然更强调家族秩序，这在某种程度上造成了天皇父母对天皇权力的分割。[4] 例如，大宝元年（701）制定的《大宝律令》规定，

1　笹山晴生『平安初期の王権と文化』吉川弘文館、2016、89 頁。

2　《日本书纪》卷二二推古天皇十六年。参考黒板勝美、国史大系編修会編『国史大系　第 1 巻　日本書紀』經濟雜誌社、1898、383-384 頁。

3　武寅:《天皇制的起源及结构特征》,《历史研究》2012 年第 3 期，第 96~110 页。

4　笹山晴生『平安初期の王権と文化』、89 頁。

退位后的太上天皇仍握有与天皇同等的权力,这是日本的太上天皇制度所独有的特色。[1] 太上天皇制度的存在,使得天皇与退位后的太上天皇之间的对立屡屡发生,这几乎成了日本皇位继承问题中的一大不安定因素。

嵯峨天皇努力避免这一事态的发生。大同四年(809),平城天皇退位成为太上天皇,皇太弟嵯峨天皇继位。然而,随着平城天皇病情好转,上皇与天皇之间产生了对立,出现了"二所朝廷"的状态,并最终引爆了弘仁元年(810)的"药子之变"。[2] 上皇一派在政变中失败,从此退出政治舞台,其子孙也失去了皇位继承权,嵯峨天皇由此成为王权的唯一所有者,日本的天皇制也迎来了一个全新的巅峰时期。为了强化天皇大权,嵯峨天皇一方面模仿唐制整顿宫廷礼仪,另一方面也格外重视文化活动所具有的强化王权的功能,积极引入唐朝文化制度,从而开启了日本文化史上著名的"唐风讴歌"时代。

王权思想与都城书写

我们必须认识到"敕撰三集"中收录的汉诗,大多产生于嵯峨天皇、淳和天皇及其身边的文学近臣、贵族游赏的诗宴上,因此基本都是"文章经国"思想的产物,尽管许多诗文从内容上来看与"文章经国"思想并无关系,但在创作环境和文学制度上,无疑不能忽视文学与政治之关系。

这一时期的诗歌掌握在具有高度汉文学修养和文化水平的天皇和大贵族手中,他们是诗歌的创作者和传播者。因为这些诗歌产生

---

1 春名宏昭「太上天皇制の成立」『史学雑誌』第 99 卷第 2 号、1990 年 2 月、157-194 頁。

2 药子之变是弘仁元年(810)日本历史上发生的一次未成功的政变事件。平城上皇、平城上皇的岳母兼情人藤原药子、药子之兄藤原仲成试图废黜嵯峨天皇,恢复平城上皇的统治,但没有成功。详细参考井上亘《虚伪的"日本":日本古代史论丛》,第 338 页。

于共同的"场域",文本之间互相响应。上述的昭君乐府诗或闺怨诗都属于这一范畴。诗歌实际上变成了一种高雅的消遣和游戏,比起追问这些诗歌是否有复杂严肃的意义或者独创的美学追求,毋宁说规范化的修辞和典雅的装饰更为重要,因为这些形式上的要素比起思想来更容易获得和模仿。

与《怀风藻》成书的奈良时代相比,"敕撰三集"编纂的初期平安朝宫廷弥漫着"唐风文化"的气氛,嵯峨天皇在引入唐朝文化制度方面可谓不遗余力,兼之他还有菅原清公、空海等一批从唐朝归国的文学近臣。唐贞元二十一年、日本延历二十四年(805)正月初一,日本遣唐使与唐朝诸王、亲戚都前来含元殿朝贺,但"天子不豫"。《日本后纪》还记载了遣唐使参加德宗丧礼之事:

> 从明州入京,十一月十五日,到长安城……廿五日,于宣化殿礼见。天子不衔,同日于麟德殿对见,所请并允。即于内里设宴,官赏有差……廿一年正月元日,于含元殿朝贺。二日,天子不豫。廿三日,天子雍王适崩。春秋六十四。廿八日,臣(遣唐使)等于巫天门立仗,始著素衣冠。是日,太子即皇帝位。谅暗之中,不堪万机。[1]

遣唐使对唐长安城的殿阁记载颇为详细。唐德宗葬于长安附近的嵯峨山,而嵯峨天皇的谥号正是取自德宗陵所在的嵯峨山名。据唐李吉甫撰《元和郡县图志》卷一记载:"德宗崇陵在县(云阳县)东二十里。嵯峨山一名巀嶭山,在县东北十里,东西二十五里,南北二十里。山上有云必雨。常以为候。"[2]嵯峨天皇陵所在的京都嵯峨野,援用唐德宗陵地名,足见在以唐王朝为典范建设律令制国家的

---

1 《日本后纪》卷一二延历廿四年六月戊戌朔乙巳条。黑板胜美、国史大系编修会编『国史大系　第5卷　日本後紀』吉川弘文館、1975、42頁。

2 (唐)李吉甫:《元和郡县图志》卷一,贺次君点校,中华书局,1983,第10页。

思潮中，日本对唐风文化的向往与追慕。

延历年间，遣唐使菅原清公从唐朝归国后，主张天下礼仪、男女服饰皆依唐法，官阶品级悉遵唐制，并上表朝廷，把诸宫殿院的门号一律改成唐风匾额。弘仁九年（818），嵯峨天皇下诏令"天下仪式、男女衣服皆依唐法，五位以上位记改从汉样，诸宫殿、院、堂、门阁皆着新额"云云，正是出于菅原清公的建议。这时候平安宫的四面宫门乃至内里的许多门、殿、楼、堂等，都已改为唐风化的名称。"敕撰三集"的诗人们甚至还给自己取了一个唐风化的名字，如《文华秀丽集》的作者署名多改复姓为单姓，"菅原清公"为"菅清公"，"朝野鹿取"为"朝鹿取"，"藤原是雄"为"藤是雄"，"小野末嗣"为"野末嗣"，等等。这种取三字名的倾向体现出明显的汉化意图及诗集编纂者对中国文化的追慕，这一形式也被后来的《经国集》采用。

以上不惮费词，仅是为了说明平安朝初期日本文人对中国的知识储备以及推崇之心。然而，在"敕撰三集"中却几乎看不到对同时期作为东亚国际之都的唐长安城的关心，长安仅有的几次现身，也是以两汉旧都的形象，模糊地出现在女性题材的乐府诗或闺怨诗中，或用来说明背井离乡、远嫁匈奴和亲的女子所属的故都，或用来虚构倡家美女独守空闺、怨夫出征的繁华舞台，而且多数情况下"长安"还要警惕着"边塞"的威胁。它沉默又安静，委屈又模糊，就像吟咏长安的"闺怨诗"中那些被丈夫抛弃的女子一样。这是因为长安并非一座普通的都城，作为唐帝国的政治中心，长安城的营造思想与中国人的宇宙观密切结合，并蕴含着深厚的王权思想和华夷意识。日本律令制国家的官僚文人，其自我认知与审视皆来自对中国的观察和接受，在与唐帝国的往来中，他们不仅明确地意识到中国都城所具有的政治属性，还学会通过吟咏都城来赞颂天皇的统治。职是之故，对长安的书写就不能不谨慎。

都城是王权的产物，是宇宙思想在人间的投射，因此"宇宙、王权"作为都城营造的基本思想而为东亚及东南亚地区国家所共有。在古代中国，建城郭、营都邑，乃邦之大事，故王国维《殷周制度论》云："都邑者，政治与文化之标征也。"[1] 而且都城是一国国君之所在，也是圣主贯彻其治国理念的场所。都城还要修建得壮丽，因为这是天子威严的象征。这种都城模式对东亚诸国政权产生了重要的辐射与影响。日本在接受中国都城制的初始，就认识到都城与王权所在的问题密不可分，因此在迁都平城京的诏书中，就特别强调了都城选址的思想。[2] 而平安京的大内里，便是以天皇所在的内里及朝堂院、丰乐院等宫殿为中心，二官八省（神祇官、太政官、中务省、宫内省、大藏省、刑部省、兵部省、民部省、治部省、式部省）等官衙设施分布四周，形成了以天皇为顶点的国家政治中枢机关。

　　都城与王权的密切关系，也深刻影响了文人书写都城的心态。要说文学中写到的都市，首先可举《文选》置于卷首的咏"京都"赋。班固《两都赋》，张衡《二京赋》《南都赋》，左思《三赋》这些名篇并列其中。这些作品不仅一味铺张藻饰京都之宏大、繁华，而且叙述了以都城作为世间中心的象征意义，并与对君临天下帝王的颂扬结合在一起。此后，承续称颂帝都的文学谱系，吟咏其政治中心性的，有唐太宗《帝京篇》十首、骆宾王《帝京篇》等。侧重于繁华、享乐之乡一面的，有乐府中的《洛阳道》《长安道》《煌煌京洛行》等。将都城作为带有世界中心的意义乃至物质的繁荣场所来把握，这在文学中可以说是当作传统来继承的。[3]

1　王国维:《观堂集林》卷一〇《殷周制度论》，中华书局，1959，第451页。

2　《续日本纪》卷四和铜元年（708）二月甲戌条:"然则京师者，百官之府，四海所归……方今，平城之地，四禽叶图，三山作镇，龟筮并从，宜建都邑。"黑板勝美、国史大系編修会編『国史大系　第3巻　続日本紀　前篇』、34页。

3　〔日〕川合康三:《终南山的变容：中唐文学论集》，刘维治、张剑、蒋寅译，上海古籍出版社，2013，第231页。

与这些作品在东亚其他国家的接受情况一样，[1]日本知识人几乎也全盘接受了歌颂帝京壮丽类诗赋的创作动机与方法，甚至初唐文人创造出的那一套专用于装点帝居宸宫的赞颂语汇，也被日本文人借去夸饰天皇御世的帝京佳气葱茏、万方来仪的太平景象了。如早在《万叶集》，歌人们便开始通过咏歌的方式赞颂天皇建都的伟业：

> 天皇的神威，让骏足难行的水田化为都城。（卷一九，第4260番歌）[2]
>
> 天皇的神威，让水鸟群集的沼泽化为都城。（卷一九，第4261番歌）[3]

自八世纪起日本的都城就被视为与天皇的神性和权威密不可分的空间，而受到了特别的重视。日本朝廷专设京职这一官司来治理都城，恐怕也是出于对都城的特别重视。上述推测可以从京职被称为みさとのつかさ（即天皇居所的管理者）这个事实而得到有力的佐证。[4]吟咏都城的诗文，最终都指向了歌颂君主权威的至高无上，因此对都城规模宏大的叙述，也是为了夸耀君主无可比拟的伟大功德。正因为都城文学担负着这样的政治功能，所以当唐日之间尚有正式外交往来的时期，作为唐帝国王权象征的"长安城"进入日本文人的书写视域时，往往是被有意规避掉了。

中西进指出"万叶歌人对于日本自国都城的夸耀，与日本大化革新后上扬的国家意识密不可分"。[5]对都城的夸耀，最终都指向了歌颂君主权威的至高无上，因此对都城的宏大叙述，往往隐含着

---

1 权赫子：《京都赋在海东的流衍》，《社会科学战线》2018 年第 2 期，第 262~266 页。

2 『萬葉集 4』佐竹昭広等編『新日本古典文学大系 4』岩波書店、2003、342 頁。

3 『萬葉集 4』佐竹昭広等編『新日本古典文学大系 4』、343 頁。

4 〔日〕榿木谦周：《日本古代都城的特质》，张思捷译，载《长安学研究》第 1 辑，中华书局，2016，第 368~369 页。

5 中西進『古代文学の生成』おうふう出版、2007、403 頁。

夸耀君主无可比拟的伟大功德这一意图。这使得都城文学在国别文学的范畴内，成为歌颂王权、夸耀君主的重要表现形式，而一旦超越国别界限，进入跨界书写的范畴，都城文学便会处于尴尬之境。"长安"是观察这一问题的最好样本，我们可以将其间关系绘制成示意图（见图 2-1）。

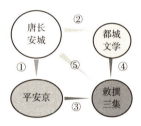

图 2-1　中日都城及都城文学关系示意

　　关系①说明从造都思想、都城规制、宫殿建筑甚至植被景观等要素来看，唐长安城对日本平安京的影响都可谓甚巨。关系②说明《文选》"京都赋"、初唐"帝京篇"无不以长安为书写对象，这类作品表达长安的经验是一致的，即力图凸显长安在政治、经济、文化意义上无法与之匹敌的气象，奠定了都城文学歌颂王权的基调。关系③④说明，中国文人对都城与王权的书写，影响了日本文学对"都"的表现，"敕撰三集"文人正是通过对平安京太极殿、神泉苑、嵯峨院等空间的歌颂，试图在文学世界中建构一个君臣和乐、国家安泰的盛世图景。[1] 但是，从关系⑤来看，作为源头的唐长安城，却在"敕撰三集"的都城书写中被遮蔽了起来。

　　"敕撰三集"文人基本不涉及对唐长安城的任何描写，而是在汉长安城的故纸堆中寻找创作素材。因为唐长安城与唐、日政治、

1　井実充史「初期平安京の文学空間：神泉苑・嵯峨院・冷然院と嵯峨朝文壇の表現」『福島大学教育学部論集』（人文科学部門）第 73 号、2012 年 12 月、67－76 頁。

外交过于密切的关系,日本文人对唐长安城的书写就很难被认为是一种单纯的文学活动。"敕撰三集"中长安仅有几次的现身,都是以两汉旧都的形象模糊地出现,这种书写时间上的滞后,尽管可以理解为他们不得不采取的一种书写策略,但换个角度来看,日本文人尽管在这类汉诗中竭力模仿中国,但实际上并没有跨越文化身份属性带来的等级差。

作为唐帝国的政治文化中心,长安城的营造思想与中国人的宇宙观密切结合,五行观、风水思想、华夷意识也在长安城得到了充分的演示和实践。唐长安城以巨丽的宫室建筑和城池来体现权威,给观看者带来崇高的审美感受的同时,也以一种让人畏惧的力量对观看者造成压迫。长安作为一个政治能量、社会财富与文化实力高度集中的城市,与日本的都城有着明显的级差,对于越海而来走进长安的遣唐使来说,国际都市长安无疑带给他们强烈的冲击,作为唐帝国王权象征的"长安城",一方面是所有遣唐使梦寐以求到达的"上都",但另一方面也给遣唐使带来了心理压力。因此,其吟咏都城的诗文中,往往隐含着日本文人身份的转变与脆弱民族国家的话语表达。

从这层意义上看,"敕撰三集"中的长安不仅属于另一个空间,也属于另外一个时间。

第三章 《本朝无题诗》中的长安表述及隐喻

    十世纪以降，随着唐帝国的衰落，长安城屡遭兵燹，迅速衰颓。这时在东亚的朝鲜、日本、越南等国，以"长安"指代各自都城的汉诗文却兴盛起来。其中，日本文人以"长安"作为修辞表述其都城平安京的方法最为丰富、特殊。这在平安朝最后一部汉诗总集《本朝无题诗》中体现得尤为鲜明。《本朝无题诗》又称《无题诗》（彰考馆本、山岸文库本、东洋文库本）、《无名诗》（蓬左文库本）、《无题诗集》（上野图书馆本）、《阶萱词叶》等，是平安朝后期成书的一部汉诗总集，收录了十一世纪后半期至十二世纪前半期近百年间三十位文人的汉诗，收录诗歌共七百七十三首，分设三十六部，[1]编为十卷。

与"敕撰三集"时代相比，《本朝无题诗》不仅出现了大量以长安写现实平安京的用例，还充分利用平安京与长安城街衢、宫殿、寺院等名称的重合，将中国的典故也挪用至这些诗歌中，在历史、空间等维度上拓展了都城书写的深度。但与九世纪初期的平安京相比，《本朝无题诗》的时代已是平安朝末期，王权的摇摇欲坠、武士势力的扩张以及战乱的频起，使得平安京的都市空间也发生了重要转变。《本朝无题诗》诗人书写长安的特征大致如下。首先，"长安＝平安京右京"与"洛阳＝平安京左京"模式的建立，将平安京描述为囊括唐帝国长安、洛阳两大都城的巨大存在。其次，引用汉唐长安城的文学典故，通过词语的位移，试图在一种错位的时空中书写平安京。最后，利用平安京与长安城街衢、宫殿、寺院等名称的重合，巧妙选取"历史地理重写"的观看机制，创造出了一种"越界"的诗境，凸显了中国的都城文化作为一种物质性力量对日本贵族生活的介入。

一　从东亚都城时代到"后长安时代"

唐帝国在政治、经济、军事、文化等诸多方面所具有的强大的向心力，将周边的朝鲜、日本等国都吸收到了以中国为主导的东亚国际秩序中来。以律令、儒学、佛教、汉字等要素为中心，东亚文化圈得以形成。[2]东亚社会——中国、朝鲜、越南、日本及琉球——都是在古代中国文化区域内发展起来的，这个地区深受

1　这三十六部包括行幸、宴贺、尚齿会、天象、时节、地仪、植物、动物、人伦、杂物、花下、月前、七夕、春、夏、秋、冬、杂部、水阁、泉亭、林亭、亭、别业、山家、野店、旧宅、山村、野外、河边、旅馆、山寺上、山寺中、山寺下、杂寺、禅房、山洞。

2　西嶋定生『中国古代国家と東アジア世界』、399頁。

中国文明的影响，"如汉语表意文字系统、儒家关于家庭和社会秩序的经典教义、科举制度，以及中国皇朝的君主制度和官僚制度等等。中国因其地大物博，历史悠久，自然成了东亚世界的中心"。[1]但这一时期东亚文人对长安的表述几乎一直缺席。这是因为在古代东亚各国都城的营造思想中，都蕴含着浓厚的王权思想，文人对国都的自夸并非一种单纯的文学活动，更是出于一种政治的、外交的需要。他们对象征唐帝国王权的长安城的表述，自然需要谨慎。

十世纪中后期，日本人开始将平安京右京称作"长安"，又将平安京左京称作"洛阳"，这一潮流最早起源于汉诗。岸俊男对《本朝文粹》中涉及长安、洛阳的用语进行了统计分析，指出将长安、洛阳代指"平安京"的用法在《日本后纪》《三代实录》《类聚国史》等史料中都没有看到，在延喜七年（907）成书的《类聚三代格》中也没有记载，甚至在十世纪末十一世纪初成书的《政事要略》中也没有记载，这就意味着将平安京称为长安、洛阳的用法，真正是从十世纪初开始的。[2]日本文献中的相关记载最早可见于镰仓中期成书的《拾芥抄》，其"京师坊名"条云："东京号洛阳城，西京号长安城。"日僧永祐于十四世纪初所撰《帝王编年记》卷一二记："同（延历）十二年（793）癸酉正月十五日，始造平安城。东京爱宕郡，又谓左京，唐名洛阳。西京葛野郡，又谓右京，唐名长安。"[3]岸俊男指出，日本人显然是意识到了唐朝东都为洛阳，西京为长安，才将平安京左京称为洛阳，右京称为长安。这种东、西两京的比对意识，应该是从九世纪就开始了，但是真正将"左京＝洛阳、右京＝长安"的说法固定下来，应该是十世纪后半期的事情。另外，

1　〔美〕费正清：《中国的世界秩序——传统中国的对外关系》，杜继东译，中国社会科学出版社，2010，第1页。

2　岸俊男「平安京と洛陽」岸俊男教授退官記念会編『日本政治社会史研究 中』、20頁。

3　宿白：《隋唐长安城和洛阳城》，《考古》1978年第6期，第87页。

这一时期平安京右京因水患开始衰退；反之，左京越来越繁华，所以指代左京的洛阳后来就变成了整个平安京的代称。后世则直接出现了将京都比作洛阳，随之诞生了"上洛""洛中""洛外"这些词汇。[1]

　　岸俊男虽然指出日本将"左京＝洛阳、右京＝长安"的说法固定下来，是在十世纪后半期的事情，但并没有进一步追问"为何是在十世纪之后"以及"东亚诸国对这一现象如何反应"等问题。西嶋定生在"东亚世界论"的一系列讨论中，特别提示了十世纪作为东亚世界分水岭的意义——公元907年唐帝国的灭亡以及中国大陆形势的急剧变化，引发了东亚世界的一场巨变。八世纪中叶，由于"安史之乱"的爆发，唐王朝的律令体制开始出现松弛，其统治空间急剧缩减。[2]但是以唐朝为中心的国际秩序，在册封体制的保障之下依然维持。直到九世纪中后期，不断爆发的农民起义使得唐王朝疲于应对，尤其是席卷了唐朝半壁江山的"黄巢之乱"（878~884），导致唐朝权威丧失、国力大衰。晚唐五代，战乱频仍，长安的形貌气势和政治地位皆非昔时可比。随着唐朝的灭亡，中国大陆重新进入分裂时代。那些与唐保持着册封关系的东亚诸国，因失去庇护也逐渐走向分裂或灭亡，这也使围绕中国大陆各地区的国家和都城相继消亡，并形成了新型的国家，改写了东亚世界的势力版图。[3]

　　正如六七世纪时唐帝国的统一促生了"东亚都城时代"，十世纪初唐帝国的灭亡、长安的衰落也使得东亚各国都城迎来了新的转变。同时，王权的更迭与都城的兴衰，自然也影响了文人书写都城

1　岸俊男等编『日本の古代　第9巻　都城の生態』、57-58頁。
2　东北部的河北，落入了地方独立型军阀（藩镇）之手；西南部有南诏和大理相继独立；在游牧地区，蒙古高原的维吾尔，九世纪开始主要向天山山脉方向西迁，而契丹族的辽、党项族的西夏、女真族的金，则取而代之，相继在蒙古高原和中国西北部兴起。
3　西嶋定生『中国古代国家と東アジア世界』、613頁。

的心态。与七至八世纪相比，长安给邻近区域带来的军事、政治、经济、文化上的压力也在降低，现实上的紧张感一旦消除，那些通过中国诗文习得的"长安想象"经过时间、距离的过滤，呈现出一种亲近感、认同感甚至是美感，由此便转化为文学书写的动力。长安作为东亚世界政治中心的衰落，反而使得它作为各国都城的隐喻在文学中得以复活。

长安的衰落与东亚"长安"书写之兴起

十世纪之后，日本汉诗文中出现了诸多指涉长安的作品，然而这些诗作中的"长安"无一实指，而是作为平安京的雅称或借代使用。如平安时代中期汉诗集《扶桑集》（995~999）中收录的源顺《五叹吟序》，陈述父之殁、母之丧、长兄之夭折、次兄之离京、己身之不遇这"五叹"时，云：

> 余有五叹，欲罢不能。所谓心动于中形于言，言不足故嗟叹之者也。延长八年之夏，失父于长安城之西。其叹一矣。承平五年之秋，别母于广隆寺之北。其叹二矣。余又有兄，或存或亡……词一首曰：
> 一隔严容十有年，又无亲戚可哀怜。单贫久被蓬门闭，示诚多教竹简编。
> 声是不传歌白雪，德犹难报仰青天。立名终孝深闻得，成业争为拜墓边。[1]

据《本朝书籍目录》载："《扶桑集》十六卷，纪齐名撰"（一

1 《扶桑集》（第011首），塙保己一编『羣書類従 第8辑（装束部·文笔部 第1)』訂正版、557頁。

说二十卷）。《扶桑集》收录了文德天皇（826~858）至冷泉天皇（950~1011）时期共七十六位汉诗人的作品。可惜该书残损严重，今仅存卷七、卷九两部残卷，收录于《群书类从》卷一二六"文笔部五"。残卷内容虽不及原书的八分之一，但亦可窥知全书内容之丰富，实为"敕撰三集"以后平安朝中期汉诗的集大成。

源顺（911~983）是村上朝硕学之一，师从橘在列（？~953？），有许多汉诗文作品存世，其诗序在《本朝文粹》中留存有十七首，《五叹吟序》即为其中一首。据《尊卑分脉》记载，醍醐天皇延长八年（930），源顺二十岁时，其父源攀（举）殁于平安京。[1]因此序文称"失父于长安城之西"，无疑是指"平安京之西"。另据诗文首句"一隔严容十有年"推测，该诗序作于天庆二年（939），[2]可知至少在十世纪前半期，日本文人已经开始将"平安京"称为"长安城"。

平安时代中期成书的《本朝丽藻》（1010）是由高阶积善（？~1014？）编纂的一部汉诗集，其中收录了后中书王具平亲王（964~1009）的《过秋山》一首，诗云：

> 清晨连辔伴樵歌，渐上青山逸兴多。
> 松峤烟深迷晚暮，石梁霜滑倦嵯峨。
> 林间寻路踏红叶，严畔侧身攀绿萝。
> 三叫寒猿倾耳听，一行斜雁拂头过。
> 长安日近望虽辨，碧落云晴何可摩。
> 莫道登临疲跋涉，人间崄岨甚山河。[3]

---

1 神野藤昭夫「『源順伝』断章：若き日の順を繞って」『国文学科報』第9号、1981年3月、10頁。

2 保坂三郎「源順論：史料編」『史学』第20巻第2号、1941年11月、107頁。

3 大曽根章介、佐伯雅子共編『校本本朝麗藻』汲古書院、1992、30頁。

　　《本朝丽藻》主要收录一条天皇、具平亲王、藤原道长、藤原伊周、藤原公任等皇族及公卿的诗作，以及大江以言、大江匡衡、藤原为时、源为宪、源道济等宽弘期三十六位诗人的百余首汉诗和诗序作品。具平亲王是村上天皇之子、圆融天皇之弟。他继承了村上天皇的文才，又师从庆滋保胤（933~1002）学习汉文学，兼通儒学和书道，因此成了长保、宽弘年间宫廷贵族文学的中心人物。但他在政治上受制于摄关势力，于是更加勤勉于诗文一道。这首《过秋山》写的是秋日的某个清晨，具平亲王登上了平安京郊外的山林，目之所及，层林尽染，平安京的街道依稀可辨，诗中的"长安日近"显然来自"长安日远"的典故，[1]但这里的"长安"也依然是指平安京。"莫道登临疲跋涉，人间崄岨甚山河"一句，与"长安日近"暗示的政情险恶相呼应，可谓点睛之笔。

　　平安中期藤原明衡（约 989~1066）编纂的汉诗集《本朝文粹》，收录的橘在列《秋夜感怀敬献左亲卫藤员外将军》也写到了"长安"：

> 夜深云翳尽，秋月悬清虚。金波浮户牖，银汉映沟渠。
> 影漏疏梧桐，色照衰芙蕖。愁人冷不睡，中夜起踌躇。
> 踌躇明月下，明月独照余。顾影步庭院，踏辉立阶除。
> 清光满怀袖，白露沾衣裾。对月仰惆怅，惆怅意何如。
> 吾是北堂士，年岁始读书。读书业未成，于兹三十余。
> 迟迟空手归，归去卧吾庐。家贫亲知少，身贱故人疏。
> 唯有长安月，夜夜访闲居。[2]

1　川口久雄、本朝麗藻を読む会編『本朝麗藻簡注』勉誠社、1993、118 頁。
2　藤原明衡『本朝文粹』大曾根章介、後藤昭雄等校注、佐竹昭広等編『新日本古典文学大系 27』岩波書店、1992、132-133 頁。

《本朝文粹》（1058~1064）搜集了平安时代优秀的诗及文章400余篇，被称为日本国风"第一古典"与"文艺复兴"的旗帜。书名系模仿宋姚铉《唐文粹》而来，编撰方法却与《经国集》等一样，主要效法《文选》，以文为主，收录诗歌不多，且多为杂诗。书中收录作品大致是嵯峨天皇弘仁年间（810~823）至后一条天皇长元年间（1028~1036）的汉诗文，主要反映了平安朝中期的汉文学情况。[1]

橘在列为平安中期官僚、汉诗人。因才识超群，入选文章院生。然在重视门阀身份的时代风潮中，仕途屡屡受挫，年至三十始补文章生，出任低级官吏。"吾是北堂士，年岁始读书。读书业未成，于兹三十余"，道出其心声。他由此厌倦尘世，寄心佛门。天庆七年（944）入比叡山延历寺出家。"家贫亲知少，身贱故人疏。唯有长安月，夜夜访闲居"，将一个孤独的书生形象淋漓尽致地渲染出来。诗人看到平安京月色的刹那，就联想到了"长安月"——那曾经照耀过世界上最繁华的都城的月光，给多少赴长安赶考的读书人带来慰藉。月色不分皇族贵胄或市井布衣，因此让人觉得格外亲切。白居易《山中问月》云："为问长安月，谁教不相离。昔随飞盖处，今照入山时。"这首诗写于白居易贬谪期间，诗人借"长安月"寄托了自己对帝京的渴慕。这与橘在列的情况非常相似。橘在列是当时不堪贵族阶级和文人集团双重重压，依靠宗教信仰救赎理想的一种文人典型，与好友源英明（911~939）的唱和诗收录于《扶桑集》中。橘在列弟子源顺于天历八年（954）编纂其家集《沙门敬公集》，可惜未传于世。

《本朝文粹》还收录了三善清行（847~919）《八月十五夜，同

---

1 江户初期宽永六年（1629），在平安晚期文坛巨擘藤原明衡以《文选》为规范编纂的《本朝文粹》新刊本付梓之际，儒学者林罗山（1583~1657）有感于《本朝文粹》"名高千秋，功垂百代"，盛赞这一文坛佳事："庶几使广布于世，而后未见之者见之，未知之者知之，以可见本朝文物之。"

赋映池秋月明》，其诗序云：

> 八月十五夜者，秋之仲，月之望也。风惊萧索，苍天卷其群翳；云收蒙胧，碧落晴而疏阔。今夜初更销暗，团月裹光。清景外彻，照天地于冰壶；浮彩傍散，变都城于玉府。长安十二衢，皆蹈万顷之霜。高宴千万处，各得一家之月。[1]

三善清行是平安中期公卿、汉学者，原为百济人后裔，后被赐姓三善。据史书记载，三善清行满腔正义，不屈服于权威，甚至不惜为此罢官。曾师从巨势文雄，入大学寮修习纪传道，于二十七岁入选文章生。他在仕途上迟滞不顺，又兼晚年患有眼疾，免不了一生有怀才不遇之叹。但三善清行熟悉阴阳天文，精通算术、法律及谶纬之说。昌泰四年（901）据谶纬之说，提倡更改年号为"延喜"，拉开了日本"辛酉改元"的帷幕。曾参与编纂《延喜格式》，兼任文章博士、大学头、式部大辅三种儒学之职。柿村重松认为，三善清行的"长安十二衢"化用了《文选》中鲍照的《咏史诗》"京城十二衢，飞甍各鳞次"。而鲍照诗句又来自一个更为久远的文本——班固《西都赋》，因为《文选》注释云："《西都赋》曰，立十二之通门。"因此，柿村重松说："三善清行诗句其实是对班固《西都赋》的孙引。"[2]然而，柿村重松的注释忽略了一个问题，即这里的"长安十二衢"既不是指西汉长安，也不是指唐长安，而是代指平安京的街道。

《本朝文粹》还收录有源顺《早春于奖学院同赋春生雾色中，各分一字》诗序：

1　柿村重松『本朝文粹註釈』（上册）内外出版、1922、97 頁。

2　柿村重松『本朝文粹註釈』（上册）、98 頁。

观夫寒光早谢，霁色高寒，春生于其中，景媚于其下。寻之于山面，则炉峰尖，而雪消黛新。访之于湖心，亦镜水彻，而冻解岸暖。蒙蒙细雨之后，是春发之权舆也，迟迟丽日之前，是春来之要路也。至彼鲜云卷兮游丝乱，兔月照兮爆布明。至彼鲜云卷兮游丝乱，兔月照兮爆布明。见天台山之高岩，四十五尺波白，望长安城之远树，百千万茎荠青。生于霁，盖谓此乎。[1]

从源顺诗序题名可知，这首诗序作于平安京奖学院。奖学院位于平安京左京三条，紧邻朱雀大路，是在原行平于光庆五年（881）仿照藤原氏劝学院在其东边建造的大学别曹。奖学院的学生除在原氏本族弟子外，还有许多皇族子弟，因此该学院后来成为大学寮的南曹。源顺诗既作于奖学院，写作视角自然是在平安京。

如果检索朝鲜韩国汉诗，会发现十世纪以降朝鲜同样出现了大量以长安指代其都城的诗歌。[2]事实上，朝鲜半岛在统一新罗（668~935）时期，曾派遣了大批遣唐留学生，其中以崔致远（855~?）最为著名。日本的《千载佳句》中也收录了崔致远《长安春》的一联诗："烟低紫陌千行柳，日暮朱楼一曲歌。"这联诗句早已为日本文人所熟知。崔致远在滞留唐朝期间，曾留下几首写长安的诗歌，这也是朝鲜文学史上较早写长安的作品，如《春日邀知友不至》："每忆长安旧苦辛，那堪虚掷故园春。今朝又负游山约，悔识尘中名利人。"尽管诗文并未对长安有过多的描画，但却集中体现出了新罗学子淹留唐都、寂寞求学的辛苦与烦闷。这与《怀风藻》时代弁正的"长恨苦长安"相仿，都表现了遣唐

1　藤原明衡『本朝文粹』大曾根章介・後藤昭雄等校注『新日本古典文学大系 27』、261-262
　　頁。
2　http://db.itkc.or.kr,《韩国文集丛刊》是韩国民族文化促进会编撰的韩国历代文人文集总集，
　　共 500 辑，现已整理成数据库形式，供在线检索。

使时代，那些客居长安的东亚学人对长安的情愫。

高丽光宗十一年（960）以开京（开城）为皇都，这一时期朝鲜文人经常以长安来指代"开京"，最为著名的是李奎报（1168~1241）的诸多诗作。李奎报是高丽中期被武人政权崔忠宪父子重用的文人，是高丽新兴士大夫阶层的代表，有汉诗两千余首。李奎报一生并未踏入中国，但其诗作中涉及"长安"者众多，如：

> 《忆二儿》：初别长安陌，迁延客万里。
> 《忆长安》：长安不是天难到，漳浦沉婴泥杀人。
> 《旅舍有感，次古人韵》：长安何日到，目断碧天涯。

据李奎报年谱，他三十二岁（1199）那年"夏六月，颁政，补全州牧司录兼掌书记。九月，赴全州……"此年有诗《九月十三日，发长安，将赴全州，临津江船上，与晋公度韩韶相别》，诗题中的"发长安"，显然是指离开"开京"。再有三十四岁（1201）"春正月，至自广州，夏四月，之竹州迎母至京师"，此年有诗《自竹州舁母携姊，将赴长安，示甥婿郑生柔》，[1] 诗题中"将赴长安"，也是指返回"开京"。[2]

长安经历了从王权之都到地方都市的历史跌落，这种现实格差给东亚各国文人带来了精神上的震荡，于是他们在文学中对长安的衰落进行了不同层次的反应。日本文人的具体做法是，在平安京内部再造一个"小长安"，并通过不同的文学修辞将这一表述普遍化。

1　林性奎：《李奎报年谱研究》（2），《汉文教育研究》2005 年第 24 期，第 262 页。
2　刘志峰：《比较文学形象学视野中的"长安形象"——以韩国汉诗为中心》，《中国比较文学》2014 年第 1 期，第 143~158 页。

平安京与长安城

　　《本朝无题诗》诞生的舞台平安京，是桓武天皇于延历十三年（794）十月下诏所迁的新京。新京是模仿唐长安城而营造的都城，它横跨山背国的葛野和爱宕两郡，北有北山（玄武），南有小椋池（朱雀），东有鸭川（青龙），西有沿御室川河道的山阴古道（白虎），可谓"四禽叶图"之地。[1]同年十一月诏书称新京为平城京："此国山河襟带，自然作城。因斯形胜，可制新号，宜改山背国为山城国。又子来之民，讴歌之辈。异口同辞，号曰平安京。"[2]延历十四年（795）正月，因平安宫的大极殿尚未建成，所以没有举行元日朝贺礼仪。但正月十六日，桓武天皇在内里宴请群臣，举行了盛大的踏歌活动。其歌词曰："新年乐，平安乐土，万年春。"[3]诚如这首踏歌所祈祷的那样，平安京被视为国泰平安的象征。至嵯峨天皇时期，平安京被赐定为"万代宫"，在平安朝绵延几百年的政治体制中发挥着重要作用。

　　平安京是桓武天皇为模仿中国建立律令制国家而造营的都城，因此在造都理念、都城规制、宫殿建筑甚至植被景观上皆模仿隋唐长安与洛阳，尤其以对唐长安城的模仿最为显著，这几乎是战前日本史学界的共识。如日本史学家喜田贞吉所述："藤原京之制，与其后的平城京、平安京及大化改新时期的难波京相类，均为模仿支那长安之制的京城，这从大宝令的记载便可明了。"[4]二十世纪后半期，随着考古发掘的推进，学界越来越倾向于认为平安京兼具模仿唐长

---

[1]　王海燕：《古代日本的都城空间与礼仪》，浙江大学出版社，2006，第 79 页。

[2]　《日本纪略》延历十三年（794）十一月丁丑条。收录于黑板勝美、国史大系編修会編『国史大系　第 10 巻　日本紀略　前篇』（新訂増補）吉川弘文館、1965、268 頁。

[3]　《类聚国史》卷七二"岁时部·踏歌"。黑板勝美、国史大系編修編『国史大系　第 54 巻　類聚国史　第 2』吉川弘文館、1979、322 頁。

[4]　喜田貞吉『喜田貞吉著作集　第 5 巻　都城の研究』、82 頁。

安城与洛阳城。如宿白先生指出："日本都城的布局在日本古文献中，有'东京'、'西京'之称，系指都城之东半部和西半部而言。"[1]王仁波先生认为："据文献记载和考古发掘资料分析，平安京的平面布局、设计规划、居住坊里、市场集中等渊源于唐长安城。如：近似方形的城郭、宫殿区和百官衙署集中在全城北部中央，中轴线大街同称朱雀大街，纵横交叉的大街，使这两座都城呈里坊（条坊）制的棋盘式格局。甚至于宫殿、街道、市场的名称也都相同，如：皇帝、天皇处理政务的宫殿同称太极殿（大极殿），平安京和唐长安城内均设东西市两个市场区……"[2]王仲殊先生则从日本考古学的发现，论证了"古代日本的宫城为唐长安、洛阳的宫城、皇城的结合体"，同时还考证了"宫城南门仿唐长安皇城南门而称朱雀门，而朝堂院外南门则仿洛阳宫城南门而称应天门"。[3]

从上述的考古发掘及研究来看，平安京模仿唐朝的都城制度已然成为定说。首先，就都城规制与空间布局来看，平安京与唐长安城十分相似。据《延喜式》记载，平安京南北长 1753 丈（约5232 米），东西有 1508 丈（约 4500 米），平面呈规整的长方形。宫城居整个京域北端的正中央，朱雀大路作为中轴线贯通南北，将整个京域等分为东、西两区，纵横交叉的大街将东、西两京划分成整齐的棋盘状区域，南北的单位称为条，东西的单位称为坊，因此平安京的京域由九条八坊构成。京域南部对称地设有东、西二市，东市位于左京七条二坊，西市位于右京七条二坊。其次，就宫殿、建筑、街道的命名来看，平安京的宫城实际上是唐代长安和洛阳两京宫城和皇城的结合体。如平安宫朝堂院北部正殿曰"大极殿"，殿前有大坛"龙尾坛"，其名称分别仿自唐长安太极宫太极殿及大明宫含元殿龙尾道。再如平安京的宫城南门仿唐长安

1　宿白：《隋唐长安城和洛阳城》，《考古》1978 年第 6 期。

2　王仁波：《日本的千年古都——平安京》，《文博》1987 年第 4 期。

3　王仲殊：《关于日本古代都城制度的源流》，《考古》1983 年第 4 期。

皇城南门而称"朱雀门",朝堂院的南门则仿唐洛阳宫城南门而称"应天门"。[1]

从日本史书的记载来看,平安朝官僚对中国都城制度、历史沿革抱有充分的认知,这从"应天门大火"之后的改名事件便可窥知。据《日本三代实录》卷一二记载,清和天皇贞观八年(865)闰三月平安宫应天门遭火灾焚毁。[2]贞观十年(867)二月开始重建,三年后(870)的十月竣工,十月二十一日,明经、文章等博士奉命讨论应天门是否应改名,兼议应天门、朱雀门、罗城门等门之名义来源。主张改名的大学头兼文章博士巨势文雄援引玄宗朝典故云:

> 唐玄宗天宝二年,东京应天门灾。延烧至左右延福门。十一月应天门成,改曰乾天门。本朝制度,多拟唐家。凡天灾人火,其名虽异,惣而论之,皆是非国之休征。然则修复之后,除其旧号,更制嘉名,不亦宜哉。[3]

其后,他又指出了应天门、朱雀门及罗城门的由来:

> 又,洛都宫城门,是谓应天门。案礼含文嘉曰:"阳(汤)顺人心应于天。"然则应天之名,盖取诸此欤。又,长安南面皇城门,是谓朱雀。又,大明宫南面五门,正南曰丹凤门。夫丹凤、朱雀,其义是一。然则以其在南方,故谓之朱雀乎。又称罗城门者,是周之国门。唐之京城门,西都谓之明德门,

---

1　王仲殊:《论洛阳在古代中日关系史上的重要地位》,《考古》2000 年第 7 期,第 70~80 页。

2　参考《日本三代实录》卷一二清河天皇贞观八年闰三月十日乙卯条:"夜。应天门火。延烧棲凤翔鸾两楼。"黑板勝美、国史大系編修会編『国史大系 第 4 巻 日本三代実録』(新訂増補)吉川弘文館、1966、180 頁。

3　黑板勝美、国史大系編修会編『国史大系 第 4 巻 日本三代実録』(新訂増補)、80 頁。

东都谓之定鼎门。今谓之罗城门，其义未详。但《大唐六典》注云："自大明宫，夹东罗城复道，经通化门磴道，而入兴庆宫焉。"今案其文势，盖此罗列之意乎。[1]

菅野佐世、善渊永贞、船连麻吕等则引《左传》所记鲁之雄门火灾修复后不改其名之例，主张应沿用"应天门"。尽管朝廷最后采纳了多数人的意见而没有改名，但巨势文雄的论述无疑说明当时的知识阶层对长安城抱有多么丰富的知识储备。他们不仅熟悉中国历史典故，对中国历代都城、宫殿沿革及掌故也知之甚详。

林鹅峰曾对《本朝无题诗》收录的藤原基俊《长安城亭怀旧》一诗作注如下：

> 林子曰："昔恒武帝营平安城，并建左右京，比汉东西京。故以左京拟洛阳，以右京拟长安。仁明帝造大内里，至延喜天历以后，左右京相并俨然。其后左京依旧，右京荒废。基俊所谓长安者，右京也。此诗颇于怀旧之意。中原广俊有《过雍州旧宅》，诗亦是以长安在雍州，故指右京为雍州也。由是言之，则俗总称山城为雍州者，恐非定论乎。洛阳在豫州，然则拟中华是也。则今王城者，左京也。不可称雍州。然以帝都所在，故假以雍州，拟山城乎？广俊诗亦在无题诗，可与此诗并考之。[2]

林鹅峰补充道，由于唐长安城位于雍州，因此日本也有称平安京右京为雍州的习惯。事实上，日本贵族文人流行以长安指称平安京的做法，也与平安京的空间变迁相关。

九世纪中叶后，日本朝廷开始实施奖励开垦京中空闲地的政

1　参考《日本三代实录》卷一二清和天皇贞观十三年十月癸亥条。黒板勝美、国史大系編修会編『国史大系　第4巻　日本三代実録』、181頁。

2　林鵞峯「本朝一人一首」小島憲之校注、佐竹昭広等編『新古典文学大系　63』、400頁。

策，平安京中不仅有水田、陆田，而且道路的两边也成为蔬菜的种植地，京中的田地化必然给都城的风貌带来改变。[1] 但是，平安京的地势呈南低北高走向，从东北到西南方向逐渐倾斜，因此西南、西北方向实为低湿地带。这一带又恰好是桂川的流经地，治水向来困难。再加上右京中部常有纸屋川泛滥，桂川、纸屋川的水一起倒灌进来，经常将整个右京浸入水中。右京既常遭遇水患，遂易形成大面积积水，久而久之，不要说修建宅邸，就连耕种也很不易。平安京右京的衰退以庆滋保胤在《池亭记》中的描述最为著名：

> 予二十余年以来，历见东西二京，西京人家渐稀，殆几幽墟矣。人者有去无来，屋者有坏无造。其无处移徙、无惮贱贫者是居……荆棘锁门，狐狸安穴。夫如此者，天之亡西京，非人之罪明也。[2]

这篇文章写于天元五年（982）十月，十世纪末平安京右京的颓败由此可见。根据考古学发现，到了平安时代后期，右京的大多数建筑物几已废弃，耕地也多有变化。随着平安京西京，也就是右京（又称长安）的逐渐荒废，人们渐渐地聚集到平安京东部，也就是左京（又称洛阳）居住，这使得以朱雀大路为中轴线的都市形态发生了极大的变化。[3] 后世将京都称为"洛中"的习惯，也与右京（长安）的衰退直接相关。[4]

1　王海燕：《古代日本的都城空间与礼仪》，浙江大学出版社，2006，第 83 页。

2　藤原明衡『本朝文粹』大曾根章介、後藤昭雄等校注、佐竹昭広等編『新日本古典文学大系 27』、335 頁。

3　牧伸行「平安京の変質」(洛中周辺地域の歴史的変容に関する総合的研究)『佛教大学総合研究所紀要』第 2 号、2013 年 3 月、5-19 頁。

4　十六世纪以降，描绘京都名所、风物的大型绘卷《洛中洛外图》被大量制作了出来，将平安京内称为"洛中"，将京外称为"边土"的边境意识便产生了。室町时代，"洛中、洛外"的说法已经普遍流行开来。在前近代时期，上京都的固定说法是"上洛"，京都也被雅称为"京洛""花洛"。但实际上，洛中其实只有平安京的一半，并不包括全部。

长安在《本朝无题诗》中的凸显

　　日本文人以"长安"指代"平安京"，在平安朝最后一部汉诗集《本朝无题诗》中迎来了高峰，而这一时期恰逢平安京都市形态变化最为剧烈的时期，也是日本平安朝汉诗走向最后辉煌的时期。

　　九世纪前半期，由官僚贵族和一部分僧人将汉文学推向了繁荣，日本由是迎来了汉文学的黄金时代。江户时代儒学者堀杏庵（1585~1642）在宽永六年（1629）新刊本《本朝文粹》序中，以激动之情描述了日本文学史上的这种盛景。他说："文章盛行，而王公将相论于庙堂，博士秀才议于朝野。家余累牍，架插万轴。词赋之绮雕，诰敕之谨严，叙事之体制，议论之精确，于是大备。"[1]但到了九世纪后半期的日本贞观、宽平年间，随着藤原氏摄关政治——一种新型政治形态的出现，日本律令制国家内部的矛盾日益激化，且这一问题伴随着贵族庄园制的不断扩张而越发凸显。贵族们以宫廷的岁时诗宴为主要作诗场所，沉湎于风花雪月的应制、应令以及应教性的吟咏中，文人官僚们为应对诗宴应酬而忙于学习那些华丽的诗歌技巧，却对中国诗歌中儒教的、社会伦理的关心逐渐丧失兴趣，一种平均化、无所竞争的诗歌风格就出现了。这种精神动向以宇多天皇（867~931）的宫廷文学圈为中心，向周边辐射。十世纪前半期的延喜、承平朝至十一世纪前半期的长保、宽弘时期，是平安朝汉文学的中兴与分化时期，这一时期随着唐朝的灭亡，日本朝廷对于"敕撰三集"时代那种无批判的"唐风文化中心主义"的态度开始反省，他们首先开始了对从中国舶来的大量书籍的整理，从而迎来了所谓"类聚的时代"。在这种时代潮流的推动下，终于在

1　藤原明衡『本朝文粋』国民図書株式會社編『校注日本文学大系　第23巻』誠文堂、1932、3頁。

十世纪迎来了王朝汉文学的圆熟，但随着日本假名文学的发达以及国语意识的兴起，日本汉文学也迅速走向分化和衰落。反之，国风文化意识开始高涨，并迎来了延喜、天历年间的语言革命和文学革命。[1]

从当时的古记录和公卿日记来看，宫廷和摄关家借四季各种时令、节日之名目，频繁举行讲诗作文之宴会，贵族官僚们排斥实学，沉溺于风花雪月的酬唱中。这一方面固然与朝纲松弛、浮靡之风泛滥有关；但另一方面，也离不开朝廷官方的支持，尤其是藤原忠通、源师房等喜好诗文的公卿的提倡。这一时期尽管也出现了大江匡房、藤原实政等鸿儒诗人被提拔参与朝政的个案，但贞观、宽平时期"文章道"隆盛的景象毕竟一去不复返了，传统的诗赋文章已经无法拯救腐败的政治，因此藤原道长尝试主导以"经史"为中心进行革新运动。正是在这种政治、社会极端不稳定的状态中，《本朝续文粹》《朝野群载》《本朝无题诗》等诗集陆续被编纂了出来。

平安时代前半期，贵族文人在宫中或贵族宅邸频繁地举行诗宴。这些诗宴一般是以社交为目的，因此举办场所通常都在平安京都内。然而，到了平安时代后半期，以纪传道出身的贵族文人为中心，诗宴开始在平安京郊外的寺院内举行。至平安末期，更是蔚然成风。究其原因，则与摄关政治的发展以及随之而来的律令体制的衰落密切相关。本来，儒学者是以"文章经国"思想为立足点而跻身中央政治的一种存在，因此编纂国史、制定法规等与国家政治密切相关的工作，原本都是儒学者的天职。儒学者在参政、议政的同时，官爵也得以晋升，因此平安时代前期许多有才能的儒学者都曾位列公卿，在朝政中发挥着举足轻重的作用。

然而，随着藤原氏摄关体制的强化，儒学者逐渐从朝堂中枢被疏离开来。比如在国史编纂方面，继"六国史"之后，编纂新

1　川口久雄『平安朝日本漢文学史の研究 上』、88-89 頁。

国史的计划最终成为泡影。在制定法规方面，《延喜式》之后再也没有制定新的法规。另外，以醍醐、村上天皇执政时期为界，儒学者的政治地位与影响更是急剧下降。儒学者离中央政治越来越远，想要依靠学问封爵成侯的道路已经完全被切断，想要依靠文章经世济国也几乎变得不可能，当这种现实成为时代共识时，那些纪传道出身的中下级文人贵族，便开始对现实社会产生了极大的绝望感。他们在远离都城的地方，通过对自然的吟咏，抒发在政治上的不遇与寂寥，于是"无题诗"成为排遣忧郁的重要手段，这些无题诗被结集成书，就是平安朝最后一部汉诗总集《本朝无题诗》。

《本朝无题诗》是平安朝末期——院政时期的最后一部汉诗总集。平安初期的汉诗与唐诗相似，格调高雅，而院政期的汉诗因和习严重——主要是大量和制汉语词汇的进入使得诗作中普遍弥漫着所谓的"和臭"，这被认为缺乏古典之美和气魄。大约是因为院政时期汉诗文作品整体低下的原因，这一时期的汉诗文从来很少有人会关注讨论。但是，从当时的古记录和公卿日记来看，宫廷和摄关家在一年四季的各种时令节日，频繁举行讲诗作文之宴会，[1]他们的汉诗创作从表面似乎看不出衰退的迹象，但在实质上已经沦为一种教养或文饰的手段，整体上缺乏对人文精神的追问。

关于《本题无题诗》具体的编纂年代，学界仍聚讼纷纭。从书中作者的称呼来看，只有藤原忠通被称为"法性寺入道殿下"，其他的作者都只是记载了姓名，而没有敬称或官职，因此林鹅峰在《本朝一人一首》卷六指出：

> 按忠通至二条帝应保二年，致仕剃发。此集称法性寺入道

1　大曽根章介「『本朝無題詩』成立考上」『国語と国文学』第 37 卷第 5 号、1960 年 5 月、46-47 頁。

殿下。则其撰在应保之后。[1]

忠通在应保二年（1162）六月八日出家，法名圆观，长宽二年（1164）二月十九日薨。根据藤原忠通与编者的关系来看，山岸德平先生认为，编纂时间应在应保二年六月以后、长宽二年二月以前的三年间。[2]大曾根章节认为，《本朝无题诗》应编纂于忠通出家的应保二年以后。关于《本朝无题诗》的命名问题，江户时期学者林鹅峰在《本朝一人一首》卷六说：

此集未知谁人所编也。盖其编辑既成，未题其名。且不著撰者之名，故姑以"无题诗"呼之乎。[3]

其《国史馆日录》"宽文七年二月二十二日"条复云：

余今日在史馆，谓友元、伯元曰："无题诗名义不明，其诗各有题。然曰无题者何哉？盖此集成未名之，故后人唯称无题乎？私追名之，曰阶萱词叶乎？"二元曰："固可也。"[4]

《国史馆日录》"宽文七年二月三十日"条云：

夜坐，璋侍坐。读了无题诗。于是新定题名，曰阶萱词叶，乃口授璋以为跋。[5]

1 林鵞峯「本朝一人一首」小島憲之校注、佐竹昭広等編『新古典文学大系 63』、401 頁。
2 山岸徳平「中世日本文学史 後篇」『国語国文学講座 第 16 巻』雄山閣、1935、83 頁。
3 林鵞峯「本朝一人一首」小島憲之校注、佐竹昭広等編『新日本古典文学大系 63』、401 頁。
4 林鵞峯『國史館日錄 第1』山本武夫校訂、續群書類従完成会出版、1997、72 頁。
5 林鵞峯『國史館日錄 第1』山本武夫校訂、74 頁。

　　林鹅峰以《本朝无题诗》编者不明且成书之际未命名为由，自行为该诗集拟名《阶萱词叶》，这显然取意于唐人赵彦昭《奉和人日清晖阁宴群臣遇雪应制》"庭树千花发，阶萱七叶新"一句，"阶萱"本是一种象征祥瑞的植物，以之为集名，有粉饰现实歌咏升平之意。这本是维护皇统的林鹅峰毫无根据的追名，但因其总领编纂《本朝通鉴》，因此通鉴中便将此集径称为"阶萱词叶"。这显然是误解了"无题诗"之义。冈田正之因此讥讽林鹅峰，既然能总领编纂《本朝通鉴》，为何却对平安朝汉文学认识如此之浅显，虽然"在中国，无题诗是指那些即兴吟咏的没有题目的诗歌，或者很难为之命名的诗歌；但是在日本，无题诗则主要是指句题诗之外的诗歌"。[1]

　　尽管林鹅峰的观点遭后人置喙之处颇多，但不能否认他是江户时期日本研究《本朝无题诗》的开拓者之一。[2] 然而，待日本学界对《本朝无题诗》真正展开研究，已是战后之事，且早期的研究主要是作为汉文学史的章节构成，[3] 或是对版本、残本、成书及周边文献等的考证，如大曾根章介、[4] 本间洋一、[5] 佐藤道生[6]等学者的研究论文，

1 冈田正之著、山岸德平、长沢规矩也补『日本漢文学史 増訂版』吉川弘文館、1954、359 頁。冈田氏将"无题诗"与"句题诗"这一概念相并举的观点，早在平安中期完成的诗学书《作文大体》"勒韵"条与镰仓初期成书的诗论书《王泽不竭钞》卷上"无题"条中都可见记载。
2 关于这一问题，可参考堀川貴司「近世における『本朝無題詩』の研究と享受」『和漢比較文学』第 13 号、1994 年 7 月、58-69 頁；本間洋一「『本朝無題詩』所収詩の享受——江戸期の諸書の一端から」『中央大学国文』第 37 号、1994 年 3 月、83-90 頁。
3 冈田正之著、山岸德平、长沢规矩也补『日本漢文学史 増訂版』、224 頁。
4 大曽根章介「『本朝無題詩』成立考 上」『国語と国文学』第 37 卷第 5 号、1960 年 5 月、4 頁；大曽根章介「『本朝無題詩』成立考 下」『国語と国文学』第 37 卷第 6 号、1960 年 6 月、6 頁。
5 本間洋一「『本朝無題詩』卷六卷頭詩の欠字——原本の体裁をさぐる」『解釈』第 30 卷第 12 号、1984 年 12 月、26-29 頁。
6 佐藤道生「『本朝無題詩』伝本考」『和漢比較文学』第 5 号、1989 年 11 月、13-23 頁；佐藤道生「藤原式家と 2 つの集——本朝続文粋と本朝無題詩」『国文学：解釈と鑑賞』第 55 卷第 10 号、1990 年 5 月、123-130 頁；本間洋一「『本朝無題詩』卷六卷頭詩の欠字——原本の体裁をさぐる」『解釈』第 30 卷第 12 号、1984 年 12 月、26-29 頁。

以及久保田淳[1]的文部省科学基金研究报告书。其间，关于《本朝无题诗》中的重要诗人及其作品的专论也有所展开，如藤原正义[2]关于藤原周光、藤原茂明、藤原基俊等诗人的考察。近几十年来，重要研究有本间洋一、[3]堀川贵司[4]关于无题诗思想、诗型、用韵的考察，另有布村浩一、[5]七田麻美子[6]对无题诗与山水诗、山寺诗及隐逸思想的研究也颇值得瞩目。其中，以本间洋一的注释与研究最具规模与影响。[7]尽管有上述诸多论著，但《本朝无题诗》作为平安朝最后一部汉诗文总集，与日本学界对"敕撰三集"、《本朝文粹》等汉诗文集的研究盛况相比，无疑是不能令人满意的。

　　"无题诗"是与五字标题的"句题诗"相对的诗歌概念。从内容上来看，与"句题诗"有严格的规定，最终走向的类型化表现不同，无题诗由于更自由，因而多以"言志""即事"为题。《本朝无题诗》中的诗题基本由三个要素自由组合构成。其一是"时间"，

1　久保田淳『本朝無題詩の諸本の研究（第 1 分冊・本文篇）』東京大学、1991；（第 2 分冊・索引篇）東京大学、1993；久保田淳等編『岩波講座　日本文学史　第 3 巻（11·12 世紀の文学）』岩波書店、1996。

2　藤原正義「周光・茂明論——『本朝無題詩』考」『北九州大学文学部紀要』第 22 号、1979 年 4 月、1-22 頁；藤原正義「基俊論——『本朝無題詩』のこと」『北九州大学文学部紀要』第 21 号、1979 年 1 月、1-17 頁。

3　本間洋一「表現と抄出の様相——『本朝無題詩』の世界から」『和漢比較文学』第 9 号、1992 年 7 月、25-32 頁；本間洋一「『本朝無題詩』の詩型と脚韻」『同志社女子大学学術研究年報』第 44 巻第 4 号、1993 年 12 月、501-513 頁；本間洋一「院政期の漢詩世界序説（1）『本朝無題詩』の時代へ」『同志社女子大学学術研究年報』第 54 巻第 1 号、2003 年 12 月、214-231 頁。

4　堀川貴司「詩のかたち・詩のこころ——『本朝無題詩』の背景」『国語と国文学』第 72 巻第 5 号、1995 年 5 月、117-127 頁。

5　布村浩一「山水への憧憬——『本朝無題詩』における『霞』」『立正大学国語国文』第 45 号、2006、114-126 頁。

6　七田麻美子「『本朝無題詩』の山寺詩——慈恩寺詩を中心に」『日本・中国交流の諸相（アジア遊学別冊；No.3）』勉誠出版、2006 年 3 月、115 頁。

7　本間氏著《本朝无题诗全注释》三卷本，作为目前唯一的全文注释本，大量引用中国文献，对推动《本朝无题诗》的研究及中日比较文学研究都具有重要意义。参考本間洋一『本朝無題詩全注釈 1』新典社、1992；本間洋一『本朝無題詩全注釈 2』新典社、1993；本間洋一『本朝無題詩全注釈 3』新典社、1994。本书所引用文本，即来自本間洋一的注释本，后文不再赘述版本信息，仅在注释中标注页码。

包括春夏秋冬四季或三月、七夕等时节；其二是"地点"，包括别墅、山庄、山寺、渡口等；其三是表现即兴抒情的动词，这类动词也是无题诗题目特有的术语，主要有"即事""言志""述怀""偶吟""有感""怀旧"等。这三种要素有时同时出现，如《秋日江州馆下即事》《暮春于醍醐寺即事》《秋日禅林寺即事》《初冬遍照寺即事》《春日广龙寺即事》《暮春六波罗蜜寺言志》《秋日六波罗蜜寺言志》《秋日青龙寺述怀》《夏日东光寺即事》《闰三月尽日慈恩寺即事》《冬日云林院即事》《暮秋崇仁坊佛阁言志》《岁暮东山禅房即事》等等；有时仅由两种要素构成，如《春夜述怀》《暮春言志》《闰三月即事》《首夏言志》《长安城亭怀旧》《冬夜言志》《闲居述怀》《山家秋意》等。据日本学者佐伯雅子统计，在《本朝无题诗》中，明确标有春、夏、秋、冬等季节和时间，含有平等院、山庄、寺等场所的诗题共有 440 首；单纯以贺、闻、听、见、游等动词，或有感、即事、述怀、言志等诗歌术语附加地点、时间的诗题有 688 首，占全诗集的 95.29%。因此佐伯雅子认为，"《本朝无题诗》中的诗题几乎都是对时间、地点、事由这三要素的组合与套用，某种程度上来说，这其实就是无题诗"。[1]

《本朝无题诗》中直接描写"长安"的诗歌共 10 首（如表 3-1），另有涉及唐长安地名的若干首诗歌——如崇仁坊、慈恩寺、青龙寺等，以及汉长安地名如函谷关、上林苑的若干首，较之平安朝中前期以汉长安为主的创作倾向，这一时期明显偏向于以唐长安空间为主。另外，在奈良、平安朝初期，因为遣唐使的频繁往来，《怀风藻》"敕撰三集"中诗人不乏有长安生活的实际体验者，但《本朝无题诗》诗人几乎都没有去过长安。然而，平安末期长安意象在日本汉诗中出现的频率反而很高，并且在地理名词的基础上衍生出了更为丰富的意象。

1 佐伯雅子「『本朝無題詩』の無題」『和漢古典学のオントロジ』第 2 巻第 2 号、2005 年 3 月、23-34 頁。

表 3-1　《本朝无题诗》中的长安诗歌（按诗集收录顺序）

序号	诗题	作者	部立	诗句
1	月下有感	藤原忠通	月前	长安远近千家雪，洛邑东西万井霜
2	对月言志	藤原敦光	秋月	长安陌上清光遍，敷浅原边皎色遥
3	长安城亭怀旧	藤原基俊	秋	伤嗟更掬期君泪，洒托商风寄远城
4	秋日林亭即事	藤原忠通	林亭	此地唯欢车马少，长安城僻避嚣喧
5	夏日桂别业即事	藤原敦光	别业	长安不远连烟树，彭蠡为邻接水乡
6	秋官字治别业即事	藤原忠通	别业	长安城外十余里，字治佳名古今同
7	梅津	藤原忠通	别业	长安十二衢边宅，都督纳言昔引朋
8	冬日游圆融寺	藤原敦光	山寺	圆融古寺思纷纷，地近长安眺望分
9	夏日游寺	中原广俊	杂寺	路历长安十二衢，寻米寺院一名区
10	山寺即事	藤原忠通	杂寺	屡寻古寺步忽忽，指点长安望不穷

《本朝无题诗》中涉及长安的诗歌，主要有两方面的共同倾向。

其一，这些诗作大多创作于远离平安京的郊外，如山寺、林亭或别业，这从其诗题或所属部立的分类一望便知。另外，长安诗作的诞生与藤原忠通及其周边的式家文人集团——藤原敦光、藤原基俊等人关系密切。

其二，诗歌中的"长安"无一指中国的汉唐都城，均是指日本都城"平安京"。换言之，诗歌中所描绘的长安空间与景观，实际上都是在写平安京。另外，这些诗句通常选取"长安日远""长安月""长安陌""长安十二衢"等组合意象，这些物象与长安的固定搭配多承袭自中国的诗歌。

二　借代与用典

《本朝无题诗》诗人对都城的诠释，大多都是以传统知识为基础而进行的重述和扩充。他们引用汉唐长安城的文学典故，通过词汇的位移，试图在一种错位的时空中书写平安京。借代、重叠、用典等修辞手法的使用，将"注视者"与"被注视者"的边界彻底含混，使"自我"与"他者"趋于合并，这无疑对比较文学形象学理论提出了挑战，且这种挑战在东亚文学圈内无处不在——当两种文化体系之间的对立"消失"，不能构成力量关系时，作为表述这些力量关系的异国形象还能否自足？另外，无题诗中的"长安"，很多时候甚至不需要诗人的经验，它在相当程度上是一种被赋予特定"意义"的想象。这种被赋予的"意义"，一方面与人们对这座都城的历史性认知有关，另一方面也无法脱离一个民族的集体性想象。更为复杂的是，这种"想象"会随着时代、地域的政治文化环境的变迁而呈现出极大的差异性。

指点"长安"望不穷

　　如果略去无题诗题目中的时间要素，单纯考察诗题中的地点，会发现无题诗多创作于平安京郊外的别墅、山寺或田家，或是在远离都城的边鄙之地，其中尤其以山寺居多。将《本朝无题诗》的分类部门与平安朝其他汉诗集进行比较，可知该诗集尽管有模仿《扶桑集》《本朝丽藻》《和汉朗咏集》《新撰朗咏集》等汉诗集部类的痕迹，但其重视山寺诗的倾向十分鲜明。[1]如《本朝无题诗》为山寺诗设立三卷，收录诗歌近一百六十首。《本朝无题诗》中出现了大量山寺名称，如长乐寺、世尊寺、石山寺、禅林寺、清水寺、青龙寺、东光寺、圆觉寺、慈恩寺、法音寺、圆融院、云林院、大教院以及诸多名称不详的山寺。《本朝无题诗》"山寺部"诗多涉长安，基本主题是抒发政治上的失意，表达对净土世界的憧憬与向往。这些诗作中的长安往往作为政权中心和世俗价值的

1　参考堀川貴司「詩のかたち・詩のこころ——『本朝無題詩』の背景」『国語と国文学』第 72 卷第
　　5 号、1995 年 5 月、117-127 頁；佐藤道生「藤原式家と 2 つの集——本朝続文粋と本朝無題詩」
　　『国文学：解釈と鑑賞』第 55 卷第 10 号、1990 年 10 月、123-130 頁。

代表，诗人想要抒发的是与之相对的自我情怀。如藤原忠通《山寺即事》云：

> 屡寻古寺步忽忽，指点长安望不穷。
> 鹿野苑岚声可似，菩提场月影相同。
> 山开画扇烟晴后，水织圆文雨静中。
> 世路险难千里浪，人间荣耀一时梦。
> 禅居年旧纸窗黑，色界秋深猎树红。
> 谷鸟岭猿为我友，终朝对是兴无空。[1]

藤原忠通（1097~1164）是平安末期的公卿、诗人，官至从一位摄政关白太政大臣。出家后隐居于藤原氏家寺的法性寺，故别称"法性寺殿"。与其父藤原忠实（1078~1162）、弟藤原赖长（1120~1156）的对立，成为后世"保元之乱"的要因。擅长汉诗、和歌，于书道一途颇具高名，为"法性寺流"始祖。今有汉诗集《法性寺殿御集》、家集《田多民治（ただみち）集》、日记《法性寺关白记》等存世。《本朝无题诗》尽管编纂者不详，但诚如学者们所考述的那样，是以藤原忠通为中心的式家儒士们[2]编纂而成。另外，这一时期活跃的藤原敦光（1063~1144）、藤原茂明（1090~1160）、藤原周光（生卒年不详，但应该比茂明年龄稍长）等，无一不是式家儒士，他们才能出众，使得式家作为汉诗之家迎来了最繁荣的时期。式家儒士的活跃，与藤原忠通的提携密切相关，忠通弟藤原赖长在日记《台记》天养二年（1145）正月二日条

---

1 本間洋一『本朝無題詩全注釈 3』、412-413 頁。

2 式家由藤原不比等之子藤原宇合开创，以文学为主业。院政时期成书的《本朝无题诗》《本朝续文粹》《诗序集》等大型汉诗文总集，收录的大多是式家儒生们的诗作，而且他们与这些诗集的编纂关系密切。参考仁木夏実「摂関家と式家儒者——院政期儒者論（2）」『語文』第 79 号、2002 年 12 月、13 頁；佐藤道生「藤原式家と 2 つの集——本朝続文粋と本朝無題詩」『国文学：解釈と鑑賞』第 55 巻第 10 号、1990 年 10 月、123-125 頁。

记载："摄政长风月，吾子通经史。"对自己和兄长忠通禀赋之差异，有着清醒的意识。他不满意兄长每日沉溺吟唱风月，渴望以经史一途矫正朝政，故而研究经史、复活祭孔等。

藤原忠通的这首《山寺即事》作于平安京郊外，"指点长安"也显示出了作者观看平安京的视角。诗人的孤寂被京外世界蔓延无边却又隔绝嚣喧的地理空间深深感染，这种被放大了的距离感与京内世界的体验形成了鲜明的对比，因此才有了"世路险难千里浪，人间荣耀一时梦"的感叹。藤原忠通经常用长安来指平安京，如《秋日林亭即事》：

> 林亭幽境兴多存，傍有孤山后有园。
> 雾渐散间望远岫，月初上夕立前轩。
> 闲窗雨底灯孤点，古树阴中酒一樽。
> 秋露滴来柴结户，青岚叩破竹编门。
> 庭芜路细绕来悦，峡水浪清独叫猿。
> 寒处重衣眠日色，困时枕臂卧松根。
> 吟诗相忆晋潘岳，乘醉还嘲楚屈原。
> 尘事眇茫梦觉晓，风吟萧洒叶零昏。
> 性斯迟钝情□□，运所自然口不言。
> 此地唯欢车马少，长安城僻避嚣喧。[1]

诗题点明该诗创作的时间——"秋日"，和地点——"林亭"，开篇描述林亭周边的环境"幽境""傍有孤山后有园"。次之写从林亭远眺的景象——黄昏薄雾笼罩，远山淡影，月华渐次上移。再次写近景——闲窗、孤灯、酒一樽，伴着雨声树影，秋露、秋雾沉沉地锁着柴门，庭院草荒，掩映着小径越发显得细长。此情此景，诗

1　本間洋一『本朝無題詩全注釈 2』、248 頁。

人不由想起潘岳、屈原，顿觉尘世渺茫，恍如一梦。"吟诗相忆晋潘岳，乘醉还嘲楚屈原"，显然化用刘禹锡谪居朗州时为悼念亡妻作《谪居悼往》其二："郁郁何郁郁，长安远于日。终日望乡关，燕来鸿复还。潘岳岁寒思，屈平憔顇颜。殷勤望归路，无雨即登山。"[1] 面对政治上的打击，刘禹锡并没有放弃仕途，在自嗟身世、感慨流离的同时，仍然怀有对重返长安的殷切期待。忠通诗句也将"潘岳"与"屈原"对举，借古人感叹自己性情迟钝、不善言辞，能隐居于这车马稀少之地，远离朝廷嚣喧，焉知不是幸事。诗歌最后一句对"长安城"做了描述，"嚣喧"这一词所表现的显然是都市内各大交通干道上往来车马之喧噪。如陶渊明《饮酒》其五云："结庐在人境，而无车马喧。"只是此处的长安城，实指忠通长期生活的都城平安京——在那里他与父亲及胞弟因政治立场不同而反目。

1121 年，忠通之父藤原忠实触怒白河法皇，忠通替代其父成为关白及藤原氏长者。然而忠实偏爱次子藤原赖长，与忠通不合。1150 年，忠实希望让赖长担任内览，忠通则向鸟羽法皇表示反对，此举令忠实大感愤怒，认为忠通"不孝"，派人至忠通家中，夺取朱器台盘（藤氏长者的信物），授予赖长。其时忠通正欲为嫡子基实举行加冠礼，因氏长者的地位被夺而中止；而后嫡子基实元服礼、次子基房著袴礼，都只有少数公卿与会。在近卫天皇在位期间，赖长（时任内览左大臣氏长者）的权势压过任关白的忠通。1156 年，鸟羽法皇去世，爆发"保元之乱"。赖长与忠通分属崇德上皇（1119~1164）、后白河天皇（1127~1192）两方阵营。最终后白河天皇一方得胜，赖长死于乱中，忠通因而重任氏长者。

这一时期，像藤原忠通这样以"长安远"意象寄托远离政治中心的失意，通过对"长安"可望而不可即的距离想象，描写渴望隐居、遁世的诗文其实构成了《本朝无题诗》的主流。在平安朝中前

---

1 （唐）刘禹锡撰，卞孝萱校订《刘禹锡集》，中华书局，1990，第 408 页。

期，因"文章经国"思想发挥着影响，许多有才能的儒学者都能依靠一己才学而位列公卿，在朝政中发挥着举足轻重的作用。但随着摄关体制的强化，儒学者们逐渐从朝堂中枢被疏离开来，本来应以编纂国史、制定法规等与国家政治密切相关的工作为天职，现在却沦落为给摄政关白和大臣们代笔写辞表，或在举行法会时执笔写愿文。[1] 换言之，他们经世治国的才能逐渐被应用到那些无关紧要的事情上了，这种情况一直持续到后一条天皇（1008~1036）执政时期都没有发生改变。无题诗为这些远离政治中心的贵族文人，提供了暂时从郁郁不得志的政治环境中解脱出来，可以吐露日常忧郁的一种类似于精神慰藉的手段。那些凭借纪传道立身处世的文人官僚，从政治的中心被疏离，在对世界的看法中，既有文人官僚的自恃清高的一面，又有远离朝政发泄郁闷的无力的自嘲，如藤原敦光《秋日长乐寺即事》："何日未作山林士，官学无成僚倒翁。"可以说"平安中期，由菅原文时确立句题诗的构成方法之后，在诗上专门吟咏句题诗便成了主流。但是到了平安末期，文人们开始关注起无题诗来，其背景则是文人贵族在政治上的不遇。"[2]

在中国诗文中，"长安"早已与王权、皇权相接，是功名的象征了。因此，与长安的远近也就意味着诗人离都的心态——这是中国文人书写自我与政权关系时的常用意象。从汉大赋到初唐帝京篇，其创作旨趣往往体现出政治性夸饰与讽谏相结合的流行趣味。及至科举兴起，长安更是成为学子们恋都与忠君的象征，长安的远近标示着与皇权的距离。综观《本朝无题诗》的作者队伍，除藤原忠通是位居摄政关白的权贵，绝大多数诗人出身于中下级贵族，无题诗作者的贵族化程度要远远低于同时期其他汉诗集。这些荣达无望的中下级贵族文人，一方面仍幻想着能像前代那样，以学问作为荣达

---

1 佐藤道生『平安後期日本漢文学の研究』笠間書院、2003、19-20 頁。

2 本間洋一「院政期の漢詩世界序説（1）:『本朝無題詩』の時代へ」『同志社女子大學學術研究年報』第 54 卷第 1 号、2003 年 12 月、214-231 頁。

朝野的手段，但又不断地遭受现实打击，这时否定现世希望、渴望
在来世取得幸福的净土信仰，便成为整个时代的主流。如藤原季纲
《秋日长乐寺即事》：

> 路迷鹫岭通灵崛，眼渡鸭河望帝城。
> 心在空门龄已老，须辞俗境脱簪缨。[1]

即使居于平安京郊外，目光却时刻不忘渡过鸭河，望去帝城
（见图 3-1）。诗人有感于总为俗世官爵烦恼，因此感叹唯有脱去簪
缨、抛却俗世，才能真正遁入佛门、寻得平静。《本朝无题诗》时
代恰逢暗弱不振的平安朝末期，国势衰颓，风雨飘摇，沉沦下僚的
文人们敏锐地感受到了时代的危机，故而《本朝无题诗》中多是这
种感叹末世之哀、渴望归隐净土的诗作。

> 藤原明衡《秋日长乐寺即事》："适结一缘来此地，时时礼
> 佛契生生。"[2]
> 藤原敦光《春日游胜应弥陀院》："愿念无他偷拭泪，唯凭
> 西土往生因。"[3]
> 藤原茂明《春日游胜应弥陀院》："欢会何携诗与酒，莲宫
> 礼佛结芳因。"[4]

《本朝无题诗》中的山寺诗之所以非常多，是因为"院政时期
莲府槐门对佛教的异常崇拜，以及由此引发的大规模的修建寺院营
造大佛的事业，在当时诗人的诗作中，尤其是在即事言志的无题诗

1　本間洋一『本朝無題詩全注釈 3』、81 頁。
2　本間洋一『本朝無題詩全注釈 3』、89 頁。
3　本間洋一『本朝無題詩全注釈 3』、368 頁。
4　本間洋一『本朝無題詩全注釈 3』、373 頁。

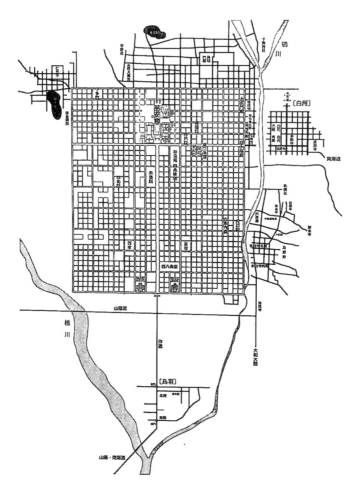

图 3-1　院政后期的平安京及周边

资料来源：橋本義則『日本古代宮都史の研究』青史出版、2013、261 頁。

中很容易看到"。[1] 这些中下级文人贵族举办诗宴的场所，从平安京中心转移到了自然景观更为丰富的郊外山寺。在自然的风光中，他们暂时从现实的抑郁中解脱出来，另外因为崇信佛理，心灵也得以从俗世中解脱净化，因此，山寺诗在某种程度上代表了他们在这一

1　大曽根章介「『本朝無題詩』成立考 上」『国語と国文学』第 37 巻第 5 号、1960 年 4 月、52 頁。

场所赋诗、游览并与佛结缘的心绪，这种深层的意义也是不可忽视的。[1]《本朝无题诗》中收录的大量以游览佛寺、谈论佛理为主要内容的作品，大多包含着这种虔诚却虚无的乞求。

藤原基俊《秋日禅林寺即事》："合眼情思西土事，争除妄犯出樊笼。"[2]

藤原明衡《秋日游云林院》："优游此处经多岁，便知生生结善缘。"[3]

藤原敦宗《秋日长乐寺即事》："适出京华寻胜境，梵宫幽处静相望。"[4]

虽然诗集中收录的大量关于山寺的赋诗，很容易看出当时贵族对于净土世界的信仰，然而这些信仰对于宗教的思考并不深入，"大抵仍是幽居、隐逸思想延长线上的产物"。[5]但是，山寺诗将注意力挥洒至平安京郊外，赋予都市外的空间一种脱俗的价值和意义，这是不能否定的。

"长安" = 平安京右京？

《拾芥抄》卷中"京程部"云："东京号洛阳城，西京号长安城。"这是日本古文献中可见的称平安京东、西两京为"洛阳""长安"的最早记录。《拾芥抄》是洞院公贤（1291~1360）编写的辞典，成书于镰仓中后期，也即平安京迁都约五百年之后的文献。另有

1 佐藤道生『平安後期日本漢文学の研究』、20 頁。
2 本間洋一『本朝無題詩全注釈 3』、174 頁。
3 本間洋一『本朝無題詩全注釈 3』、355 頁。
4 本間洋一『本朝無題詩全注釈 3』、82 頁。
5 本間洋一「院政期の漢詩世界序説（1）:『本朝無題詩』の時代へ」『同志社女子大學學術研究年報』第 54 卷第 1 号、2003 年 12 月、101 頁。

《帝王编年纪》（1364~1380）桓武天皇延历十二年癸酉正月十五日条记载："始造平安京。东京（爱宕郡），又谓左京，唐名洛阳。西京（葛野郡），又谓右京，唐名长安。"[1]这是日僧永祐于十四世纪初所撰。类似记录在《日本纪略》《续日本后纪》等正史以及行政文书中都没有相应记载，但在十世纪以降的汉诗文中普遍出现，因此《拾芥抄》《帝王编年纪》等文献的记载，或许是汉诗文普遍化后的结果也未可知，毕竟这些汉诗文的作者都并非一般的权力阶层。因平安京左京在东，因此又称"东京"，同理右京又被称为"西京"，这显然是沿袭中国自汉代以来称长安、洛阳为"西京""东京"而来。江户时期学者林鹅峰曾对《本朝无题诗》收录的藤原基俊《长安城亭怀旧》一诗作注如下：

> 林子曰："昔恒武帝营平安城，并建左右京，比汉东西京。故以左京拟洛阳，以右京拟长安。仁明帝造大内里，至延喜天历以后，左右京相并俨然。其后左京依旧，右京荒废。基俊所谓长安者，右京也。此诗颇于怀旧之意。"[2]

林鹅峰明确指出了藤原基俊诗题中的"长安"指的是"平安京右京"，而非整个京域。这种借"长安"代指"平安京西京"的用法，在《本朝无题诗》中有诸多佐证。如诗集中收录诗歌数最多、地位也最高的藤原忠通，有《秋日宇治别业即事》一诗：

> 长安城外十余里，宇治佳名古今同。
> 秋水月沈沙岸白，暮山日落洞云红。
> 成群鹤警清冷露，不系舟任萧索风。

1　黒板勝美、国史大系編修会編「国史大系　第12巻『扶桑略記　帝王編年記』」（新訂増補）吉川弘文館、1965、175頁。
2　林鵞峯「本朝一人一首」小島憲之校注、佐竹昭広等編『新日本古典文学大系63』、400頁。

> 此处自元多景气，诗歌弦管尚无终。[1]

诗题中的"宇治别业即事"，是指藤原忠通位于桂川东岸的宇治别业（见图 3-2）。宇治位于平安京东南部。平安末期以宇治川为中心，许多贵族在此地建造别业，如著名的宇治平等院，原为藤原道长的别业，在十一世纪中叶由其子——当时的统治者藤原赖通改建而成。平安末期，贵族文人常聚集于宇治一带举行游宴诗会，故忠通诗云："此处自元多景气，诗歌弦管尚无终。"关于其具体位置，可以与藤原忠通另一首诗《梅津》对读，其诗序与诗文如下：

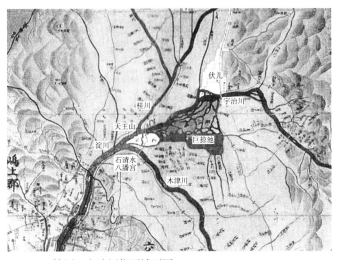

图 3-2　桂川、宇治川位置地形图

资料来源：村田路人『近世の淀川治水』山川出版社、2009、1 頁。

> 近曾向梅津。昨朝过宇县，归路寄山阶，日日远行，事事知老。抑山水风流，烟霞气色，云此云彼，有兴有情。聊叙所观，以悟不知矣。

> 长安十二衢边宅，都督纳言昔引朋。
>
> 西北龟山部县外，东南雁塔两三层。
>
> 立望仙洞云披阅，老访禅林岚响应。
>
> 桂木海津尤有意，花如白浪月如冰。[1]

　　诗题中的"梅津"，位于平安京右京区四条通西端桂川的左岸，也即现日本京都府的梅宫大社一带。这一带恰是桂川和梅津川流经之地，风景绝佳，许多王公贵族在此建有别业山庄，赏春花秋月，吟诗作赋，因此自古便是著名的歌枕地。诗序中"昨朝过宇县，归路寄山阶"的宇县，即指宇治。"山阶"位于宇治正北方向，也即山科川流经地区。[2] 诗歌正文以"长安十二衢边宅"开篇，这里的"长安十二衢"，不是指汉唐长安城的街道，而是指日本的平安京。因为从这首诗创作的地点、时间、缘由来看，都没有写中国长安城的必要。诚如前述，据《拾芥抄》等文献，平安京右京又称"长安"，而梅津位于平安京右京，因此这里的"长安"应是这一时期文人间流行的对平安京右京的美称。

　　次句"都督纳言昔引朋"，说明江都督纳言大江匡房（1041~1111）曾在"长安十二衢边宅"招待诗友，具体位置在"西北龟山部县外"。龟山，在今京都市右京区嵯峨、天龙寺以西，桂川环绕而过，皇子兼明亲王曾隐居于此。[3] 这里能看到"东南雁塔两三层"，显然都是实写平安京右京的美景。忠通诗句提到的"桂木海津"，是指桂川一带，如前所述，桂川东岸有藤原忠通的别墅。藤原敦光也曾在此作诗《夏日桂别业即事》：

1　本間洋一『本朝無題詩全注釈 2』、382 頁。

2　本間洋一『本朝無題詩全注釈 2』、383 頁。

3　兼明亲王仿白居易《忆江南》作《忆龟山二首》，其一云："忆龟山。龟山久往还。南溪夜雨花开后，西岭秋风叶落间。能不忆龟山？"

世务余闲排草堂，鸣琴置榻酒盈觞。

长安不远连烟树，彭蠡为邻接水乡。

携杖朝寻苔滑路，繁舟暮到竹编墙。

夜闻岩溜疑宫漏，知是朝天心未忘。[1]

　　藤原敦光是平安后期文人、儒学者。《本朝文粹》编纂者藤原明衡之子、文章博士藤原敦基之弟。父子兄弟共擅诗文，因此也被比之为中国宋代的"三苏"。曾侍读堀河、鸟羽、崇德三代天皇。仕途不达，却以文章称名于世，《本朝文粹》《本朝无题诗》等诗文集多收录其汉诗文，并有《续本朝秀句》《本朝帝纪》等书，皆散佚。藤原敦光诗题中的"桂别业"，即今京都市西京区桂川一带。平安时期这一带曾是贵族别墅的聚集地，尤其在桂川附近，有藤原忠通、藤原家经、藤原兼房、源经长、藤原俊通等人的别墅。桂川东岸有藤原忠通的别墅，如藤原忠通《夏日桂别业即事》开篇曾云："京洛西南桂水边，地形胜绝任天然。""桂水"即为"桂川"。另外，《诗集序》收录有《初秋于员外尚书左中丞桂林别墅同赋游宴契千秋诗序》，云："长安城傍，不过数步，有一胜形。盖乃员外尚书左中丞之别墅也。号桂林以临桂水，在林邑欤。"这里的长安城即为平安京右京（西京）的雅称。

　　藤原敦光诗云"长安不远连烟树"，即言桂别业距离"平安京右京"不远，这里的"长安"依然是对平安京右京（西京）的美称，而不是整个平安京。"彭蠡为邻接水乡"中的"彭蠡"，原是中国很古的泽薮名，《汉书·地理志》载："彭泽，《禹贡》彭蠡泽在西。"[2]这里用中国古地名"彭蠡"指代"小椋池"，说明桂别业所处之地，有湖泊之景胜。本间洋一指出，"长安不远连烟树"出典于

1　本間洋一『本朝無題詩全注釈 2』、319-320 頁。

2　《汉书》卷二八上《地理志上》"豫章郡"，第 1593 页。

《本朝文粹》收录源顺《早春，于奖学院，同赋春生霁色中，各分一字》诗序："望长安城之远树，百千万茎荠青。"源顺诗既作于奖学院，奖学院位于平安京左京三条，紧邻朱雀大路，写作视角自然是在平安京左京，也即"洛阳"。他隔着朱雀大路向西眺望，故有"望长安城之远树"之说，这里的"长安城"无疑是特指"平安京右京"了。

与此同时，《本朝无题诗》中有许多诗人以洛阳指称平安京左京，尤其是在写"长乐寺"的一系列诗歌中。如藤原敦基《冬日游长乐寺》：

> 寻得胜形洛水东，上方高处思冲冲。
> 街衢十二嚣喧隔，世界三千眺望通。
> 古岸松倾烟色绿，寒林叶落雨声红。
> 被催蓬岛英华客，长乐寺中几会同。[1]

诗题中的"长乐寺"是无题诗时代诗人们喜爱的景胜之地，这从《本朝无题诗》卷八 514~574 首吟咏"长乐寺"的诗歌即可以明了。平安朝共 65 首吟咏长乐寺的汉诗，除藤原忠通的一首《秋日游长乐寺上方言志》收录于藤原忠通家集《法性寺关白御集》之外，其他都收录在《本朝无题诗》中，且这些诗在别的诗集中没有出现过。这说明长乐寺作为景胜之地，大约也就是在无题诗的时代受到青睐。开篇"寻得胜形洛水东"一句，说明长乐寺位于平安京东部，这从许多诗作中都可以得到验证。如：

藤原明衡《春日游长乐寺》："其奈城东闲放何，梵宫高处

1　本间洋一『本朝無題詩全注釈 3』、95 頁。

望方□。"[1]

　　藤原季纲《春日游长乐寺》:"长乐寺中酌酒缸，城东兹地势无双。"[2]

　　中原广俊《游长乐寺》:"一出凤城何处寻，东山景趣是清吟。"[3]

　　中原广俊《游长乐寺》:"寺在城东路不遐，相寻策马也脂车。"[4]

　　因为长乐寺处于平安京东部，又因平安京东京有"洛阳"之美称，所以诗人们在描述长乐寺的位置时，总是以"洛阳""洛城""华洛"等称呼来指称平安京的东京（左京），这说明在《本朝无题诗》时代诗人们的意识中，对于平安京左京（洛阳）、右京（长安）是有明确区分的。站在长乐寺的位置，很明显看到的是平安京左京（东京），因此在《本朝无题诗》收录的六十五首咏长乐寺的诗歌中，近十五首诗都提到了"洛城""洛"等相关地名，如:

　　源时纲《长乐寺花下即事》:"策马行行遥出洛，道场幽处久徘徊。"[5]

　　藤原茂明《春日游长乐寺》:"春辞京洛忘沈忧，古寺眺望醉里休。"[6]

　　源经信《游长乐寺》:"顾望华洛求名处，不过翁翁一片霞。"[7]

1　本間洋一『本朝無題詩全注釈　3』、15 頁。
2　本間洋一『本朝無題詩全注釈　3』、18 頁。
3　本間洋一『本朝無題詩全注釈　3』、53 頁。
4　本間洋一『本朝無題詩全注釈　3』、61 頁。
5　本間洋一『本朝無題詩全注釈　1』、293 頁。
6　本間洋一『本朝無題詩全注釈　3』、29 頁。
7　本間洋一『本朝無題詩全注釈　3』、38 頁。

　　菅原在良《游长乐寺》："暂辞皇洛顾城柳，但入禅庭攀洞霞。"[1]

　　中原广俊《游长乐寺》："终朝乘兴忘归洛，遮莫岭西日景斜。"[2]

　　藤原显业《三月尽日游长乐寺》："一辞花洛暂留连，长乐仁祠感自然。"[3]

　　菅原在良《三月尽日游长乐寺》："迹占山阁三休地，望任洛城九陌风。"[4]

　　藤原敦光《秋日长乐寺即事》："云色泉声寻洛东，一时赏玩感相通。"[5]

　　这从一个侧面说明了日本知识人欲将"长安""洛阳"二都囊括于平安京的宏大抱负。事实上，长安城的面积是平安京的四倍还多，且是非常坚固的石造罗城墙壁，平安京只在南方建有土制的围墙，这道城墙更近似于装饰，而不具备防御功能。因此，平安京的实际情况是，无论在规模还是在建筑内质上，都是与长安城无法比拟的贫弱都城。即使如此，平安京在营造理念上，却是想将长安城与洛阳城都容纳在内，这种宏大的构想与自夸意识是不能忽视的。[6]

诗与街——"十二衢""九陌"中的都城景观

　　《本朝无题诗》中还有一种虚写都城的方法，即采用中国诗文中书写长安的典故来写平安京，这些典故多由一些固定的词语构

1　本間洋一『本朝無題詩全注釈 3』、54 頁。

2　本間洋一『本朝無題詩全注釈 3』、61 頁。

3　本間洋一『本朝無題詩全注釈 3』、64 頁。

4　本間洋一『本朝無題詩全注釈 3』、66 頁。

5　本間洋一『本朝無題詩全注釈 3』、85-86 頁。

6　桃崎有一郎『平安京はいらなかった：古代の夢を喰らう中世』吉川弘文館、2016、132-134 頁。

成，在日本被作为描述长安城的套语使用。很多情况下这些套语既不符合唐长安城的实际规划，也不与日本平安京的空间相吻合。日本文人借用中国诗文的惯用表达来泛写平安京，欲为诗文寻找一种历史纵深感，但在实际的表达效果上却呈现出一种明显的程式化倾向。我们不妨以《本朝无题诗》中使用较多的描述平安京街道的"十二衢""九陌"意象为例，来探讨这一现象。

　　凯文·林奇在《城市意象》一书中，讨论了一种城市意象的形成，总是与五种要素关联：道路、边沿、区域、终点、标志。[1] 其中"道路"是大多数人印象中占控制地位的要素。"正是沿着道路，人们才得以观察城市"，进而发展出一种城市意象。对唐长安城与日本平安京这种设计格局整齐划一的坊市制都城而言，道路不仅是人们都市社会生活的重要空间，某些道路还承担着特殊的政治性与礼仪性功能，如朱雀大街不仅是唐长安城与日本平安京的中轴线，也承担着划分行政区域与上演王权礼仪的功能。《本朝无题诗》对长安的描述中，最突出的特征莫过于对"十二衢"——以街道为中心的都城空间的书写。

　　　　藤原忠通《梅津》："长安十二衢边宅，都督纳言昔引朋。"[2]
　　　　中原广俊《夏日游寺》："路历长安十二衢。寻来寺院一名区。"[3]
　　　　中原广俊《暮秋游圆觉寺》："忽出京城十二衢。寺门深处几蜘。"[4]

　　从诗题及诗歌内容来看，这里的"长安十二衢"都不是实写

1　〔美〕凯文·林奇：《城市意象》，方益萍、何晓军译，华夏出版社，2017，第 41 页。
2　本間洋一『本朝無題詩全注釈 2』、382 頁。
3　本間洋一『本朝無題詩全注釈 3』、390 頁。
4　本間洋一『本朝無題詩全注釈 3』、278 頁。

汉唐长安的街道。那么，是实写平安京的街道吗？在中国古代的都城建制中，以"十二"为数字的制度以西汉长安为首。《三辅黄图》以及成书较早的《三辅决录》和班固的《西都赋》、张衡的《西京赋》，都记载了汉长安城的规模和城郭形制。据《三辅黄图》记载：

> 汉之故都，高祖七年修长安宫城，自栎阳徙居此城。本秦离宫也。初置长安城，本狭小，至惠帝更筑之……《汉旧仪》曰：长安城中，经纬各长三十二里十八步。地九百七十三顷，八街九陌，三宫九府，三庙十二门，九市，十六桥。[1]

《三辅决录》云："长安面三门，四面十二门，皆通达九逵，以相经纬。衢路平正，可并列车轨十二。门三涂洞开，隐以金椎，周以林木，左右出入，为往来之径。行者升降，有上下之别。"[2]班固《西都赋》在铺排以长安为中心的各式空间图景时云："披三条之广路，立十二之通门。内则街衢洞达，闾阎且千。九市开场，货别隧分。"[3]张衡《西京赋》亦云："徒观其城郭之制，则旁开三门，参涂夷庭，方轨十二，街衢相经。"李善注："方，言九轨之涂，凡有十二也。"[4]由此可知，汉长安城有十二座城门，外郭城门通往城内的主要干道即是"十二衢"，后来"十二衢"就成了都城内四通八达的街道的泛称。

　　事实上，唐长安城以及模仿唐长安城建都的平安京，都没有与"十二"数吻合的街道。另外，隋唐两朝因都城三重城制的确立，外郭城每面墙各开三门，其南北十一条大街，东西十四条大街，都没有符合"十二"之数的街道，皇城虽有七座城门与外郭城街道相

1 何清谷：《三辅黄图校释》，第63~67页。
2 （汉）赵岐撰，（晋）挚虞注《三辅决录》卷二，三秦出版社，2006，第80页。
3 （梁）萧统编，（唐）李善注《文选》卷一《赋甲》，第7页。
4 （梁）萧统编，（唐）李善注《文选》卷二《赋甲》，第61页。

通，也不符合十二之数。[1]平安京的条坊整体上与长冈京类似，同样是南北九条、东西八坊（平城京东北有外京十二坊），宫城占据四坊面积。[2]另外，平安京的宫城有十四个城门，尽管最初也是十二个城门，但是桓武天皇建造的平安京（又称初期平安京），在大内里的北侧有一片空地，在九世纪后半期经过改造修建（中期平安京），新开了上东（东土御门）、上西（西土御门），因此最终变成了十四门。因此，平安京也没有与"十二"数相吻合的街道数。

唐长安城虽然没有与"十二"吻合的街道数，但唐人作诗时常取意西汉长安城典故，将汉唐长安城并置，这是唐诗中常见的手法，故而唐诗中并不乏"十二衢"的用例。如骆宾王《久戍边城有怀京邑》："沙塞三千里，京城十二衢。"这里是用"京城十二衢"虚指长安城。再如白居易《和微之春日投简阳明洞天五十韵》："江上三千里，城中十二衢"，[3]同样是虚指长安城。这里以"十二衢"对偶"三千里"的用法，还可见于藤原敦基《冬日游长乐寺》中的化用：

> 街衢十二嚣暄隔，世界三千眺望通。[4]

以"街衢十二"指代平安京，"嚣暄"喻指朝廷中的烦琐政事，以"世界三千"这种佛教的宇宙观来与"街衢十二"相对，一"通"对一"隔"，诗人的情感价值取向也就一目了然。

用洛阳、洛城指平安京左京（东京）已是约定俗成，因此在描写平安京街道的诗作中，我们还能看到"洛城十二衢"这样的诗句。如藤原敦光《玩月》："洛城十二衢中晓，秦甸一千里外晴。"[5]

1　宁欣：《诗与街——从白居易"歌钟十二街"谈起》，《中国历史文物》2005年第5期，第73~79页。

2　王晖：《日本古代都城条坊制度的演变》，《国际城市规划》2007年第1期，第77~83页。

3　收录于《全唐诗》卷四四九，详见《全唐诗》第14册，第5062页。

4　本间洋一『本朝無題詩全注釈 3』、95页。

5　本间洋一『本朝無題詩全注釈 1』、359页。

然而，比起"十二衢"来，唐诗中更多的是"十二街"，尤其是在白居易的诗句中，经常用"十二街"来写长安的景观。如《邓鲂、张彻落第》："春风十二街，轩骑不暂停。"[1]再如《登观音台望城》："百千家似围棋局，十二街如种菜畦。"[2]白居易曾长期在长安居住，因此在其日常化的诗歌创作中，"十二街"便成为白居易构建长安生活空间中的重要元素。

　　白居易还将十二街与槐树景观结合，如《谕友》："昨夜霜一降，杀君庭中槐……西望长安城，歌钟十二街。"[3]《登乐游园望》："下视十二街，绿树间红尘……可怜南北路，高盖者何人。"[4]因为槐树是长安官街的重要树木，尤其是随着科举制度的完善，生长于帝京的槐树就被唐代文人赋予了特殊的意义。整齐森茂的槐树与长安整齐划一的空间布局相配合，与具有象征意义的礼制建筑相呼应，成为帝都威严与秩序不可缺少的象征性景观，也成为唐诗中一道重要的都市风景。[5]如王维《登楼歌》："聊上君兮高楼，飞甍鳞次兮在下。俯十二兮通衢，绿槐参差兮车马。"[6]韦庄《惊秋》："不向烟波狎钓舟，强亲文墨事儒丘。长安十二槐花陌，曾负秋风多少秋。"[7]这些描写长安十二街的诗句，往往与槐树景观复合出现。

　　根据平城京二条大路出土木简可知，平城京左右京皆植有槐树的事实。[8]这一都城景观从长安城到平城京，又重现在了初期的平安

1　收录于《全唐诗》卷四二四，详见《全唐诗》第 13 册，第 4666 页。
2　收录于《全唐诗》卷四四八，详见《全唐诗》第 13 册，第 5041 页。
3　收录于《全唐诗》卷四二四，详见《全唐诗》第 13 册，第 4668 页。
4　收录于《全唐诗》卷四二四，详见《全唐诗》第 13 册，第 4661 页。
5　杨为刚：《长安的槐树景观与唐代的科举文化——以白居易为中心的研究》，《唐都学刊》2009年 1 月，第 78~81 页。
6　收录于《全唐诗》卷一二五，详见《全唐诗》第 4 册，第 1262 页。
7　收录于《全唐诗》卷六九五，详见《全唐诗》第 20 册，第 8003 页。
8　東野治之「二条大路木簡の槐花——街路樹との関連から」東野治之『長屋王家木簡の研究』塙書房、1996、188-201 頁。

京。《凌云集》收录菅原清公《秋夜途中闻笙》诗云："皇城陌上槐风隶，天汉波间桂月明。"说明平安京的街道上也种植有槐树。《本朝丽藻》收录一条天皇《初蝉仅一声》诗云："岸柳绿前惊欲认，宫槐风底失何寻。"[1] 说明平安京的宫城中也种植有槐树。[2]《本朝无题诗》中仅有中原广俊《初夏雨中即事》一首写到"十二街"，有趣的是这首诗里同样出现了"绿槐"的意象：

寂寂雨中会最佳，琴堂书阁引朋排。
苍苔含润应黏石，白水引流几绕阶。
宾阁晓窗当溜卧，边山朝路被云埋。
暗声萧洒沾烟柳，斜脚涳蒙洗绿槐。
蒋径深中眠漏屋，桑枢暗处送生涯。
仁恩独隔山中木，德泽未覃井底蛙。
翅重鸟归新树朵，巢濡鹎宿古篱柴。
踏泥人去东西路，张盖自过十二街。
遮莫年年随老暮，自然事事与心乖。
斯筵会有长生契，酌酒言诗是述怀。[3]

中原广俊显然受到了白居易诗歌的影响，尤其"踏泥人去东西路，

1 大曽根章介、佐伯雅子共編『校本本朝麗藻』、24 頁。
2 在《本朝无题诗》中，多取槐树的文化象征意义，如"槐门"，藤原敦光《早夏言志》："暂辞柳市列槐门。夏景初来志足言。"藤原茂明《秋日林亭即事》："槐门列籍久趋拜，菊墙题诗频会同。"再有"槐市"，如大江佐国《初冬述怀》："莫嘲槐市名难达，每见贤才更慕齐。"藤原周光《书窗言志》："槐市运迟心倦客，每逢萧景恨难休。"长安的槐树与生徒联系起来应是在汉代，《艺文类聚》卷八八"木部上·槐"云："《三辅黄图》曰：元始四年，起明堂辟雍，为博士舍三十区，为会市，但列槐树数百行。诸生朔望会此市，各持其郡所出物及经书，相与买卖。雍雍揖让，议论树下，侃侃闿闿。"由此产生"槐市"典故。《艺文类聚》同卷又云："秦苻坚时，关陇人歌曰，长安大街，两边种槐，下走朱轮，上有鸾栖。"可知长安大街种植槐树由来已久。参考（唐）欧阳询《艺文类聚》，汪绍楹校，上海古籍出版社，1965，第 1517 頁。
3 本間洋一『本朝無題詩全注釈 1』1993、543 頁。

张盖自过十二街"，可以看出化用白居易"可怜南北路，高盖者何人"的痕迹。

　　与"长安十二衢"一样，"九陌"也是《本朝无题诗》中出现频率较高的用来描写长安街道的意象。然而，唐长安城也没有符合"九"数字的街道，[1]"九陌"依然来自汉长安城的"八街九陌"之说。《三辅黄图》卷二"长安八街九陌"云："有香室街、夕阴街。三辅旧事云：长安城中八街九陌……张衡《西京赋》云：参塗夷庭，街衢相经，廛里端直，瓮宇齐平。"[2]长安城每一面开有三门，每一门有三条道路平坦直伸，一面三门共有九条街道，四面十二门共三十六条街道。三十六是九的倍数，所以称长安城的道路为九陌。这已被考古发掘所证实。[3]唐长安城虽然没有符合"九"的街道，但"九陌""九衢"在唐诗中出现的频率仍然极高，甚至远胜于"十二衢"。如骆宾王《帝京篇》："三条九陌丽城隅，万户千门平旦开"，这里的"九陌"用来指长安城的街道和繁华闹市。我们还可以举这些例子：

　　　　翁洮《春》："此时谁羡神仙客，车马悠扬九陌中。"[4]
　　　　韩偓《初赴期集》："轻寒著背雨凄凄，九陌无尘未有泥。"[5]

　　平安京的条坊是南北九条、东西八坊，东西向的九条道路与"九陌"吻合，因此《本朝无题诗》的诗人们常常用"九陌"借指平安京。如藤原敦光《冬日游圆融寺》：

1　宁欣：《诗与街——从白居易"歌钟十二街"谈起》，《中国历史文物》2005 年第 5 期，第 73~79 页。

2　何清谷：《三辅黄图校释》，第 103 页。

3　何清谷：《三辅黄图校释》，第 106 页。可参考王社教《汉长安城八街九陌》，《文博》1999 年第 1 期，第 28 页。

4　收录于《全唐诗》卷六六七，详见《全唐诗》第 19 册，第 7640~7641 页。

5　收录于《全唐诗》卷六八一，详见《全唐诗》第 20 册，第 7810~7811 页。

圆融古寺思纷纷，地近长安眺望分。

九陌轻轩驰夕日，孤峰隐泾入寒云。[1]

圆融寺是圆融天皇于永观元年（983）所修建的皇家寺院，地处平安京近郊，因此敦光诗说"地近长安"。诗人在眺望之际，但见平安京内"轻轩"驰骋于"九陌"，一派繁华，这里的九陌显然就是指平安京的街道了。再如藤原敦光《夏日游清水寺》：

为礼金仙素念催，寺门税驾籍莓苔。

碧山云尽千峰出，尘巷日斜九陌开。

激浪洗心临水槛，清风拂面上松台。

强凭大圣利生誓，六十衰翁携杖来。[2]

清水寺在平安京东南方，"尘巷日斜九陌开"显然是写余晖洒满平安京街道的情景。与九陌同义的还有"九衢"，如藤原忠通的《都邑日方暮》：

日辉方暮感犹成，都邑之间怜西倾。

四井欲宵钟响尽，九衢待月笛声清。

禁庭初促拜郎思，曲洛未传见士情。

高上江楼回首望，民烟处处鸟归程。[3]

整首诗写日落黄昏，月色即将洒遍平安京街道的场景。平安京皇城占有四坊，因此"四井欲宵钟响尽"的"四井"是指皇城，

1 本間洋一『本朝無題詩全注釈 3』、338 頁。

2 本間洋一『本朝無題詩全注釈 3』、212 頁。

3 『法性寺關白御集』（第 052 首）塙保己一編『羣書類従 第 9 輯（文筆部·消息）』続群書類従完成会、1951、246 頁。

也即大内里。这与后面的"禁庭初促拜郎思"的"禁庭"相呼应。"九衢"则指京内的九条道路，这从"曲洛未传见士情"的"曲洛"即可得知。整首诗写日落黄昏，月色即将洒遍平安京街道的场景。藤原忠通留下的数首写平安京月色的诗歌中，经常出现以长安来指称平安京的情况，如藤原忠通的《月下有感》：

> 月清九月十三夜，天冷星稀叶四望。
> 斜影访窗临晓枕，余辉绕壁满秋堂。
> 长安远近千家雪，洛邑东西万井霜。
> 倩见云间晴去色，明珠在匣□中央。[1]

这首诗作于藤原忠通东三条宅邸，位置大约在六条坊门乌丸一带，具体不详。作诗时间是"九月十三夜"，也即日本独特的赏月时节。藤原忠通还有一首《九月十三夜玩月》，林鹅峰《本朝一人一首》注释曰："八月十五夜者，中华所赏一年之良夜也。九月十三夜者，本朝所玩三秋之佳期也。"[2]说明这一时期国风文化的盛行，也体现在日本独特的时令上。诗中"长安远近千家雪，洛邑东西万井霜"一句，本间洋一认为其出典来自《千载佳句》卷上"月类"收录的"长安一夜千家月，几处笙歌几处愁"，来自章孝标的《客中书情》。[3]这种将长安地理与自然景观意象相结合的手法，还可见于《本朝无题诗》中藤原敦光的《对月言志》：

> 书牖人稀唯寂寥，愁吟玩月几多宵。
> 长安陌上清光遍，敷浅原边皎色遥。
> 钟漏晓深幽静地，烟波夜白去来潮。

1　本間洋一『本朝無題詩全注釈 1』、372 頁。
2　林鵞峯「本朝一人一首」小島憲之校注、佐竹昭広等編『新日本古典文学大系 63』、400 頁。
3　本間洋一『本朝無題詩全注釈 1』、372 頁。

新临止水冰空结，暂隐行云雪自消。

楚塞远思秋捣练，秦台追恋昔吹箫。

左琴右酒优游处，斜影衔峰心更邀。[1]

这首《对月言志》依然是写平安京的街道上铺满月亮的清辉，诗人将"长安陌上"与"敷浅原边"对举。"敷浅原"为中国古地名，关于其具体所指，历史上争论了一千多年，迄今仍未有定论。《汉书·地理志》本注曰："历陵，傅易山、傅易川在南，古文以为傅浅原。"[2]日本文人对"敷浅原"的典故并不陌生，如藤原隆家《别本和汉兼作集》卷六："敷浅马过嘶白雪，传严人去踏清秋。"藤原敦光诗歌无疑是借用中国古地名中蕴含的文化意蕴，来增强诗作的历史纵深感。

三 慈恩寺：地理景观与诗学空间的重构

《本朝无题诗》卷九收录了藤原明衡等人同游平安京南慈恩寺的诗作，这些诗作以"自注"的方式，牵连起两重文本网络：其一是小野篁作《慈恩寺初会序》，记载了九世纪时滋野贞主舍宅初建慈恩寺之事；其二是白居易写唐长安慈恩寺的感伤诗文。藤原明衡等人巧妙选取"历史地理重写"的观看机制，创造出了一种"越界"的诗境，它突出了中国的都城文化作为一种物质性力量对日本贵族生活的介入。对慈恩寺"诗境互文"的考察，即是对文学文本、历史文本和地理文本之间"诗性"品质生成的发现。

---

1 本間洋一『本朝無題詩全注釈 1』、411-412 頁。
2 《汉书》卷二八上《地理志上》"豫章郡"，第 1593 页。

从空间复制到诗境互文

　　大江匡房（1041~1111）的《江谈抄》卷四中记载了这样一则故事：流放于长陆国的藤原季仲（1046~1119）给平安京友人寄赠了一首望京诗，其中一句是"游子三年尘土面，长安万里月花西"。藤原实兼（1085~1112）以这句诗求教大儒大江匡房。匡房哂笑，说季仲诗句典出白居易《和刘郎中学士题集贤阁》："万卷图书天禄上，一条风景月花西。""月花（华）"指唐大明宫月华门，与日华门相对。白诗将集贤阁比之为汉代天禄阁，此阁正处于月华门西的一条景观线上。季仲显然不解白诗之意，将"月花西"误作了天上的白月光。

　　五百年后，江户儒学者林罗山（1583~1657）意图为藤原季仲翻案，他说："一条风景月华西，是为'月华门'，不关'天上月'，故匡房见而笑之。今按，季仲固不解白诗之议乎？或其假用以述在远方忆京师之意乎？"[1] 按照林罗山之意，月华门固然是唐大明宫的宫门名，但同时也是平安京内里紫宸殿南庭西门名，该门位于校书殿和安福殿之间，同样与日华门相对。曾为平安京京官的藤原季仲岂会不知"月华门"？更何况白诗因收录于《千载佳句》卷下"集贤阁"而为日本文人熟知，季仲以流放之身，借白诗抒写对京城的追思之情，又怎会不解白诗之意？

　　藤原季仲的一联诗之所以引发如此公案，首先在于唐、日宫城皆有"月华门"，才能与白居易诗文发生更深层次的共鸣。事实上，日本诗人欲借唐、日地理景观之重合，实现诗学空间上的重构。又何止于"月华门"一处？我们随意列举一些平安京的地名，很快就会发现它们的中国渊源——紫宸殿、承香殿、绫绮殿、宣政门、昭

1　林鵞峯「本朝一人一首」小島憲之校注、佐竹昭広等編『新日本古典文学大系 63』、417 頁。

庆门、含耀门是来自唐大明宫，仁寿殿、贞观殿、翔凤楼、长乐门、应天门、会昌门是来自唐洛阳宫（见表3-2）。[1]

表 3-2 平安宫殿舍诸门与长安、洛阳之关系

	紫宸殿	仁寿殿	承香殿	贞观殿	安福殿	日华门	月华门	敷政门	绫绮殿	丽景殿	弘徽殿	宣耀殿	淑景舍	飞香舍	凝华舍	袭芳舍
平安京平安宫	紫宸殿	仁寿殿	承香殿	贞观殿	安福殿	日华门	月华门	敷政门	绫绮殿	丽景殿	弘徽殿	宣耀殿	淑景舍	飞香舍	凝华舍	袭芳舍
长安城太极宫			承香殿		安福门	日华门	月华门						淑景殿			
长安城大明宫	紫宸殿		承香殿			日华门	月华门		绫绮殿							
洛阳城洛阳宫	紫宸殿	仁寿殿		贞观殿	安福殿	日华门	月华门	敷政门		丽景门	宏徽殿	宣耀门		飞香殿	凝华殿	袭芳院

	承明门	长乐门	永安门	延政门	武德门	安喜门	建春门	宜秋门	应天门	栖凤楼	翔鸾楼	会昌门	武德殿	朱雀门	龙尾道	大极殿
平安京平安宫	承明门	长乐门	永安门	延政门	武德门	安喜门	建春门	宜秋门	应天门	栖凤楼	翔鸾楼	会昌门	武德殿	朱雀门	龙尾道	大极殿
长安城太极宫	承明门	长乐门	永安门		武德门		建春门	宜秋门					武德殿	朱雀门		太极殿
长安城大明宫				延政门		安喜门				栖凤阁	翔鸾阁	会昌门			龙尾道	
洛阳城洛阳宫		长乐门				安喜门	建春门		应天门			会昌门				

资料来源：根据岸俊男制作表格修改而成。岸俊男『日本古代宫都の研究』、342-343 頁。

---

[1] 岸俊男「平安京と洛陽・長安」岸俊男教授退官記念会編『日本政治社会史研究中』塙書房、1984、36-37 頁。

如果说唐长安城的都城制度影响了平安京的营造思想，那么延历二十三年（804）遣唐使的长安体验，则直接促生了弘仁九年（818）那场声势浩大的"唐风改名运动"。村井康彦指出："以长安作为平安京和京都的代名词，源于平安初期弘仁年间中国（唐风）文化盛行时期，人们喜欢给以建筑物为首的各种事物都取一个汉风化的美称。对于平安京而言，将右京称为长安城，左京则被称为洛阳城。"[1] 当时嵯峨天皇下诏："令天下仪式、男女衣服皆依唐法，五位以上位记改从汉样，诸宫殿、院、堂、门阁皆着新额。"[2] 积极倡导"唐风运动"的菅原清公，曾于延历年间（782~806）入唐，在唐大明宫拜谒过唐德宗。归国之后，他上表朝廷官阶品级悉遵唐制，天下礼仪、男女服饰皆依唐法，并把平安宫的四面宫门乃至内里的许多门、殿、楼、堂、坊等，一律改成了唐风匾额，[3] 如内里的紫宸殿、清凉殿、仁寿殿、建礼门，朝堂院的昌福堂、含章堂，以及宫城十二门的待贤门、藻壁门等，都改为了中国风的名称，并举行了匾额的揭盖仪式。另外，平安京左、右两京的条坊也都有了一个中国风的名字，对此古文献《口游》中有详细注解：

> 教业、永昌坊，宣风，淳风坊，安众、崇仁坊，陶化、是左京。谓之东京坊门，起三条。丰财、永宁坊，宣义、光德坊，毓财、延嘉坊，开建、是右京。谓之西京坊门，起三条。今案，坊门弘仁九年所定。[4]

1　村井康彦『平安京と京都：王朝文化史論』三一書房、1990。
2　《续日本后纪》在延历二十一年（802），也即桓武天皇迁都平安京的第八年，以藤原葛野麻吕为大使的第十六次遣唐使团准备入唐，此次使团有菅原清公、橘势逸、空海、最澄等著名文人和僧侣，他们是将唐文化传入日本的重要力量。尤其是备受天皇宠信的菅原清公，在将唐朝文化制度导入日本朝廷的过程中发挥了重要作用。
3　承久年间（1219~1222）成书的《九条家本延喜式附图》中的"左右京图"。
4　源為憲『口遊注解』幼学の会编、勉誠社、1997、92-93頁。

也就是说，平安京左京三条为教业坊，四条为永昌坊，五条为宣风坊，以此类推，直到九条的陶化坊；平安京右京三条为丰财坊，四条是永宁坊，五条为宣义坊，同样类推，直到九条的开建坊（参见图0-2）。这些名字都是直接转用唐长安城或洛阳城的名字，如铜驼坊、教业坊、宣风坊、淳风坊、安众坊、陶化坊、丰财坊、毓财坊等仿自洛阳，永昌坊、崇仁坊、永宁坊、宣义坊、光德坊等仿自长安。[1]

十世纪以降，生活于平安京的文人开始将平安京西京（右京）雅称为"长安"。同理，东京（左京）则被称为"洛阳"，如《拾芥抄》卷中"京程部"云："东京号洛阳城，西京号长安城。"这显然是沿袭中国自汉代以来称长安、洛阳为"西京""东京"而来。平安末期右京渐呈衰相，左京则不断扩大发展，至中世整个京都便被简称为"洛"或"上洛"了。但从《掌中历》（1122~1124）记载的平安京坊名来看，平安京又并非完全遵循"左京＝洛阳"坊名、"右京＝长安"坊名的原则，而是将长安、洛阳杂糅在一起。

平安京对长安城空间的复制，首先就在于将这些中日都有的都市地名写入诗中，给人带来的新鲜感。就日常生活而言，地名经常优先发挥着直接指示的功能。对当时居住在平安京的人们来说，地名或许还伴随着某种独特的文化记忆，某些文化记忆深处又经常与中国文化交织在一起。当平安朝文人通过"月华门""崇仁坊"等具体地名进入都城内部时，他们实际上已经置身于一种东亚文人共享的传统之中。尤其是一些充满历史文化寓意的地名，经中国文人不断书写而被赋予了种种个人化的体验，这些天才性的体验很可能会凝结成一些特殊的诗歌意象。当这些诗歌文本在东亚世界流通之后，实际上就成了一种越境的社会文献，它们反映着且更重要的是回应着当时接受国的社会历史状况。

---

[1] 王仲殊:《试论唐长安城与日本平城京及平安京何故皆以东半城（左京）为更繁荣》,《考古》2002 年第 11 期, 第 81 页。

正如一个考古学家必须缓慢而精心地挖掘各个地层以发现过去各时代某些代表性的宝物，文学考古的意义就在于发掘不同时代文本之间的联系，并在一种新的知识与逻辑框架内，还原它们原有的样貌。笔者感兴趣的是，一种细微的中国地理景观如何被日本人精心复制，当中国诗人描写这一景观的诗文流入日本之后，又为他们提供了一个怎样生动的互文网络，并成为其重构诗学空间的材料。以"慈恩寺"这一宗教诗学空间为视点，将碎片化的文学史料通过历史意识关联在一起，将日本人对唐慈恩寺空间的复制，视为"东亚都城时代"中国帝都景观东移日本的一个缩影，并在"诗史互证"的基础上探察一种地理空间如何被各种各样的话语联系拼接到一起，以考察文学文本、历史文本和地理文本之间"诗性"品质的生成。

慈恩寺诗群中的诗史互文

日本天喜四年（1056）三月尽日，刚被任命为式部少辅的藤原明衡与菅原在良、惟宗孝言、大江佐国四人，同游平安京南的慈恩寺。四人中以藤原明衡最负盛名，他既是《本朝文粹》和《明衡往来》的编纂者，又著有《新猿乐记》，还是后来的儒学者之家——藤原式家的开创者。以藤原明衡为首的四位文人以《闰三月尽日慈恩寺即事》为题赋诗唱和，这些诗作收录在平安末期最后一部汉诗文总集《本朝无题诗》卷九中。

《本朝无题诗》收录的慈恩寺诗群，以藤原明衡《闰三月尽日慈恩寺即事》为首。明衡随诗附加了四处注释（即括号中的内容，为讨论方便，按顺序以 A、B、C、D 标注），诗文如下：

> 三月今兹加闰月，芳辰云尽思相仍。
>
> 慈恩地静堪临眺，和暖天晴引友朋。

　　宴集华城文墨客，安禅松院薜萝僧。

　　丹心初会传青竹（A此寺初会序。垂竹帛长存），白氏古词
咏紫藤（B白氏文集慈恩寺三月三十日诗云，紫藤花下渐黄昏）。

　　西羽随春藏细柳，晓鸡告夏听苍蝇。

　　手栽花树余香绝（C同序云。手栽祇树之花），目阅水泉
一眼澄（D同序云。不变阅水之桥，以为到岸之途）。

　　学业聚萤难梦凤，逍遥低鹓慕凤鹏。

　　不唯佳节催游放，王泽惟昌诗也兴。[1]

　　诗作前四句点名时间、地点，次之八句通过语汇征引，在诗文
与历史之间建立了互文性，最后四句转向内心，抒发了以诗文立世之
艰难。在明衡的四条自注中，A、C、D都指涉的"序"，是指平安朝
著名文人小野篁（802~852）仿《兰亭序》所作的《慈恩寺初会序》，[2]
这篇序文收录在藤原明衡编纂的《本朝文粹》卷一〇诗序"法会"中，
明衡诗作三处关涉小野篁序文，足见他对该文本之熟稔。诗序云：

　　滋相公有城南别业，住此三十年。出自萤雪之勤，登于
槐棘之贵。夫火宅沸宫，不免烧，不免涧。故舍此以为慈恩佛
堂。手栽祇树之花，自买独园之地，不改朝天之门，便作求车
之所，不变阅水之桥，以为到岸之途。至其粉黛不留，荤血不
御，又是相公之素旧，非新戒之所加。相公本自引接文友，皆
耳目浮近交也。如菩提常乐之契者，其初在今日。故列此会人
于左，为后来之张本。故曰初会。凡今所录姓名，以为授记时
之验。承和十一年夏五月七日记之。云尔。[3]

1　本間洋一『本朝無題詩全注釈 3』、293-294 頁。
2　《本朝文粹》记作"慈恩院"，《百炼抄》写作"慈恩寺"。
3　柿村重松『本朝文粋註釈』（下册）内外出版、1922、356-359 頁。

序文开篇先说明慈恩寺的来历——"滋相公有城南别业，住此三十年"，"舍此以为慈恩佛堂"，可知该寺系由滋相公舍宅而来。"滋相公"是指平安朝官僚文人滋野贞主，[1] 参与编纂了《经国集》，并以流畅的汉文为诗集撰写序文。小野篁是平安朝被称为诗情可与白居易相比的文人，但为人狂放不羁，其父小野岑守参参与编撰《凌云集》并为诗集撰写总序。小野篁在日本史上享一时盛名，不仅源于他绝无仅有的汉学才能，还与他拒绝入唐遭受流放之罪有关。[2] 公元 840 年，小野篁被免罪，放还平安京，翌年官复原职，重任东宫学士。《慈恩寺初会序》作于"承和十一年（844）五月七日"，也就是距小野篁从边地返京不过四年。尽管他比滋野贞主年岁弱近十八岁，但从承和十四年（847）时他与贞主同列参议之事，不难想象小野篁在政坛和文坛的影响力，是滋野贞主选择他为"慈恩寺初次法会"撰写序文的主要原因。

滋野贞主为何要舍宅为寺？又为何要以"慈恩寺"为名?《续日本后纪》如此记载：

> 参议式部大辅从四位上滋野朝臣贞主，以在西寺南居宅一区，舍为道场。仍言："私建道场，是格之所禁也。虽是旧宅，事似新建。但此家之为体，前临渊水，后隔佛地，去寺迫近，殆同伽蓝。凡寺边二里，本禁杀生。而家人奴婢，动事渔网。近寺之

1　滋野贞主的生平事迹主要记载于《续日本后纪》《文德天皇实录》《公卿补任》等史料中，但并不翔实。小岛宪之、金原理关于其生平传记的考证之作，可备一说。参考金原理「滋野贞主考」金原理『平安朝漢詩文の研究』、120-128 頁。
2　公元 834 年，时为东宫学士的小野篁被任命为遣唐副使，随大使藤原常嗣入唐。翌年出发之际，因遣唐使船遇台风被迫折回。待公元 838 年再度出航之际，因前所乘第一艘船破损，大使藤原常嗣要欲改乘小野篁所在的第二艘船，遂令小野篁换乘他船，小野篁不愿屈从，托病下船，还作《西道谣》诗以讽刺藤原常嗣。嵯峨上皇为之大怒，朝廷后来判小野篁死罪减一等，流放隐岐。途中，他又作《谪行吟》七十韵，未存世，据传写得奇丽雄长，世人争相传诵。上皇惜其才，特于公元 840 年敕召还京。

弊，还犯宪法。望请便入西寺，命为别院。号其名曰慈恩院。[1]

　　滋野贞主因其平安京南私宅距离西寺过近，出于敬佛之心，故舍宅为寺。这种"舍宅为寺"的风尚源于中国，成书于北魏时期的《洛阳伽蓝记》中便保留了大量舍宅为寺的佛寺信息。至隋唐一代，舍宅为寺的风气更为显盛。滋野贞主仿大唐慈恩寺改建私宅，并命名为"慈恩寺（院）"，但当时"私建道场，是格之所禁也"，因此他请求将慈恩寺并入国家寺院西寺，名义上作为西寺的别院。事实上，自奈良后期以来，京畿一带寺院增多，以致出现"无地不寺"的发展趋势。《续日本纪》卷三七载，延历二年（783）六月，朝廷下诏禁止私立寺院以及将田园宅地施舍或卖给寺院的行为，但这一条禁令似乎收效甚微。延历十三年（794），桓武天皇迁都平安京，开启了日本历史上一个崭新的时代。翌年，桓武天皇下令重申禁止卖地或施地给寺院，并下诏要国司和寺三纲检查诸国定额寺的资财。《类聚三代格》卷三载，平城天皇在即位的大同元年（806）下诏禁止王臣贵族强占寺院，随意买卖寺院土地等行为。

　　承和十一年（844）春，滋野贞主舍宅为寺，其后也不断游历于慈恩寺。据《文德实录》贞主卒传记载：

　　　　（承和）十一年春，舍城南宅为伽蓝，名慈恩寺。贞主坐禅之余，历游其间，时人慕之……仁寿二年春，毒疮发唇吻，诏赐医药。中使相望于路，道俗来问者，日属街巷嗔咽。遗戒子孙云："殡敛之事，必从俭薄。徂殁之后，子孙斋供而已。"卒于慈恩寺西书院。时年六十八，时人知与不知，莫不流涕愍惜。[2]

1　《续日本后纪》卷一四"仁明天皇承和十一年四月壬午条"。黑板勝美、国史大系編修会編『国史大系　第6卷　続日本後紀』吉川弘文館、1976、167頁。
2　《日本文德天皇実録》仁寿二年（852）二月乙巳条。参考黑板勝美、国史大系編修会編『国史大系　第3卷　日本後紀　続日本後紀　日本文德天皇実録』（新訂増補）吉川弘文館、1966、36-37頁。

　　从贞主卒于"慈恩寺西书院"可知，平安京的慈恩寺大约是以东、西二院布局，这与唐慈恩寺布局相仿。唐慈恩寺，在长安城朱雀街东第三街，皇城东第一街，自北次南第十一坊晋昌坊内。[1] 据小野胜年考证，唐慈恩寺伽蓝配置与奈良法隆寺类似，即以伽蓝为中心，形成东、西二院，围绕着二院有僧院，大雁塔的前面还残存有西院的一点轮廓，[2] 从这样的配置来看，日本的慈恩寺或许正如《百炼抄》等史书记载的那样，是模仿唐慈恩寺布局而来。遗憾的是，滋野贞主的慈恩寺在崇德天皇保延二年（1136）十二月烧毁，《百炼抄》第六记载了慈恩寺焚毁之事：

　　　　十二月，慈恩寺烧亡。此寺者，是滋野贞主遣唐使之间，摸汉朝慈恩寺建立之。[3]

　　滋野贞主的慈恩寺位于西寺之南，相去西寺不远，烧毁之后，遗迹不详。关于该寺的选址，从"前临渊水，后隔佛地"的记载可知其南临水源，这与《长安志》卷八记载唐慈恩寺"南临黄渠，水竹森邃，为京都之最"的选址也非常相似。承和十一年（844）五月，滋野贞主邀请当时文人雅集于慈恩寺，并在该寺首次举行法会。小野篁仿《兰亭序》为本次文人雅集之事作序，以期为"后来之张本"。

　　小野胜年整理了日本入唐僧与慈恩寺的关系，指出道昭、智通、智达等跟随玄奘学习法相宗，从他们入唐的时代（658）推测，

---

1 "晋昌坊"又作"进昌坊"。按，此坊唐人多云晋昌坊，如大慈恩寺三藏法师传卷七作于"宫城南晋昌里"营建慈恩寺，《长安志》卷八作"进昌坊"，进、晋音义俱同。《两京新记》又记"进业坊"，辛德勇指出，此"业"当为"昌"字之误。详见（唐）韦述撰，辛德勇辑校《两京新记辑校》，三秦出版社，2006，第 20 页。

2 小野勝年『中国隋唐長安·寺院史料集成：史料篇』法藏館，1989、61 頁。

3 参考黑板勝美、国史大系編修会編『国史大系 第 11 卷 日本紀略後篇 百煉抄』（新訂増補）、60 頁。

其场所应该是慈恩寺。另外，圆仁、圆珍和禅林寺的宗叡等人，也有上慈恩寺参拜的记录。其他僧侣在长安求法期间，也多有到过慈恩寺，登上大雁塔俯瞰长安城的经历。[1] 众所周知，唐慈恩寺是唐高宗在东宫时期为追念母亲文德皇后的"慈母之恩"而修建的宏大佛寺。慈恩寺初建时规模相当可观，"重楼复殿，云阁禅房凡十余院，总一千八百九十七间"，占地面积几乎为整个晋昌坊之半。[2] 玄奘在慈恩寺西北边设立译经院，贞观二十二年（648）到显庆三年（658）秋，玄奘在慈恩寺居住近十一年之久，在此翻译经书四十余部。玄奘在翻译之余，还在慈恩寺修造砖塔，以安置从西方取来的经像。塔成之后，太宗作《大唐三藏圣教序碑》，高宗作《大唐皇帝述三藏圣教序记》及《敕赐慈恩寺碑》。总之，整个有唐一代，慈恩寺都备泽皇恩，在唐代长安佛寺中具有非同一般的地位。

江户汉学者林鹅峰如此评价滋野贞主："博览之硕儒也。其所著秘府略一千卷，今不传于世可惜焉。"[3] 可知贞主的主要功业，便在编修《秘府略》一千卷。《秘府略》为仿《太平御览》而编的大型类书，今仅存两部残卷。即使如此，亦可知滋野贞主对中国知识的储备相当丰富。但从他请求将慈恩寺作为西寺别院，并请"东大寺僧传灯住位圆修，永为别当"来看，可能也有以慈恩寺作为国家寺院的意识。

诗境的创设与白居易慈恩寺诗

大江匡房曾作《诗境记》，意在为中国诗歌撰史。所谓"诗境"，就是将有关诗的种种事项，归于一个虚拟的空间内展开叙述。[4]

1 小野勝年『中国隋唐長安・寺院史料集成：解説篇』法藏館、1989、58 頁。
2 （宋）宋敏求：《长安志》卷八《唐京城二》："贞观二十二年，高宗在春宫，为文德皇后立寺，故以慈恩为名。"辛德勇、郎洁点校，三秦出版社，2013，第 286 页。
3 林鵞峯「本朝一人一首」小島憲之校注、佐竹昭広等編『新日本古典文学大系 63』、363 頁。
4 〔日〕後藤昭雄：《大江匡房的〈诗境记〉——日本人 11 世纪撰写的中国诗歌史略》，载氏著《日本古代汉文学与中国文学》，高兵兵译，中华书局，2006、161 页。

大江匡房撰写《诗境记》的时间，与藤原明衡等人赋诗时间相仿，故借用"诗境"一语来讨论藤原明衡等人通过白居易诗文创设出的虚拟的诗学空间。在《闰三月尽日慈恩寺即事》一诗中，明衡通过"手栽花树余香绝，目阅水泉一眼澄"等诗句与小野篁所作序文形成互文，极言所游览之地即为滋野贞主的慈恩寺。这再次证明了文本的阐释和阅读是各种力量在阐释中不断流通、商讨、冲撞，导致新的思想和审美力量产生的过程，它不是一次性完成，而是多重往复的。[1] 这一观点尤其适用于讨论白居易诗文对于平安朝文学的影响。在藤原明衡上述诗文中还有一句"白氏古词咏紫藤"，诗句后自注曰："白氏文集慈恩寺三月三十日诗云，紫藤花下渐黄昏"，巧妙地将阅读者的视线导向了白居易那首著名的《三月三十日题慈恩寺》：

> 慈恩春色今朝尽，尽日徘徊倚寺门。
> 惆怅春归留不得，紫藤花下渐黄昏。[2]

　　"今朝尽"三字带着刻不容缓的态度劈空而来，诗人无限留恋，惆怅不已，只能尽日徘徊，眼看着黄昏逼近，紫藤花也似带有了一丝哀愁。整首诗虽在佛寺但不言佛理，更像是写给一个时代的挽歌。白居易与慈恩寺颇有些渊源。二十七岁那年他一举及第，曾在慈恩寺赋诗曰："慈恩塔下题名处，十七人中最少年。"[3] 春风得意之情溢于言表。白居易宅位于昭国坊内，距离慈恩寺不远，故又留下了几首慈恩寺诗。

1　〔德〕汉斯·罗伯特·耀斯：《审美经验与文学解释学》，顾建光等译，上海译文出版社，2006，第 206 页。

2　（唐）白居易撰，谢思炜校注《白居易诗集校注》第 3 册，中华书局，2006，第 1322 页。

3　（五代）王定保：《唐摭言》，中华书局，1960，第 43 页。据《唐摭言》卷三《慈恩寺题名游赏赋咏杂记》。

在藤原明衡的《明衡往来》中，有这么一段话："明日三月尽也，古今诗人才子，每当是日，莫不相惜。请于慈恩寺，可咏紫藤之句。"这段话显然可视为《本朝无题诗》中慈恩寺诗群的旁证。当然，也说明藤原明衡等人的《闰三月尽日慈恩寺即事》是对白居易题诗慈恩寺这一文学行为的刻意模仿。一首诗每诵读一次，就要比原诗多一些内容。白居易《三月三十日题慈恩寺》一诗细腻地描写了留春不住的怅惘与忧伤，并将这种怅惘依托于紫藤花这一意象上，故而作为佳句被收录于《千载佳句》和《和汉朗咏集》中，由此为日本诗人所传颂。《和汉朗咏集》卷上"藤"部收录有白居易《酬元员外三月三十日慈恩寺相忆见寄》诗一联："怅望慈恩三月尽，紫藤花落鸟关关。"原为《白氏文集》卷一六所收，全诗如下：

> 怅望慈恩三月尽，紫藤花落鸟关关。
> 诚知曲水春相忆，其奈长沙老未还。
> 赤岭猿声催白首，黄芽瘴色换朱颜。
> 谁言南国无霜雪，尽在愁人鬓发间。[1]

时间依然是三月尽日，慈恩寺里紫藤依旧，诗人也仍然在"怅望"留春不住，只是这一次愁人多了一些白发。《本朝文粹》中收录了平安朝又一著名文人源顺的一首诗序《三月尽日游五觉院同赋紫藤花落鸟关关》：

> 嵯峨院者，我先祖太上皇之仙洞也……于时，紫藤之花满院，黄鸟之声入窗。纷纷乱落，飞梢云于媚景之晴，关关和鸣，调筝柱于和风之晓。诚花鸟之欲尽，触耳目而难抛者也。是以吏部停杯，咏唐太子宾客白乐天之于慈恩寺所作紫藤花落

---

1 （唐）白居易撰，谢思炜校注《白居易诗集校注》第 3 册，第 1322 页。

鸟关关句。即命座客，各赋其心。[1]

　　在嵯峨太上皇的五觉院，以白居易"紫藤花落鸟关关"一句为诗题，举行了一场诗会，时间依然是三月尽日。虽然源顺说这句诗是"唐太子宾客白乐天之于慈恩寺所作"，但据柿村重松注释："慈恩寺在长安，白居易时住江州，则此诗非白居易于慈恩寺所作。盖（源）顺误之耳。"[2] 这句诗还可见于《千载佳句》卷上"送春"，平安朝的诗人们正是通过"句题"的方式将其继承了下来。如《本朝无题诗》收录有菅原在良《闰三月尽日慈恩寺即事》一诗：

　　　　何因闰月兴相并，终日游优怅望程。
　　　　人恨三春仙洞尽，僧夸一夏道场迎。
　　　　禅园应惜落花色，诗境难留归鸟声。
　　　　寄语慈恩香火席，接初欢宴耻风情。[3]

　　"怅望""落花色""归鸟声"等语汇，都化用自白居易诗句。另外，后藤昭雄稽考了平安朝后期的佚诗，其中发现了一卷往来物《传藤原忠通笔苇手绘往来书卷》，据小松茂美介绍，这卷往来物原来是纵向 29.5 厘米、横向 51.5 厘米的卷轴，在流传过程中被切断，曾在东京国立博物馆展出。[4] 后藤先生曾摘取第二的《庚申御会事》进行注释，其中有一联连句："汉永安宫竹，唐慈恩寺藤。"永安宫在四川省奉节县的东北方，卧龙山下的宫殿，曾为刘备殁去之所。唐慈恩寺的"藤"当指白居易诗句中的紫藤。由此可见，在日本的慈恩寺诗群中，"三月——紫藤——白居易——慈恩寺"就成了一种

1　柿村重松『本朝文粋註釈』（下册）、516-520 頁。
2　柿村重松『本朝文粋註釈』（下册）516 頁。
3　本間洋一『本朝無題詩全注釈 3』、293-294 頁。
4　後藤昭雄「佚存平安朝詩注」『語文研究』第 66、67 合併号、1989 年 6 月、1-9 頁。

固定意象的组合，这里有时间、人物、地点以及可以寄托情感的植物意象，它们共同构成了日本慈恩寺的诗学空间。

至《本朝无题诗》的时代，白居易的慈恩寺诗句已广为上层知识阶层所熟知，因此无题诗诗人多有化用，如惟宗孝言（1015~？）《闰三月尽日慈恩寺即事》：

> 慈恩兰若不期会，三月闰余已尽辰。
> 白氏昔词寻寺识，紫藤晚艳与池巡。
> 莫嘲有限空添老，不恨无成只送春。
> 为受池形虽伫立，松间幽寂晚钟频。[1]

"白氏昔词寻寺识"一句，是说因为白居易的慈恩寺诗，所以才循迹来到平安京的慈恩寺游赏。时间是三月尽日，这里当然有"紫藤晚艳"。与明衡的诗一样，这首诗也是在明确地意识到中国与日本、过去与现在两处慈恩寺的基础上，用文字将两种空间联系在一起，使得过去与当下发生关联。再如大江佐国的《闰三月尽日慈恩寺即事》：

> 三月已阑未得追，慈恩寺下暂栖迟。
> 境经异日笙歌曲（昔是滋相公别业也），思入乐天怅望诗。
> 空假自知花尽暮，声闻同惜鸟归时。
> 烟霞兴味今宵断，鬓雪顶霜犹以遗。[2]

"境经异日"一句后自注云："昔是滋相公别业也"，言下不乏缅怀滋野贞主之意。有趣的是其对句——"思入乐天怅望诗"，"怅望"二字取自前述白居易诗句"怅望慈恩三月尽"，以及白居易《慈恩

1　本間洋一『本朝無題詩全注釈　3』、294-295 頁。

2　本間洋一『本朝無題詩全注釈　3』、295-296 頁。

寺有感》："自问有何惆怅事，寺门临入却迟回。"大江佐国诗尾句
"鬓雪顶霜犹以遗"，显然来自白居易"谁言南国无霜雪，尽在愁人
鬓发间"。随着藤原氏摄关体制的强化，儒学者们逐渐从朝堂中枢
被疏离开来，尤其是大江佐国这样的中下级文人贵族，难免对现实
社会产生极大的绝望感，并在白居易的诗文中寻求共鸣。大江佐国
将滋野贞主与白乐天对应，将滋野贞主的慈恩寺与白乐天的慈恩寺
诗重叠，营构出了一种穿越时空的诗学空间。

　　事实上，平安朝文人通过白居易诗文"神游"唐土，似乎颇为
流行。如《本朝丽藻》所收源为宪《见大宋国钱塘湖水心寺诗有感
继之》，水心寺是杭州西湖南屏山前之寺，源为宪虽未身临却能赋
诗，主要是因为读了白居易的诗，故能心游之。诗云：

> 钱塘寻寺几回头，见说烟波四望幽。
> 精舍新诗应目想，白家旧句欲心游。
> 湖中月落龙宫曙，岸上风高雁塔秋。
> 法界道场虽佛说，恨于胜境自难求。[1]

　　通过白居易诗文能领略中国风景之美，又何需渡海前去中国相
求胜境呢？总之，借用中国古地名入诗，来增强诗作高雅感和历史
感，在平安朝颇为盛行。诚如江村北海在《日本诗史》中所言，日
本汉诗人常有将日本地名比附中国地名者，如将日本的"远江州称
袁州，美浓州称襄阳，金泽为金陵，广岛为广陵"，江村北海认为
这类称呼"于义有害"，经常会给诗歌阅读带来诸多误解，因此他
在介绍诗人籍贯等时"一概不书"这种称呼。如大江匡衡作《饯越州
刺史赴任》一诗："镜水兰亭君管领，翰林李部我艰辛。明时衣锦昼
行客，暗牖弹冠晚达人。司马迁才虽渐进，张车子富未平均。越州便

1　川口久雄、本朝麗藻を読む会編『本朝麗藻簡注』勉誠社、1993、118 頁。

是本诗国，宜矣使君先遇春。"乍读"镜水兰亭"诸语，一瞬会以为是中国某位诗人饯别其友赴越州任职之诗。其实这首诗所赠对象是宽弘四年（1007）赴任越前守的源孝道（？~1010），匡衡以中国的"越州"（今浙江绍兴）代称日本越前，甚至还以浙江绍兴的镜湖和兰亭等地名增添真实感。可以推定，匡衡当是从白居易、元稹诗中化用而来。比如这首诗末联劝慰对方，中国的越州曾有元白这样的诗人吟咏，那么越前也当是诗国了。匡衡这种写法无疑反映了那个时代汉诗人的中国趣味，以及写诗时一种惯用的修辞。

第四章　圆仁的长安记事及其
　　　　 入唐说话

　　日本天台宗僧人圆仁，于唐开成三年（838）六月随日本第十七次遣唐使团入唐求法，在中国留居九载有余。圆仁将在唐所见所闻，以日记体著成《入唐求法巡礼行记》（以下简称《入唐记》）四卷，地域广及中国南北，年代比《马可波罗游记》早四百年，是目前可见外国人在中国最早的旅行笔记。圆仁《入唐记》关于长安的记载，是九世纪日本人耳闻目睹的长安政治变动和民众生活的鲜活记录，因而成为现代学者复活九世纪长安地理空间、历史事件、行事礼仪等的重要文献。[1] 尤其是圆仁滞留长

1　其中所记唐长安城及其周围的一些情况，如东渭桥、京城门、长安佛教寺院、寒食节、公主和蕃、文宗葬仪、东市失火、武宗灭佛、神策军等等，是研究唐代历史、社会生活和唐长安城的珍贵资料。详见张志宏《圆仁入唐散论》，《文史哲》1994 年第 3 期。

安后期，正值唐武宗废佛运动兴起，随着道教在中央政界的势力不断伸张，佛教界饱受摧残和压迫。"会昌废佛"的狂飙突起，不仅中断了圆仁在长安的求法活动，唐朝政府勒令僧侣还俗、捣毁寺院、焚烧佛经等日益激烈的暴行，使圆仁的生命也岌岌可危。圆仁在精神备受压抑的情况下，以一位佛教徒的见闻，详尽记述了"会昌废佛"事件始末，构成其《入唐记》书写的高潮。

学界关于圆仁长安生活的研究，以小野胜年著作为首的众多优异成果令人瞩目，[1] 近年来的重要产出依然出于史学界，且多以《入唐记》对长安坊市空间、王权礼仪、寺院行事、军事政变、官吏交往、新罗人活动等的记载与复原为中心，专注于"事实""史实"层面的研究。若是细读文本的话，我们会发现以会昌二年（842）出现排佛信号为分界线，《入唐记》中的长安叙事发生突转——会昌二年之前的文本继续保持《入唐记》惯有的"日记"式记事法，按日期分则如实记载长安风俗；而会昌二年之后的文本却脱离了"日记"体，代之以"月"分则，情节的虚构性、紧张感增强，文本篇幅变得庞大，类似于短篇物语，这些物语的主人公则设定为唐武宗。

圆仁《入唐记》卷三、卷四的长安叙事部分，历来被史学界视为

1　堀一郎訳『入唐求法巡礼行記』『国訳一切経　和漢撰述部（史伝部 25）』大東出版社、1939；堀一郎訳『入唐求法巡礼行記』『古典日本文学全集第 15（仏教文学集）』筑摩書房、1961；Edwin O.Reischauer, *Ennin's Diary:The record of a Pilgrimage to China in Search of the Law*（New York: Ronald Press Company,1955）；Edwin O. Reischauer, *Ennin's Travels in T'ang China*,（New York: Ronald Press Company, 1955）。Edwin 著作在日本有田村完誓的译本（E.O. ライシャワー著、田村完誓訳『円仁唐代中国への旅』原書房、1984）以及著作『円仁唐代中国への旅——「入唐求法巡礼行記」の研究』講談社、1999；小野胜年『入唐求法巡礼行記の研究』（第 1 巻 - 第 4 巻）法藏館、1989。中国最早的版本是白化文、李鼎霞、许德楠校注，周一良审阅《入唐求法巡礼行记校注》，花山文艺出版社，1992。这本书是对上述小野胜年著作的校订并翻译。另外，对圆仁《入唐求法巡礼行记》全四卷文献考证的有田中史生『「入唐求法巡礼行記」に関する文献校定および基礎的研究』『文部科学省科学研究費補助金研究成果報告書』（2001-2004）。铃木靖民及田中史生等日本史研究者参加的《入唐求法巡礼行记》研究会，在研究的 HP 上公开了《入唐求法巡礼行记》的最新校订文。

研究"会昌废佛"[1]的第一手资料，笔者尝试着从比较文学的视角出发，阐释圆仁对长安的"描述"如何影响了日本文学中的长安形象，继而探讨九世纪遣唐使日记影响下的日本人的中国观问题。本章所引《入唐记》文本，以白化文等校注本为主，同时参考 Edwin O.Reischauer 的注释，[2]并特别借鉴了小野胜年关于《入唐记》卷三、卷四的研究。[3]

一　僧侣之眼：关于长安城的苦难记忆

圆仁的《入唐记》历来备受史学界重视。与之相关，对其文学性的质疑也从未间断。若从形象学的视角切入，辅以叙事学方法，则会发现《入唐记》废佛期间的记事中出现了三个层次的突转：日记体的脱离、文献的再编纂、情绪性词汇的凸显。这种突转将圆仁日记由之前的定型化文体，转化成一种描述与阐释相交、审美与伦理混杂的虚构性文体，其突转的要因无疑与书写者圆仁身处长安期间遭遇废佛的苦痛体验相关，而圆仁的"不可靠性"叙事为日本人在中国的受害想象提供了鲜活的例证，也为长安城的恐怖想象提供了出处。

日常之长安（公元 840~842 年记事）

圆仁自唐开成五年（840）八月二十日抵达长安，至唐会昌五

1　西尾賢隆「円仁の見聞した会昌廃仏・上」『鷹陵史学』第 5 号、1979 年 9 月、91-112 頁;「円仁の見聞した会昌廃仏・下」『花園大学研究紀要』第 11 号、1980 年 3 月、97-120 頁;加藤正人「唐代の『会昌廃仏運動』に関する一試論」『比較文化研究』第 35 号、1997 年 11 月、100-116 頁; 俞钢:《圆仁闻见的会昌法难》,《上海师范大学学报》(哲学社会科学版) 1999 年第 1 期，第 89~94 页。

2　详见第 221 页注 1。

3　小野勝年『入唐求法巡礼行記の研究 第 3 巻』鈴木学術財団出版、1967; 小野勝年『入唐求法巡礼行記の研究　第 4 巻』鈴木学術財団出版、1967。

年（845）六月二十日过潼关，在长安求法及生活了四年又十个月，其中以排佛敕令的颁布为界限，圆仁《入唐记》的长安书写可分为前后两个时期。前期从开成五年八月至会昌二年（842）三月，这时排佛运动尚未完全展开，尤其是在唐文宗治世末期，圆仁的长安活动主要集中于求法，且活动范围主要是在长安各大寺院。这一时期的《入唐记》基本遵循前卷固定的逐日记事原则，行文轻松简短，内容多样丰富，在日常求法的记载外，圆仁还关注长安的世态风俗等；后期从会昌二年三月至会昌五年六月，随着废佛运动渐至高潮，《入唐记》也打破了既定的"日记"方式，而优先以事件叙述为中心，虚构性增强，文体多为长篇，且转述、议论成分增加，记录内容也多以政治事件为主，日常事件已完全退出文本，行文间充满了紧张感。正是在这种气氛中，"人吃人"的长安城形象被传递出来。

圆仁从五台山出发，沿着当时由太原通往长安的陆上干线，于唐开成五年（840）八月十九日到达长安郊外，遇见为唐文宗（826~840年在位）举行葬礼的山陵使队伍。山陵使将唐文宗的遗棺护送至章陵，在结束一系列丧葬仪礼后返回长安。圆仁详细记载了行进在长安道路上的山陵使队伍如何穿过长安城通化门等礼仪：

> 于县南头见山陵使回入京城。是葬开成天子使。营幕军兵陈列五里，军兵在大路两边对立，不妨百姓人马车从中路过。[1]

这可以说是圆仁首次目睹的长安的王权礼仪。[2] 从"营幕军兵陈列五里"的记载，足见当时埋葬帝王的奢侈排场。这与圆仁过黄河后所

1　圆仁：《入唐记》卷三，第332页。本书中引用《入唐求法巡礼行记》文本，未特别声明的情况下，均出自白化文等校注本《入唐求法巡礼行记校注》。后文仅标明《入唐记》卷数及页码。

2　圆仁《入唐记》卷三、卷四部分，详细记载了九世纪长安的各种王权礼仪，如祭天礼仪、皇帝丧葬与即位、皇族婚嫁、战胜祝捷等。重要研究请参考妹尾达彦《长安：礼仪之都——以圆仁〈入唐求法巡礼行记〉为素材》，载《唐研究》第15卷，北京大学出版社，2009，第385~434页。

见洛河一带"谷苗被黄虫吃尽，村乡百姓愁极"的记述形成鲜明对比。

翌日，圆仁过渭水经灞桥、浐桥，到达长安城东章敬寺，后寄住在春明门外镇国寺。"西行十里，到长安城东章敬寺前歇。寺在城东通化门外。从通化门南行三里许，到春明门外镇国寺西禅院宿。"[1]此时圆仁虽已到达长安城外，但还需要经过唐朝官府的允许才能进城，因此一直在城外等待。可惜的是，圆仁日记并未记载其对长安外城郭的印象。同年八月二十二日，圆仁入城。

> 斋后，出镇国寺，入春明门，到大兴善寺西禅院宿。[2]

入城第一晚，圆仁暂时寄住长安城的国家寺院——街东靖善坊的大兴善寺。八月二十三日，为获得在长安滞留、修行的许可证而赴官府，即位于长安城左街的功德巡院。当时唐朝政府设立"功德使"一职，专门掌管宗教事宜，此种官向来由宦官担任，左右街各一人。圆仁奔赴的左街功德使为大太监仇士良，仇士良官署大概在大明宫内，僧人不能随便出入，故在宫外设立功德巡院为派出办事机构。仇士良的一名部下首先将圆仁等人当夜安置于资圣寺，并于翌日带领圆仁等入大明宫办理手续。此时圆仁的日记中，详细记载了大明宫内部建筑的情况，为了解开成五年大明宫的建筑结构提供了重要信息。

> 僧等随巡官人使御从寺北行，过四坊，入望仙门，次入玄化门。更过内舍使门及总监院，更入一重门，到使衙南门。门内有左神策步马门。总过六重门，到使衙案头通状请处分。[3]

遗憾的是，圆仁等当日并未见到仇士良本人，因此在负责城内

1　圆仁:《入唐记》卷三，第335页。
2　圆仁:《入唐记》卷三，第337页。
3　圆仁:《入唐记》卷三，第339~340页。

行政的功德使的指示下，在宫内的内护国天王寺寄住了一夜。直至次日，获得了在位于街东崇仁坊东南角的资圣寺中寄居的许可。八月二十六日，绵绵秋雨中，圆仁与弟子惟正、惟晓和行者丁雄万，终于在资圣寺净土院安顿下来，从此正式开始了在长安的求法巡礼活动。

　　唐代是中国佛教的鼎盛时期，首都长安是当时佛教文化中心，名僧云集、寺院林立。唐长安城以朱雀大街为中轴线，将整个外郭城由南至北分为东西两街，近三百所寺院伽蓝不均匀地分布在长安城东西两街上，[1] 成为唐长安城的重要景观之一。以求法为目的的圆仁，以资圣寺为中心，足迹遍布长安寺院。《入唐记》中记载的长安寺院可整理如下。

　　　　左街：大兴善寺、资圣寺、大安国寺、玄法寺、奉慈寺[2]、荐福寺、保寿寺、菩提寺、景公寺、云花寺、招福寺、慈恩寺、唐兴寺、护国寺、青龙寺

　　　　右街：会昌寺、崇福寺、惠日寺、大庄严寺、崇圣寺、兴福寺、西明寺、千福寺

　　　　宫内：护国天王寺、神浓寺、长生殿内道场

　　　　郊外：章敬寺、镇国寺

　　《入唐记》中虽然记载了长安城的近三十所寺院名，但圆仁也

1　关于长安城内的寺院数，据唐人韦述《两京新记》云，唐长安有佛寺91所（其中僧寺64所，尼寺27所）。宋人宋敏求《长安志》载，唐长安佛寺有104所（其中僧寺76所，尼寺28所）。清人徐松《唐两京城坊考》谓，唐长安佛寺有107所（其中僧寺79所，尼寺28所）。孙昌武先生撰《唐长安佛寺考》（刊于《唐研究》第2卷，北京大学出版社，1996）一文，考得唐长安城及其近郊（包括终南山）佛寺200多所，是研究唐长安佛寺的一篇力作。介永强在孙文基础上作《〈唐长安佛寺考〉补苴》（刊于《中国历史地理论丛》第24卷第3辑，2009年7月），通过增补可知唐长安及其近郊佛寺多达220所。然而，依圆仁《入唐记》卷四会昌四年七月十五日条，"长安城里坊内佛堂三百余所"，可知目前的考订仍非尽括所有。

2　圆仁《入唐记》中并没有明确标明奉慈寺的名字，仅说明"新天子新造一寺，在宣阳坊。未赐寺额。"据小野胜年（『入唐求法巡礼行记の研究』第4卷、1435-1436页）、白文化等（《入唐求法巡礼行记校注》第347～348页）等均注释为"奉慈寺"。

并非都亲自走访过。考虑到圆仁在长安的求法活动主要限于密教，通过整理《入唐记》中长安城圆仁密教求法相关的文献，不难发现圆仁与资圣寺、大兴善寺、青龙寺、大安国寺和玄法寺这些学习密教大法的寺院关系密切。[1] 其中尤以圆仁长期居住的资圣寺[2]最为重要。资圣寺位于长安城左街崇仁坊，原为长孙无忌宅邸，龙朔三年（663）为太宗长孙皇后追荐冥福，舍宅为尼寺。咸亨四年（673）改为僧寺。玄宗时名僧金刚智曾在资圣寺译经，当唐时资圣寺名著全国。圆仁在长安时以资圣寺为基本住所。

妹尾达彦先生将圆仁《入唐记》所载长安地名、场所、建筑名称绘制成图 4-1，立体形象地表现了圆仁在长安留下的足迹。

由图 4-1 可见，资圣寺所在崇仁坊位于接通城内外交通干道之沿线，北与大明宫相邻，西与皇城紧挨，东南与东市接壤，是长安城内地理条件最佳的住宅区之一。在崇仁坊坊内，客栈、茶楼、商铺林立，彻夜灯火不绝，是长安城最繁华的城坊之一。[3] 九世纪科举考生上京之际，于崇仁坊中住宿者最多。在平康坊的东北还有民间经营的城内最大的游乐场所，是考生上京后游玩、获得长安最新信息的场所。[4] 在喧闹的崇仁坊中，资圣寺位于东南角，属于最清净之所，但资圣寺的位置，对于圆仁获得唐朝中央政治与城内的佛、儒、道宗教信息具有极其重要的意义。《入唐记》之所以能详尽地

---

1 具体可参考王海燕关于圆仁与长安密教寺院的文本整理与讨论（王海燕「円仁がみた長安」鈴木靖民『円仁とその時代』高志書院、2009、115-128 頁）。

2 关于资圣寺，在小野胜年《中国长安寺院史料集成·史料篇》及《解说篇》（法藏馆，1989）中有详细说明，安史之乱后的资圣寺和宫廷有密切的关系，到九世纪资圣寺仍然为长安城内的代表寺院之一。妹尾达彦通过特别关注圆仁寓居在长安城内崇仁坊，指出这一地段是长安外郭城中内外信息丛聚的一等地段，试图揭示出圆仁的居住环境与长安的求法生活之关联。

3 （宋）宋敏求：《长安志》卷八《唐京城二》："次南崇仁坊。北街当皇城之景风门，与尚书省选院最相近，又与东市相连接，选人京城无第宅者，多停憩此。因是工贾辐凑，遂倾两市场，书夜喧呼，灯火不绝，京中诸坊莫之与比。"（第 275 页）

4 〔日〕妹尾达彦：《长安：礼仪之都——以圆仁〈入唐求法巡礼行记〉为素材》，载《唐研究》第 15 卷，北京大学出版社，2009，第 385~434 页。

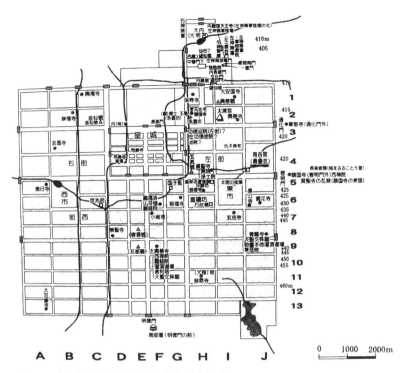

图 4-1　《入唐求法巡礼行纪》中的长安地名

资料来源：妹尾達彦「円仁の長安——9 世紀の中国都城と王権儀礼」『中央大学文学部紀要』第 221 号、2008 年 3 月、37 頁。

说明：图中所列长安地名、建筑名称，仅限于圆仁《入唐记》卷三、卷四滞留长安期间所记录文本。（）内文字，为妹尾达彦先生所补注。

记录下当时长安城内的信息，就在于圆仁所寓居的资圣寺，位居于长安城内一流地段崇仁坊内。

　　在会昌废佛的风暴正式登场之前，圆仁《入唐记》关于长安生活的记载较为简单、轻松，若从纯文学层面观察，不难发现其记述风格与之前几乎定型化[1]的行文结构并无太大差别，即基本遵守日

1　关于圆仁《入唐记》文本的定型化问题，可参考小野英子「『入唐求法巡礼行記』に於ける文体上の特色について」『実践国文学』第 30 号、1986 年 10 月、75-100 頁。据小野英子观点，圆仁在长达五年的旅行中，随时都有可能遭遇意外事件，但《入唐记》几乎固守着一种记述模式，这不能不说是记述者圆仁自我意识强烈介入的结果。

期、天气、行程、起居、食宿及个人的简单感想这几个记述要素，行文较为平缓。尤其是关于长安节日习俗以及饮食的记载，生动地反映了长安城的居民情况和生活气息。

开成五年（840）十一月三日、十三日的记载，仅有"雪下"。之后十一月二十六日冬至节的记录就极为有趣。

> 冬至节。僧中拜贺云："伏惟和尚久住世间，广和众生。"腊下及沙弥对上座说，一依书仪之制。沙弥对僧右膝着地，说贺节之词。吃粥时，行馄饨果子。[1]

圆仁记载了冬至节寺内僧人们互相拜贺说吉祥话，年幼的沙弥向年长的僧侣行礼，以及斋饭的情况。圆仁所记的"馄饨"形制与今日并不相同，做法已经失传。但冬至吃馄饨的习俗一直传至现代，《帝京岁时纪胜》中所记"冬至馄饨夏至面"这一谚语，就反映了这一沿袭很久的习俗。"果子"大约是水果、点心之总称，今日本犹称点心为"果子"。在紧接着的新年时，也有吃各色点心，以及年终作收支报告的记录。

> 十二月廿五日，更则入新年。僧众上堂，吃粥、馄饨，杂果子。僧众吃粥间，网维、典座、直岁一年内寺中诸庄及交易并客料诸色破用钱物帐众前读申。[2]

及至开成六年（841）正月六日，立春节。"赐胡饼寺。粥时行胡饼，俗家皆然。"[3]"胡饼"大约是长安城内胡人之食物，也即胡麻

1　圆仁：《入唐记》卷三，第 357 页。
2　圆仁：《入唐记》卷三，第 360 页。
3　圆仁：《入唐记》卷三，第 362 页。

烧饼。[1]同年"五月十四日，吃瓜，美熟。"[2]可见《入唐记》尽管追求一种客观的记事，但圆仁也并非完全摈弃了个人情感的流露，"吃瓜，美熟"一语就极道其内心的安宁与喜悦。

开成六年正月九日，唐武宗幸丹凤楼，改年号——改开成六年为会昌元年。在会昌元年末至会昌二年初，圆仁主要记载了长安城的节气、节日行事，其间不乏文学性的优美表现，可惜这类文辞在后文中几乎再无出现。

> a. 十月廿三日，大雪下，一日一夜。树木摧折。[3]
> b. 十一月一日，冬至节。彗星出现，数日之后，渐渐长大。管家仰诸寺转经。[4]
> c. 会昌二年（842）正月一日，家家立竹杆，悬幡子。新岁祈长命。诸寺开俗讲。[5]
> d. 二月十七日，寒食节。前后一日，都三日暇。家家拜墓。[6]
> e. 二月十九日 清明节。[7]

a 条记事文辞优美，极具文学色彩。b 条记事中将彗星作为记事焦点，c 条记事中的风俗并不见于唐代文献的记载，因此圆仁的日记也成了民俗学的重要资料。d 条记事说明了寒食节长安人扫墓的习俗。这种对于长安城节气、习俗的如实记载，虽然很少掺杂记录人的评价或主观情绪，但与后文废佛期间文本的紧张感相比，此时生活于长安城的圆仁的轻松、余裕的心态一览无遗。

1　可参考向达先生关于长安西市及胡人的研究。向达：《唐代长安与西域文明》，河北教育出版社，2007，第3~35页。
2　圆仁：《入唐记》卷三，第388页。
3　圆仁：《入唐记》卷三，第391页。
4　圆仁：《入唐记》卷三，第391页。
5　圆仁：《入唐记》卷三，第392页。
6　圆仁：《入唐记》卷三，第393页。
7　圆仁：《入唐记》卷三，第393页。

遗憾的是，随着会昌废佛的节奏越来越激烈，类似的叙事几乎消
失殆尽。

　　整体来看，在开成五年（840）至会昌二年（842）初的长安生
活中，圆仁专注于求法，长安寺院构成了这一时期《入唐记》的主
要空间景观，其描写的事件也多为与之相关的佛教俗讲、佛牙供
养等，这一时期的长安城体现出一种安闲的气质。但由于"会昌废
佛"构成圆仁《入唐记》长安叙事的重心，因此这一部分的长安城
几乎被后文完全覆盖和淹没。

恐怖之长安（公元 842~845 年记事）

　　会昌年间的废佛并非从一开始就很激烈，而是经历了从疏远、
限制、排斥到禁毁这样一个逐渐升级的演变过程。圆仁《入唐记》
以会昌二年（842）三月三日的废佛记事为起点，至会昌五年（845）
九月唐武宗下达废佛敕令，整个废佛至此达到高潮。随着排佛的风
声越来越紧，《入唐记》对长安的描写突然紧张起来，涉及日常的部
分逐渐退出，那种描写"吃瓜，美熟"的余裕再也没有出现，代之
以大面积描写长安城的叛乱、阴谋、告密、杀戮等血腥事件，叠加
塑造了"人吃人的长安城"这一凶险印象。表 4-1 即根据《入唐记》
卷三、卷四记载顺序整理圆仁描写的长安暴力事件，起止时间为会
昌二年三月三日发布敕令至会昌四年平叛路府军。

　　正如表 4-1 所示，圆仁记录了会昌废佛期间长安城内发生的杀
回鹘人并毁摩尼教、仇士良暴亡与破家、长安城火灾、杀路府叛军
几件事，但圆仁对长安"人吃人"印象的描写，在杀路府叛军时达
到高潮。通过表 4-1 可见，其他事件的记述文本较短，而描写"杀
路府兵"的文本突然增长，且情节较为连贯，可视为一篇较为独立
的物语来解读。因此下文首先依次探讨前三个事件，事件 4 单独
讨论。

表 4-1　《入唐记》载长安城的暴力事件

事件	年月日（公历）	《入唐记》文本出处
事件1：杀回鹘人并毁摩尼教	会昌二年（842）三月十二日	1-1. 回鹘军兵入唐境，今在秦府。国家抽六节度府兵马遣回鹘界首。城中有回鹘人数百，准敕尽斩杀讫（卷三，第395页）
	同年四月	1-2. 见说回鹘兵马入秦府住。节度使逃走，新除节度使在路不敢入（卷三，第399页）
	会昌三年（843）二月二十五日	1-3. 和蕃公主入城……是太和公主，大和天子为和回鹘国，嫁与回鹘王，今缘彼国王法崩，兵马乱起，公主逃回本国。随公主来回鹘人不得入城。回鹘王子随公主来，公主在路自煞之（卷三，第411页）
	同年四月中旬	1-4. 敕下，令煞天下摩尼师。剃发，令着袈裟，作沙门形而煞之。摩尼师即回鹘所崇重也（卷三，第412页）
	同年九月十三日	1-5. 回鹘国兵马大败……诸州府兵总归本道讫（卷三，第430页）
事件2：仇士良暴亡与破家	会昌二年（842）三月十日	2-1. 右奉使帖得状，令发遣保外客僧出寺。其圆仁等未敢专擅发遣。奉军容处分："不用发遣，依前收管者。"（卷三，第396页）
	同年十月九日	2-2. 左右街功德使帖诸寺，勘录僧尼财物。准敕条流……京城内仇军容拒敕，不欲条流。缘敕意不许，且许请权停一百日内（卷三，第405页）
	会昌三年（843）正月二十七日	2-3. 军容有帖，唤当街诸寺外国僧。廿八日，早朝入军里……吃茶后，见军容。军容亲慰安存。当日各归本寺（卷三，第409页）
	同年六月三日	2-4. 军官辞官归宅。向前五六度进表，请坐家，敕不放。重进表请。五月有敕："放归家。"……以内长官特进杨钦义任左神策护军中尉左卫功德使。当日便上任（卷四，第415页）
	同年六月二十三日	2-5. 仇军容薨。敕送孝衣。六月廿五日，敕斩仇军容孔目官郑中丞、张端公等四人，及男女奴婢等尽杀，破家（卷四，第420页）
	会昌四年（844）九月	2-6. 仇军容儿常侍知内省事，吃酒醉颠，触悮龙颜，对奏云："天子虽则尊贵，是我阿耶册立之也。"天子怒，当时打杀。敕令捉其妻女等流出于外，削发令守陵墓（卷四，第447页）

续表

事件	年月日（公历）	《入唐记》文本出处
事件3：长安城火灾	会昌三年（843）六月二十七日	3-1. 夜三更，东市失火。烧东市曹门已西四十二行四千余家，官似钱物金银绢药等总烧尽（卷四，第421页）
	同年六月二十八日	3-2. 三更，内里失火，烧神浓寺（卷四，第422页）
	同年六月二十九日	3-3. 长乐门外失火。烧草场。向前有敕焚烧内里佛经，又埋佛菩萨天王像等。向后二处失火。其后又东市二夜数处失火（卷四，第423页）
事件4：杀路府叛军	会昌三年（843）九月十三日	4-1.路府留后院在京右街平康坊，路府押衙亹孙在院知本道事，敕令捉，其人走脱不知去处。诸处寻捉不获，唯捉得妻、儿女等，斩杀破家。有人告报："路府留后押衙亹孙剃头，今在城，僧中隐藏。"……京兆府捉新裹头僧，于府中打杀三百余人（卷四，第430页）
	会昌四年（844）七月十五日	4-2. 彼兵众惊惧，捉界首牧牛儿、耕田夫等送入京，妄称捉叛人来……两军兵马围着杀之。如此送来，相续不绝兵马，寻常街里被斩尸骸满路，血流湿土为泥……两军健儿每斩人了，割其眼肉吃。诸坊人皆云："今年长安人吃人！"（卷四，第441页）
	同年九月	4-3. 路府大败。仍捉得彼处押衙大将等送到京城，斩杀，六七度也。后研叛主刘从简头来，三锋枪头穿之，杆高三丈余，上头题名，先绕两市，进入内里（卷四，第447页）

其一，杀回鹘人并毁摩尼教。回鹘[1]是唐北境的一个强大汗国，与唐向来结盟亲善。开成四年（839）回鹘发生严重内乱，兼之雪灾影响，强大的回鹘汗国终于分崩离析，走向瓦解。这时有一支南

1　"回鹘"Uyghur 之对译。原写作"回纥"。（宋）王溥：《唐会要》卷九八："（贞元五年七月）回纥使李义进，请因咸安公主下降，改'纥'字为'鹘'字。盖欲夸国俗俊健如鹘也。德宗允其奏。自是改为回鹘。"（《景印文渊阁四库全书》第607册，第403页）《资治通鉴》考异卷一九："十月回纥请改为回鹘。《旧唐书·回纥传》元和四年，里迦可汗遣使请改为回鹘，义取回旋轻捷如鹘。"

迁回鹘，"深入（唐）边境，侵暴不已"，[1] 圆仁《入唐记》会昌二年（842）三月十二日条，记载了长安城内杀回鹘人的情景。"城中有回鹘人数百，准敕尽斩杀讫。"圆仁所记这件事的始末，在《旧唐书》《新唐书》《资治通鉴》等史书中均有记录。[2]

在唐与回鹘的战争中，太和公主始终是一个焦点人物。太和公主本是唐宪宗之女，于唐穆宗长庆元年（821）出嫁回鹘崇德可汗。太和公主出塞和亲的目的是按照唐王朝的意愿操纵回鹘，保证唐朝边境平安。然而在会昌元年（841）十一月，太和公主沦落为回鹘乌介可汗的人质，成为其勒索、要挟唐朝提供牛羊粮种和借住城池的砝码。[3] 会昌三年，在李德裕的韬略下，太和公主被救回长安。[4] 圆仁《入唐记》会昌三年二月条即描写了太和公主回长安城的场景。至四月，唐朝廷开始大规模杀摩尼教徒。《入唐记》会昌三年四月条，记载了长安城内屠杀摩尼教徒的场面。摩尼师属于摩尼教[5]的高级传教人。这次杀摩尼师肯定与对回鹘的战事有关，可能是怕他们是潜伏的间谍，圆仁日记也透露出了这种消息。会昌三年四月中旬，随着回鹘的衰落，摩尼教在唐遭灭顶之灾。有谣言说摩尼师剃发扮作佛教僧侣以备逃生，于是唐朝廷以此为借口迫害佛教徒。另外，僧人眩玄毛遂自荐，声称"自作剑轮，自领兵打回鹘国"，然而事败，

1　《新唐书》卷二一七下《回鹘传》："明年（会昌二年），回鹘奉丏至漠南，入云、朔，剽横水，杀掠甚重。转侧天德、振武间，盗畜牧自如。乃召诸道兵合讨。"（第6131页）

2　如司马光《资治通鉴》卷第二百四十六《唐纪六十二》："初，黠戛斯既破回鹘，得太和公主。自谓李陵之后，与唐同姓，遣达干十人奉公主归之于唐。回鹘乌介可汗引兵邀击达干。尽杀之，质公主，南度碛，屯天德军境上。公主遣使上表，言可汗已立，求册命。乌介又使其相颉干伽斯等上表，借振武一城以居公主。"参考司马光《资治通鉴》，胡三省音注，中华书局，1956，第9册，第7957页。

3　详见《新唐书》卷二一七下《回鹘传下》，第6129~6133页。

4　崔明德：《唐与回纥和亲公主考述》，《文史哲》1991年第2期，第100~104页。

5　摩尼教又名"明教"或"明尊教"，为波斯人摩尼于三世纪时所创。摩尼教在763年以前就已传入回鹘，763年牟羽可汗从唐朝携摩尼四僧返漠北，定摩尼教为"国教"。从此，摩尼教在回鹘统治阶层扶持下迅速传播，并在议政、出使、和亲、经商等重大国事领域发挥作用。详见张国杰《摩尼教与回鹘》，《世界宗教研究》2000年第3期，第67~75页。

殃及池鱼。同年十月，李绅奉命条流京城僧尼，又以诳欺罪将眩玄斩首示众，并随之又牒令在全国范围内条流僧尼，令圆仁等不免有兔死狐悲之感。

其二，大宦官仇士良的暴亡与破家。仇士良作为左街功德使，圆仁所在资圣寺恰在其管辖范围之内，因此《入唐记》对仇士良的描述笔墨并不少。唐武宗的上台，离不开大宦官仇士良、鱼弘志的谋划与拥立，故武宗治世之初，也是仇士良最为春风得意的时候，朝廷曾为他立"仇公纪功德政之碑"。圆仁《入唐记》卷三会昌元年四月九日条，便记载了仇士良迎碑之事。

> 开府迎碑，赞扬开府功名德政之事也。从大安国寺入望仙门，左神策军里建之。题云："仇公纪功德政之碑"。迎碑军马及诸严备之事不可计数。今上在望仙楼上观看。[1]

引文中"开府"即指仇士良。之后，仇士良更是一路春风，《入唐记》会昌二年二月一日条："敕加盖仇开府宛观军容使，便知天下军事"，"加盖"即加"华盖"，这是对重臣所赐予的一种特殊礼遇，在此双关兼指仇士良被任命为禁军最高军职这一尊贵官职。然而，限佛的脚步终于近了，会昌二年三月三日，李德裕奏请条流僧尼。[2]于是唐武宗下敕令："发遣保外无名僧，不许置童子、沙弥。"强制遣送在寺院内没有登记长期户口的游方和尚，并特别通知了兴善寺、青龙寺及圆仁所在的资圣寺。这时仇士良特别关照部下传话，不许驱逐圆仁及其他三位日本僧侣。外国僧侣一直被视为"没有后援者"的一类人，仇士良的关照对于惶恐不安的圆仁等人来说，无疑是极为感动的。《入唐记》记载了当时的帖文。

1　圆仁：《入唐记》卷三，第 382 页。
2　高橋佳典「會昌廢佛における宰相李德裕の意圖と役割」『中国古典研究』第 48 号、2003 年 12 月、14-29 頁。

巡院帖资圣寺：

日本国僧圆仁并弟子惟正、惟晓，行者丁雄万等

右奉使帖得状，令发遣保外客僧出寺。其圆仁等未敢专擅发遣。奉军容处分："不用发遣，依前收管者。"准状帖巡院者。帖寺。仰准使帖处分者。[1]

作为左街功德使，原则上仇士良不得不实行武宗的敕令，但是他却最大限度地为长安城僧人求情并争取机会（表 4-1 之 2-2 条），请求暂缓实行敕令一百日。至会昌三年正月，勒令僧侣还俗的气氛已经变得激烈，圆仁所在的资圣寺也难逃一劫。正月十七日，"功德使帖诸寺：僧尼入条流内并令还俗。此资圣寺卅七人。"这种情况下，仇士良便召集在京的外国僧人，聚集于左神策军军容院，"亲慰安存"（表 4-1 之 2-3 条）。仇士良对于圆仁等外国僧侣的亲善，固然可以从其虔诚的佛教徒身份来解释，但不能忽视的是，随着宦官兼任左右街功德使、负责管理僧尼的有关事宜，佛教徒与宦官已组合成一股新的政治势力，毁佛就必然会损及宦官的利益，[2]这固然可视为政治与宗教关系之密切一实例，然作为刑余之人的宦官，从内心深处对那些受宠的朝臣，莫不存有深深的憎恨之情，而对与之同样绝缘于红尘的僧侣抱有亲善。或许正是因为仇士良等人的阻挠，武宗才一直没有采取过激的毁佛行动。

圆仁《入唐记》特别记载了仇士良死后不过二日，唐武宗就将仇的亲信部属处死，并没收其财产、杀害其奴仆之事（表 4-1 之2-5 条），但中国方面的史料中，并未见相关记载。另外，圆仁还

1　圆仁：《入唐记》卷三，第 396 页。

2　埃德温·赖肖尔（Edwin Oldfather Reischauer，又译作赖世和，历史学家和外交家，1961 年至 1966 年任美国驻日本大使）著作《圆仁——唐代中国之旅》第七章"镇压佛教"部分，精彩地论述了武宗朝以李德裕为首的学者官僚集团和以仇士良为首的宦官集团，围绕着"废佛"问题所产生的矛盾以及各自的立场。详见 E.O. ライシャワー 著、田村完誓訳『円仁唐代中国への旅』、214-215 頁。

特别渲染了唐武宗打杀仇士良义子之事（表4-1之2-6条），其记录较《资治通鉴》来看，渲染的成分较多，其间也流露出对仇的同情。仇士良辞官前曾掌握着左神策军，武宗有所顾忌，废佛的力度相对缓和。仇士良暴亡之后，武宗对佛教的限制开始变本加厉。在全国范围内大规模地关停佛寺、没收寺院财产、强令僧尼还俗，佛教史所谓的"会昌法难"，这才真正开始。

其三，长安城火灾频发。仇士良暴亡与其亲信被处死之后，《入唐记》卷四会昌四年紧接着的三条记事，全部都是长安城内发生的火灾，先是长安东市商铺因火灾所遭受的重大损失（表4-1之3-1条），其后又连续发生宫内神浓寺等多处火灾。圆仁将长安城内失火的原因归结为武宗下敕令"焚烧内里佛经，又埋佛菩萨天王像等"，因之遭到"天谴"。事实上，有唐一代，长安城几乎年年都有大大小小的火灾发生，[1]尤其是唐中后期，宫殿、寺院、集市、仓库等地火灾频发。然而，此时因废佛运动而闹得人心惶惶的长安城接连发生火灾，在圆仁看来，这就是因"废佛"而起的报应和惩罚。

几乎与失火同时，唐朝廷又对寺院内留住客僧等情况进行严格调查，圆仁甚至写保证书自诉清白："房内除四人外，更无客僧及沙弥俗客等……如后有人告房里隐藏，情求重罪。伏请处分。"[2]即使尚未被驱逐，但行动严格受限、苟延残喘地度日对圆仁等而言，已经相当痛苦，恰是在这种情境中，弟子惟晓病逝。

圆仁在长安留学期间，惟晓一直追随左右，形影不离。然而或许因旅途流离之故，惟晓于会昌二年（842）十二月病，至会昌三年

---

1 李德新：《唐代火灾及防治措施》，《合肥师范学院学报》2009年第4期，第62~65页。文章指出唐代频发火灾的主要原因有四：其一是因为长安城市人口增加，住房稠密，厨灶连绵；其二是唐代房屋建筑多以土木结构；其三是唐统治阶级崇信佛道，官民焚香烧祭；其四还有天灾人祸。

2 圆仁：《入唐记》卷四，第424页。

七月二十四日夜身亡，[1] 亡时年三十二岁，这件事对圆仁的打击最为沉重，圆仁向唐朝廷请求赐予墓地埋葬，"弟子惟晓身亡，并无钱买地。伏乞三纲和尚慈悲，赐与一墓地埋殡"。[2] 读来令人伤感。同年七月二十七日，惟晓"殡葬于春明门外镇国寺东头资圣寺瓦窑北角地"。圆仁为惟晓办三七斋以后，还继续为惟晓修五七斋、七七斋、百日斋，深深地为他祈求福，足见在异国师门之间的深厚感情。

惟晓死后，圆仁对长安城几乎已经毫无留恋，为急于脱出而奔走。这时的长安城，却因为"杀路府叛军"而更加血雨腥风。路府节度使（昭义节度使的俗称）刘从谏临终前授意侄子刘稹拥兵自立，武宗在李德裕的建议下决定出兵讨伐。据圆仁《入唐记》记载（表4-1之4-1条），唐朝廷用兵虽久，却不能攻入泽潞地区，遂迁怒捉拿路府节度使驻守在长安平安坊的押衙。押衙逃脱后，其妻儿家属尽数被捉拿杀害。另外有人密告朝廷，押衙剃了头冒充和尚，混迹于寺院，于是朝廷又加紧了对僧人的盘查、迫害，并将三百余名刚还俗不久的裹头僧全部杀害，以至于僧人们躲躲藏藏，不敢上街行走。

会昌四年十月十五日，路府久攻不下，唐武宗频频下敕令催促攻打路府兵，兵众害怕责罚，便随便抓界首处牧人、农夫送入长安，并谎称是叛贼。"寻常街里被斩尸骸满路，血流湿土为泥"（表4-1之4-2条），唐武宗不时前来观看士兵围杀这些无辜百姓，长安城内血流成河。兵士们每次杀了人，都要吃人肉，因此长安城内百姓盛传"今年长安人吃人"！直到会昌四年九月，路府兵才被破，潞州大将等都被捉到长安城斩首。圆仁《入唐记》对武宗杀害路府叛军的场景描述极为形象生动，更像是一则情节完整的小说。事

1　《慈觉大师传》云："会昌三年七月，弟子惟晓身亡。惟晓天性聪明，器重弘雅，深至法门，远随大师，殒命于兹。大师深愍之。"塙保己一编『統群書類従 第8輯 伝部卷 慈覚大師伝』經済雑誌社、1902、207頁。

2　圆仁：《入唐记》卷四，第425页。

实上，圆仁很有可能只是道听途说，而并非亲眼所见，因为《入唐记》许多记载与史实不符。如圆仁记"后斫叛主刘从简头来"（表4-1之4-3条）中，实为刘从谏侄子刘稹之首级，刘从谏早已死去，在路府军败之后，又被武宗下诏挖出尸首暴尸于潞州。由文本来看，圆仁《入唐记》此处的记载，文学色彩已经极为浓厚。

逃离长安之艰难

圆仁第一次正式请求归国是在会昌元年八月，当时距其到长安生活不过一年。唐武宗即位并改元后，很快便流露出对道教的偏爱，这件事让圆仁心生芥蒂。据《入唐记》六月十一日条：

> 今上降诞日。内里设斋。两街供奉大德及道士集谈经。四对论议。二个道士赐紫，释门大德总不得着。南天竺三藏宝月入内对君王，从自怀中拔出表进，情归本国。不先咨，开府恶发。[1]

由引文可见在武宗寿诞上，宫里设宴令佛道大德对讲议论，道士所谈令武宗喜悦，因之赐紫衣，而释门高僧却未蒙赏赐，圆仁特意记载了这件事，足见其心里的不满，此事也可视为武宗后来排佛的信号。另外，天竺三藏宝月直接向武宗要求回国，而没有通过直接上级主管开府，惹得仇士良大发脾气，后来被定为越级上诉罪，回国一事自然泡汤。这件事让圆仁敏锐地感觉到了武宗对佛教的偏见，于是请求回国。其帖文如下：

> 八月七日　为归本国，修状进功德使：资圣寺日本国求法僧圆仁，弟子僧惟正、惟晓，行者丁雄万

1　圆仁：《入唐记》卷三，第388页。

右圆仁等，去年八月廿三日从五台山来到城中。伏蒙开府仁造，今权寄住资圣寺。今疑欲归本国。不敢专擅，谨具如前。伏听处分。牒件状如前。谨牒。[1]

有了僧众被打的前车之鉴，圆仁自然不敢懈怠，而是毕恭毕敬地先将请求书交给直接主管的功德使仇士良，但这次请求并未被处理，至于其间缘由圆仁并未交代。随着废佛渐至激烈，圆仁有过多次归国请求，但均未被受理。

《入唐记》第二次记载圆仁的归国申请，是在弟子惟晓病亡七日之后。如前所述，当时的长安城因杀回鹘兵、摩尼师，以及长安城内多处失火等惨事，充满了血雨腥风。人心如此不安定的时候，一直追随左右的弟子又病逝了，这对圆仁的处境来说无疑雪上加霜。此时的他，毋宁说对曾经憧憬的国际之都长安城再无留恋，只想着尽快归国，因此不惜借用各种关系，甚至以财物贿赂的方式，努力寻求归国的办法。

八月十三日 为求归国，投左神策军押衙李元佐——是左军中尉亲事押衙也。信敬佛法，极有道心。本是新罗人。宅在永昌坊。入北门西回第一曲，傍墙南壁上。当护国寺后墙西北角——到宅相见，许计会也。[2]

圆仁去拜访了新罗人李元佐，请求其帮助。然而自仇士良暴亡后，左街功德使由杨钦义担任，此人对佛教毫无同情，因此期待他的照顾和批准是相当困难的。至会昌四年春夏之际，尚未被迫还俗或还未遭遣送驱逐的僧侣，已是惊弓之鸟，他们被严格限制在有限

1　圆仁：《入唐记》卷三，第390页。
2　圆仁：《入唐记》卷四，第429页。

的时间和空间内活动，"不许僧尼街里行，犯钟声……又不许别寺
宿。若有僧尼街里行，犯钟声，及向别寺宿经一夜者，科违敕罪"。[1]
规定僧尼不能上街行走，午斋后不能出寺，不能去别的寺院留宿，
等等。

　　这种对僧侣人身自由的限制，至会昌五年越发严酷。因此不难
想象，武宗为筑仙台举行盛大仪式的时候，圆仁自然不能像普通的
长安城市民一样去现场观看，[2]只能依靠间接文献或街巷传闻来记载，
其记录的真实性必然会受到质疑。另外，正因为圆仁滞留长安后
期，活动范围受到严格限制，《入唐记》会昌四年之后的"废佛"记
事才会脱离日记体，且日常性生活退出记录舞台，而多引用传言或
其他文献资料，一改为主题优先、以月记事的物语故事。

　　《入唐记》第三次记载圆仁请求归国，是在会昌五年三月三日，
望仙台终于筑成的记事中。唐武宗以修筑仙台挖土之坑极深，令人
心生恐惧为由，提出祭台之日，将长安城两街僧侣诓至宫里杀死，
用其头颅填坑。这恐怕只是道听途说，但圆仁等幸存下来的僧侣已
被吓得魂不附体，并表示情愿还俗归国。

> 　　诸市僧尼亦闻斯事，魂魄失守，不知所向。圆仁通状，请
> 情愿还俗，欲归本国。但频有牒来安存。功德使帖诸寺：准敕
> 条流，不许僧尼出寺。事须差家人五六人守寺门，辄不得放
> 僧尼出寺。如有违越者，纲维三老及典直并守门人各决脊杖
> 二十。其出寺僧尼当时处死者。[3]

　　废佛的事态不断恶化，然而圆仁的请求依然未被受理，功德
使又告知诸寺院，不许僧尼出寺，并差遣官兵把守寺门，如有违

1　圆仁:《入唐记》卷四，第 436 页。
2　E.O. ライシャワー 著、田村完誓訳『円仁唐代中国への旅』、245 页。
3　圆仁:《入唐记》卷四，第 455 页。

纪者，守门人等受杖刑，出寺僧尼则就地被处死。由此可见，僧
侣们几乎已经完全被囚禁起来，毫无行动自由可言。至会昌五年
四五月时，开始盘查外国僧侣是否持有唐国祠部牒，以之作为是
否还俗或驱逐的条件。圆仁、惟正因为没有祠部所需牒状，因此
被归入还俗之列，并被驱逐出国。另外规定对于不愿还俗者将以
"违敕罪"处死，圆仁闻听此事，便尽快收拾文书行李等，以还俗
僧身份准备回国。五月十四日，圆仁等不得不着俗衣，到京兆府
拿到公验度牒后，即刻离开长安城。圆仁详细描写了要离开长安
城时的心情。

> 然从会昌元年以来，经功德使通状请归本国，计百有余
> 度。又曾蜀数个有力人用物计会，又不得去。今因僧尼还俗之
> 难，方得归国。一悲一喜。[1]

圆仁回顾了自会昌元年至会昌五年间，数百次给功德使写书信
请求归国的艰难，现在却因为还俗僧尼过多，出现难处，才可以归
国，这对圆仁来说无疑是喜忧参半。喜的是终于可以归国，忧的是
在未曾预料的状态下归国，能否将所得经文书籍等平安带回日本。
庆幸的是，圆仁在李元佐、杨敬之等人的帮助下，终于平安地出了
长安城，并于会昌五年五月二十二日过潼关，至此圆仁的长安之旅
终于结束。

圆仁一行逃出长安后，过郑州、汴州、泗州，渡淮水到江苏盱
眙（今盱眙县），"本意拟从此到楚州，觅船过海"，[2]但县家不肯，必
须递向扬州。彼时扬州城里僧尼正裹头驱遣，圆仁等通过财物疏
通，才获准去楚州。本以为"日本国朝贡使皆从此间上船，过海归

1　圆仁：《入唐记》卷四，第 460 页。
2　圆仁：《入唐记》卷四，第 473 页。

国。圆仁等递到此间归国，请从此间过海"，[1]然而县司以"当州未是极海之处"为由拒绝，必须"递到登州地极之处"。圆仁等苦苦哀求、以物疏通皆无效果，于是又被发往千里之外的登州。

> 从楚州到登州，道路尽是山坂旷野，草木高深，蚊蚮如雨。终日逾山行野，村栅迢远，希见人家。人心粗恶。[2]

一路心惊胆战，过山野，"踏泥水，辛苦无极"，终于在会昌五年八月十六日，圆仁一行狼狈不堪地二进登州，仍寄住在赤山新罗院。本想将息一冬，待来年开春渡航归国，不意政治气候多变，官吏专横跋扈，行程不断受阻。为求归国，圆仁南北奔走，费尽周折，时隔两年零两个月之后，乘坐新罗的船只回到博德的鸿胪馆时，圆仁已经 54 岁。圆仁从承和五年（838）六月出航入唐求法巡礼，到承和十四年（847）九月回到日本，其间已相隔九年零三个月，圆仁因此创下了后期入唐请益僧中滞留时间最长、经历最为艰难曲折的记录。[3]佐伯有清对于圆仁的入唐求法如此评价："我们作为普通人，感动于圆仁充满魅力的入唐事迹，恐怕就在于从他被选为入唐请益僧起，近十余年间克服种种常人无法想象的苦难，足迹遍及中国扬州、五台山、长安等地，孜孜不倦地为求法和传来佛典等所做的努力，以及他那种鼓舞人心的高尚品格。"[4]

圆仁以日记方式记录入唐求法期间的经验，为后世文学提供了大量素材和想象力。圆仁入唐的遭遇，不仅在日本后世文学中被说话化、象征化地反复表现，而且围绕着唐皇帝对遣唐使的迫害，长安城也被演绎成了囚禁、残害遣唐使的"恶之都"和"鬼城"。

1　圆仁：《入唐记》卷四，第 476 页。
2　圆仁：《入唐记》卷四，第 477 页。
3　张志宏：《圆仁入唐散论》，《文史哲》1994 年第 3 期，第 92~97 页。
4　佐伯有清『円仁』、32 页。

二　长安体验与书写唐武宗之策略

圆仁作为一个外国僧侣，在会昌二年至会昌五年日益激烈的"废佛"浪潮中，遭受着被迫还俗的屈辱，目睹佛教僧侣无由被屠杀的恐惧，终日惶惶不安，最终伪装逃出长安。这段痛苦的经历，使圆仁对于发布废佛敕令、大肆迫害佛教徒的主倡者唐武宗极为不满。圆仁不仅是"会昌废佛"的见证者，更是此次事件的受害人。因此圆仁在记述客观事件的同时，并不能完全保证以一个冷静的局外人的立场叙事，而是毫不掩饰主观情绪的发泄，在《入唐记》中塑造了一个偏执、好色、荒唐、残暴无极的中国皇帝形象。入宋僧成寻（1011~1081）觐见宋神宗（1067~1085）时，曾进呈圆仁《入唐记》前三卷，独将第四卷隐而不呈："裔然日记四卷，慈觉大师巡礼记三卷，依宣旨进上。至巡礼记第四卷，隐藏不进上。依思会昌天子恶事也。"可见其缘由就在于圆仁在《入唐记》卷四中对唐武宗恶事的渲染，恐引起中国皇帝的反感。

整体来看，圆仁《入唐记》基本遵循"以日记事"的原则，虽然大多数情况下并非逐日记事，但整部《入唐记》的记载多附有日期，因之在形式上被视为日记文学。但是，《入唐记》卷四自会昌四年三月至会昌五年三月部分，圆仁的记事却打破了按日记事的原则，而是附之以"月"记事，每则记事基本围绕一个主题，且主要以唐武宗在废佛事件中的态度和表现为中心，大量引用敕文、奏章、语录、法规、传说等文献，其文本经历推敲和修改的痕迹增强，显示出类似于物语的虚构特征。[1]这与《入唐记》其他三卷的

1　濱田寬「『入唐求法巡礼行記』敕文の引用を巡って」石原昭平編『日記文学新論』勉誠出版、
　　2004、69-85頁。

文本呈现出截然不同的特质。另外,《入唐记》这一部分的文本长度开始增加,内容也逐渐变得庞杂、重复、跳脱,类似于一篇篇有主题、有人物、有对话、有情节、有虚构的物语,正是在这些"物语"故事中,唐武宗作为主人公被凸显了出来。

《入唐记》卷四以唐武宗为主人公的记事共有十篇,分别是会昌四年三月条、七月十五日条、八月中条、九月条、十月条、十一月条,以及会昌五年正月三日条、二月十日条、三月三日条、三月至四月条,这十篇依次展开,之间并未插入其他日期记事。另外,《入唐记》以会昌四年十月条围绕"筑仙台"记事为分界线,之前主要记载唐武宗迷信道教、迫害佛教、荒淫好色的种种恶事,之后则主要记载"筑仙台以升仙"事件中唐武宗的滥杀无辜和无道之极。下文将通过细读会昌四年三月条、七月十五日条、十月条及会昌五年三月三日条记事,探讨圆仁笔下虚构的中国皇帝形象,作为长安城的统治者,如何影响了日本文学中的长安想象。

文本解码

如果说会昌四年之前的排佛是基于学者官僚的态度和关心,目的在于排除非正式的僧侣和没收寺院的私有财产,那么在会昌四年(843)的排佛运动中开始出现的道教色彩,则无疑与最高统治者唐武宗的个人喜好密切相关,而《入唐记》对唐武宗的描述也正是开始于会昌四年。首先来解读会昌四年三月条的记事,这则记事就是典型的以"三月"开篇并无具体日期的长篇记事。文中引用大量敕文、奏请、法规等,主要描写唐武宗偏袒道教、憎恶佛教的偏执行径。因原文较长,现按记载顺序择取其中相关记事逐条列举如下:

①敕下:"朕欲驾幸东京。仍晓示百寮:如有朝臣谏者,诛身灭族!"敕不许供养佛牙。

②唐国恒式：三长月不许杀命。今上则不然也。为破路府，敕召道士八十一人。又与内里令作九天道场。于露处高叠八十张床，铺设精彩。

③今上偏信道教，憎嫉佛法，不喜见僧，不欲闻三宝。长生殿内道场，自古以来，安置佛像经教。两街寺解持念僧三七人番次差入，每日挂念，日夜不绝。今上便令焚烧经教，毁拆佛像。起出僧众，各归本寺。于道场内安置天尊、老君之象，令道士转道经，修练道术。

④道士奏云："孔子说云：'李氏十八子昌运未尽，便有黑衣天子理国'。臣等窃惟黑衣者是僧人也。"皇帝受其言，因此憎嫌僧尼。意云："李字十八子。为今上当第十八代。恐李家运尽，便有黑衣夺位钦？"

⑤二日，驾幸右街金仙观。是女观。观中有女道士，甚有容。天子召见入意，赖赐绢一千匹。遂宣中官，令修造观，便通内。特造金仙楼。其观本来破落，令修造严丽。天子频驾幸。[1]

①为引用敕文，其中"东京"指东都洛阳。武宗欲行幸洛阳之事，未见文献记载。圆仁所记是否属实，且另当别论，但"如有朝臣谏者，诛身灭族"一句，武宗的残暴已跃然纸上。

②为引用"唐国恒式"，三月长斋月里不能杀生，但武宗却全然不顾，为打败路府，在宫里设"九天道场"，召道士在宫里作法祈求镇压路府叛乱。但因道场设在露天，又逢清明时节，细雨纷纷，道士"八十一人中多有着病者也"。圆仁以婉转的方式表现了这一滑稽的场景，以示对武宗亲近道教的讽刺。

③为圆仁的评价和感想，其中对武宗迷信道教的指责已经相当

1　圆仁：《入唐记》卷三，第 435~436 页。

直接，"偏信道教，憎嫉佛法"。唐武宗下令焚烧佛教典籍、毁拆佛像、驱逐僧侣，代之以道教天尊、老君像，转道经、修道术，这让圆仁愤怒不已。据圆仁看，"会昌废佛"的直接原因，便是由于最高统治者唐武宗个人迷信道教的偏执所致，因此唐武宗无疑是推行"废佛"政策的罪魁祸首。

④为直接引用传闻，说明武宗受道士煽动，禁佛毁佛的缘由。圆仁认为唐武宗排佛、废佛的最根本原因是听信道士谗言，惧怕穿黑衣的僧人夺取大唐江山，因而驱逐僧侣、关闭寺院、禁止佛法传播。道士所引"孔子说云"的伪书的确存在，无论如何唐皇帝确为李氏家族，而将"李"字拆分为"十八子"，恰为唐武宗治世。这则物语如果说哪里有谬误的话，那无非是道士利用武宗对帝位的执着，来胁迫其将佛教徒逼入精神苦境而已。事实上，武宗废佛一事，并非仅止于佛道两教的对立，也并不止于情感和思想的层面，而是包含着当时社会经济、专制君主好恶等一系列因素的复杂的政治问题。[1]

⑤恐怕同样为引用僧侣间流传的诋毁唐武宗的流言蜚语，以记载唐武宗出入金仙观之好色丑态。金仙观位于长安城朱雀门街西第三街南辅兴坊东南隅，全称"金仙女冠观"。[2]金仙、玉真两观女道士之美丽姿容并其浪漫事迹，在唐代脍炙人口。梁若容认为这段记载是"僧侣于忍气吞声之余，亦日造为流言蜚语，以诬枉君相，动摇人心"，而且《入唐记》废佛期间记事这种"讹传误闻，流言蜚

1　关于"会昌废佛"的原因的研究，在中日学界都是一个备受关注的重要问题，如小野胜年指出，第一是僧侣极其教团内部潜在的腐败与堕落；第二是许多人以出家为手段免除租税和徭役；第三是寺院侵占土地问题；第四是寺院经济问题，尤其是官寺增加了国家的经济负担；等等。

2　据《唐两京城防考》卷四："景云元年，睿宗第九女西城公主、第十女昌隆公主并出家为女冠，因立二观。二年西城改封金仙公主，昌隆改封玉真公主，所造观便以金仙、玉真为名。武宗会昌中建御容殿于金仙观，宰相李德裕为赞。"另可参考（宋）王溥《唐会要》卷五〇"金仙观"条，《景印文渊阁四库全书》第606册，第639页。

语，弥望而是"。然而梁先生虽已指出圆仁日记"以时代之古，范围之大，鉴别解释，必有裨于治唐史者"，[1]但又没举事例予以证明、辨析。《入唐记》会昌四年八月中条，同样记载了武宗的好色，在此一并讨论。

> 八月中，太后薨——郭氏太和皇后。缘太后有道心，信佛法，每条流僧尼时，皆有词谏。皇帝进药酒，与药杀矣。又义阳殿皇后萧氏是今上阿娘，甚有容，今上召纳为妃。而太后不奉命。天子索弓射杀，箭透人胸中而薨。[2]

引文中太和皇后为"元和皇后"之误，指唐宪宗懿安皇后郭氏。[3]两唐书后妃传皆载有传，记其殁于大中年间，即圆仁所记四年之后，死因是"养礼稍薄，后郁郁不聊"，[4]而并非崇尚佛法，被唐武宗毒杀。《入唐记》又说唐穆宗后萧氏貌美，武宗想娶为妃妾。萧氏不从，被武宗以弓箭射死，这就更荒诞离谱了。"义阳殿皇后萧氏"[5]指唐穆宗贞献皇后萧氏，与唐武宗为母子（非亲生）关系，故可称为唐武宗的"阿娘"（唐代长安方言）。另外根据小野胜年的注释，萧后于元和四年（809）生唐文宗，即使以当年十五岁计，至会昌四年时也已年近五十岁，而唐武宗生于元和九年（814），比萧

1　梁容若：《圆仁与其〈入唐求法巡礼行记〉》，收录于张曼涛《中日佛教关系研究》，台北大乘文化出版社，1978，第239~241页。

2　圆仁：《入唐记》卷四，第445页。

3　（宋）王溥《唐会要》卷三："宪宗皇后郭氏，元和五年闰正月册为皇太后，大中二年五月二十一日忌，其年七月，上尊谥曰懿安皇太后。"（《景印文渊阁四库全书》第606册，第21页）

4　《新唐书》卷七七《后妃传下》："宣宗立，后，诸子也而母。郑（氏）故侍儿，有襄怨。帝奉养礼稍薄，后郁郁不聊，与一二侍人登勤政楼，将自陨，左右共持之。帝闻不喜，是夕后暴崩。"（第3505页）

5　（宋）王溥《唐会要》卷三："皇后萧氏，宝应三年三月册为皇太后，大中元年四月十五日忌，其年八月上尊谥曰正献皇太后。"（《景印文渊阁四库全书》第606册，第21页）"宝应三年"误，应为"宝历三年"，参见《旧唐书》卷五二《后妃下·穆宗贞献皇后萧氏传》，第2200页。

后所生唐文宗还要小六岁，所以她再貌美对武宗而言也过于年老。《入唐记》中对于武宗的这些恶言秽语，未必出自圆仁自造，但极有可能是从遭受"废佛"之难的僧徒中听来的。当时，僧侣们在忍气吞声之余，亦不免造谣中伤武宗，以动摇人心。

其次解读会昌四年七月十五日条记事。在上条记事中，圆仁通过引用敕令、唐朝规定、习俗、街巷传闻等材料，以及圆仁本人的评论，斥责唐武宗迷信道教、毁损佛教并染指女道士的丑陋行径。七月十五日条主要以"假托"手法，通过"百姓""城中人"之口斥责武宗的恶行。

①城中诸寺七月十五日供养……敕令诸寺佛殿供养花药等尽般到兴唐观，祭天尊。十五日，天子驾兴观里，召百姓令看。百姓骂云："夺佛供养祭鬼神，谁肯观看！"天子怪百姓不来。

②打路府兵入他界不得，但在界首。频有敕催，怪无消息："征兵多时，都不闻征罚者何？"……寻常街里被斩尸骸满路，血流湿土为泥。看人满于道路。天子时时看来，旗枪交横辽乱。

③今年已来，每雨少时，功德使奉敕帖诸寺观，令转经祈雨。感得雨时，道士偏蒙恩赏，僧尼寂寥无事。城中人笑曰："祈雨即恼乱师僧，赏物即偏与道士。"[1]

①指盂兰盆会之事。根据圆仁记载，唐武宗没收了长安城内诸寺院的供养之物，将这些供物都给了道观，并命市民去唐兴观参拜。"夺佛供养祭鬼神，谁肯观看"一语，虽然可能道出了百姓对武宗偏信道教的态度，但不难想象这更是圆仁真实情感和心声的流

1　圆仁：《入唐记》卷四，第440~441页。

露。圆仁以间接渲染的方式，通过长安民众的情绪反应，嘲讽唐武宗的愚蠢行为。即以一种"假托"的手法，将之巧妙地寄托于"百姓""城中人"之口"骂云"，一方面增加了传言的真实可信，表现了百姓对武宗的嫌恶，增强批判的力度。另一方面，万一圆仁日记被唐朝官方发现，也并非出于圆仁之口，圆仁不过是忠实于记载来塞责，不失为一种考虑。

②部分更像是一则精短、完整的小说，前文在讨论"杀路府叛军"情节时已有展开。当时，由于平叛军集结在界首不积极深入，引得唐武宗十分不满，不断派遣敕使前去催促。各军怕受处分，就捉界首附近的牧牛儿和农夫来充数，送到京城由神策军斩杀示众。尽管唐武宗亲临杀俘现场观看时也有人诉说事情真相，但武宗仍然没有改弦更张，赦免这些无辜百姓，而是继续以血腥武力杀戮威慑，这更彰显出唐武宗的暴戾。会昌四年九月，路府大败后，主犯刘从简头被"三锋枪头穿之，杆高三丈余，上头题名，先绕两市，进入内里"，天子坐银台门楼上看，大笑曰："照义已破。今未除者，唯是天下寺舍，兼条流僧尼，都未了。卿等知否？"武宗在残忍地屠杀路府叛军后，"大笑"道从此以后要专心对付僧尼，令人不寒而栗。前文已经讨论过这段文本与史实不合之处，圆仁对武宗暴虐的虚构由此可见一斑。

③圆仁同样以城中人口吻，指责唐武宗是非不分。天旱之时令佛寺道观共同"转经祈雨"，降雨之后却重赏道士、无视僧尼，由此引发城中人的嘲弄。所谓"城中人笑曰"云云，是否真实来自长安坊间传闻已无可查证，但作为一种行文的修辞手法，圆仁无疑是以城中民众的视角，批判武宗偏袒道教的荒唐行为。

总体来看，圆仁在唐期间，经历了唐文宗、唐武宗、唐宣宗三个皇帝，但因为唐武宗倡导废佛的缘故，圆仁作为废佛事件的受害者，最有切肤之痛，因此对唐武宗的描述用墨最多。在描述武宗苛刻佛教、偏护道教方面，圆仁毫不吝惜笔墨，通过大量细节描写，

表现武宗的偏执与是非不分。圆仁在描述唐武宗的暴行时，多使用
"假托"手法，这一方面固然可视为一种叙事策略，显得很写实、
很客观，但另一方面也说明这些记载都并非出自圆仁所见，而是源
于道听途说。正如滨田宽通过研究圆仁《入唐记》中，对唐武宗的
称呼有"今上""皇帝"等的变化，指出圆仁《入唐记》关于唐武
宗的描述在文本上的重要特征是"多引用别的文献"，换言之，圆
仁描述武宗偏信道教、荒淫残暴等恶行的事件，"并非圆仁亲睹之
事实，而是多采用流传于长安街巷的传闻，或者引用自其他文献
的记载"。[1]因此圆仁《入唐记》关于武宗的记事，具有很大的虚构
性，正是在真实与虚构之间，圆仁的叙述立场和态度一览无遗。

佛教徒的情绪

　　会昌四年十月条、十一月条，以及会昌五年正月三日条、二
月十日条、三月三日条、三月至四月条主要围绕唐武宗在大明宫筑
仙台，命道士作法以升天展开记事。下文将主要围绕会昌四年十月
条、会昌五年三月三日条展开。首先来看会昌四年十月条唐武宗勒
令两军修筑仙台的记事。

> 　　敕令两军于内里筑仙台。敕令两军于内里筑仙台，高
> 百五十尺。十月起首，每日使左右神策军健三千人般土筑造。
> 皇帝意切，欲得早成，每日有敕催筑。两军都虞候把棒检校。
> 皇帝因行见，问内长官云："把棒者何人？"长官奏曰："护军都
> 虞候勾当筑台。"皇帝宣曰："不要你把棒勾当。须自担土。"便
> 交般土。后时又驾筑台所，皇帝自索弓，无故射杀虞候一人，

────────────
1　濱田寛「『入唐求法巡礼行記』における『行記』としての位相」日記文学研究会編『日記文学
　研究誌』創刊号、1999 年 4 月、1–10 頁。

无道之极也！[1]

唐武宗在道士赵归真的煽动下，决意动用三千护卫军在宫内搬土修筑仙台。关于望仙台修筑工事，《唐语林》卷一："武宗于大明筑望仙台，其势中天。"[2]《唐会要》卷五〇："始会昌中，武宗好神仙之事，于大明宫筑台，号曰望仙。"[3] 可见，唐武宗在大明宫内筑仙台一事属实。因修筑工事太慢，武宗不断催促。圆仁记载了武宗射死虞候之事，并直接点评为"无道之极也！"事实上，或许与圆仁僧侣身份及其性格温和有关，或许与圆仁在长安时已经年过不惑有关，圆仁《入唐记》中直接表现愤怒的词语极为罕见。

上野英子以《入唐记》中圆仁的"自我表现"为关注点，通过分析《入唐记》中的感情表现，指出整部《入唐记》含有直接表现感情用语的章节仅占据极少的部分。《入唐记》共四卷，字数超过七万，直接表现情感的部分仅可以列举七十三例，而且使用到感情类语言的仅有五十例（如果除去重复使用的相同词语外，仅余四十例），如果通读整部《入唐记》，不能不说在圆仁波澜万丈的求法生活中，圆仁对于自我情感的率直表现的谨慎。[4] 另外，从这有限的感情表现的种类来看，倾向性十分明显。其中对于恐怖、恐惧的表现约有二十例，其中有十三例都是在航海过程中遭遇暴风雨，生命遇到危险时所使用的"辛苦无极""惊怕殊多""极以艰辛"等感情色彩极为强烈的词语，其中对于愤怒的直接表现仅有两例，"无道之极"和"可笑称意"，且这两例都是针对唐武宗的愤怒评价，类似的直接宣泄情

1　圆仁：《入唐记》卷四，第450页。
2　（宋）王谠撰，周勋补校证《唐语林校证》卷一，中华书局，1979，第81页。
3　（宋）王溥：《唐会要》卷五〇《尊崇道教》，《景印文渊阁四库全书》第606册，第647页。
4　上野英子「『入唐求法巡礼行記』の記述様式にみる自己表出性」『実践国文学』第20号、1981年10月、23-35頁。

感的词语几乎再没有出现过，足见圆仁心里深处对唐武宗的极度愤恨。

武宗急于修筑仙台，不给筑台夫休假而引起骚乱。圆仁《入唐记》卷四对于唐武宗的残暴、无辜虐杀也有详尽的记载。十月起首，每日使左右神策军健三千人搬运土筑造望仙台，唐武宗迫切希望，便日日催促筑造工事。

> 会昌五年二月十日，寒食。从前已来，准式赐七日暇。筑台夫每日三千官健，寒食之节，不蒙放出，怨恨把器伏。三千人一时衔声。皇帝惊怕，每人赐三匹绢，放三日暇。[1]

按照唐代的"假宁令"："诸元日冬至并给假七日，节前三日节后三日，寒食通清明给假四日。"[2]唐武宗急于成仙，因此逼迫筑台夫加紧修筑望仙台工事，三千筑台夫怨恨不已，均停止劳作，只是拿着工具跪伏在地，默然不语，以示反抗。武宗惧怕，才给筑台夫赐绢帛、放假休息。会昌五年三月三日，望仙台终于筑成，皇帝、两军中尉、道士等登台。会昌五年三月三日条仙台筑成时的记事如下。

> ①见说：仙台高百五十尺，上头周圆与七间殿基齐。上起五峰楼。中外之人尽得遥见孤山高耸。般终南山盘石作四山崖，龛窟盘道，克饰精妙，便栽松柏奇异之树，可笑称意。
> ②在台上怪道士云："朕两度上台，卿等未有一人登仙者，何意？"道士奏曰："缘国中尺教与道教并行，黑气越著，碍于

1　圆仁：《入唐记》卷四，第 453 页。

2　（宋）王溥《唐会要》卷八二："（开元）二十四年二月十一日敕：寒食清明四月四日为假。"《景印文渊阁四库全书》第 607 册，第 250 页。

仙道，所以登仙不得。"人君宣两街功德使云："卿知否？朕若是：何师尽不要也！"数日后敕下：天下僧尼五十以下尽勒还俗，递归本贯讫。

③皇帝宣云："般土之坑极深，令人恐畏不安。朕欲得填之。事须祭台之日，假道设斋庆台，总追两街僧尼集左军里，斩其头，用填坑者。"……诸市僧尼亦闻斯事，魂魄失守，不知所向。圆仁通状，请情愿还俗，欲归本国。[1]

①描写仙台筑成后的样子，"仙台高百五十尺，上头周圆与七间殿基齐"，又搜集来终南山盘石、松柏装饰，但在圆仁看来不过是"可笑称意"。

②中写武宗登仙台而未能成仙，心里郁闷，又听信道士谗言，称佛教黑气阻碍武宗成仙之道，又迫害僧尼。

③中从"皇帝宣云"至"不知所向"，都是圆仁从别的资料引用而来的部分。"圆仁通状"之后的部分，才是和引用材料相关的自身体验的记载，因此这一部分看似在废佛记事之外的记录，实际上可能是圆仁作为日次记事的最原始的记录，而"皇帝宣云"这一引用部分的介入，造成整个文本对于日期的不可还原和破坏。那么，其目的是什么？"皇帝宣云"的内容，一言以概之，便是唐武宗欲以设斋庆台为借口，诓骗长安城僧尼聚集至左军里，斩杀其头颅来填筑台而挖的深坑。这件事如果属实，则唐武宗的险恶用心令人发指。

圆仁对武宗的集中描写与丑化，多涉及武宗耽于道教。会昌五年正月，武宗受道士赵归真蛊惑，敕令在市集购买稀奇古怪的炼丹药材，如李子衣、桃毛、生鸡膜、龟毛、兔角等，会昌五年九月十日："近有敕，令诸道进年十五岁童男童女心胆。亦是被道士诓惑

1　圆仁：《入唐记》卷四，第454~455页。

也。"[1]此时的圆仁早已经离开长安，自然没有直接目睹唐武宗的这些乖戾行为，他对武宗这种非理性行为的刻画，大多来自道听途说，从这层意义上说，他并非一个没有偏见的、客观冷静的观察者。

虽然武宗个性乖张，但仍是一个想在政治上有所作为的君主，其与名臣李德裕的合作，也被后世称为君臣共治的典范。[2]武宗在位六年内，针对唐朝后期的宦官专权、藩镇割据、回鹘扰边等众多积弊，进行了卓有成效的整顿，在政治上算是小有作为。[3]但唐武宗沉迷道教的行为，深为后世所诟病，其英年早逝也是大量服用丹药的结果。但无论如何，很难想象武宗会做出下诏弑杀郭太后、预谋坑杀京城僧人等荒唐事，这恐怕是反对者故意抹黑武宗而制造的流言。圆仁不加审辨，以为信实地记录下来。某种程度上，不正是圆仁倾向性和偏见性的反映？

圆仁《入唐记》会昌四年之后的废佛记事，以渲染唐武宗的偏信道教、迫害佛教的暴虐行为主要情节，其文本经过重新推敲、整理的痕迹鲜明，记述显得相当碎片化。比如围绕着筑仙台一事，片段化的引用、转述其他材料插入文本，日记的原始样态被完全被打乱，这些碎片化的记事附加着圆仁的行动记录，大致以时间顺序松散地并列，这就是圆仁《入唐记》卷四会昌四年至五年部分长安叙事的文本特征。这段记录并非严密地以时间为轴，而是以情节、记事为优先，因此在整个《入唐记》构成中显得极为特殊，其理由大概就在于废佛记事不是圆仁自己直接目睹的情报，而是从别的资料或传闻引用而来，这就意味着废佛记事不是单纯的资料引用的产

1　圆仁：《入唐记》卷四，第452页。

2　李济沧：《圆仁与李德裕——〈入唐求法巡礼行记〉所记扬州的李德裕》，《首都师范大学学报》（社会科学版）1995年第2期。

3　（宋）司马光《资治通鉴》卷第二四六《唐纪六十二》评价即位前的唐武宗："沉毅有断，喜愠不形于色。与安王溶皆素为上所厚，异于诸王。"（第7944页）正史记载虽然不乏粉饰与夸张，然而多少也反映出武宗在内忧外患的局面下，所表现出的英明与果断。

物，而是圆仁按照主题整理、重构的结果。[1]

　　笔者并非要纠缠于圆仁记录的真伪，那是历史学家的兴趣。比较文学意义上的异国形象研究，不是要考证真实，某种程度上可以说虚构的文本更有研究意义。圆仁笔下的唐武宗形象，偏信道教、憎妒佛法，荒淫暴戾、滥杀无辜，奢侈糜烂，好出驾幸，作为长安城的统治者，他一手制造了会昌年间"人吃人的长安城"的血腥形象。圆仁的个人体验在九世纪东亚文化交流的语境下，终于演变成一种历史记忆，作为一种集体无意识，进入日本平安、镰仓时期的文学创作中，而唐武宗对僧侣的大肆迫害，影响了日本文学中的中国君主形象，而长安城也成了囚禁、迫害遣唐使的"恶之都"。

不可靠叙事

　　圆仁《入唐记》废佛期间记事主要是通过三种突转实现的——突然脱离"日记"体，而改为以叙述情节优先的"物语"体，且大量引用敕文、度牒、帖状甚至街巷传闻，并添加"假托"话语和点评，同时出现了情感宣泄式的作者介入，塑造出一个残暴、荒淫的中国皇帝形象。那么，《入唐记》废佛记事部分的文本为何会发生突转？

　　圆仁在长安求法的前期，《入唐记》基本遵循着前几卷惯有的定型化文本，即认真记录日期、地点、人物、活动、斋事、来访者、赠答物品等，行文轻松简短，内容多样丰富，而这也几乎成为日本十世纪出现的《土佐日记》等假名日记的模范文本。[2]这一时期，圆仁不仅专注于日常求法的记录，而且事无巨细地描述了长安城的世态风俗。但随着排佛、废佛浪潮渐至高潮，《入唐记》的叙事开始发生突转——会昌四年（844）之后的文本逐渐脱离了

1　濱田寛「『入唐求法巡礼行記』敕文の引用を巡って」石原昭平編『日記文学新論』、69-85頁。

2　目加田さくを「九世紀渡唐僧日記考」『文芸と思想』第 22 号、1962 年 1 月、31 頁。

既定的"日记"体,有转向"物语体"的倾向,具体表现在:不再添付具体日期,而优先以事件叙述为中心;文体多为长篇;转述、议论成分增加;记录内容也多以政治事件为主,日常事件已完全退出,行文间充满了紧张感。为分析《入唐记》废佛期间记事对"日记体"形式的脱离,不妨将圆仁在长安中后期日记按原文所付日期整理如表4-2。

表4-2 《入唐记》(会昌三年正月至会昌五年五月)记事

时间	《入唐记》所付日期	短篇	中篇	长篇
会昌三年	正月(一日、十七日、十八日、二十七日、二十八日、二十九日) 二月(一日、二十五日) 四月中旬 五月(二十五日、二十六日) 六月(三日、十一日、十三日、二十三日、二十五日、二十七日、二十八日、二十九日) 七月(二日、二十五日、二十七日、二十九日) 八月(十三日、十五日、二十九日) 九月十三日 十一月三日 十二月	18	8	3
会昌四年	二月 三月 七月十五日 八月 九月 十月 十一月	0	2	5
会昌五年	正月三日 二月十日 三月三日 三月至四月 四月至五月 五月(十三日、十四日、十五日、十六日)	1	2	7

注:依据白化文等校注本所附日期整理,时间从会昌二年(842)三月出现废佛征兆起,至会昌五年(845)五月圆仁离开长安城止,即从第440条记事至第500条记事。

据表 4-2 可见，《入唐记》对"日记体"的脱离，首先表现在对以"日"记事形式的淡薄。从表 4-2《入唐记》所付日期一列来看，会昌三年的记事尚能基本保持日记痕迹，至会昌四年则日期基本脱落。现有日期多是小野胜年根据《慈觉大师传》等周边材料补充而成，即使如此，原有的日期和事件也多无法还原，而是置换为以"月"记事，这种情况一致持续到会昌五年五月，待圆仁逃离长安城后，之前按日期记事的日记体才重新得以复原。造成这种情形的要因之一，无疑与废佛期间圆仁行动受到限制，处境岌岌可危，所知有限密切相关。正是这种客观条件的不自由，造成圆仁日记记录的不充分，从而导致其不可靠性记事的产生。

《入唐记》脱离"日记体"的表现之二，便是篇幅的增长。表 4-2 分别列出了会昌三年至会昌五年的长、中、短篇记事数量。所谓短篇为百字以内记事，中篇为百字至三百字之间，长篇为三百字以上记事。由表 4-2 可见，会昌三年的记事，在保持日记体的情况下，以短篇为主，即使那些中篇记事，若剔除掉大量引用的帖文、信件或告示，也与普通的短篇无异，由此可知这一时期的记事还具有日记的备忘录性质，大部分事件还可以根据日期、史料进行还原。但在会昌四年至会昌五年的记事中，长篇记事激增，这与之前的定型化文本呈现出截然不同的特质，内容也逐渐变得庞杂、重复、跳脱，类似于一篇篇有主题、有人物、有对话、有情节、有虚构的物语。

《入唐记》脱离"日记体"的表现之三，是优先以事件为中心。与之前作为公文性质、日事日录的备忘录式日记不同，《入唐记》废佛期间文本，尤其是卷四自会昌四年三月至会昌五年三月部分，每则记事都是围绕一个事件展开的长篇，且主要以唐武宗在废佛事件中的态度和表现为中心，大量引用敕文、奏章、语录、法规、传说等文献，其文本经历推敲和修改的痕迹增强，显示出类似于物语的虚构特征。[1]如会昌四年三月条围绕着唐武宗偏袒道士、憎恶僧尼、邪淫女观等恶行展开，同年七月十五日条讲唐武宗残杀路府叛军、焚毁佛堂的暴行，八月条讲唐武宗毒杀有佛心的太和皇后，九月条讲武宗杀叛军妻女，十月条是武宗听信道士谗言，着神策军修筑仙台之事。这几则连续铺排的长篇记事中，日常事件已经基本退出，反之都可视为以唐武宗为主人公的独立物语来解读。

通过上述分析可见，圆仁在长安求法后期，即从会昌四年三月至会昌五年五月，受"废佛"事件影响，圆仁日记逐渐脱离之前定型化的"日记体"文本，而开始走向"物语体"——其记录方式并非严密地以时间为轴，而是以情节、记事为优先，使得这一部分文本在整个《入唐记》的构成中显得极为特殊。不仅如此，圆仁囿于人身的不自由，这一部分记事中直接目睹的情报信息逐渐弱化，而多引用文献资料或传闻，且圆仁的个人意志在这些记事的主题整理、文献重构中逐渐凸显了出来。

一个显而易见的事实是，圆仁在废佛期间的长安城被迫还俗，身心俱受到威胁。于圆仁而言，此时日记的执笔动机已逐渐从早期的公事记录，转变为个人抒怀。但是，圆仁也非常担心，这份日记万一不幸落入唐朝皇帝或官僚之手，他该如何确保自己及同仁的生命？退一万步讲，假如圆仁能圆满完成求法任务，安全返回日本，也不得不考虑其所在的比叡山僧侣们读到《入唐记》后的反应，正是基于这种种的危机意识和读者"期待视野"，《入唐记》首先在书写形式上发生了突转。这种文体的突转带来的直接影响就是叙事的"不可靠性"。

"不可靠性"是来自韦恩·布思的著名定义，这个概念是指叙事者与文本里隐含作者的规范之间的距离。[2]尽管"不可靠性"主要

---

1 濱田寛「『入唐求法巡礼行記』敕文の引用を巡って」石原昭平編『日記文学新論』、69-85頁。

2 W.C.Booth, *The Rhetoric of Fiction* (Chicago: University of Chicago Press, 1961) ,pp.158~159.

用来解决虚构性作品，但虚构性与非虚构性作品的"不可靠性"的形成，都有一些相似的理由，这包括"叙述者所知有限、个人介入程度以及有问题的价值观"。[1]圆仁《入唐记》融合纪行、日记、史料备忘、个人感悟于一体，吸收物语、传记、对话、独白等叙事策略。笔者并非完全以叙事学理论对《入唐记》做纯阐释学研究，而是以此为启发，对《入唐记》的文学性重新解读，更深层的目的是探讨《入唐记》文体的突转，如何影响了后世日本人的中国想象。

三　圆仁入唐说话流变的思想史考察

"说话"虽是在近代日本才确立的概念，但"说话"一词早在圆珍的《授决集》（884）中已有使用。日本说话集在成书之初，名称及内容受中国同类书籍影响甚巨，其目的多用于传播佛教俗讲及阐明教义，主要包括以"记、录、抄、验记、传、镜、语、物语"等命名的多种文献。日本后世流传着许多关于圆仁的入唐说话，这不仅源于他留下的那部著名的旅行日记《入唐记》，还由于他在长安时曾亲历"会昌废佛"，见证并记录了唐武宗废佛的经过。综上所述，史学家因圆仁记录的"会昌废佛"可补中国史料之阙如，而对其日记进行了多角度的精细研究，但日本诸种佛教说话集对圆仁入唐遭遇"会昌废佛"的解说，却鲜有余力及此并观其会通者。笔者不揣简陋，以日本平安朝涉及圆仁说话的一代文献为基础，结合圆仁僧传、日记等周边史料，考述圆仁入唐说话流变，探讨其背后所折射的思想史问题。

1　Shlomith Rimmon-Kenan, *Narrative Fiction: Contemporary Poetics* (London:Metheun,1983), p.100.

　　《今昔物语集》卷一一第一一话《慈觉大师亘宋传显密法归来语》，记载了圆仁入唐求法巡礼时在唐遭遇废佛事件，逃亡绞缬城的故事。与《今昔物语集》卷一一所收录其他高僧说话相比，圆仁说话对"在唐遭遇凶险、苦难"的描写最为详细，这与其他高僧说话专注于记载在唐求法的日常活动不同。这则说话慢节奏、放大化地渲染了圆仁在唐的悲惨遭遇，说话的主要情节围绕着圆仁如何逃离专用人血染布的"绞缬城"展开，而这里的"绞缬城"，无疑是以废佛期间的长安城为原型虚构而成。说话中迫害圆仁的罪魁祸首"惠正皇帝"，应该就是被误记的唐武宗。圆仁这段颇富灵异色彩的说话，可被视为他在会昌废佛期间遭遇的一个缩影。从这一点也可以看出圆仁《入唐记》对日本平安时代说话文学的影响。

　　《今昔物语集》是平安末期日本佛教说话集的集大成之作，以《今昔物语集》中收录的圆仁说话为分水岭，佛教说话集对圆仁僧传的叙述逐渐脱落，转而倾向于阐释其入唐遭遇的迫害，这种流变折射出日本在"佛法东渐"思想体系化过程中的"本朝优位意识"。圆仁既是"会昌废佛"的见证者，又是将佛法东渐至日本的关键人物，佛教说话集对圆仁入唐遭遇的反复讲述，折射出这一时代日本知识阶层的中国想象，正是在对这种中国形象的阐释与建构中，平安后期的僧儒实现了对日本优越性的历史叙述。

早期说话中的僧传中心主义

　　日本古文献中关于圆仁说话的最早记载，可见于源为宪（？～1011）为尊子内亲王编写的佛教启蒙书《三宝绘词》（又称《三宝绘》，984 年成书），分别讲述佛、法、僧三宝之功德。《三宝绘》原由三卷绘及绘词构成，今仅存绘词。绘词部分有上、中、下三卷，上卷讲述释迦本生故事，中卷记载本朝高僧传记，下卷解说年中佛会来历及法事等。圆仁说话并未见于中卷的高僧传，而是收录于下卷"比叡舍利会"条，这大概由于《三宝绘》的高僧传多承袭自《日本灵异记》，尚未形成自己独立的品格。[1]《三宝绘》中的圆仁说话虽是为讲述舍利会的来历，但其叙述的节奏却与当时通行的高僧传写法并无二致。"比叡舍利会"条以比叡山舍利会创始人圆仁的传记为中心，逐一讲述圆仁俗姓、出身及诞生时的紫云之瑞，广智菩萨嘱其父母善养，后拜入最澄门下，渡唐传来舍利会，等等。其传记部分如下：

> 舍利会自慈觉大师始行也。大师，下野国人也。生时家中有紫云覆舍。国中有圣僧，人称广智菩萨。遥望紫云之瑞，至其家。诫其父母：善能爱养此子……承和五年渡唐。往天台山登五台山。如是经年求法，遍谒名德道场。唐土人云：我国佛法，尽随和尚东去。承和十四年归朝。[2]

《三宝绘》中这段圆仁传记出典自《日本三代实录》（后文简称《三代实录》，901 年成书）贞观六年（864）正月十四条圆仁卒传。尽管现存圆仁传记并不止卒传这一种版本，[3]但《三宝绘》是以《三代实录》圆仁卒传为祖本却已成学界共识。这里还可添举两条例证：其一，《三宝绘》下卷第七话载淳和院正子内亲王事迹时，源为宪明确注记有根据"《日本三代实录》"而来，[4]由此可知《三宝绘》与《三代实录》之书承关系。其二，单从文脉上进行分析，《三宝绘》与

1　野口武司「『今昔物語集』の研究：『日本往生極楽記』『大日本法華験記』両書との関係を中心として」『信州豊南女子短期大学紀要』第 2 号、1984、209-336 頁。

2　源為憲「三宝絵」馬淵和夫、小泉弘校注、佐竹昭広等編『新日本古典文学大系 31』岩波書店、1997、177-178 頁。

3　现存圆仁传大约有四种版本，分别是宽平本、三千院本、三代实录本和别传本。关于圆仁传记的研究可参考小野勝年編訳『三千院本慈覚大師伝』五典書院、1967；佐伯有清『慈覚大師伝の研究』吉川弘文館、1986。

4　源為憲「三宝絵」馬淵和夫、小泉弘校注、佐竹昭広等編『新日本古典文学大系 31』、156 頁。

《三代实录》圆仁卒传的近似度也比其他版本更高。[1]但是,《三宝绘》圆仁传记仍然只能说是《三代实录》卒传的缩简本,因为圆仁卒传是长达 2330 字(据新订增补国史大系版)的汉文体生平略记,而《三宝绘》载圆仁传记仅有二百字(据前田家本汉文体),可见作者源为宪是在大幅度删减《三代实录》圆仁卒传的基础上,重新构建了《三宝绘》的文本。那么,圆仁卒传中哪些内容被删除?又有哪些得以保留?这对于我们观察圆仁说话的流变至关重要。

《三代实录》圆仁卒传的内容可分为三部分,即(1)俗姓出身及出家;(2)入唐求法及遇难;(3)归朝后弘扬佛法。这三部分内容字数大致相同,在结构上比较均衡,其中"(1)俗姓出身及出家"部分,遵循"圆仁俗姓、出身——出生时现紫云祥瑞——广智菩萨嘱其父母善养——梦遇大德最澄大师——登比叡山拜谒大师门下"这样一种叙事序列,这一叙事模式成为以《三宝绘》为首的后世说话集中圆仁传记的范本。但是,《三宝绘》显然删除了《三代实录》中那些富有文学性的段落,如圆仁梦遇最澄的场景:

> 梦见一大德,颜色清朗,长六七尺,即就其边,瞻仰礼拜。大德含笑。摩顶语话。傍有人,问云:"汝知大德否?"答云:"不知。"傍人云:"此是叡山大师也。"大同末年,随缘入京,适登叡山,谒觐最澄大师,瞻视颜貌,一如昔梦。最澄大师含笑语话,如梦所见。窃自知之,不向人说。[2]

这段以对话、梦喻等方式揭示圆仁与最澄的邂逅,充满着不可思议的神秘色彩,这种近乎"神圣叙事"的方式在《三宝绘》中虽已改为平铺直叙,但关于圆仁生平的基本要素却没有改变,这与下

---

1 详见横田隆志论文对两种文本进行的比较分析。横田隆志「舍利をめぐる法会と説話——『三宝绘』下卷「比叡舍利会」を読む」『国語と国文学』第 77 卷第 12 号、2000 年 12 月、7-19 頁。
2 藤原時平『日本三代実録』黒板勝美、国史大系編修会編『国史大系 第 4 卷』、124 頁。

文将要讨论的"（2）入唐求法及遇难"部分形成鲜明对比。

《三代实录》圆仁卒传"（2）入唐求法及遇难"部分，基本遵照《入唐记》的记载，以时间、地点为经纬，简略还原了圆仁在唐的诸种经历。如卒传从承和五年（838）圆仁到达扬州写起，先写其意欲巡礼天台及五台等圣迹，不被唐朝廷允许。于是圆仁自行下船，遇海贼险些遇难。后赴登州，登赤山法华院。开成五年（839），入五台山。礼拜圣迹时，又路遇狮子："彼师子，犹在前路，蹲居不动。更复却走二三里许，弥增惊恐。数刻之后，亦渐进行，师子犹在不去。遥见人来，即便起立入重雾中，无复所见。"[1]这段同样是以虚幻的笔法，将《入唐记》中散见的文殊信仰，附着在"狮子"这一意象上，虚构出的奇瑞之兆。这些内容在《三宝绘》中悉数被删减。[2]另外，卒传还详细记载了圆仁在长安寺院求法之事，但对会昌废佛的记述却是一笔带过。

> 会昌天子毁灭佛法，经历三年，既绝归思。俄而军里下牒云："外国僧等，宜早归本贯。"因得出城。才至城门，大理寺卿中散大夫赐紫金鱼袋杨敬之等特致劳问。金云："我国佛法既已灭尽，佛法随和尚东去。自今以后，若有求法者，必当向日本国也。"[3]

上述《三代实录》的内容在《三宝绘》中全部被删减，另外《三宝绘》对《三代实录》"（3）归朝后弘扬佛法"部分的化用，与僧传部分大致相同。也就是说，《三宝绘》最大篇幅地删减了卒传中关于入唐求法及遇难的内容。

这种编纂倾向持续影响了继《三宝绘》之后成书的几种说话集。

1　藤原時平『日本三代実録』、黒板勝美、国史大系編修会編『国史大系　第 4 巻』、125 頁。
2　福井康順「慈覚大師別傳の形成」福井康順編『慈覚大師研究』天台学会、1964、781 頁。
3　藤原時平『日本三代実録』、黒板勝美、国史大系編修会編『国史大系　第 4 巻』、126 頁。

如庆滋保胤（933~1002）著《日本往生极乐记》（后文简称《往生极乐记》，985~987 年成书）。《往生极乐记》收录了以圣德太子为首的广及皇族、僧侣及庶民共四十二人的传记，其中与比叡山佛教相关的寺名、人物多有出现，且凸显比叡山佛教的意识很是强烈，[1] 这在其记载的圆仁说话中也不例外。《往生极乐记》中的圆仁说话虽承袭自《三宝绘》，但与后者将圆仁说话附于法会之列不同，《往生极乐记》将圆仁说话独立出来，并且在排列的顺序上发生了微妙的变化，使其紧居圣德太子、行基菩萨及善谢之后，位列第四。然而，与《三宝绘》一脉相承的是，《往生极乐记》对圆仁入唐经历的记述也是一笔带过："承和二年以选入唐。一纪之间登五台山。到诸道场。遍谒名德。受学显密。承和十四年归朝"，[2] 且对圆仁在唐遭遇废佛之事未曾提及。

《往生极乐记》中的圆仁说话及其配列顺序被其后的《大日本国法华验记》（后文简称《法华验记》）原样继承，且《法华验记》中有十话与《往生极乐记》重复，因此二者之间的书承关系基本可以确定。[3]《法华验记》是比叡山僧侣镇源受宋僧义寂撰写《法华验记》的触发，于长久年间（1040~1044）所撰，主要讲述《法华经》持经者的灵验故事。《法华验记》对圆仁故事的记载基本与《三宝绘》《往生极乐记》相同，但增补了圆仁从唐朝归日本后的一些事迹，这显示了镇源根据所属的比叡山天台宗，继承先行文献来陈述日本佛法史的痕迹。与前两种说话集相同，《法华验记》对于圆仁入唐的记载仍然是一笔带过："承和二年以选入唐。往天台山登五台山。多年经回遍谒名德。受学显教密教。大唐人言。我国佛法。和

1　渡辺守順「日本往生極楽記における叡山仏教」『印度學佛教學研究』第 36 卷第 2 号、1988、595-602 頁。

2　慶滋保胤『日本往生極楽記』井上光貞、大曽根章介校注、佐竹昭広等編『日本思想大系 7　往生伝 法華験記』岩波書店、1974、503 頁。

3　永藤靖「『日本往生極楽記』と『大日本国法華験記』の世界」『国文学：解釈と鑑賞』第 72 卷第 8 号、2007 年 8 月、42-52 頁。

尚尽学移传日本矣。承和十四年归朝。"[1]另外,《法华验记》对于圆仁在唐遭遇废佛之事也没有提及。

　　日本说话集中较早提及会昌废佛的文献,是院政期硕儒大江匡房(1041~1111)所撰《本朝神仙传》,云:"奏公家入大唐,究学真言止观之道。逢七人圣僧,写(泻)瓶密教。逢会昌天子破灭佛法,大师逢此丧乱,还得多佛像经论。遂得归朝。"[2]《本朝神仙传》对圆仁传记的书写相当简略,文末附"事详别传,今记大概",这里的"别传"即指《慈觉大师传》,[3]《本朝神仙传》对圆仁入唐遭遇废佛的记载与《慈觉大师传》几乎同文,仅此简单的一笔,由此知这一时期圆仁说话与其传记之间的密切关系。

　　如果对上述四种圆仁说话进行小结,可以得出如下结论。一是随着十世纪初圆仁几种传记的成书,圆仁说话开始被收录于佛教说话集中。早期的圆仁说话带有强烈的僧传痕迹,基本上遵循"出生祥瑞——师事广智、最澄——入唐求法——归朝传法"这样一种叙事序列,以圆仁的生平传记为说话的重心。二是这些说话集中虽然都提及了圆仁入唐,但仅是将"入唐"作为圆仁生平传记的组成部分,并没有展开叙述,尤其是对于圆仁遭遇"会昌废佛"一事,除《本朝神仙传》略有提及之外,其他说话集都没有记载。然而,这种情况在十二世纪初成书的《今昔物语集》中,却发生了重要转变。

平安末期圆仁说话中的长安面影

　　《今昔物语集》(1130~1150)是平安朝末期成书的佛教说话集,

1　鎮源『大日本国法華経験記』井上光貞、大曽根章介校注、佐竹昭広等編『日本思想大系　7　往生伝　法華験記』、515頁。
2　大江匡房「本朝神仙伝」井上光貞、大曽根章介校注、佐竹昭広等編『日本思想大系　7　往生伝　法華験記』、582頁。
3　菅原信海「本朝神仙伝についての一問題——慈覚大師円仁伝を中心として」『フィロソフィア』第53号、1968年3月、35-49頁。

也是日本文学史上的一座丰碑。《今昔物语集》共记载了三则圆仁说话，分别是卷一一本朝佛法部所收第一一话《慈觉大师赴宋传来显密二法》、卷一一第二七话《慈觉大师始建楞院》、卷一二第九话《比叡山举办舍利会》，如果将这三话合起来，则是一篇完整的圆仁传记，其中第一话讲圆仁的出生及入唐，后两话陈述圆仁归朝后的事迹。《今昔物语集》将这三话切开分配在高僧传、寺院缘起、法会等不同章节的编纂手法，在整部说话集中很是常见，这大概源于编纂者明显地是以日本佛教的成立史贯穿其中，并将佛法与王权相对应。这种编纂意识作用下的圆仁说话，便与之前的说话集鲜明地区别开来，同时由于《今昔物语集》的划时代影响，十二世纪之后的圆仁说话由此发生转折。

我们仍然以圆仁入唐说话为焦点——《今昔物语集》卷一一第一一话，这一话大约可被视为日本佛教说话文学史上圆仁故事的分水岭，圆仁入唐遭遇法难的说话由此逐渐独立成篇，并成为近代圆仁题材小说的渊薮。卷一一第一一话从结构上可分为两部分，第一至三段蹈袭上述几种文献中的圆仁传记——《三宝绘》下卷第十六、《往生极乐记》第四、《法华验记》上卷四等，遵循祥瑞出生、广智嘱其父母善养、梦遇传教大师、渡唐这样一种叙事序列，但第一一话后半部分，也即第四段至结尾，突转至圆仁在唐土的受害想象，情节离奇，与之前的佛教说话集极为不同，我们不妨来细读一下这段文本。

第一一话后半部以相当生动的笔致叙述了圆仁入唐求法时，在唐遭遇武宗灭佛，朝廷如何下令捣毁寺庙佛塔，焚烧佛经，捉拿僧人勒令还俗等经历。圆仁在逃亡途中，误入"绞缬城"，城里人通过杀人取血染布为生。圆仁到这座城前，但见城墙异常坚固，戒备森严，圆仁上前询问，声称自己是从日本来求法的僧人，正赶上唐朝灭佛，所以想暂时隐居起来。城里人诳骗圆仁，这是一富家宅院，极为安静，可在此隐居，等世道太平后，再出世求法。圆仁刚进城，城门随即被锁上了。起初，圆仁为找到如此宁静的地方感到庆幸，但很快便发现城里有许多房间传来呻吟声。窥视之下，他发现有个人被缚吊在天井下，下面放了一个壶，鲜血不断地滴进壶里。圆仁又到别处也听到呻吟声，他看见许多面色铁青、形容枯槁的人横卧在那里。其中一人伸出骨瘦如柴的胳膊，用木片在地上给圆仁写下了这座城的秘密。

> 此处是绞缬城，不明真相的人来了之后，他们先给吃哑药，后给吃肥药。然后把人高高吊起，一处处地用刀刺破，使血滴到罐子里，再用它来绞染布匹出售……[1]

圆仁读完这些，魂惊魄散，呆然而立。他回到自己的住处，果然如那人所说，有人端来芝麻状食物。圆仁佯装吃过饭食，骗过来人之后，迅速向日本神佛合掌祈愿离开，这时，一条大狗出现，将圆仁拽到一个水流湍急的出水口逃出。圆仁欣喜落泪，由此躲过一劫。由此可知，第一一话后半部主要是以这座恐怖阴森的"绞缬城"为舞台展开，紧张地表现了圆仁在唐土遭受迫害的恐惧，充满了想象力。

关于"绞缬城"的出典问题，一直是困扰学界的一个谜。有些学者通过"倒吊""取血""染布"等蛛丝马迹，追溯这则说话与《太平广记》的可能联系，[2]但讨论的结果并不能让人十分折服。笔者以为，"绞缬"与圆仁入唐说话的最近似联系，可见于《入唐求法巡礼行记》中圆仁离开长安城时的记事："任判官施夹缬一匹。辛长史见来，便交裁作褐衫。"[3]是时，唐人任判官、辛长史等来送行，任判官赠送给圆仁的便是一匹"夹缬"，辛长史令人裁作了罩衫，让圆

1　张龙妹校注《今昔物语集》，北京编译社译，人民文学出版社，2008，第 34 页。
2　東元佐和子「纐纈城説話をめぐって」『國文學論叢』第 43 号、1998 年 2 月、58-64 頁。
3　圆仁：《入唐记》，第 468 页。

仁穿上伪装还俗，得以逃离长安。此处"夹缬"即是"绞缬"的别称。"绞缬"本是起源于中国战国时期的一种民间染花工艺，至隋唐盛极一时，后经遣唐使传入日本，并深得奈良平安朝贵族喜爱。《今昔物语集》之所以取"绞缬"来命名唐土的染布之所，一方面与圆仁日记中的记事不无关系，另一方面也说明了"绞缬"在古代中日文化交流中的重要地位。

　　自《今昔物语集》始，日本佛教说话集中的圆仁说话，便转向了以入唐遭遇废佛而逃亡"绞缬城"为主要情节。如僧侣荣源所撰《打闻集》（1134），现仅存下卷一册，收录有二十七话及十余篇笔记。《打闻集》中二十七话无一例外都是佛教灵验说话，其中第一八话《慈觉大师入唐间事》便是承袭自《今昔物语集》中的圆仁说话，但《打闻集》删减了《今昔物语集》第一一话前半部的圆仁传记，直接以圆仁入唐开篇：

　　　　很久以前，慈觉大师入唐时，适逢会昌天子破灭佛法之际。下令捣毁佛塔堂宇，迫使法师等僧人还俗。[1]

　　《打闻集》中圆仁遇难的情节与《今昔物语集》几乎一致，但《打闻集》似乎更加注重渲染唐土的恐怖气氛。从《打闻集》成书的思想史背景来看，当时以三善为康《后拾遗往生传》为代表的诸多往生传作品占据主流，这些往生传中收录的主要是寺院之外那些心存往生之念的笃实信众的故事，是以救赎灵魂为指导方针的佛教说话集。《打闻集》虽说与往生传类作品相关，但作者荣源似乎并没有特别记录自己在这方面的想法，他对天台净土教也没有表现出特别的关心，因此《打闻集》中的往生说话只有一例。从这点可以窥见，《打闻集》中的佛教并不是以救济信仰者的灵魂为方法，而

---

[1]　中島悦次『宇治拾遺物語・打聞集全註解』有精堂、1970、643 頁。

是"以国家社会为关注对象，主要收录祈祷镇国护国的佛法灵验故事，将佛法的灵验奇瑞视为弘法、宣教的手段和契机，以达到镇国护国的目的"。[1]因此《打闻集》对佛僧受到迫害以及佛经佛像传来的苦难说话比较偏重，这也是其省略圆仁僧传而专注讲述其在唐遇难的缘由。

继《打闻集》之后收录圆仁说话的《宇治拾遗物语》（约1212~1221年成书），是平安末镰仓初期日本最为重要的说话集，该集卷一三第一〇话《慈觉大师入绞缬城事》开篇云："很久以前，慈觉大师为习佛法，远渡唐土。适遇会昌年中，唐武宗破灭佛法，捣毁堂塔，抓捕僧尼，或令其还俗。大师被迫逃亡……"[2]与《打闻集》相同，《宇治拾遗物语》开篇也省略了圆仁传记，直接从圆仁入唐遭遇灭佛开始，节奏极为紧凑。另外，与《今昔物语集》主要讲述圆仁如何克服在唐土的苦难不同，《宇治拾遗物语》重点刻画的是榨取人血染布的"绞缬城"，并不断从细节上渲染唐土这种令人难以置信的恐怖状况，将冒险渡唐求法的日本高僧作为焦点，讲述其在日本神佛保护之下奇迹般生还的故事。最后，在讲述完圆仁逃出"绞缬城"之后，《宇治拾遗物语》中有这样一段结尾：

> 会昌六年武宗崩。翌年大中元年，宣宗即位，下令中止废佛。[3]

这里对"大中元年"年号及"宣宗"名号的记载，仅见于《宇治拾遗物语》，相较于《今昔物语集》详细表现佛教方面的知识，《宇治拾遗物语》对中国年号、皇帝名号的记载，显示出其编者在

1　小林保治「『打聞集』の特質と方法」を読む会編『打聞集: 研究と本文』笠間書店、1971、14 頁。

2　中島悦次『宇治拾遺物語·打聞集全註解』、502 頁。

3　中島悦次『宇治拾遺物語·打聞集全註解』、504 頁。

中国知识及职掌方面的特长。如此，圆仁逃亡"绞缬城"的说话便被作为信史流传于后世。如镰仓时期愚劝住信的《私聚百因缘集》（1257），是为引导众生往生极乐而编纂的说话集，其卷七第七话《慈觉大师之事》，直接将圆仁逃离长安城的史实与"绞缬城"说话联系起来。近代之后，以"绞缬城"为题材的作品仍不断出现，如大正时期国枝史郎的《神州绞缬城》，以及战后作家田中芳树的《绞缬城奇谭》等。

　　以上梳理了十世纪至十三世纪圆仁说话的流变，为进一步讨论其思想史意义，现将上述内容整理如表 4-3。

表 4-3　十世纪至世纪圆仁说话对照

说话集	成书年代	作者	卷数	内容
《三宝绘》	984 年	源为宪	下卷第一六	传记
《往生极乐记》	985~987 年	庆滋保胤	第四	传记
《法华验记》	1040~1044 年	僧镇源	第四	传记
《今昔物语集》	12 世纪初	未详	卷一一第一一话	传记＋入唐说话
《打闻集》	1134 年	僧荣源	第一八话	入唐说话
《宇治拾遗物语》	13 世纪前半	未详	第一七〇话	入唐说话

　　依据表 4-3 可知，十世纪至十一世纪成书的佛教说话集，基本以圆仁传记为中心，且篇幅短小。以十二世纪初成书的《今昔物语集》为分水岭，后世说话集中的圆仁传记逐渐脱落，其在唐遭遇"会昌废佛"的经历却被放大记载，且以虚构的"绞缬城"为重心，篇幅增大，出现了短篇物语的倾向。那么，以《今昔物语集》为源头，十二世纪之后的佛教说话集为何要刻意突出"会昌废佛"？下文将从圆仁入唐说话中的"佛法东渐"思想切入，探讨说话集对中国法难的强调与宣扬日本佛法优位意识之间的必然联系。

佛法东渐思想与日本优位意识

佛教以印度为源头，经由中国、百济，渐次入日本。作为佛法迟迟传入的国度，日本一度为这种"小国"的劣等意识所笼罩。"日本乃小国也"，这话原出自圣德太子之口。《今昔物语集》卷一一第一话《圣德太子始于本朝传播佛法》中，圣德太子嘱咐身后事时，有言："我已经多少世托生为人身，修行了佛道，如今转生为小国的太子，也不外是为了宣扬佛教教义的奥妙，在这缺乏佛教的国度里，讲解那一乘真理。"[1] 这里的"小国"不单单是指国土规模狭小，还有佛法未至、开化较晚之意。圣德太子说"本朝法无至"，即是说日本原无佛法，如果以佛法为价值基准的话，日本就是这样一个开化较晚的"小国"。

为了实现对佛法最后传入日本这一现实进行心理上的超克，日本古代的知识阶层便试图建构一种"佛法东渐"的理论，这些观点散见于日本的古文献中，[2] 其中又以圆仁相关说话最为多见。如《三宝绘》载圆仁说话文末，唐土人云："我国佛法尽随和尚东去。"《往生极乐记》："凡佛法东流。半是大师之德也。"《法华验记》："大唐人言，我国佛法，和尚尽学移传日本矣。"等等。圆仁之所以被视为"佛法东渐"思想的象征性人物，就在于他留下的那部著名的《入唐记》，翔实地记载了唐代中国的废佛事件，圆仁作为会昌废佛的亲历者与见证者，为日本的"佛法东渐"思想提供了坚实可靠的证据。据《入唐记》记载圆仁逃离长安之际，送行唐人云："此国佛法即无也，佛法东流，自古所言。愿和上努力，早达本国，弘扬

1　张龙妹校注《今昔物语集》，北京编译社译，人民文学出版社，2008，第 9 页。
2　参考荒木浩「仏法東流のこと」荒木浩『説話集の構想と意匠：今昔物語集の成立と前後』勉誠出版、2012、304-314 頁。

佛法。"[1] 这句话在《三代实录》圆仁卒传中被改写为："我国佛法既已灭尽，佛法随和尚东去。自今以后，若有求法者，必当向日本国也。"作为日本正史的《三代实录》，如此便通过圆仁卒传，将"佛法东渐"的思想正式化为一种历史认识。

然而，"佛法东渐"思想的真正普及，却是在平安末期至镰仓时期，且这种凸显日本佛法迎来盛期的本朝优位意识，是以印度佛法走向衰落、中国又遭遇废佛为对比构图，在一种"三国"的佛教世界观中实现的。如安然和尚《教时诤》云："夫言三国者，一天竺国，二震旦国，三日本。……三国诸宗兴废有时，九宗并行，唯我天朝。"[2] "三国"的佛教世界观以及随之而来的日本佛教的自负意识，在《今昔物语集》中走向了系统化。《今昔物语集》的编纂者按照佛教的流播时间，将整部书分为天竺（印度）、震旦（中国）、本朝（日本）三卷，在这种"三国"的佛教世界观下，一方面是表现印度、中国佛法的衰落，另一方面则是凸显本朝佛法的繁荣，从而将"佛法东渐"的思想与"本朝优位"意识密切连接在一起。我们不妨以本朝部说话为例来细剖。

本朝部说话分为僧传和缘起两部分，僧传说话以圣德太子为首，行基、役行者紧随其后，构成了日本佛教的创始者说话。次之是道昭、玄昉（唯识、法相）、道慈（三论）、鉴真（律）等奈良佛教的创始者说话，再次是空海（真言）、最澄（天台）、圆仁、圆珍（显密）等平安佛教的创始者说话。这些僧传说话逐一讲述了奈良、平安朝日本国家佛教的基干，且客观地叙述了法相、三论、律宗为中心的教义，而非特别倾向于哪一种宗派。《今昔物语集》将佛法史、佛法传入史置于这三国说话的开篇位置，这种结构并非偶然，而是与平安时期佛法镇护国家、王法相依的思想密切相关，其中也

1　圆仁:《入唐记》，第 468 页。

2　安然:《教时诤》，《大正新修大藏经》第 75 册，大正一切经刊行会，1972，第 355 页。

可见编纂者大概是想让这本书显示出超乎寻常的权威性。[1] 僧传说话之后，是关于东大寺、兴福寺等寺院以及塔、法会等的缘起，这些内容构成了日本的国家佛教史。由此可以说，《今昔物语集》本朝部的结构序列，其实是编纂者在明确意识到日本佛教史的基础上进行的历史叙事。[2]

在这种明确的历史叙事中，《今昔物语集》中讲述日本对中国佛法优越意识的说话占据着相当大的比重，尤其是在本朝部卷一一的渡唐僧说话群中，如卷一一第四、九、一〇、一二话，分别收录的道昭、空海、最澄、圆珍说话，莫不是如此。这些日本的渡唐僧，在中国普遍表现出惊人的天赋与才能，因此备受中国高僧的赏识与偏重，将衣钵尽传于日本僧人。如卷一一第四话《道昭和尚渡唐传来法相宗》，唐人弟子对玄奘偏重道昭颇有不满，日日埋怨："纵然日本僧人才智出众，也不过是个小国之人，有什么了不起的，他怎么能比得上我国人呢！"[3] 故有两位弟子趁夜到道昭僧舍窥查究竟，但见道昭正在诵经，其口中放出五六尺长的白光。弟子们见状，惊诧异常，由是含羞释然。在第九话《弘法大师赴宋传来真言宗》中，青龙寺的惠果禅师欲将衣钵尽数传于日本僧人空海，却遭门下弟子珍贺三番两次阻挠。某日夜间，珍贺梦见"日本僧人的真身原是第三地菩萨，他内具大乘之心，外为小国沙门之相"。[4] 惊醒后深恐受佛谴责，便于翌日清晨亲往空海处谢罪。第一二话《智证大师赴宋传来显密之法》，讲述了圆珍在天台山敲响石鼓，"宛如天台大师在世时所敲的声音一

1　小峯和明「今昔物語集とその時代」小峯和明編『今昔物語集を読む』吉川弘文館、2008、10頁。

2　前田雅之「今昔物語集本朝仏法伝来史の歴史叙述——三国意識と自国意識」『国文学研究』第82号、1984年3月、34-44頁；前田雅之「三国観」小峯和明編『今昔物語集を読む』、118-140頁。

3　张龙妹校注《今昔物语集》，第17页。

4　张龙妹校注《今昔物语集》，第28页。

般，这一下，满山僧人以为大师重生，全部痛哭流涕地向日本和
尚叩拜"。[1]这一话最后，讲圆珍某日忽然向天空洒净水，弟子不
解，圆珍答曰："宋国的青龙寺是我学法时居住的寺庙，现在寺
庙里的大殿屋檐失火，我洒净水是为了救火。"[2]翌年，宋朝商人
赴日带来消息，称青龙寺失火之际，忽天降大雨灭火之事，众人
于是奇声赞叹圆珍，身在日本却知中国之事，因此是菩萨的化身
云云。

　　这些渡唐僧说话的核心是，即使是小国的僧侣，也能得到大国
高僧的肯定与赏识，并传其衣钵。这些故事内容被反复讲述，其内
容是否真实似乎并不那么重要。重要的是，日本僧侣具有优秀的天
赋，在将佛法传入日本的过程中，他们是象征着国家尊严和荣誉的
整体。这些渡唐僧在中国大多受到高僧的热心教导，其中得秘法相
传者不在少数，但同时不得不接受着来自大国的蔑视与迫害，他们
从受中国压迫的苦境中竭尽全力地逃脱，很多时候还必须虔诚一心
地向日本神佛祈祷。因此这些说话里，往往渗透着日本僧人和日本
神佛合为一体，竭力守护国家名誉，共同对抗中国、跨越国难这样
的外交构想。[3]如卷一九第二话《三河国守大江定基出家》，讲述了
寂照飞钵传斋的故事。定基出家后，法名寂照。寂照渡宋，遇宋天
子召集全国高僧，令众僧施展法力，飞钵受斋。寂照暗暗祷告："我
国的三宝快来助我，如果此次飞钵不起，实是我国莫大耻辱！"[4]最
后飞钵取回斋供。另外，因为寂照的食钵比中国僧人的飞得都快，
因此宋朝上自天子下至文武百官，人人肃然起敬。从此，宋天子更
加尊崇寂照了。寂照在中国大扬日本国威的构想，就是在承认中国
文化正统性的前提下，试图构建日本民族更为优越的外交神话，其

1　张龙妹校注《今昔物语集》，第 38 页。

2　张龙妹校注《今昔物语集》，第 38 页。

3　池上洵一「今昔物語集の研究」『池上洵一著作集 第 1 巻』和泉書院、2001、315 頁。

4　张龙妹校注《今昔物语集》，第 521 页。

间弥漫着一种隐约可见的对抗中国的意识。[1]总之,《今昔物语集》本朝部卷一一的渡唐僧说话群,体现了编纂者对日本佛法优越性的强调,这种凸显本国佛法的优位意识成为《今昔物语集》的思想底流。

承上,圆仁入唐遭遇法难、逃入"绞缬城"的说话,经历了从无到有的流变,正是在这一时代思潮的流转中发生的。本来,圆仁的入唐经历在其日记中有着翔实的记载,但以《今昔物语集》为首的"绞缬城遇害"想象,却并非来自圆仁的实际体验,而是说话编纂者对未知国土的彷徨及大国迫害的恐惧想象,这种受害想象与圆仁个人的实际经历已经没有太大关系,毋宁说与平安末期说话的生成及传承方式相关,即编纂者利用常见的神秘之境的话型,虚构出一种并非中国实有的"绞缬城",将对中国的未知与不安凝聚成一个象征符号,生动地勾画了说话的编纂者及传承者所属的知识阶层与中国之间的巨大的心理距离。不可否认的是,长期浸淫于中国文化圈的古代日本知识人,一方面对中国抱有亲密感,另一方面又因距离产生疏远感,在这种微妙的关系中生成的文化劣等意识,以及想与之抗衡的情感,并不是《今昔物语集》这一本书的问题,而是与构成日本说话世界基础的佛教史、思想史背景密切相关。

1　森正人「今昔物語集の仏教史的空間」森正人『古代説話集の生成』笠間書院、2014、257-259頁。

第五章 《吉备大臣入唐绘卷》中的 长安图像

　　日本绘卷是专指以"词书"和"绘画"交叉结合的方式，将物语故事或宗教说话绘制在绢、帛上的卷物总称。[1] 它是东方情节画的一种主要形式，泛见于印度、伊朗、中国、朝鲜半岛等广大地区，但在日本获得了最出色的发展。日本绘卷脱胎于中国传入的佛典图解，发端初始以忠实临摹唐风佛画为主，且采用上为绘画、下为经文的布局，《绘因果经》便是其巨制。平安时代（794~1185）中后期，绘卷与物语、说话、僧传、战记等文学题材结合，始大流行于宫廷。此时正值日本上皇、天皇、公卿、武士、寺社等诸种势力角逐最为激烈的时期，也是日本文化最为复杂而微妙的过渡期与融合

1　中村義雄『絵巻物詞書の研究』角川書店、1983、319–347 頁。

期，传世至今的诸多绘卷，正是在这美术史、政治史、佛教史与文学史的交汇处产生，《吉备大臣入唐绘卷》（后文简称《入唐绘卷》）便是其中之一。

《入唐绘卷》在整个日本绘卷史上的地位极为特殊，这首先在于它相当冒险地描绘了十二世纪日本人所能最大化地想象到的中国。尽管日本绘卷史上不乏在局部或细节涉及中国的佳作，如高山寺藏《华严缘起绘》、唐招提寺藏《东征传绘》、光明寺藏《净土五祖绘》、藤田美术馆藏《玄奘三藏绘》、细见氏藏《罗什三藏绘》、东京国立博物馆藏《地藏菩萨像灵验记绘》等，但这些绘卷多以中国传来的佛教绘画为粉本，对中国景观的表现整体缺乏历史感和现实感，而《入唐绘卷》却将所有场景都设在中国，第一次完整地将意识形态视觉化，以象征和想象的手法描绘了唐都中心的外交景观。

作为日本传世文献中最早描绘唐都的图像史料，《入唐绘卷》主要讲述遣唐使吉备真备在长安应对唐人难题考验的冒险传说。绘卷所见长安景观由海岸风景、宫殿建筑和人物车马等构成，映射了平安末期日本对长安的基本知识与想象。绘卷对唐人善嫉妒、对日本人进行迫害这一偏见进行了反复的描述，这种构图折射了"小国"日本在与"大国"唐宿命般的外交处境中，想要展示其文化优越感的过剩意识。因此，《入唐绘卷》与那些仅供赏玩、消遣类的绘卷不同，显示出由权力者特意制作出的非趣味的外交象征意义。

一 《江谈抄》中的吉备入唐说话

关于《入唐绘卷》现存词书的文献考古，矢代幸雄最早指出是以流布本系大江匡房谈话笔录《江谈抄》卷三"杂事"所收《吉备入唐间事》这一说话为底本绘制而成，[1]这点在学界内大概没有异议。
另外，据战后发现的"大东急文库"所藏《建久御巡礼记》记载，
其一卷末所附镰仓初期古写本《吉备大臣物语》与《江谈抄》所收
《吉备入唐间事》文体极为相似，因此引起了学者们的普遍关注，
并指出有可能是《江谈抄》的异本。[2]大部分学者正是根据上述几种
文献，对《入唐绘卷》卷首散佚词书进行推测还原。

　　吉备真备（695~775）是日本奈良朝政坛极少数以地方小吏出
身进阶中央朝臣者，其官吏生涯与两度入唐的经历密不可分，但
日本正史对吉备滞唐行实所记寥寥，而多录其归朝后入仕掌故。正
史之外收录吉备渡唐逸事的文献，首推院政时期汉文说话集《江谈
抄》。《江谈抄》是院政硕儒大江匡房（1041~1111）晚年幽居之际
的言谈笔录，内容遍涉诗文、说话、掌故、考据、杂记等类，十分
驳杂。吉备入唐相关说话收录于"类聚本系"[3]卷三杂事部，分别是
《吉备入唐间事》、《吉备大臣升迁次第》及《安倍仲麿咏歌事》。其
中，《吉备大臣升迁次第》属吉备入仕官职记事，且有相当一部分记
述与史实不合，[4]故本书暂略不考。《吉备入唐间事》是《江谈抄》中
篇幅最长的叙事文之一，以优美洒脱的和汉文记载了吉备真备再次
入唐之际，唐人因嫉妒吉备高深的学识，将其幽闭于唐土高楼。后

1　矢代幸雄根据在波士顿美术馆调查写成的「吉備大臣入唐絵詞」(『美術研究』第 21 号、1933 年
　　9 月、389-409 頁) 一文，是最早指出二者关系的重要文献。其后较有影响的研究文献有：森克
　　己「吉備大臣入唐絵詞の素材について」『新編森克己著作集　第 4 卷　増補日宋文化交流の諸問
　　題』勉誠出版、2011、243-249 頁)；梅津次郎「別本吉備大臣入唐絵巻——絵巻物残欠愛惜の譜
　　2」(『日本美術工芸』第 317 号、1965 年 2 月、70-74 頁)；むしゃこうじみのる「吉備大臣入唐絵
　　詞——とくにその異国描写について」(『國華』第 874 号、1965 年 1 月、3-41 頁)；等等。
2　梅津次郎的考察最为透彻，详见梅津次郎『絵巻物叢考』中央公論美術社、1968、65 頁；梅津
　　次郎『絵巻物残缺系譜』角川書店、1970、55 頁；梅津次郎「『粉河寺縁起絵·吉備大臣入
　　唐絵』絵巻集成解説」梅津次郎『新修日本絵巻物全集 6』角川書店、1977、5 頁。
3　据《国书总目录》记载，《江谈抄》的写本多达 72 种，这些写本主要可分为两种，即杂纂形
　　态的"古本系"和类聚形态的"类聚本系"，吉备入唐说话仅见于"类聚本系"。
4　山口久雄在《江谈证注》中指出，《吉备大臣升迁次第》与《江谈抄》中其他说话的文体类
　　型明显不同，很有可能为后人添加的伪作。详见川口久雄、奈良正一『江談証注』勉誠堂、
　　1984、382-383 頁。

遣唐使鬼魂出现，与吉备结成同盟共同抵御唐人迫害，大扬日本国威的传奇经历。自《江谈抄》之后，以《吉备入唐间事》为底本的说话，还可见于《吉备大臣物语》《长谷寺灵验记》《吉备公传》等文献，这些文献无一例外显示了平安朝后期日本不可思议的"国家主义"意识。

院政末期，后白河天皇（1127~1192）授意宫廷绘师以《江谈抄》为粉本，绘制成《吉备大臣入唐绘卷》，该绘卷先被收藏于莲华王院（今京都三十三间堂），后因战乱散佚，终流失于日本国外（现收藏于美国波士顿美术馆）。因绘卷之故，《江谈抄》中的吉备入唐说话广为流传，且成为学界研究的契机。与之相关，在日本学界的研究体系内，《江谈抄》中的吉备说话常被作为《吉备大臣入唐绘卷》的"周边"而进入研究视野，[1]却对说话文本的独自性、说话作者的个人经验、院政时期日本贵族对唐观的复杂性等问题缺乏深度追思。本章正是基于对上述问题的思考，兹探讨如下问题：一是说话中唐人设置的三道难题——《文选》之试、围棋之战、解宝志和尚谶诗，产生于大江家文章道传统及院政文人地位逐渐式微的背景下，这三道难题在哪些维度反映了大江匡房对中国文化的摄取与认同；二是大江匡房及其周边贵族、僧侣在文化上期望得到唐人认可甚至超越唐人的对外意识，与平安中后期日本贵族自国意识的生成之间的关系。本章所用"唐土""唐人""对唐观"等所涉之"唐"，是承袭古代日本指称中国时的惯用称谓，并不特指有唐一代。

突破文本之圈

《吉备入唐间事》更像是一个"罪与罚"的故事。吉备之罪在

1　参见小峯和明「吉備大臣入唐絵巻とその周辺」『立教大学日本文学』第 86 号、2001 年 7 月、2-15 頁；久保田淳『「吉備大臣入唐絵詞」の吉備真備」『國文學：解釈と教材の研究』第 20 卷第 15 号、1975 年 11 月、162-163 頁。

于"诸道艺能博达聪慧",以至于引起唐人之"耻",故而待其到达唐土便实施种种"惩罚"。《吉备入唐间事》[1]开篇云:

> 吉备大臣入唐习道之间,诸道艺能,博达聪慧也。唐土人颇有耻气。密相议云,我等不安事也,不可劣先普通事。日本国使到来,令登楼。令居。此事委不可令闻。又件楼宿人多是难存。[2]

善妒的唐人待吉备甫一登岸,便将其幽闭于一座阴森恐怖的高楼之内,这座高楼时有恶鬼出没,入居者一般很难存活。是夜,风雨大作,高楼下果然出现恶鬼。吉备使用隐身术,责问恶鬼身份。鬼曰乃日本国遣唐使。初渡唐之际,被唐人禁于此高楼,不与食物,遂饿死成厉鬼。今欲询问在本朝子孙"安倍氏"事。吉备次第作答其子孙官位,鬼大喜,遂与吉备结盟共同对抗唐人。

关于鬼的身份,因其言"安倍氏","安倍"又有"阿倍""安部""阿陪"等多种写法,因此学界一致认为这里出现的遣唐使鬼魂,应为与吉备同期入唐的留学生阿倍仲麻吕。[3]关于这一点,通过《江谈抄》卷三收《安倍仲麿咏歌事》的对读,也可证明。《安倍仲麿咏歌事》与吉备说话类似,写阿倍仲麻吕被唐人饿死在高楼上,待吉备大臣到唐土之后,阿倍仲麻吕鬼魂现身,将唐土险恶告知于吉备,并且对他吟诵了那首流传千古的"天之原"和歌,因之又可视为《吉备入唐事》的补篇。其前半部内容如下:

1　原文无句读,笔者根据相关注释文献断句,后文相同。原文见黑川真道编『古事談・續古事談・江談抄』國史研究會,1914、384-386 頁。为免累赘,后文引《江谈抄》中《吉备入唐间事》文本时将不再作注,仅标注书名及页码。

2　『古事談・續古事談・江談抄』、384 頁。

3　真人元开撰《唐大和上东征传》(779 年成书)记载仲麻吕为"安倍朝臣朝衡",这本书距仲麻吕殁的宝龟元年(770)仅有九年之隔,可信度极高。可参考今枝二郎『唐代文化の考察 1(阿倍仲麻呂研究)』高文堂出版社、1979、90 頁。

灵龟二年为遣唐使。仲麿渡唐之后不归朝，于汉家楼上
饿死。吉备大臣后渡唐之时，见鬼形与吉备大臣谈，相教唐土
事。仲麿不归朝人也。[1]

由此道出遣唐使遭受唐人迫害是由来已久之事。《吉备入唐间事》更是将唐人的迫害通过三种难题层层推进，使其跳脱出一般口承说话文学重复、拖沓的特征，结构上更近似于一篇精巧虚构的物语。我们不妨来逐一解读这三种难题的构造。

第一，《文选》之试。唐人先以《文选》来试吉备，鬼提前告知。吉备不知《文选》为何物，鬼云："此朝极难读古书也。号《文选》。一部卅卷，合诸家之神妙所撰之集也。"[2] 夜间，鬼助吉备借"飞行术"潜入唐人《文选》讲所，"于帝王宫率卅人儒士，终夜令讲闻。吉备闻之共归楼"。[3] 吉备在偷听唐人博士解读《文选》后，将其默抄于古历上，诵读熟悉。后唐人博士问日本可有此书，吉备称谎云："出来已经年序，号《文选》。人皆为口实诵者也。"[4] 如此妄言出自"日本国王使"之口，实在是耐人寻味。其实，中国史书对日本使者的骄妄多有记载，《旧唐书·日本传》云："其人入朝者，多自矜大，不以实对，故中国疑焉。"[5] 足见在唐人的对日认识中，早已有"不以实对"这样的印象。井上亘在讨论唐朝对日本的认识时，也指出古代日本人在"妄夸国都""虚报国号"等方面的虚伪。[6]《江谈抄》中的这一情节，恐怕依然是日本不愿"示小"的历史心理作用的结果。

神田喜一郎对唐人为何以《文选》试验吉备大臣的背景有过如

1　『古事談・續古事談・江談抄』、386 頁。
2　『古事談・續古事談・江談抄』、384 頁。
3　『古事談・續古事談・江談抄』、384 頁。
4　『古事談・續古事談・江談抄』、384 頁。
5　《旧唐书》卷一九九上《日本传》，第 5340 页。
6　详见井上亘《虚伪的"日本"：日本古代史论丛》，第 253~267 页。

下思考——大江匡房生于平安末期纪传道博士大江家，其曾祖父大江匡衡（952~1012）作为一条天皇的侍读，为天皇讲授众多的中国典籍，其中就包含《文选》。《文选》传入日本之后，因其深奥难解，故由菅原和大江两家的博士进行注释。他们从诸多的《文选》注释本中进行取舍，选择最恰当的注解，并据此对《文选》施以倭训。匡房大概是有感于家族对《文选》在日本的传承中所担负的责任，才会在说话中使用《文选》之试的情节。[1] 笔者以为此说固然可靠，但若结合《文选》初传入日本的影响、平安中期"文选"学的式微，以及平安后期古典复兴思潮中"文选"学的再兴等思想背景，或许会获得更为多元的解释。

《文选》传入日本的时间甚早，推古天皇御宇（593~628）期间，已见研习《文选》者。奈良朝汉诗文集《怀风藻》（751），从编纂体例至收录情况多受《文选》影响。至平安朝,《文选》的影响更是有增无减，观藤原佐世《日本国见在书目录》可知，平安时代已有多种阐释《文选》音义的著作传世。在缙绅阶层，则形成了以《文选》竞宴的风习。《菅家文草》、[2]《扶桑集》[3] 都收录有"北堂文选竞宴"相关诗题的诗歌，足见"文选竞宴"风习的盛行绵延。《江谈抄》中试读《文选》的构想，大概与平安朝流行的"文选竞宴"风习不无关系。[4] 只是"考验者"被置换成了唐皇帝，且吉备能否读《文选》不仅攸关生死，还与日本国的文化实力关联起来。

---

1 详见神田喜一郎《〈文选〉絮语——吉备大臣入唐绘词的关联》《古典文献研究》第 14 辑、2011、第 152~155 页。

2 《菅家文草》卷六收菅原道真《北堂文选竞宴各咏史句得乘月弄潺湲》一诗，诗题自注云："仁寿年中，文选竞宴……寄诗言志，来者语之。"其诗前四句云："文选三十卷，古诗一五言。五言何秀句，乘月弄潺湲。"参考菅原道真『菅家文草 菅家後集』川口久雄校注、岩波書店、1966、353 頁。

3 如《扶桑集》卷七《隐逸部·山居》028 首大江澄明《北堂文选竞宴各咏句探得披云卧石门》一诗。

4 参见佐藤道生「大江匡房の『文選』受容」『国文学：解釈と鑑賞』第 60 巻第 10 号、1995 年 10 月、76-83 頁。

大江匡房对《文选》的重视，与平安后期"《文选》学"复兴这一风潮也紧密相接。事实上，平安朝中期《文选》学曾呈现过衰落之象。日本长德二年（996）四月，匡房曾祖父大江匡衡曾上奏状："三史文选，师说渐绝，词华翰藻，人以不重。道之陵迟，莫不由兹"，[1]哀叹了当时《文选》学的衰微。这一现象与《白氏文集》传入日本并很快在贵族间传诵成习不无关系，相较于《文选》的佶屈聱牙，通晓易懂的白诗更容易成为贵族文人摹写汉诗的范本，因此平安中期文坛一时尽染"白色"。然时至平安朝后期，文人们逐渐对汉诗文"白诗一边倒"的风尚感到厌倦，转而提倡复兴白诗传入日本之前的古典汉诗文。身处复兴思潮中的大江匡房，对于作为纪传道学问教科书《文选》的式微不无忧虑，兼之《江谈抄》成书之际，匡房长子夭折，这对晚年的匡房以及纪传道学问的传承而言，都是雪上加霜之事。"家之文书，道之秘事。皆以欲湮灭也。就中史书全经秘说，徒欲灭也。无委授之人。"[2]由是，匡房积极地复兴《文选》学。同时，在"院政"这一新的政治形态中，大江匡房是少有的以儒学者身份升迁至公卿之列者，这在文章经国思想衰退、儒学者逐渐退出政治舞台的时代氛围中，可谓特例。匡房如此重视并积极化用与文章经国思想密切相关的《文选》，将《文选》推崇至代表中日学问最高水平的地位，一方面是源于对家传之学无后继者的忧虑，另一方面也有对家传讲读《文选》之学不输于唐人的自信。

第二，"围棋之战"。"以白石拟日本，以黑石拟唐土"，[3]若败，则杀日本客。鬼又提前告知吉备唐人阴谋，并给其讲解棋道。翌日，围棋名手上楼找吉备对弈，胜负难分之际，吉备暗将对方一粒黑子吞入腹中，转败为胜。唐人发现少了棋子，命吉备服下梨勒丸催泻。吉备用法术封住棋子，再次转危为安。至此，唐人勃然大

---

1 大曾根章介、後藤昭雄等校注『新日本古典文學大系·本朝文粹』、222 頁。

2 『古事談·續古事談·江談抄』、427 頁。

3 『古事談·續古事談·江談抄』、384 頁。

怒，欲将吉备饿死于高楼。

　　森克己指出，大江匡房设置"围棋之战"，可能是受《杜阳杂编》所记中国棋师与日本王子对弈这一典故的影响。[1] 只是这则典故最后，日本王子掩局而吁曰："小国之一不如大国之三，信矣！"[2]将日本"事唐为大"的心态表现得一览无余，这种对唐观在《江谈抄》中被巧妙地置换掉了。其实这则记事并非是关于中日对弈的最早史料，《怀风藻》中收录有入唐僧弁正的传记："弁正法师者……太宝年中。遣学唐国。时遇李隆基龙潜之日。以善围棋，屡见赏遇。"[3]据此可知，日僧弁正与登基前的唐玄宗常有对弈。台北"故宫博物院"藏五代南唐周文矩的《明皇围棋图》中，唐明皇稳坐于龙座上，正在与一位身材矮小的僧人对弈。有学者指出，"图卷中的僧人正是日本遣唐使弁正和尚"。[4] 这一结论是否可靠还有待考证，但在吉备入唐之前，中日之间已有对弈之事当是没有异议。

　　就匡房本人而言，是企图通过说话将吉备作为日本围棋文化的始祖神话正当化，《吉备入唐间事》末尾处"江帅云：我朝高名只在吉备大臣文选、围棋、野马台，此大臣德也"。[5] 但这一说法并不可靠，因为早在四世纪后半至五世纪初，围棋可能已经由朝鲜半岛的渡来归化者传入日本，并作为一种先进文化在贵族之间流行。正仓

1　详见森克己『新編森克己著作集　第 4 巻　増補日宋文化交流の諸問題』、4—60 頁。

2　见苏鹗《杜阳杂编》卷下："大中中，日本国王子来朝，献宝器音乐。上设百戏珍馔以礼焉。王子善围棋，上敕顾师言待诏为对手……及师言与之敌手，至三十三下，胜负未决。师言惧辱君命，而汗手凝思，方敢落指，则谓之镇神头，乃是解两征势也。王子瞪目缩臂，已伏不胜，回语鸿胪曰：'待诏第几手耶？'鸿胪诡对曰：'第三手也。'师言实第一国手矣。王子曰：'愿见第一。'曰：'王子胜第三，方得见第二；胜第二，方得见第一。今欲躁见第一，其可得乎？'王子掩局而吁曰：'小国之一不如大国之三，信矣！'"《景印文渊阁四库全书》第 1042 册，第 617~618 页。《旧唐书》卷一八下《宣宗纪》大中二年（848）三月："日本国王子入朝贡方物。王子善棋，帝令侍诏顾师言与之对手。"（第 620 页）

3　小島憲之校注『日本古典文学大系・懐風藻　文華秀麗集　本朝文粋』佐竹昭広等編『日本古典文学大系　69』、96 頁。

4　张如安：《中国围棋史》，团结出版社，1998，第 195 页。

5　『古事談・續古事談・江談抄』、384 頁。

院收藏有圣武天皇（724~948）使用过的棋盘《木画紫檀棋局》，[1] 也证明了围棋在奈良朝宫廷的流行。中国史料中也不乏日本人好棋博之事的记载，《隋书·东夷传·倭国》云："好棋博、握槊、樗蒲之戏。"《北史·倭传》："每至正月一日，必射戏、饮酒，其余节略与华同。好棋博、握槊、樗蒲之戏。"《通典》："有五弦琴、笛，好棋博、握槊、摴蒲之戏。"[2] 因此，论及中日之间的文化较量，选择代表技艺的围棋，是极为自然的事情。

第三，"解宝志和尚谶诗"。唐人将此诗打乱顺序列于纸上，吉备面向故国日本方向，向住吉明神、长谷观音求助，神灵落下蛛丝，令吉备读完诗歌，再次化险为夷。唐人恼羞成怒，"偏不与吉备食物，欲绝命"。[3] 鬼闻之告吉备，"吉备尤悲事也"。请求回国，唐帝不许。吉备便用双六筒封住了唐土的日月，陷入黑暗的皇帝和众人无比惊慌，遂质问吉备，吉备答："君强依我被冤陵。一日祈念日本神佛，自有感应欤。可被还我于本朝者，日月何不现欤。"[4] 唐皇帝无奈，令吉备归日本。说话内容至此结束。

宝志和尚这首预言了日本未来的谶诗又称"野马台诗""耶马台诗""邪马台谶"等，皆为日本国名"倭""大和"（Yamato）的音译。这首谶诗究竟产生于日本，抑或是中国的舶来品，学界虽众说纷纭，但却将此诗一致判为假托宝志和尚之名所作的伪诗。那么，大江匡房为何要选择假托宝志之名的谶诗？

宝志本为南朝名僧，生时诸多神变，身后亦屡显灵异，被梁武帝和王侯士庶视作菩萨化身，故《高僧传》将其列在卷一〇"神传下"

1　参考正仓院宝物《木画紫檀棋局》，http://shosoin.kunaicho.go.jp/ja-JP/Treasure?id= 0000010084。另外可参考河田贞「正倉院『木画紫檀棊局』雑考」『日本美術工芸』第 662 号、1993 年 11 月、7-18 頁。

2　详见《隋书》卷八一《东夷传·倭国》，第 1827 页；《北史》卷九四《倭传》，第 3137 页；（唐）杜佑：《通典》卷一八五《边防一》，王文锦等点校，中华书局，1988，第 4995 页。

3　『古事談·續古事談·江談抄』、385 頁。

4　『古事談·續古事談·江談抄』、386 頁。

内。据其本传云："时或赋诗，言如谶记。京土士庶，皆共事之。"[1] 由于
梁武帝的推崇，宝志及其谶言在当时名扬四海，并在后朝的政治中屡
被引用。及至与《江谈抄》同时代的北宋，"宋太宗、宋真宗格外借重
宝志，欲给其谋夺来的江山披上合乎天意的外衣，因皇室的推崇，宝
志深受宋代朝廷及大臣的礼敬"。[2] 大江匡房是院政时期公认的最积极
与北宋接触的汉学硕儒，他曾在贸易重镇的大宰府任官，并从北宋商
人口中打听、搜集北宋的相关讯息。选择神僧宝志的谶诗作为第三道
难题，或许因其对宋人推崇宝志谶诗的风潮约略风闻，当然还不能忽
略的背景因素是，日本早在平安初期就开始了对宝志的信仰。

　　日本对宝志和尚的推崇，与大安寺僧人戒明密切相关。最初记
载宝志像传入日本的史料是《延历僧录》卷五《智名僧沙门释戒明
传》："复礼拜志公宅。兼请得志公十一面观世音菩萨真身。还圣朝。
于大安寺南塔院中堂素影供养。"[3] 据这条记事可知，日僧戒明入唐
之际，曾至金陵拜访宝志故宅，并带回宝志木制雕像安置在大安
寺。雕塑中的宝志面部开裂，从裂缝中显露出观音菩萨的形象，因
此宝志被信徒们认定是观音菩萨的化身。[4] 日本《宇治拾遗物语》卷
九《宝志和尚影事》记载了其化身为十一面观音的说话，类似说话
还可见于《打闻集》。然而，宝志在日本的影响并不止于佛教知识
圈，他在日本古代儒学者之间也极为有名，其接点便是传说宝志所

1　（梁）释慧皎：《高僧传》，汤用彤校注，中华书局，1992，第395页。

2　佐藤成順「宋朝初期三代皇帝と釈宝誌の讖記」『大正大学研究論叢』第6号、1998、137-164
　　頁。

3　《延历僧录》已散佚，仅存逸文见《日本高僧伝要文抄》第三所引，参考宗性《日本高僧伝要
　　文抄》，收入黒板勝美編『國史大系：新訂増補 第31巻』吉川弘文館、2000、88頁。另可参
　　考松本信道「『延暦僧録』戒明伝の史料的特質」『駒澤史学』第37号、1987年11月、31-46
　　頁。

4　参考京都国立博物館所展平安时代宝志和尚立像，http://www.kyohaku.go.jp/jp/theme/floor1_2/
　　fl_2_koremade/post_3.html。可参见松本信道「宝誌像の日本請来の背景について」『駒澤大學文
　　學部研究紀要』第63号、2005年3月、109-125頁；松本信道「宝誌像の日本伝播（1）――大
　　安寺を中心として」『駒澤大學文学部研究紀要』第64号、2006年3月、27-45頁。

作预言日本未来的谶诗《野马台诗》。

中国文献所记宝志作品中，谶诗仅存五首，主要散见于《南史》
《隋书》等史传中，其中并没有《野马台诗》。日本文献中关于宝志和
尚作《野马台诗》的较早记载，可见《延历寺护国缘起》之《本朝王
法延历以后嘉运以当山佛法持国本缘第八》所引延历九年（790）注释
条，称"《野马台谶》，大唐梁代宝志和尚述，十一面观世音化身也"。[1]
另外，宝志和尚谶诗不仅见于佛教相关文献，承平六年（936）在举行
"日本书纪讲筵"之际，皇宫中进行了一场关于日本国号的争论，据
当时的笔记《日本书纪私记》丁本记载，其间有学者引用"宝志和尚
谶"，论证日本曾经被称作"东海姬氏国"。[2]大江匡房虽称"宝志谶诗"
是经由吉备之手传入日本，但诚如深泽彻所指出，宝志谶诗最初是经
由佛教徒之手注释，并被作为佛教典籍的一种得以传承，至于其为何
会进入以儒教官吏为主负责编纂的《日本书纪》系统，大概是源于
"承平・天庆之乱"后谶纬学说的兴起，知识阶层对日本古代国家产生
了深切的危机意识，这时"宝志谶诗"便开始进入儒家学者的知识领
域。深泽彻最后在谶纬学说的体系讨论了《江谈抄》"宝志谶诗"这一
难题设置的意义，即大江匡房的真正目的是将吉备入唐说话置于江家
学问传统起源神话的位置上，赋予江家的学问之道以权威性。[3]

自国意识与中国观

这则说话主要由三种难题的提出与解决构成，也就是所谓的
"难题型"说话。只是这三种难题的要素原本都是中国传入之物，

1　塙保己一『続群書類従』第 27 輯下釈家部卷第八百七中釈家部九十二『延暦寺護国縁起』続
　群書類従完成会、1923、442 頁。

2　详见深沢彻「『宝誌（野馬台）讖』の請来と、その享受──生成される『讖緯』の言説・日本
　篇」『和漢比較文学』第 14 号、1995 年 1 月、54-55 頁。

3　详见深沢彻「河図・洛書としての『宝誌讖』──生成される『讖緯』の言説・中国篇」『説話文
　学研究』第 29 号、1994 年 6 月、30-51 頁。

且支配这些难题生成的机制是江家的学问之道及院政时期的社会思潮。那么，该如何理解吉备入唐说话产生的精神土壤？这则说话反映了院政时期贵族怎样的中国观？既往研究多从日本政治史、宗教史的角度考察，为思考这一问题提供了重要参考，较有影响的观点有深泽彻的"始祖神话起源说"，[1] 河原正彦的"阴阳家斗争投影说"，[2] 南里みち子的"吉备为御灵神的信仰起源说"，[3] 小峰和明的"异乡访问谭说"，[4] 等等。其中，小峰和明的论文特别指出了吉备说话是以高度复杂的外交问题为背景，内在交织着大国小国的矛盾冲突，且具有外交神话的寓意。山根对助也指出，这种荒诞无稽的"难题型说话"的构想，表现了小国日本对大国唐的对抗意识，其目的在于显示出日本在知识素养和文化实力上对唐朝的优越感。[5] 笔者欲追问的是，古代日本在突出本朝意识之时，为何要强调在文化上对中国的优越感？其自国意识与中国观之间是怎样的一种关系？

仍以大江匡房为个案讨论。大江匡房所处的时代，恰值中国北宋时期，中日之间并无官方的遣使往来，但宋商持明州官牒或地方文书赴日者却有增无减，不过这并不代表两国之间信息交流的有效。日本人对于中国的情报来源，基本上局限于入宋巡礼僧归国后的讲述，或者赴日宋商言谈。然而，永长二年（1097），时年

1　深沢徹「河図·洛書としての『宝誌讖』——生成される『讖緯』の言説·中国篇」『説話文学研究』第 29 号、1994 年 6 月、64 頁。

2　河原正彦「『吉備大臣入唐絵詞』の成立と陰陽道」『文化史研究』第 15 号、1963 年 8 月、15-27 頁。河原氏认为吉备入唐说话的基本要素是吉备镇服阿倍仲麻吕鬼魂，并驱使为之所用，解决唐土诸多难题。这一构想可视为"贺茂氏"和"安倍氏"两派阴阳家斗争说话的投影。

3　南里みち子「吉備真備の説話について」『福岡女子短大紀要』第 20 号、1980 年 6 月、125 頁 a-115 頁 a。南里氏认为，吉备真备与阿倍仲麻吕鬼魂之间不存在驱使与被驱使的关系。或者说，二者之间不存在任何的敌意或者对立意识。这则说话可视为吉备为御灵神信仰的起源。

4　小峯和明「吉備大臣入唐絵巻とその周辺」『立教大学日本文学』第 86 号、2001 年 7 月、2-15 頁。"异乡访问谭"即主人公到异乡接受种种考验后返回的神话式结构，如《古事记》中大国主命的根之国访问神话，与吉备入唐说话构造基本一致。

5　山根対助「大江匡房——『江談抄』の世界」神田秀夫、国東文麿編『日本の説話 第 2 巻』東京美術、1973、377 頁。

五十六岁的大江匡房忽然被任大宰权帅，迁赴九州大宰府任职。大宰府（又称太宰府）是日本朝廷于七世纪后期在九州筑前国设立的地方行政机关，主要处理与中国及朝鲜半岛的外交事务，因在地理位置上接近中国，遂成为古代中日外交与贸易的桥头堡。大江匡房在任期间（1098~1102）很容易接触到北宋的政治动向，据藤原宗忠《中右记》记载："江中纳言（大江匡房）谈云：大宋国从高祖以来及当帝九代之由，唐人所申也，在宰府之间所风闻也。"[1] 由此可知，大江匡房会通过往来宋商打听北宋政权更迭的消息，尽管有些消息可能会出现偏差，但这并不影响大江匡房依然是院政时期最为积极接触北宋的代表性人物，因为较之于那些闭锁在远京、对中国了无关心的平安贵族，在古代东亚海上贸易和文化交流重镇的大宰府生活了近五年的大江匡房，不仅能及时接触到关于北宋的消息，还从宋商手上搜集了大量宋版书籍和文物。[2] 有台湾学者推测，《江谈抄》大概是大江匡房在接触北宋笔记后，从宋代新兴的文学评论形式获得启发而创作。[3] 这一结论是否可靠，尚待进一步考证，但无疑为我们揭示了匡房与北宋文化可能存在的密切联系。

匡房认为汉诗文作品最能得到北宋的认同，因此在《江谈抄》中特意记载了宋朝皇帝对自己诗文的溢美之词："自高丽申医师返牒云，双鱼犹难达凤池之月，扁鹊何入鸡林之云。是则承历四年事也。其后赴镇西之日，宋朝贾人云：宋天子有钟爱赏玩之句，以百金换一篇之句也。"[4] 北宋商人说，匡房撰写的《高丽返牒》文辗转

1　参考藤原宗忠『中右記』（收录于『增補史料大成』）臨川書店、1965、307 頁。要注意的是，当时大江匡房谈话的时间是日本康和五年（1103）十二月十三日，也即北宋崇宁二年，时由宋朝第八代皇帝宋徽宗当朝，而非谈话所云"当帝九代"。

2　大曾根章介「大江匡房と説話・緣起」大曾根章介『日本漢文学論集』第 2 卷、汲古書院、1998、387-388 頁。

3　李育娟《宋代笔记与〈江谈抄〉的体裁——说话与笔记的界限》，《汉学研究》2012 年第 2 期，第 92 页。

4　『古事談・續古事談・江談抄』、428-429 頁。相关研究参考吉原浩人「江談抄——大江匡房の高麗返牒自讚談話をめぐって」『国文学：解釈と鑑賞』第 72 号、2007 年 8 月、53-60 頁。

传入宋天子耳中，宋天子十分欣赏，认为诗中佳句价值百金。这则
记事除匡房《江谈抄》之外，并未见于其他文献，或许是宋商或匡
房本人的杜撰也未可知，但匡房对自己诗文的自满之情显而易见。

匡房以中国诗文为标尺，自夸日本诗文的现象并非个例。如前
所述，北宋时期日本获悉中国情报的来源，基本上局限于入宋僧的
日记或讲述，以及赴日宋商们的言谈。我们首先以最为著名的入宋
僧成寻（1011~1081）及他那部影响深远的日记《参天台五台山记》
为例，其中对于宋僧学识的评价与批评，在一定程度上反映了对日
僧学问的自信。如《参天台五台山记》卷三熙宁五年九月二十一
日条：

> 讲堂点茶之次，以通事陈咏问寺主："泗州大师入灭经几
> 年？入灭月日何？"答："经多年，无知人。"云云。予乞砚、
> 笔，书之："中宗孝知皇帝景云元年三月二日日入灭，至今年
> 三百六十三年者。"寺主见，称："知也。"颇前后相违。[1]

据成寻所述，宋僧对于成寻的问题起初并无所知。因成寻不
通汉语，于是以笔谈方式写出正解，宋僧一见之下竟称知也，成寻
对宋僧这种前后截然不同的狡狯态度进行了批评。成寻日记中类似
这种对日僧在学问上的优越感的描述比比皆是。成寻于延久四年
（1069）三月入宋之际，大江匡房已年近而立。匡房《续本朝往生
传》中也记载有阿阇梨成寻渡宋之事：

> （成寻）为礼清凉山，私附商客孙忠商船，偷以渡海。太
> 宋之主，大感其德。彼朝大旱，雨际不雨，霖月无霖。即令成
> 寻修法华经……堂上之瓦皆起云雾，大雨滂沱。四海丰赡。即

1　成寻：《参天台五台山记》，白化文、李鼎霞校点，花山文艺出版社，2008，第96页。

赐以善慧大师之号，兼赐紫衣以新译经三百卷。[1]

《扶桑略记》延久四年三月十五日条同样记载了成寻入宋的事迹，但并未提及宋客商"孙忠"之名，由这一细节可以想象，匡房对于成寻入宋的事情应该知之甚多，或许和成寻本人有交流也未可知。另外，匡房还以传神之笔描绘了成寻为宋朝祈雨之事。彼时宋人为旱情所困，宋帝特命成寻求雨，宋朝大臣纷纷怀疑成寻法力，忽见"堂上之瓦皆起云雾，大雨滂沱。四海丰赡"。于是宋帝有感于成寻神力，特赐其"善慧大师"法号。

那么，赴日宋商又是如何言说呢？翻检平安中后期贵族日记及文书，会发现其中记载了大量宋商为"慕日本德化"而来的例子。

　　《左经记》："右府以下重定申云，文裔（宋商）等定申可返却之由。须返给货物也。而然文裔等可进解状，感圣化，频参来之间，已如土民者，颇可有哀怜。"[2]
　　《朝野群载》："太宰府不覆问此由，尤不当也。但如存问日记者，虽被回却，为慕皇化，远渡苍溟，重以参来者。"[3]

"感圣化""为慕皇化，远渡苍溟"是这一时期日本文人笔下赴日宋商的普遍心态，"颇可有哀怜"是其居高临下为宋商群体绘制的肖像图。不能否认，赴日宋商为保障贸易顺利，难免善于逢迎，他们传递的中国情报往往真假混淆，然而平安贵族们却多将其言谈放大为中国对日本德化的臣服，这些记录对这一时期日本的中国想象

1　大江匡房「続本朝往生伝」廿一「成尋闍梨」『日本往生全伝　2　続本朝往生伝』永田文昌堂、1882、16-17頁。
2　《左经记》长元元年十一月二十九日条。源経頼『左經記』日本史籍保存会、1918、253頁。
3　《朝野群载》卷五朝仪下延久二年十二月七日条。三善為康『朝野群載』『史籍集覧　18』近藤出版部、1926、112-113頁。

恐怕也不无影响。

平安中后期日本对中国在文化上产生的优越感，与日本自国意识的生成犹如硬币的两面——相辅相成，难以分割。对古代日本的知识阶层而言，无意识中将唐朝视为朝贡对象，在正式文献中用"上国""大国"之类的记载，是再正常不过的事情。但在平安中后期，日本古代国家内部发生了激烈的变革。在律令制解体的过程中，支撑着国家正统性的价值观开始松动，并逐渐流于形式化、空洞化，以"和魂"为中心的土著精神世界日益受到重视，日本的自国意识便在这一时代风潮中生成了。[1]

日本自国意识的生成首先可以从政治史的角度来观察。奈良时代，日本模仿唐制建立律令制国家的各项制度已基本完备。日本律令制是以天皇权威为中心、以完善的官僚机构为基础的古代中央集权制度，是中国古代衍生的王土思想这一理念的具体化和制度化，《续日本纪》记载新罗王子金泰廉赴日拜朝并贡调时奏言："普天之下，无匪王土。率土之滨，无匪王臣。泰廉幸逢圣世，来朝奉供，不胜欢庆。"[2]便是引用中国的王土思想来赞颂天皇的仁德不仅惠泽日本，甚至恩及新罗。然而，进入摄关院政期之后，上述这种具有开放性与广域性的王土思想，逐渐呈现出内收的态势。如《贞观仪式》（875）卷一〇"追傩仪"记载："千里之外，四方之堺。东方陆奥，西方远值嘉，南方土左，北方佐渡。"[3]"追傩仪"祭词的目的是以"四方"的空间观念将日本封闭起来，将瘟疫恶鬼等秽物驱逐出天皇所统治的日本国土。表面上看这则祭文是受中国大傩祭文影响，但其内质上对恶神和秽物的否定和驱逐，却是对日本神道和

1　参见大隅和雄「古代末期における価値観の変動」『北海道大学文学部紀要』第16卷第1号、1968年2月、55-94頁。

2　《续日本纪》卷十八天平胜宝四年（752）六月己丑条。黑板勝美、国史大系編修会編『国史大系　第3卷　続日本紀　前篇』、214頁。

3　神道大系編纂会『神道大系　13　貞観儀式』精興社、1980、284-286頁。

阴阳道思想的继承。[1]这种将境外空间视为被瘟疫、战乱、疾病所笼罩的秽土观，伴随着九世纪唐帝国的衰落和新罗的分裂而被强化，日本统治阶层丧失了平安前期那种积极的对外意识，反之为一种闭锁的、排外的国际意识所笼罩，对境外空间的"秽"的恐惧与蔑视相对，将日本国内视为神佛加护的"神国思想"随之诞生，这在《日本三代实录》（901）中开始被明确记载："然我日本朝，所谓神明之国。神明之助护赐，何乃兵寇"。[2]"神国思想"为日本国土的封闭性、不可侵犯性提供了依据，也为日本自国意识的产生提供了温床。

与律令体制下重视汉才的"公"的意识相对，摄关院政时期对"私"的感受日益被重视。宽平九年（897）宇多天皇让位于醍醐天皇，并留给年少的醍醐天皇一部帝王学教材，就公事仪式、任官叙位、臣下贤否以及学问之道等都留下了恳切的训诫，这就是著名的《宽平御遗诫》。这部训诫与中国的《群书治要》《贞观政要》等著作一起被尊崇为帝王学的古典教材。然而，中国的《群书治要》《贞观政要》《帝范》《臣轨》等著作，无不以树立帝王权威、标榜皇权正统性为基点，其目的总是要以政治伦理来建构一种理想的帝王与臣民之道。但《宽平御遗诫》作为日本早期著名的帝王学著作，并没有阐释多少了不起的治国思想。毋宁说这部著作只是天皇从个人的感受出发，记录了对政治的心得与思考，用以提醒醍醐天皇如何不受他人谤议地平衡近臣关系，完善帝德修养。这种现象与超越天皇权威而存在的藤原氏摄关政治的出现密切相关，形象地勾勒出了九至十世纪日本古代国家政治解体的一个侧面。

这种政治的解体也体现在史料形态的变化上。奈良时代，自舍

1 Gras Alexandre「儺祭詞にみえる疫鬼に対する呪的作用について」『言葉と文化』第 3 号、2002年 3 月、288-289 頁。
2 《日本三代实录》卷十七贞观十二年（870）二月十五日丁酉条。藤原時平「日本三代实録」黒板勝美編『国史大系 第 4 巻 日本三代實録』吉川弘文館、1934、263 頁。

人亲王临摹中国正史文笔主编《日本书纪》（720）始，日本朝廷先后编纂了"六国史"，以六部中国风格的史作记录了日本一直到九世纪末的朝廷政务。进入十世纪后，日本朝廷不再学习中国官方修史的行为，而是以天皇、贵族的汉文日记为主要史料形态。至十一世纪时，用汉文记录的形态也终于被抛弃了，代之以《荣华物语》这种典型的和文编年体，从吻合时代感受的角度解说了一种前所未有的宫廷历史，打破了传统的千篇一律的赞美和谴责的历史模式，成为这一时期处理历史记录的新典范。

从文化史的层面看，也可以看到皇室不再以唐朝为范本的诸多例证。如八世纪时曾对日本产生重要影响的都城规划和建筑式样，至摄关全盛时期逐渐脱离中国法规，贵族府邸及佛教寺院开始由都城的棋盘布局中渐移至郊外，依地势不规则地修建于山坡溪畔。[1] 文学形式方面也显示出对中国范本的偏离——和歌的复兴、物语和散文的发达都是这一时期"和魂"意识作用的结果。尤其是散文的创作与成就，堪称一种重大的文化发明。《源氏物语》《枕草子》《今昔物语集》都是这样划时代的作品，大江匡房的《江谈抄》就诞生于这样辉煌的文化背景中。

这一时期，随着对大和土著精神世界的重新发现，那种对中国惯有的劣等感逐渐稀薄，一变而为对中国的对等感甚至是优越感。但是，这一时期日本贵族所强调的对中国的平等或超越，归根结底，基本上遵循的还是"文野"意义上的"华夷"甄别规则。因为中国先哲在创造"华夷"观念时，相较于种族血统的差异，更为重视文化礼仪的高低。《孟子·离娄下》中所谓"舜"为"东夷之人"、"文王"为"西夷之人"，及韩愈《原道》"诸侯用夷礼则夷之，进于中国则中国之"等，都展示了"华夷之辨"所内含着的文化提升意义。因此，"'华夷'之别，即为'文野'之

---

1 〔美〕康拉德·托特曼：《日本史》，王毅译，上海人民出版社，2008，第115页。

别"。[1] 更何况"唐朝在其对日战略上，比之于通过宗属关系的硬性约束，更偏重于透过其强势文化的软实力，将日本纳入正版华夷体系的辐射圈内。"[2] 日本欲与中国争锋的必要前提是，首先承认中国文化所具有的标准意义，然后去论证这些优秀的文化成分在日本亦已有之。

最后要说明的是，院政时期日本贵族"自国意识"的凸显与中国观的微妙转变，并不意味着日本对于"大国""上国"——中国的畏惧已经消失。同样，日本这一时期的中国观，也不完全就是日本中心主义思想一边倒，散见于《日本纪略》《扶桑略记》《小右记》《左经记》等文献中，尊称中国为"大唐"或"大宋"的也并不少见。[3] 这从《江谈抄》中吉备的取胜之道并不光彩也可以看出，如《文选》之试中的"偷听"，围棋之战中的"偷棋"等，这种狡黠的智慧正是院政时期贵族文人面对中国所具有的复杂的弱者意识起作用的结果，是被支配者所惯用的一种心理补偿。

二　松浦：画卷上的长安风景

《入唐绘卷》产生的年代及作者均不详，小松茂美氏推测其应为1150~1180白河院文化沙龙产生作品，词由藤原伊经书写，绘由常盘源二光长完成。[4] 该绘卷全长约24.4米，后为保存之便被分为六段，现存第一段词书已经散佚。关于《入唐绘卷》现存词书的文献考古，矢代幸雄氏最早指出是以流布本系大江匡房谈话笔录《江

1　朱云影：《中国文化对日韩越的影响》，广西师范大学出版社，2007，第203页。

2　韩东育：《华夷秩序的东亚构架与自解体内情》，复旦大学文史研究院编《从周边看中国》，中华书局，2009，第80~81页。

3　详见森公章『古代日本の対外認識と通交』吉川弘文館，1998、184-185页。

4　小松茂美「『吉備大臣入唐絵巻』考証」小松茂美编集『日本絵巻大成　3』中央公論社、1977、94-105页。

谈抄》卷三《杂事》所收《吉备入唐间事》为粉本绘制而成，[1] 以胜宝四年（752）吉备真备再度作为遣唐使副使入唐的经历为基础虚构而成，这点在学界内大概是无异议的。另外，据战后所发现"大东急文库"所藏《建久御巡礼记》记载，其一卷末所附镰仓初期古写本《吉备大臣物语》与《江谈抄》所收《吉备入唐间事》文体极为相似，因此引起了学者们的普遍关注，并指出它是《江谈抄》的异本。[2] 大部分学者正是根据上述几种文献，对卷首散佚词书进行推测还原。

目前日本学界关于《入唐绘卷》的研究，在美术史和文学史学界都已展开深度考察。要说细节上的些许差异，大概就在于以矢代幸雄为首的美术史学家，更专注于通过考证《入唐绘卷》词书与《江谈抄》文本之间的影响关系，探讨绘卷绘画与词书的关系，并试图将卷首散佚词书补充完整。文学史学者则倾向于从说话文学和绘卷关系的角度出发，不仅考察以《江谈抄》为主的书承说话系统，同时也兼顾平安末期流传下来的口承说话体系，即考察整个"吉备说话群"与《入唐绘卷》的关系。[3] 本章欲从《入唐绘卷》词书和绘画文本出发，通过与《吉备入唐间事》《吉备大臣物语》等周边文献的比较考察，同时借鉴森克己等历史学家从外交史、工艺史角度所做的文献考古，[4] 以及今野达通过《扶桑略记》《水镜》等

1　参见第 278 页注 1。另可参见小松茂美「『吉備大臣入唐絵卷』考証」『日本絵卷大成 3 吉備大臣入唐絵卷』、94-105 頁。

2　梅津次郎的考察最为透彻，详见『絵卷物叢考』中央公論美術社、1968、65 頁；『絵卷物残欠の譜』角川書店、1970、55 頁；梅津次郎編修「『粉河寺縁起絵·吉備大臣入唐絵』絵卷集成解説」『新修日本絵卷物全集 6』角川書店、1977、5 頁。

3　久保田淳「『吉備大臣入唐絵卷』の吉備真備」『国文学：解釈と教材の研究』第 20 卷第 15 号、1975 年 11 月、162-163 頁；神田喜一郎「『文選』の話」梅津次郎編修『新修日本絵卷物全集 6』、39-43 頁。

4　森克己「吉備大臣入唐絵詞の素材について」『新編森克己著作集 第 4 卷 増補日宋文化交流の諸問題』、243-249 頁；岡田譲「吉備大臣入唐絵詞に見る工芸品」梅津次郎『新修日本絵卷物全集 6』、39-43 頁。

历史文献断片记载进行的文本考古，[1]探讨绘卷对唐都长安的表述和
想象。

卷首"松浦"景观的违和感

现藏于美国波士顿美术馆的《入唐绘卷》，全长约24.521米，
是现存绘卷中最长的作品，后为保存研究之便分为六段，卷首词
书现已经散佚，其余部分保存完好。绘卷主要讲述了天平胜宝四
年（752）吉备真备作为遣唐使副使再度入唐时，唐帝王对其高深
的学识感到惊恐和嫉妒，因此吉备甫一登岸，就直接将其幽闭于
一座高楼内。夜来风雨大作，高楼下有恶鬼造访。恶鬼自称日本
遣唐使阿倍仲麻吕，曾被唐人同样囚禁于此高楼饿死，今知故国
来人，特来相助。后来，恶鬼果然协助真备安然地度过了唐人精
心设计的《文选》之试、围棋之战等考验，大扬了日本的国威。

现存绘卷开篇，一艘壮丽的遣唐使船抵达长安郊外，松树环绕
的海岸边，唐国的文武官员及随从正匆忙赶来迎接（见图5-1）。[2]

图5-1 《入唐绘卷》卷首（波士顿美术馆藏）

---

1 今野達「吉備大臣入唐絵詞の周辺——隆国の記と女人の伝」『専修国文』第8号、1970年9月、
  29-45頁。

2 本书引用绘卷词书依据角川书店《粉河寺缘起绘·吉备大臣入唐绘》中所收古文词书，参考
  梅津次郎现代日语解说。绘画部分依据中央公论社《日本绘卷大成 3》影印绘，参考小松茂
  美绘卷解说摘要，后文恕不赘述。

　　在这段画面中，美术史学者主要关注出场人物的服饰、纹样、冠履、造型等属于艺术史层面的研究，指出绘师将唐人群像预设为主人公吉备真备的参照物，以戏画化、滑稽化的手法表现了他们的表情、动作和神态。历史学者则以画面中的遣唐使船为中心，指出《入唐绘卷》是最早描绘遣唐使船的重要绘卷史料。直至今日，世界各地博览会中所展出的遣唐使船，无不参考《入唐绘卷》。[1] 遗憾的是，这段画面中作为背景出现的"松浦"景观几乎没有引起任何学者的关注，但在笔者看来，"松浦"一景出现在卷首，至少有两个疑点。

　　据《江谈抄》所收《吉备入唐间事》及《吉备大臣物语》两种文献，大致可推测词书中并未有描绘松浦的相关语句。《吉备入唐间事》卷首如此记载："吉备大臣入唐习道之间，诸道艺能，博达聪慧也。唐土人颇有耻气。密相议云，我等不安事也，不可劣先普通事。日本国使到来，令登楼。令居。此事委不可令闻。又件楼宿人多是难存。"[2]《吉备大臣物语》与之类似。[3] 从上述两段文献不难推测，散佚词书部分大致表现如下三个元素：吉备渡唐、唐人恐慌、唐人商议。现存绘卷画面也基本肯定了这种推测。继海边的松树场景之后，唐文武官员慌忙将吉备囚禁于高楼。宫殿内玉座上皇帝正襟危坐，听殿内文武官员纷纷商议。由此可见，绘卷画面基本保留了文献的主要元素，但增加了文献中不曾记载的"松浦"一景。也就是说，这段场景是绘师独具匠心之笔。那么，绘师为何要添置"松浦"意象，这一意

1　谷口耕生「吉備大臣入唐絵巻——後白河院政期の遣唐使神話」奈良博物館編集『大遣唐使展』奈良国立博物館、2010 年、272 頁。

2　原文无句读，笔者根据相关文献断句。原文见黑川真道編『古事談・續古事談・江談抄』國史研究會、1914、344 頁。

3　原文："吉備之大臣唐土エ渡ワタリテアリシニ諸モロく乃ミチく唐人トモハチテ相アヒ義ソ云イハク我等不安 ヤスカラヌ事ナリヲトレヘカラスマツフツウノコト日本國ノツカヒタウライロウニノホセテスヘシム。"名児耶明翻刻『吉備大臣物語』大東急文庫蔵（卷子本『建久巡礼記』合綴）、第 17 号、1973 年 3 月、28-30 頁。

象与遣唐使或者说吉备真备之间有何种联系?

　　整幅《入唐绘卷》所描绘的长安景观主要围绕着"高楼、宫门、宫殿"三种建筑展开,关于这一点将在下文展开论述。但卷首之松浦宫景观,却是整幅绘卷中唯一没有出现任何建筑的场景,可谓极为特殊的风景景观,这段风景景观与绘师所要表现的长安景观之间是否有必然的逻辑? 另外,从整幅绘卷中所出现的植物来看,松树仅出现在遣唐使船到达海岸一景中,在之后表现高楼、宫殿等建筑景观的场景中,松树再没有出现,而代之以柳树和樱树(如图5-2所示)。那么,松浦一景是否有特别的指代意义?

　　从更现实的层面来看,唐都长安所在关中地区可谓四面高山,渭水是横穿关中东西腹地的最主要河流,所谓"被山带河,四塞为固","阻三面而守,独以一面制诸侯",便是其独特地理条件的写照。但绘卷中长安是"海岸都市"的想象极为独特,并可能直接影

图5-2 《入唐绘卷》中的樱花(波士顿美术馆藏)

响了后来产生的《松浦宫物语》——物语中的长安是一座被大海包围起来的城市，关于长安郊外海景的描写占据了大量篇幅。那么，中世日本人关于长安是"海岸都市"的认识来自哪里？

笔者以为，《入唐绘卷》卷首之松浦景观作为长安景观的重要组成部分，与之后的建筑景观并非断裂、分离，而是构成一种互视关系，既对立又相互补充。另外，作为遣唐使出发地的肥前松浦，随着遣唐使说话的流行，已经逐渐具有了边界、国界的象征意义。《源氏物语》中已有"松浦"之地在"我国国土之中，最遥远的边界"的记述，《松浦宫物语》中也有"松浦"是"这个国家的边界"之类的说明。可见，长安松浦景观的表现，首先与中世日本关于"松浦"的异国想象观念密不可分。

这种异国想象的集体无意识，首先来自日本平安后期流传的"松浦"说话。根据地名与人物的传说，"松浦"说话可分为三种：松浦佐用姬说话、神功皇后说话和藤原广嗣说话。其中松浦佐用姬说话以《万叶集》卷五为中心，在许多和歌歌枕中都曾出现。另外，《肥前国风土记》和《日本书纪》中记载了神功皇后征伐新罗之际，"松浦"作为占卜战事吉凶之地。因此，神功皇后说话与"松浦"地名的起源密切相关。松浦佐用姬说话和神功皇后说话在平安前期没有用例，二者都是在平安后期至镰仓初期才开始被使用，在演变过程中，逐渐具有了"边境""国界"，甚至"异国"的概念。如此一来，"松浦"说话便具有了"异国"的象征要素。[1]

这里重点来讨论第三种说话，即藤原广嗣的说话。在肥前国松浦郡有一座"松浦宫"神社的存在，西田长男在《松浦庙宫先祖次第并本缘起》的解题中指出，藤原广嗣于天平十二年（740）十二月二十三日，在肥前国松浦郡被围捕，不日处斩。之后其怨灵猖獗，

1　豊田祐子「『松浦宮物語』における松浦について」『立正大学国語国文』第 32 号、1995 年 3 月、24-26 頁。

于是镜神社境内新起灵社，以祭祀藤原广嗣怨灵。[1] 也就是说，镜社庙宫之一是神功皇后的庙宫，另外一个新庙宫则是后来所建造的藤原广嗣灵社。至于祭祀藤原广嗣的原因，是由于藤原广嗣曾在肥前国松浦郡出仕，并建造松浦宫，这一说法在《今昔物语集》中也可见记载。[2]《续日本纪》记载，藤原广嗣发动叛乱时，在松浦之地被诛。之后由于其怨灵过于肆虐，所以建庙御灵。《扶桑略记》云："广嗣灵者，今松浦明神也。"[3] 松浦庙宫的祭神是藤原广嗣，这一说法逐渐流传开来。

在广嗣怨灵作祟的说话中，最终是由吉备真备作为广嗣之师镇压住了其怨灵。由此可见，在平安末期流传的广嗣说话中，吉备真备所具有的御灵性质。绘师在表现吉备真备入唐的画面时，可能会无意识地调动与吉备关系密切的广嗣说话因素，尤其是与广嗣相关的"松浦"之地的景观。"松浦"作为历史上的遣唐使出发地，又隐含着国界、地界、他国的因素，如此自然而然，绘师在表现唐土长安的地界时，会以海岸和松树的场景来表现。

"松浦"与遣唐使的集体记忆

"松浦"作为中世日本对长安的集体无意识想象的一部分，其想象的根源则可追溯至《万叶集》所载遣唐使山上忆良在长安所做和歌：

いざ子どもはやく日本へ大伴の御津の浜松待ち恋ひぬらむ

---

1 见塙保己一编纂『群書類從 第2輯』中收录「松浦廟宮先祖次第幷本縁起」所附解说，経済雑誌社，1893。

2 《今昔物语集》卷一一《玄昉僧正亘唐传法相语第六》，金伟、吴彦译，万卷出版公司，2006，第452页。

3 黒板勝美、国史大系編修会編『国史大系 第12巻 扶桑略記 帝王編年記』（新訂増補）、102頁。

（《万叶集》卷一，第 63 番歌）

　　公元 701 年，山上忆良被授予遣唐少录一职，并于翌年入唐。这首和歌是山上忆良在长安留学时所做，也是整部《万叶集》中唯一一首在日本境外所做和歌，因此具有重要的史料价值。钱稻孙先生对这首歌有两个译本，其一采用中国古诗译法："归欤二三子，倭国吾乡里；大伴御津滨，青松望久已。"其二以口语意译："走起来吧孩子们，趁早里回去日本；须知大伴御津滨，松树儿等得焦心。"大伴御津，谓今大阪。御津犹言津，大伴则其冠辞。或云难波河内之地。杨烈先生译为："诸公归日本，早作故乡人。遥想御津岸，滨松待恋频。"与此和歌相关，《怀风藻》中收录入唐僧释弁正所作汉诗《在唐忆本乡》："日边瞻日本，云里望云端。远游劳远国，长恨苦长安。"关于这首汉诗，详见本书第一章第一节的论述，这里需要提前指出的是，钱稻孙先生在注释《万叶集》中的山上忆良和歌《在唐忆本乡》时，将《怀风藻》中弁正所作《在唐忆本乡》一诗，也注为山上忆良所作，[1] 这一错误无疑也显示了国内学者对于遣唐使在唐所作诗文概念的模糊性。

　　在这首和歌中，山上忆良将自己对故国日本的思念之情，寄托在"御津の浜松"这一意象中，其中"松"与"待"发音都为"まつ"，这里巧借谐音，将"等待"这一抽象的动作形象化为"海边的松树"这一景观意象，想象着故国日本犹如这海边的松树，殷殷期盼着遣唐使们的平安归来。这正如中国古诗中大量出现的"柳"意象一样，取"柳"谐音为"留"，因此中国文化才会有"折柳赠别"的传统。"浜松"又与"大伴的御津"构成一组可视的风景，这种地理描述应属遣唐使赴唐时眼前所见之自然景观。

1　钱稻孙:《万叶集精选》，中国友谊出版公司，1992，第 33~34 页。

　　森克己指出这首和歌中的"御津"应指难波津，[1]难波津作为日本与朝鲜半岛的交通要冲古已有名，进入遣唐使时代，难波津作为发航地极为有名。公元702年，山上忆良作为第七次遣唐使一员从难波出发，走日本内海至筑紫。可以想象，随着遣唐使船渐行渐远，山上忆良回望故土，海岸边的松树便成了记忆中的最后一道风景线。因此当忆良在长安做和歌思念故国时，浜松自然而然浮现于眼前，成为最能代表日本的符号。和歌开篇以"いざ子ども"这种类似口诵歌谣的手法，强烈地道出了遣唐使者们的心声。

　　事实上，"御津の浜松"作为一个与遣唐事件相关的场景，在忆良之后的和歌中也曾出现，中西进因此指出"御津の浜松"意象在山上忆良的诗歌有不断重复之感。[2]天平四年（732），多治比广成被任命为第九次遣唐大使，翌年四月从难波出发。在使者们为出航准备之际，大使广成曾特意拜访遣唐前辈山上忆良，请其讲述在长安的体验。已近暮年的忆良，面对即将赴唐的后辈同胞，三十年前赴唐的记忆再次复苏，壮怀激烈地抒写了送别歌《好去好来歌》相赠，其中反歌部分如下：

　　　　大伴の御津の松原かき掃きて我立ち待たむ早帰りませ（《万叶集》卷五，第895番歌）[3]

　　"愿君早归，我将清扫大伴御清的松原，伫立迎侍。"[4]在这首反歌中，忆良再次以海边的松原为场景，表达日本国对遣唐使们安全归来的期盼。对古代日本的知识人而言，唐国作为大海彼岸

1　森克己『新編森克己著作集　第4巻　増補日宋文化交流の諸問題』、210頁。
2　中西進『山上憶良』、406頁。
3　『萬葉集　1』佐竹昭広等編『新日本古典文学大系　1』岩波書店、2003、506頁。
4　钱稻孙：《万叶集精选》，第120页。

的文明大国，是汲取优秀文化的场所，所有的知识人都渴望并憧憬着能踏上唐土，但这种机会极为难得，同时又要以九死一生的渡海为前提，这种情景即使到平安时代也没有改变。可以说，山上忆良将"松"（まつ）的意义在"待"（まつ）的基础上又延伸了一步，即与言灵信仰结合，赋予"浜松"保佑遣唐使者们平安归来这一种特殊的意义。换言之，"浜松"既是日本故国河山的象征，又拟人化为有情之物，殷殷期盼着游子们的平安归来。

　　山上忆良在长安所作和歌对于日本后世文学中长安形象的塑造影响极大。十一世纪中期成书的《浜松中纳言物语》，虽然是追随《源氏物语》这种王朝物语的写法，但其以独特魅力吸引了一代代读者的重要原因，就在于该物语是以唐土为宏阔背景的、讲述遣唐使渡唐传奇的故事。主人公中纳言在渡唐之后所咏和歌之一，就出现了"浜松"一词，同时也合理解释了该物语题名中出现的"浜松"一语的含义：

　　　　　日の本のみつの浜松こよひこそ我を恋ふらし夢に見えつれ[1]

　　《入唐绘卷》约创作于十二世纪中期，比《浜松中纳言物语》仅晚不足百年，这一时期正是遣唐使说话及物语创作最为繁荣的时刻，"浜松"意象作为遣唐使思念故土的象征，就这样与遣唐使说话结合在了一起。另外，长安作为遣唐使们的目标都市，也因此与浜松产生了一种隐性联系，这种联系经历史的沉淀，最终混合成了一种复杂的意象。绘师在绘制长安景观时，看似无意识地

1　松尾聰校注「濱松中納言物語」『日本古典文学大系 77 篁物語 平中物語 濱松中納言物語』岩波書店、1964、168 頁。

选取的这一意象，却是几个世纪以来的民族无意识积累的结果。但对后世的读者而言，"松浦"景观作为整幅绘卷的开端，是被作为长安景观的一部分来接受的，如成书于十二世纪末的另一部遣唐使物语《松浦宫物语》，与《入唐绘卷》有着千丝万缕的联系，[1]在这部物语中，长安便被描述成了一个海岸城市（详见本书第七章）。也就是说，《入唐绘卷》所描绘的"松浦"景观，源于《万叶集》山上忆良和歌的影响，绘师将海岸边的松树作为长安景观的一部分来描绘，这一意象到后世遣唐使物语中，便逐渐催生出长安是海岸城市这样的误解。

三 凝视长安建筑中的隐喻

为分析研究之便，现依据登场人物动作及情节发展分节，将绘卷词书和绘画要素摘示如表 5-1。绘卷词书依据角川书店《粉河寺缘起绘·吉备大臣入唐绘》中所收古文词书，参考梅津次郎现代日语解说。绘画部分依据中央公论社《日本绘卷大成》卷三《吉备大臣入唐绘卷》中影印彩色绘画，参考小松茂美绘卷解说摘要。

表 5-1 《入唐绘卷》词书与绘画要素对照

段	词书要素	词书场景	绘画要素	绘画场景
①吉备的幽闭	散佚	—	A. 遣唐使船靠岸 B. 唐人慌忙迎接 C. 将吉备幽闭进高楼 D. 宫殿内向皇帝汇报	海边→高楼→宫门→宫殿

1　久保田孝夫在《吉备真备和〈松浦宫物语〉——从绘到物语》一文中探讨了两种文献的关系，详见久保田孝夫「吉備真備伝と『松浦宮物語』—絵伝から物語へ」『日本文学』第 47 卷第 5 号、1998 年 5 月、60-68 頁。

续表

段	词书要素	词书场景	绘画要素	绘画场景
②恶鬼造访之夜	是夜，风雨大作。幽闭吉备的高楼下出现了赤发红身的恶鬼。吉备使用隐身术，责问恶鬼身份。鬼曰乃已故遣唐使阿倍仲麻吕之亡灵。鬼冠带整齐与吉备彻夜长谈。天明归去	高楼	A.恶鬼现身 B.恶鬼着衣装上楼见吉备 C.鬼与吉备在高楼夜谈 D.宫殿一角，唐人席地而睡，车马零落一旁 E.宫殿内，文章博士彻夜商议对付吉备之策	高楼→宫门→宫殿
③《文选》之计谋（一）	翌朝，唐人送食物至高楼，眼见吉备无恙，惊诧不已。唐人欲借读《文选》羞辱吉备，鬼提前告知。二人于夜间借飞行术潜入宫殿，偷听唐文章博士解读《文选》。吉备向鬼求古历十卷	高楼→宫殿	A.高楼陡峭的台阶下，唐人捧着食物，惊诧不已 B.吉备与鬼飞向宫殿 C.宫殿外，唐人千姿百态地睡在地上 D.吉备和鬼偷听唐人学者讲读《文选》	高楼→宫门→宫殿
④《文选》之计谋（二）	吉备从鬼处得古历，上书《文选》段落，并故意散落一地。唐人博士见状，感觉不可思议	高楼→宫殿	A.《文选》博士骑马走向高楼，后面跟着三个随从 B.博士看到吉备熟悉《文选》，大吃一惊。回宫殿报告，皇帝闷闷不乐	高楼→宫门→宫殿
⑤围棋的胜负（一）	唐人命吉备下围棋，若败，则将杀之。高楼内，不懂围棋的真备听鬼讲解棋道。吉备彻夜未眠，领会其要旨	高楼	A.鬼将围棋阴谋告知吉备 B.鬼飞奔下楼 C.宫门的柳和樱隐于云雾 D.围棋名手上殿，切磋棋道	高楼→宫门→宫殿
⑥围棋的胜负（二）	围棋名手与吉备对弈，胜负难分。吉备暗将一粒黑子吞入腹中，转败为胜。唐人命吉备服药催泻。吉备用法术封住棋子，再次转危为安	高楼→宫殿	A.高楼门窗大开，空无一人 B.吉备执白子与唐人下棋 C.唐人捏着鼻子检查粪便 D.围棋名手战败，骑马回宫 E.宫内，唐帝王极为愤怒	高楼→宫门→宫殿

　　绘卷内容至此结束。但据《江谈抄》及《吉备大臣物语》，唐人在围棋之战失败之后，又继续用野马台诗来刁难吉备，吉备在日

本神佛的帮助下安然过关。唐人恼羞成怒，将其幽闭进高楼，数月不给食物，企图将其饿死。吉备得鬼相助，将唐土日月封入双六筒中，陷入黑暗的唐国人人自危，唐王不得已释其归日本，物语至此才完结。因此很多学者推断，现存绘卷应该只是一部分，而且在《寻尊大僧正记》《好古小录》《倭锦》《古书目录》等书物文献中记载有两卷，《本朝书品目》也明确记载有"吉备公入唐绘词两卷，今下卷佚"，足见江户时代已经注意到了这一点。但在嘉吉元年（1441）最早记载有《入唐绘词》的文献《看闻御记》中，却记录"吉备大臣绘一卷"，也就是说，《入唐绘卷》最初有两部，但至少在十五世纪中叶，其中一部已经失传。[1]

　　通过表5-1很容易发现除了第①段词书之外，第②至⑥段的词书场景几乎都在高楼和宫殿之间转换，绘画场景则全部由高楼、宫门、宫殿组合构成。虽然说同一场景的反复出现，作为说话或物语情节展开的舞台，在绘卷中是不可避免的，但《入唐绘卷》画面重复的密度过大，以至于遭部分学者诟病，指责其艺术价值低下；另一部分学者却持反论，并竭力为之辩护。这场争论旷日持久，至今仍没有定论。事实上，自1932年矢代幸雄发现《入唐绘卷》藏于波士顿美术馆并着手研究开始，"同一场景的单调重复"就作为一个重要问题被提出来。关于这点，矢代幸雄认为"同一场景的单调重复"，无疑是对"说话内容的服从"，[2]梅津次郎则通过比较《入唐绘卷》与约同时期创作的《伴大纳言绘卷》《粉河寺缘起绘》，指出这是"受题材制约"的结果。[3]小松茂美指出这种手法乍看上去似乎很

1　详见森克己「吉備大臣入唐絵詞の素材について」（『新編森克己著作集　第4巻　増補日宋文化交流の諸問題』、243-249頁）一文。另外，梅津次郎通过考察兴福寺大乘院和京都神光院的什物记录，也指出有两卷的说法，见梅津次郎编修「『粉河寺縁起絵・吉備大臣入唐絵』絵卷集成解説」『新修日本絵卷物全集　6』、14頁。

2　矢代幸雄「吉備大臣入唐絵詞　同詞書」『美術研究』第21号、1933年9月、20頁。

3　梅津次郎编修「『粉河寺縁起絵・吉備大臣入唐絵』絵卷集成解説」『新修日本絵卷物全集　6』、16頁。

单调，事实上却是"根据说话内容而绘制，并试图给读者一种更鲜明更强烈的印象"。[1]

　　笔者首先认同小松茂美氏的"强化说"，认为绘师有着强烈的异国意识，为了突出唐都的异国风情可谓煞费苦心，以唐人服饰为例，仅色彩就有朱、黄土、丹、群青、绿青、胭脂、白等，纹样有花唐草、八棱花、花唐草等，甲胄、服饰风格等也很容易看出《信西古乐图》中舞乐的影子，这些色彩及纹样的使用，使一种异国情调呼之欲出。建筑物多用细线谨慎勾描，浓墨重彩渲染，群青的屋脊、朱红的圆柱、绿青的窗棂、黄土的台阶，以及丹彩的瓦顶和泥土墙，都是为了突出唐都长安的异域风情。绘画中所出现的弓弩、太刀、令牌、棋盘、座榻、餐几、屏风等工艺品，很多都有佛传图或者经变的色彩。[2]另外，从绘画上很容易看到，绘师为了避免构图陷入单调，在各场面之间用云雾巧妙过渡和切换，同时在这些建筑物之间穿插柳和樱调节画面。如果细看的话，还会发现在不同场景中出现的高楼、宫门和宫殿，视角也并非完全一致，造型和画法上还是有细微差别的。

　　总之，受时任权力者后白河法皇支持的宫廷绘师，尽管有可能调动从汉诗、汉文典籍到唐朝舶来的美术品等有关唐都的一切知识储备来绘制绘卷，但创作者本人并不具备完全的独立性和自主性，因此绘卷最终也不可能纯粹反映个人自由的意志，而是必然受制于供养其的贵族集团。那么，绘卷之所以不断重复同一画面来表现异国都城，甚至不惜破坏整幅绘卷的艺术感，其目的很可能就是强化、强调贵族们所需要的一种异域观。奥平英雄从绘卷史的角度出发，论及镰仓初期绘卷物的整体特征时就曾指出："往昔那种以现实生活为基础、具有优美的生活情趣的部分都消失了，只剩下了观念式的再现和仿作，

1　小松茂美「吉備大臣入唐絵巻考証」『日本絵巻大成 3 吉備大臣入唐絵巻』中央公論社、1977、94-105 頁。

2　岡田譲「吉備大臣入唐絵詞に見る工芸品」梅津次郎『新修日本絵巻物全集 6』、39-43 頁。

因此不过都是些从浪漫主义表现中游离出来的纯粹观念式的绘卷物而已。"[1]这就不难理解《入唐绘卷》中的唐都长安，相比于其他以日本历史或社会为题材的绘卷物，那些能记载时代风俗、都市场景、鲜活事件的因素统统消失，为何仅成为一种表现异域之都的观念了。本节从《入唐绘词》及周边相关文献开始考察，逐一探讨如下问题：绘师之所以"单调重复"地表述长安的真正意图；发掘支配绘师表述的宫廷贵族的长安想象和知识储备；分析中世日本贵族集团异国都城观之下的国家意识的变化。

幽闭遣唐使之"高楼"

《入唐绘卷》所描绘的长安景观主要围绕着"高楼、宫门、宫殿"三种建筑展开。为了深入展开论述，现将词书与画面场景摘要出来比较如表 5-2。

表 5-2　词书与画面场景对照

段	词书场景	画面场景
①	无	海边→高楼→宫门→宫殿
②	高楼	高楼→宫门→宫殿
③	高楼→宫殿	高楼→宫门→宫殿
④	高楼→宫殿	高楼→宫门→宫殿
⑤	高楼	高楼→宫门→宫殿
⑥	高楼→宫殿	高楼→宫门→宫殿

通过表 5-2 很容易发现除了第①段词书之外，第②至⑥段的词书场景几乎都在高楼和宫殿之间转换，绘画场景则全部由高楼、宫门、宫殿组合构成。盐出贵美子则词书与绘画的关系角度出发，指

1　奥平英雄『絵巻』美術出版社、1957、30 頁。

出《入唐绘卷》词书与绘画之间的脱节和不协调，从而否定了"说话内容服从说"和"题材制约说"，塩出贵美子认为绘师有意识地将高楼、宫门、宫殿三种景观组合为一体，视为一个整体舞台，因此不可避免地反复出现。[1]

塩出贵美子关于"高楼、宫门、宫殿三种景观一体说"的论述可谓独辟蹊径，却忽略了这三种景观之间的内在逻辑和隐喻关系。换言之，尽管绘卷画面中这三者是以组合的方式整体性出现，但在词书场景中，高楼显然是重点，而且绘卷画面从用图面积和绘制角度来看，三者并不是平均分布，而是有所偏重和突出的。笔者试图通过进一步阐释这三种景观各自的隐喻对象，以及三者之间内在的逻辑关系，来说明这三种景观与长安表述之间的因果。如果配合词书的解释和补充来看，很容易发现如下问题：除第①段词书散佚之外，其余第②段至第⑥段词书场景中都出现了高楼，宫殿只在第③④⑥段场景中出现，由此可见，词书的内容显然是以高楼为中心的，这点毋庸置疑。

首先来探讨高楼的问题。或许是因为首段词书散佚的缘故，现存绘卷开端给人的冲击过于强烈，甚至有些突兀感，唐人迎接吉备之后，直接将其幽闭进高楼。根据石见清裕研究，外国使节、留学生、留学僧进入长安，是由鸿胪寺及其下属的典客属负责接待，来客一般安排在四方馆入住，之后会受到唐朝皇帝的接见，所谓"宴之麟德殿，授司膳卿而还"正是这种礼仪的记载。但在《入唐绘卷》中，幽闭吉备的到来楼本是鬼魂出没之场所。[2]绘卷第②段词书开端即为："是夜，风雨大作。鬼至到来楼。"紧接着鬼向吉备说明身份，声称自己乃遣唐使阿倍仲麻吕，来唐之日，同被幽闭于这座高楼。唐人不予食物，将其饿死，遂变成恶鬼。配合词书内容，绘

1　塩出貴美子「吉備大臣入唐絵巻考：詞と画面の関係」『文化財学報』第 4 号、1986 年 3 月、53-74 頁。

2　石見清裕「唐の鴻臚寺と鴻臚客館」『古代文化』第 42 巻第 8 号、1990 年 8 月、48-56 頁。

卷画面中出现了一座极为阴森和诡异的高楼。在日语中，"楼"（ろう）与"牢"（ろう）发音完全一致，如果省略汉字仅以假名标注的话，很容易给读者带来一种强烈的暗示：长安高"楼"具有"囚禁""牢狱"之意。也就是说，从高楼作为建筑的机能来看，《入唐绘卷》传达出了这样一种意象，长安的高楼是用来幽闭异邦人并试图将其扼杀的牢笼，具有令人恐惧和战栗的特征，而这与中国文化中高楼的机能完全不同。

东汉许慎《说文解字》如此释楼："楼，重屋也。"[1] 早在《列子·说符》中，已有"登高楼，临大路，设乐陈酒，击博楼上，侠客相随而行"。[2] 可见在中国传统文化中，高楼作为一建筑空间是日常生活的延伸，是极其实用的生活空间。但是，高楼又并非寻常百姓之居所，建楼也非随心所欲可以为之，因此高楼在一定程度上又与现实生活保持着距离，而逐渐成为审美的对象。文人墨客登楼望远、颐养浩然正气，如此才有王粲的《登楼赋》："登兹楼以四望兮，聊暇日以消忧。"[3] 而《入唐绘卷》中所描绘的唐都高楼，实际上并不具备唐绘高楼的属性，尽管从绘卷画面来看，这座高楼也采用了青瓦红柱这些极具有唐绘色彩的要素，但其省略墙壁、屋顶和天井的画法，则属于典型的大和绘"吹拔屋台"技法，[4] 这种重点突出柱子的建筑风格，很容易从日本建筑文化史中找到原型。

深沢彻从大江匡房《江谈抄》及词书的角度出发，将高楼的文化原型追溯到日本古代国家权力象征的罗城门和朱雀门。仿照长安城修建的日本平安京，没有城墙这类具有抵御性功能的地标性存

1　许慎：《说文解字》卷六上《木部》，中华书局，1963，第120页下。
2　杨伯峻：《列子集释》卷八《说符篇》，中华书局，第262页。
3　（梁）萧统编，（唐）李善注《文选》卷一一《赋已》，第489页。
4　下店静市在《唐绘和大和绘》第二编第三章专章讨论了《吉备大臣入唐绘词》中唐绘和大和绘手法的糅合，详见『下店静市著作集 第7卷』、講談社、1986、169-180頁。

在，因此与长安城相比，罗城门和朱雀门作为门的实用性机能降低，作为空间地标的象征性功能却增强了。修建于城门上的高楼，极尽壮观和夸饰。从建筑学上讲，这种高楼并不具有"游"的功能，相反却作为国家行使祭礼的仪式场所，逐渐具备了神圣性。但随着日本古代律令国家的崩溃和中世封建社会的兴起，罗城门、朱雀门在倒塌之后再也没有被修复，最终成为演绎各种怪谈说话的舞台。因此深沢徹总结道："高楼在日本文化中逐渐演变成幽闭被共同体社会排除、孤立、驱逐的囚犯和异邦人的场所，《入唐绘卷》将日本文化深处那种对于高楼所具有的令人战栗的恐惧一面，毫无保留地传达了出来。"[1]

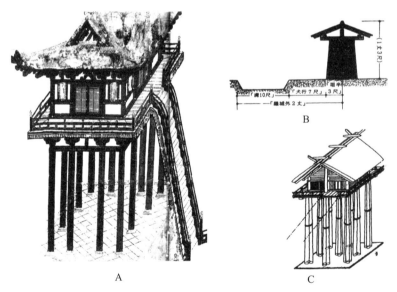

图5-3 《入唐绘卷》中高楼原型的比较

1 深沢徹「羅城門の鬼，朱雀門の鬼：『江談抄』における，権力産出装置としての楼上空間」『研究紀要』第23号、1984、24頁。

图 5-3A 图为"幽闭吉备之高楼"（藏于波士顿美术馆）；B 图为"平安京罗城门复原设想图"（井上和人绘）；[1] C 图为"出云大社本殿复原鸟瞰图"（宫本长二郎绘）。[2] 笔者实地考察了罗城门、朱雀门遗址，结合各遗址博物馆馆藏文献及复原图，发现《入唐绘卷》中的高楼，与罗城门和朱雀门在外形上差异较大，却与镰仓时代的日本高楼建筑极为相似。另据平成十二年出云大社境内的发掘报告，以及东京博物馆所展出云大社复原模型图来看，出云大社本殿突出木柱、将楼梯设置在高楼外部的建筑风格，[3] 与《入唐绘卷》中的高楼更为接近。事实上，仓西裕子在新著《吉备大臣入唐绘卷：鲜为人知的古代中世一千年史》中也指出这座具有弥生时代高床建筑痕迹的高楼，很有可能是以出云大社的高层神殿为原型绘制的。[4] 出入大社神殿之人，都必须是祭神或掌管神器的男性，因此要冠服整洁以显示对神的敬畏。[5] 这也许能从另一个角度解释《入唐绘卷》中，当鬼初次出现在高楼下时，吉备为什么要责令其冠带整洁之后再上楼相见。

尽管上述两种看法——分别将高楼视为恐怖与神圣的象征的观点相去甚远，但二者无疑都指出了一个重要问题，即日本文化中高楼所具有的非人间性和他在性，无论这个"他在"是神抑或鬼，它所指向的空间都是要与人类世界保持距离。但是当这座高楼被置放在唐都长安时，"高楼已经转换成了坚固的国家主义堡垒，国家、共

---

1 参考井上和人「平城京形制の実像——50 年間 100ha の発掘調査の成果から」妹尾達彦『都市と環境の歴史学 第 2 集』理想社、2009、559 頁。

2 详见宫本長二郎「古代出雲大社本殿の柱発見」『建築雑誌・建築年報』第 117 巻第 1493 号、2001 年 9 月、26-27 頁。

3 三浦正幸「宝治度出雲大社本殿の復元」『学術講演梗概集 建築歴史・意匠』（F-2）、2007、17-18 頁。

4 倉西裕子『吉備大臣入唐絵巻：知られざる古代中世一千年史』勉誠出版、2009、58 頁。

5 《古事记》《日本书纪》《出云国风土记》中关于出云神社修建缘由的记载，矛盾之处很多，相关论述可参考椙山林繼、岡田荘司等『古代出雲大社の祭儀と神殿』学生社、2005。

同体这类问题，作为物语的最终主题已不可避免地被提出来"。[1]也就是说，高楼作为吉备和鬼联手对抗唐人的舞台，还承担有他在性的隐喻功能，这就需要进一步讨论宫殿及宫门的作用。

皇帝御座与权力空间

　　根据上文所示词书与画面场景对照表（表 5-2），很容易发现绘卷画面中增加了"宫门"景观，这一景观在词书中没有提及，且①至⑥段画面中"高楼→宫门→宫殿"呈规律性组合出现。关于绘画中增加了词书中所没有的"宫门"场景，矢代幸雄是最早注意到这一问题的学者。根据矢代幸雄的研究，宫门自身在说话中并没有任何作用，只是作为人物往返于高楼与宫殿之间的一个装置，具有一种地理上的必然的意义。也就是说，与其视宫门为一种独立的景观，不如将其视为宫殿的一种延伸或一部分更为妥当。[2]塩出贵美子在矢代论点的延长线上提出，"宫城门不过是宫殿附属的一种添加的景观，和词书完全没有关系，属于绘师自由想象的产物。但是，从画面来看，宫门却具有将鉴赏者的目光从高楼导向宫殿的地标性的重要作用，同时也具有让画面看起来更丰富的效果"。[3]但是在注释中，她又提出了另外一种观点，认为"云雾"在这里起了一种省略的作用，尽管绘卷中会经常使用云雾来分割画面，但《入唐绘卷》中的云雾还有省略的作用。因此塩出氏认为在宫门与宫殿之间缭绕而过的大量云雾，应该被视为一种空间的省略手法。因此宫门绝不是宫殿的附属，而应视为一种与宫殿和高楼并列的、具有独立意义

1　深沢徹「羅城門の鬼，朱雀門の鬼：『江談抄』における，権力産出装置としての楼上空間」『研究紀要』第 23 号、1984、27 頁。

2　矢代幸雄「吉備大臣入唐絵詞」『美術研究』第 21 号、1933 年 9 月、23 頁。

3　塩出貴美子「吉備大臣入唐絵巻考：詞と画面の関係」『文化財学報』第 4 号、1986 年 3 月、61 頁。

的景观。这种前后矛盾的观点，正显示了其对"宫门"持有的不确定态度。

在笔者看来，宫门除了过渡画面之外，还承担着隔离两种权力空间的地标性作用。换言之，宫门的重要作用就在于既将高楼与宫殿分割开来，又使之具有某种联系。因为在恶鬼和吉备订立契约共同对抗唐人的时候，高楼已经成为与宫殿遥遥相对的战斗舞台，而宫门正起到一个分割和缓冲的作用。矢代幸雄也指出过高楼与宫殿的对立关系，"将吉备幽闭之高楼与商议刁难吉备的唐都宫殿，往往是作为对比参照出现的，这也是本绘卷重要的构图原则"。[1]宫殿作为唐人商议计谋迫害吉备的场所，与高楼处于一种剑拔弩张的对立关系中，但是在绘卷中与高楼所占的空间分量相比，却要薄弱得多。盐出贵美子也指出过这一点，"与高楼相比，宫殿的重要性要稀薄得多"。[2]

中世日本人对长安的宫殿是如何理解的？首先，居于宫殿中心的是皇帝的宝座，皇帝临朝听政的时候就坐于此，因此，居于整个宫殿中心的皇帝的宝座是唐朝宫殿的符号。那么，这个宝座绘画的来源或者说基础是什么？其基于想象的根基如何？比这更重要的问题是对于宫殿内部的表现，朱红色的柱子林立，门楣上的唐花丸纹样是中国宫殿华丽、富丽堂皇的象征，宝座背后是唐绘的屏风，也将唐国的风情凸显出来。但是最让人产生违和感的是，宫殿的地面。尤其是绘卷中出现的宫殿画面中，描绘的官吏和文章博士们就直接膝坐于地面之上，这种绿色的地面完全就是日本的榻榻米的样子，而正如后来的研究者指出，这里的长安宫殿的形象与日本清凉殿的形象几乎重合。尤其是唐朝文武官员上朝参拜的样子，与《年中行事绘卷》等描绘的清凉殿形象中公卿们束带议事的场景几乎如

---

1 矢代幸雄「吉備大臣入唐絵詞 同詞書」『美術研究』第 21 号、1933 年 9 月、8 頁。
2 塩出貴美子「吉備大臣入唐絵巻考：詞と画面の関係」『文化財学報』第 4 号,1986 年 3 月、69 頁。

出一辙。宫殿在整个绘卷中出现了六次，其中四次人物都是直接坐在地面上的。可以说，绘卷画师对于唐朝贵族、官吏及随从等的生活状态的理解，是基于日本的生活习惯的，第①段、第②段中的侍从们，大部分是直接在地面睡觉或坐卧，他们虽然穿着唐风化的服装，但是等待主人的姿势完全是日本风的。当然，绘卷所描绘的唐朝宫殿，并不能拿正确这种标准来衡量。重要的是，它代表了中世日本人对唐都长安的理解和判断，而这对于研究中世日本人的长安想象而言极有意义。

要之，《入唐绘卷》中所描绘的长安景观，主要是围绕着高楼、宫门、宫殿展开，但其中又是以吉备和鬼魂仲麻吕活动的高楼为重点，而以唐帝王和文武大臣活动的宫殿为陪衬，宫门起分割和过渡作用。这三种景观构建出来的长安图，与历史中真实的长安并无太大关系，不如说是一种观念的长安更为妥当。

四　滑稽化的唐人群像

《入唐绘卷》中出场的唐人共有一百九十八人。其中第①段中出场七人，第②段中出场四人，第③段中出场二十七人，第④段中出场二十九人，第⑤段中出场十三人，第⑥段中出场三十四人。若论这些人物最鲜明的特征，那就是全部都是男性。事实上，《入唐绘卷》中部分场景如果出现女性，是毫无违和感的。比如第②段中，负责给高楼上的吉备送食物的侍从，如果换作侍女丝毫不会有怪异感。然而整部绘卷中没有一位女性出场，这的确令人费解。从绘卷表现的唐皇帝、文官、武将、士兵的形象极具佛教色彩可知，对绘师而言，当时可以参考的唐绘多为佛教绘画。那么，如果是因缺乏表现唐人女性的绘画作为参照物，要想生动地表现有些困难而没有表现——这么说也似乎不太可能。笔者以为，作为绘卷粉本的《江谈抄》，本来就是一本汉文说话集，从根本上说，是一种公家的、男性说话的产物，尤其是在表现中国与日本外交的对峙这样一种背景中，女性形象的缺席也就不奇怪了。另外，《入唐绘卷》所表现的唐人群像采用了极度夸张化、滑稽化的手法，以突出主人公吉备真备的高贵优雅。

图像内部的声音

从整体画风来看，因为场面的设定较为固定，所以活跃于其中的人物显然就成了绘卷的焦点。继续对比词书与绘画关于人物的描绘，会发现如下问题。（一）词书上有记载而绘画中没有描绘，如第③段词书，吉备向鬼求古历十卷，第③段绘画中将其省略；第⑥段词书，吉备暗将对方一粒黑子吞入腹中，第⑥段绘画中并未见描绘；如此等等。（二）词书中没有记载，或者只是简略的文字，在绘画中却有详细而夸张的描绘。最典型的如"宫门"的设置，另外，则莫过于对唐人群像的描绘了。如第①段词书中绘画 B 中，唐人慌忙迎接片段，第②段 D（见图 5-4）与第③段 C 中唐人席地而睡片段，第④段 C 与第⑥段 D 中文章博士、围棋名手失败后，返回宫殿报告皇帝的画面，以及第⑥段 C 中唐人检查吉备粪便、第⑥段 E 中皇帝的愤怒和窃窃私语的大臣，等等。关于这些唐人群像的作用，塩出贵美子论文通过逐一对比词书与绘画的关系，指出这些唐人群像的出现与词书内容并无太大关系，"他们在说话展开的过程中很难被认为有什么特定的作用"，[1]如果勉强要说作用的话，第②段 D 与第③段 C 中唐人席地而睡的画面，仅仅是为了"通过他们睡眠的姿态暗示时间是夜里而已"。[2]

---

1 塩出貴美子「吉備大臣入唐絵巻考：詞と画面の関係」『文化財学報』第 4 号，1986 年 3 月、69 頁。
2 塩出貴美子「吉備大臣入唐絵巻考：詞と画面の関係」『文化財学報』第 4 号，1986 年 3 月、59 頁。

　　塩出贵美子的上述观点其实很难成立。《入唐绘卷》本质上是歌颂吉备真备个人英雄主义式的入唐冒险谭，整部绘卷自然也是以吉备为中心来构图的。这些唐人群像的出现，看似与词书内容无关，却是画面构图中不可分割的重要部分。假如没有这些唐人群像的出现，则无法表现出院政贵族所渴望的那种对唐都异国情调的憧憬，也不能凸显吉备高贵和临危不惧的性格，从而将整幅绘卷推入暗淡贫瘠的表现中。也就是说，正如高楼与宫殿的对峙一样，吉备和仲麻吕与唐帝王、文武大臣之间也形成了一种对峙关系。上文已经讨论过绘卷偏重于描绘高楼而相对忽视宫殿的构图原则，与此相对应，绘卷中对吉备的描绘，一贯采用的是美化的、赞赏的笔法，而对唐人的描绘，则倾向于戏画的、滑稽的手法。

　　绘卷第①段 A 画面，端坐在遣唐使船中央的吉备真备，其面部特有的那种贵族神态极为惹人注目，绘卷采用胡粉涂底、引目钩鼻这种典型的大和绘画法，将吉备淡然、安静的气质凸显出来，为整幅绘卷定下了基调。在第③段 B 使用飞行术的画面中，吉备与鬼

图 5-4　第②段 D 画面中席地而睡的唐人（部分）

的姿势显得极为怪异，并非唐代壁画中常见的、将四肢舒展开来的飞行，而是近乎于正襟危坐地、以日本传统的跪坐方式飞行，吉备甚至手持代表其贵族身份的节笏。在第③段 D 盗听《文选》的画面中，即使所做之事多少有些苟且，但吉备的面貌和神态并无猥琐之感，反而显得极为自然。甚至对于与吉备同属一方阵营的鬼魂仲麻吕，采用的也是极力褒扬的笔法。在鬼初次出现的场面，即第②段 A 绘画中，阴风阵阵之中，出现了全身赤红、头上长角、筋骨嶙峋的恶鬼，相貌极为丑陋和恐怖。待吉备呵斥，鬼换上人的衣装之后，除了露在衣服外的脸和手仍是赤红之外，整个造型都极为整洁。如第②段 B、第②段 C、第③段 B、第③段 D、第④段 A、第④段 B 绘画中多次出现的鬼，都身着黑袍，顶冠束带，显得端庄守礼，甚至是幽默可爱的，丝毫不能引起恐惧或厌恶。

与此相反，第①段 B 唐人慌忙迎接的场景中，绘师对于前来迎接吉备的唐人却极尽夸张戏谑之能事，从神情、动作到服饰，都采用了极为戏画的手法，使画面带有强烈的滑稽感。在迎接真备的画面中，前往岸边的随从中，有一着红底金泥勾线唐花纹样上衣的男子，将衣服掖进裤腰，气喘吁吁地向前奔跑，臀部以下几乎不着一物，样子极为丑陋。对比最鲜明的，大概要属第⑥段 C 围棋之战的画面，吉备偷偷将一粒棋子吞入腹中赢得整个棋局，唐人命其服用催泄药物，于是就有唐人捏着鼻子扒拉吉备粪便的场景，动作自然是极为滑稽，而此时的吉备依然在一旁优雅地静立——因为他早用法术将棋子封入体内，所以对于唐人认真分拣粪便的行为，大概是极为耻笑的。尽管吉备的这招棋赢得并不光彩，但画面中的吉备始终是以贵族的姿态出现，让唐人出尽了洋相。

绘卷中对唐人群像的丑化不遗余力，主要是通过冠缨和睡眠姿态的描绘来实现。关于唐人群像中的冠缨问题，美术史家下店静市是最早注意到的，他指出吉备大臣中描绘多种具有唐人风格的冠，"其中冠缨的描述极为特殊，究竟是以哪种绘画为粉本描述的并不清楚，但是这些燕尾缨奇怪的变化极其引人注目，那种超出常规的异常的张开，或者是角度有极大的跳跃，都显得很奇怪"。[1] 第①段C、D 将吉备引向高楼的场景中，同为骑马的画面，唐朝官员们帽子上的璎珞随风招展，或像兔子耳朵朝天竖起，或东一只西一只呈张牙舞爪状，而吉备的帽子却岿然不动，似乎完全没有受到风的影响，他整个脸部依然涂白，显得高贵而淡然。绘师采用一动一静的对比手法，将唐朝文武官员刻画得无比滑稽。

绘卷中描绘唐人睡眠姿态的场景占了很大篇幅，其中第②段D与第③段C 中都出现了唐人席地而睡的画面。第②段D 画面中，继鬼登楼和吉备夜谈之后，唐人横七竖八地躺在地上，车马毫无章法地堆在一旁。有躺在绢伞下入睡的，有靠着车辕打盹的，有互相靠着合眼的，还有在车后边撸起袖子抓虱子挠痒痒的。宫门口负责守卫的将士是佛教图中常见的毗沙天门像的装束，也将矛扔在一旁，靠着柱子呼呼大睡。在文章博士们商议《文选》计谋的宫殿外，文官们有的抱着膝盖睡，有的靠着台阶睡，有的趴在地上睡，造型可谓千奇百怪。第③段C 偷听《文选》中出现的唐人群像，与第②段D 画面大致相同，也都是四仰八叉躺倒在地上，半卧而睡、手臂撑着脑袋睡、仰面朝天睡、敞开肚皮睡等等。总之，形态、表情都极为夸张滑稽。事实上，唐人很少有席地而眠的习惯，这显然是基于日本式的生活方式想象的结果。

这种丑化唐人的表现手法所带来的连锁反应，就是中世日本对唐都长安的偏见，唐人善嫉妒，在唐都的日本人常遭迫害，这种文化偏见在后世说话文学中愈演愈烈。[2] 类似具有幽闭意味的高楼，在《宇津保物语》和《松浦宫物语》中都出现过，唐都高楼也逐渐具

1 下店静市「唐絵と大和絵」『下店静市著作集 第7巻』、178-179頁。

2 久保田淳「『吉備大臣入唐絵詞』の吉備真備」『国文学：解釈と教材の研究』第20巻第15号、1975 年11 月、162-163 頁。

有了牢狱之意，是置放死尸或鬼魂栖息之地。[1] 大概正是基于同样的偏见，才会产生《续本朝往生传》《今昔物语集》《宇治拾遗物语》等作品中记载的入宋僧寂然在宋国经历种种考验的说话产生。另外，在中世初期产生的一系列以遣唐使为故事的说话和物语中，这种受迫害的主题变得更为阴暗和悲惨，最典型的则莫过于灯台鬼说话了。这些物语故事显示了中世日本对唐都的印象——凶险、残酷而又邪恶之都，但是产生这种观念的源头却正是《入唐绘卷》。

古代末期日本的中国偏见

应该注意的是，《入唐绘卷》是在后白河院法皇政治集团中被制作出来的这一事实。平安末期，天皇、院政与外国人会见是被禁止的，贵族们专注于日本内政问题，对遣唐使制度中止以来的中国大陆鲜有关注，这种国际意识的衰退是平安末期贵族与前期贵族最大的区别之处，整个平安末期都被这种闭锁的精神所支配。[2] 然而后白河院却以平清盛为中间媒介和宋人在福原相见，藤原兼实在日记《玉叶》中指责其行为是"我朝廷延喜以来未曾有事也，天魔之所为欤"。[3] 这件事情在《水镜》中亦有记载，由此大致可以肯定其并非子虚乌有之事。后白河院通过与宋人的会面，接触到了大量宋朝的文化和物品，[4] 这种政治力学作用的结果，对于《入唐绘卷》的制

1　小峯和明「吉備大臣入唐絵巻とその周辺」『立教大学日本文学』第 86 号、2001 年 7 月、10 頁。

2　石母田正『日本古代国家論 第 1 部』、313 頁。

3　藤原兼实著《玉叶·第一》卷五嘉应二年（1170）九月二十日条："今日，城南寺竞马云云。五番，其事。法皇令向入道太相国之福原山庄。给是宋人来着为叙览云云。我朝廷云云。我朝廷延喜以来未曾有事也，天魔之所为欤。"藤原兼実『玉葉·第一』国書刊行会、1907、107 頁。

4　可参考北爪真佐夫论文。北爪真佐夫「後白河と清盛」『札幌学院大学人文学会紀要』第 60 号、1997 年 3 月、183-211 頁。

作大概不能没有影响。[1]

　　宋日贸易几乎可被视为平清盛政权特许的对外交易，以九条家和南都为首的当权者们交流异常活跃，以至于中日文化之间的交流展开了新的难以想象的局面。作为后白河院身边活跃人物之一的信西（俗名藤原通宪，1106~1160），其父是大江匡房《江谈抄》的笔录者藤原兼实，在这种宋日文化交流的背景中，信西很可能将《江谈抄》中具有外交神话意义的吉备入唐说话介绍给后白河院，并使之绘卷化。但这未必是说信西直接参与了《入唐绘卷》的创作，因为从年代来看稍有些疑问。[2]

　　但是，从《江谈抄》中的说话到《入唐绘卷》的转化，其间最重要的力量就在于后白河院本人的意志。《入唐绘卷》制作完成后被收藏于莲华王院，后与《伴大纳言绘卷》《彦火火出见尊绘卷》一起从小滨流散出去。日本学者指出，这三幅绘卷的同时流散并非偶然。[3] 从结论来看，《伴大纳言绘卷》描绘的是都市御灵信仰，《彦火火出见尊绘卷》描绘的是王权始祖神话，而《入唐绘卷》则是描绘日本的外交神话以及遣唐使在异国御灵的想象，这三幅绘卷很可能是为了维持后白河院的最高权力，作为一个系列被制作出来的。也就是说，这些绘卷应该是日本在摸索如何建立一种国家秩序的过程中，为实现王权的正统化而产生的。[4] 如果说《彦火火出见尊绘卷》是为了建立新王权而创作的中世神话，那么，《入唐绘卷》就是为保证这一新王权在外交之际有效而配置的起源传说。对"大国"唐而言，小国日本在其宿命般的外交处境中，想要展示其文化优越感的过剩意识，在绘卷中得到了充分表现。某种意义上，院政期的

1　小峯和明「吉備大臣入唐絵巻とその周辺」『立教大学日本文学』第 86 号、2001 年 7 月、10 頁。
2　如前所述，据小松茂美推测《吉備大臣入唐绘卷》最早产生于 1150~1180 年前后，而信西已于 1160 年圆寂。
3　梅津次郎「吉備大臣絵をめぐる覚え書き——若狭所伝の三つの絵巻」『美術研究』第 235 号、1964 年 7 月、37-43 頁。
4　黒田日出男『吉備大臣入唐絵巻の謎』小学館、2005、106 頁。

绘卷并非是一种趣味的、消遣的玩物，而是吸收了各种象征与想象的混合体，是将意识形态视觉化的艺术藏品，是由权力者制作的形象的、视觉的、具有外交象征意义的宝物。[1]

《入唐绘卷》是自遣唐使制度废止以来，宋日贸易异常活跃、但中日之间没有正式外交关系的产物，绘卷立体、直观地表现了镰仓日本的中国想象和对外意识。对古代日本的知识阶层而言，无意识中将唐朝视为朝贡的对象，在正式文献中用"上国""大国"之类的记载，是再正常不过的事情。但随着唐朝逐步走向灭亡，继而五代战乱频起，北宋又遇契丹、辽、金等北方敌人的相继入侵，中国日益积弱。而在日本，则是将遣唐使时代输入的文化全面消化并逐渐日本化的过程。在这一过程中，随着对日本文化独特性的认识，日本民族的自信心上升，那种对中国惯有的劣等感逐渐稀薄，一变而为对中国的对等感甚至是优越感。[2] 这种优劣思想的逆转，在日本延久四年（1072）渡海入宋的日僧成寻所撰《参天台五台山记》（卷四）中已露端倪。对于宋帝的下问，成寻开始用"大日本国"的字样来夸饰日本："本国世系，神代七代：第一国常立尊，第二伊弉诺伊弉册尊，第三大日灵贵，亦名天照大神，日天子始生为帝王，后登高天照天下，故名大日本国。"[3] 这与既往日本将中国称为"大唐国"的敬畏形成截然对比。对于曾经的"上国"出现类似成寻这样的自信，或者是不服输的意识，正是平安末期日本的精神现象。

《入唐绘卷》中出现的日本遣唐使作为唐人师匠，其学识让唐人震惊甚至嫉妒这样一种类似精神安慰的外交意识，并非无独有

1　小原仁「摂関・院政期における本朝意識の構造」佐伯有清編『日本古代中世史論考』吉川弘文館、1987、251-282 頁。

2　可参考森克己关于日宋贸易、交通及日宋相互认识的研究。森克己『日宋貿易研究』国立書院、1948；森克己『新編森克己著作集　第 4 巻　増補日宋文化交流の諸問題』、1-60 頁。

3　成尋『参天台五臺山記』藤善眞澄訳注、関西大学東西学術研究所、2007、12 頁。

偶。然而，吉备的胜利无一不是利用欺骗、盗听、偷棋等极为不光彩的手段，这种欺骗在那些热衷于要小聪明、小手段取胜的小人物身上经常可以看到。而这种狡黠的智慧正是平安末贵族文人，面对唐国所具有的复杂的弱者意识起作用的结果，是被支配者所惯用的一种柔软武器，潜藏于其中的却是一种顽强的抵抗感。类似的这种对中国的抗拒之心，"是自遣唐使制度废止以来，中日之间没有正式国交，在岛国日本的特殊风土中孕育而成的。另外，也是日本民族劣等感的一种折射"。[1]《入唐绘卷》作为这一时期中日政治外交关系的产物，恰如其分地反映了古代日本的国家意识，而这种国家意识又是极为复杂的，正是在这种矛盾的民族心理中，唐都长安作为一种意识形态的折射被塑造了出来。

1　久保田淳「『吉備大臣入唐絵詞』の吉備真備」『国文学：解釈と教材の研究』第20巻第15号、1975年11月、162-163頁。

第六章 《弘法大师行状绘》中的青龙寺

日本绘卷最早产生于奈良时期，但真正的成熟乃至蔚为大观是在平安末期至镰仓时期，这一时期的绘卷在前期物语题材绘卷的基础上，拓展出了许多新型题材，其中最为著名的就是随着镰仓新佛教诞生的"高僧传绘"和"寺院缘起绘卷"。"高僧传绘"主要以绘卷为艺术载体，以描述各宗派祖师的伟大生平、行迹和佛法灵验为主要内容，其间往往夹杂着高僧奇迹般的、超人的行为，极具神异色彩。以空海（774~835）生平为题材的《弘法大师行状绘》就产生于这一时期。

空海堪称日本宗教文化史上的巨人。他俗姓佐伯，号遍照金刚，谥号弘法大师。自幼接受中国文化熏陶，日本延历七年（788）入京，跟随外舅阿刀大足学习《论语》《孝经》等经史典籍。延历十年（791）进入由朝廷设立的大学，学习《毛诗》、《尚书》及《左氏春秋》等，为他日后的汉学造诣奠定了基础。延历二十三年（804）七月，空海奉敕与最澄、留学生橘势逸随遣唐大使藤原葛野麻吕入唐。¹空海与藤原大使乘坐的第一只船因遭遇海难，漂流至福州长溪县赤岸镇靠岸，正式通关文书在风浪中不知去向，长溪县令命使者们坐在沙滩上等候处理。空海在这里撰写了传世骈文《为大使与福州观察使书》，以秀丽文辞赞美唐朝，兼之用典押韵、自诉清白、窘态可怜。结果打动福州观察使，准其顺利进入长安。²

　　空海先随藤原大使住在长安宣阳坊使馆，大使回国后，空海移住至长安城西街延康坊的西明寺。其后与西明寺众僧一起拜访青龙寺东塔院惠果和尚，并拜惠果门下学习密教。³空海在长安的留学计划本来是二十年，但在入唐一年后（805），惠果病故，他便决意遵师所嘱"尽快将佛法传入日本"。平城天皇大同元年（806）八月，空海与橘势逸搭乘遣唐使判官高阶远成的船回国。空海滞唐期间，广泛涉猎中国文学、文字学和书法等学科，并参照中国六朝、隋唐诗论著作，撰写了《文镜秘府论》，专述诗文的声韵格律。又撰有《篆隶万象名义》等著作，保存了不少中国文学和语言学资料。这些著作的编纂意识与空海在长安的文化交游活动密不可分。⁴

　　空海回国后在日本创立真言宗。弘仁七年（816），空海得到敕许，在纪伊国（今和歌山县）高野山建造真言宗修行寺院金刚峰寺。弘仁十四年（823）嵯峨天皇将东寺下赐空海。空海于仁明天皇承和二年（835）三月二十一日去世，年六十二岁。醍醐天皇（885~930）延喜二十一年（921）追赐"弘法大师"谥号。空海入

1　東野治之「空海の入唐資格と末期の遣唐使」『文化財学報』第 23、24 合併号、2006 年 3 月、15-20 頁。

2　河野貴美子「空海在唐時代の啓について：古代東アジア外交における文筆をめぐる一考察」『早稲田大学日本古典籍研究所年報』第 12 号、2019 年 3 月、14-30 頁。

3　松崎恵水「長安における弘法大師空海」『密教文化』第 149 号、1985 年 1 月、21-34 頁。

4　卢盛江：《空海入唐与〈文镜秘府论〉的编撰》，《江西师范大学学报》2004 年第 3 期。

定之后，平安贵族社会兴起了追慕大师的风潮，各类空海传记随之诞生。到了镰仓初期，新、旧佛教各宗派竞相为宗祖制作传记绘卷，以空海传记为底本的绘卷也被大量制作了出来。本章拟以东寺本《弘法大师行状绘》卷三至卷五的入唐部分为中心，结合东寺古书及其周边文献考察唐长安城青龙寺在日本真言宗中绘卷中被神圣化的过程。

一　《弘法大师行状绘》的传承与史实

青龙寺是日本真言宗祖师空海于公元 805 年在长安留学时，与惠果阿阇梨相遇并得其传授胎藏界和金刚界两部密教大法的场所，对于日本真言宗而言，具有着极其重要的地位。公元 804 年，空海随第十六次遣唐使团越海入唐，进入长安后的第一年，一直住在西明寺。但是他经常去礼泉寺跟随印度僧吕般若三藏（？~810）学习梵语。关于空海入唐的真正目的，日本学界虽众说纷纭，但多数学者指出从日本久米寺发现的《大毘毗卢遮那成佛神变加持经》（简称《大日经》）来看，空海应是为了在长安寻找能够解说《大日经》心髓和秘诀的高僧。[1]从现存空海的传记来看，他利用在西明寺的人脉，终于在公元 805 年实现了这一目的，那就是与青龙寺惠果禅师的命运般的相遇。空海回国之后，青龙寺开始在日本文献中大量登场，并成为日本密教中的一个"圣域"——通过佛教说话与绘卷讲说的"想象"建构出来的神圣空间。空海相关的绘卷类作品，在青龙寺神圣空间的视觉化建构过程中，发挥着重要的作用。

1　小野塚幾澄「空海の入唐求法をめぐって」弘法大師墨蹟聚集刊行会編集『弘法大師墨蹟聚集論文篇』弘法大師墨蹟聚集刊行会、2008、3-18 頁。

从传记到高僧传绘

　　弘法大师空海入定之后，产生了许多记载大师生平的传记。[1]且随着时代推移，其传记中的神异色彩与奇迹叙事也越来越多。最著名的莫过于空海入唐将归之际，在明州海岸祈祷密教能在日本广为流布，面向日本方向将三钴杵投掷向大海，归国后在高野山上发现了三钴杵，便在此地建造密教伽蓝的传说。[2]将弘法大师生平的神异事迹以图像方式具象化地表现出来，便是《弘法大师行状绘》或《高野大师行状图画》。然而不管哪一种绘卷，都必然以弘法大师的传记为基础文献。平安中期成书的弘法大师汉文传记主要有五种。[3]

　　其一，《续日本后纪》承和二年（835）三月二十五日条记载的《空海卒传》，成书于贞观十一年（869）。[4]该传记主要依据空海所著《三教指归》整理而成，以汉文叙述了空海生平的主要事迹。或许与记入国家正史有关，该传记看不到空海传绘卷中常见的神异记事。

　　其二，《赠大僧正空海和上传记》，略称《宽平御传》，宽平七

1　岡村圭真「空海伝の成立」立川武蔵、頼富本宏編『日本密教 4（シリーズ密教）』春秋社、2000、91-109 頁。

2　如院政时期儒学者大江匡房《本朝神仙传》云："大师于唐朝，投一铃杵，卜本朝胜地，一坠东寺，一落纪伊国高野山，一落土佐国室生户山。归朝后相寻弘佛法。"详见大江匡房『本朝神仙伝』井上光貞、大曽根章介校注『日本思想大系 7 往生伝 法華験記』、582 頁。

3　可参考武内孝善『空海伝の研究：後半生の軌跡と思想』吉川弘文館、2015。

4　《续日本后纪》卷四承和二年（835）三月二十五日条："法师者，赞岐国多度郡人。俗姓佐伯直，年十五就舅从五位下阿刀宿祢大足，读习文书。十八游学槐市，时有一沙门，呈示虚空藏闻持法。其经说：'若人依法，读此真言一百万遍，乃得一切教法文义谙记。'于是信大圣之诚言，望飞焰于钻燧。攀跻阿波国大泷之岳，观念土左国室户之崎。幽谷应声，明星来影。自此慧解日新，下笔成文。世传：'三教论，是信宿间所撰也。'在于书法，最得其妙。与张芝齐名，见称草圣。年廿一得度。延历廿三年入唐留学。遇青龙寺惠果和尚，禀学真言。其宗旨义味莫不该通。遂怀法宝，归来本朝。启秘密之门，弘大日之化。天长元年任少僧都。七年转大僧都。自有终焉之志，隐居纪伊国金刚峰寺。化去之时，年六十二。"黑板勝美、国史大系编修会编『国史大系 第 6 巻 続日本後紀』、38-39 頁。

年（895）成书。该传记是真言宗内现存最早的大师汉文传记。据奥书可知，为贞观寺座主圣宝所撰。

其三，《遗告二十五条》，又称《御遗告》，十世纪中叶成书。该传记在文体上属于遗言状的一种，或为后人假托空海遗言所作。文章虽然稚拙，但其间插入了大量关于空海的神异记事，成为推动空海传记不断发展的主要文本之一。

其四，传真济撰《空海僧都传》，略称《僧都传》，十世纪中叶成书。该传记卷末虽有"承和二年（835）十月二日"成书的记载，但内容与《御遗告》相似，因此可判定为十世纪成书的作品。

其五，《金刚峰寺建立修行缘起》，略称《修行缘起》，康保五年（968）成书。该传记收集了大量空海相关的传说、传承，将弘法大师生平事迹进一步神秘化、传说化，对大师信仰绘卷的完成产生了重要影响。

十一世纪诞生的弘法大师传记主要有经范撰《大师御行状集记》（简称《行状集记》），宽治三年（1089）成书，以及兼意撰《弘法大师御传》（1113~1118年成书）、圣贤撰《高野大师御广传》（1118年成书）等，以上传记文本为弘法大师生平绘卷"词书"部分的完成奠定了一定的基础，但作为弘法大师传绘词书文献的另一个重要来源——弘法大师的诗文集《遍照发挥性灵集》（简称《性灵集》），我们也不能忽视。《性灵集》是弘法大师入灭之后，其弟子真济（800~860）搜集大师生前诗文整理而成，也是日本最早的个人文集。据序文可知，《性灵集》最初成书时有十卷，在流传过程中有三卷散佚。后有学问僧济暹（1025~1115）苦心搜集，补编《续遍照发挥性灵集补阙钞》三卷，与之前的七卷重新合为十卷，即为今流布本的《性灵集》。《性灵集》共收录诗文一百二十篇，从年代来看，收录最早的是空海三十一岁所著《与福州观察使书》，最晚的是其六十一岁著《宫中真言院正月御修法奏状》。这些诗文大多与空海一生的重大事件相关，因此可视为其生平传记的根本资料之一。[1]

平安时代，描述佛教宗派祖师或高僧事迹的传记类作品就已经蔚然可观。但是，给这些汉文传记配以绘画观看的方式，除了佛传图和圣德太子传绘这些特殊的例子之外，大多没有出现。日本僧传绘卷制作的最早记录是《吾妻镜》建历二年（1212）十一月八日条，在将军家举行"绘合"，也即绘画竞赛的记事中提及有"吾朝四大师传绘"，这是现存日本文献中关于"高僧传绘"的最早记载。大约从这一时期开始，高僧传绘卷逐渐引起了人们的注意。如果将现存的高僧绘卷按制作年代绘制成表格（表6-1），会发现十三、十四世纪是僧传绘卷制作的高峰时期。也就是说，以某一位祖师或高僧的生平事迹为中心，将其传记配以绘画，并制作成绘卷的观看方式的流行，是到了镰仓时代才有的事情，尤其是在镰仓中期至南北朝这段时期，以祖师、高僧传记为题材的祖师传绘、高僧传绘被大量制作了出来，而且比起早期在屏风、障子、挂幅等大画面绘画上绘

表6-1　十三世纪至十六世纪诞生的高僧传

400，500，600，700，800，900，1000，1100，1200，1300，1400，1500，1600（年份）

昙鸾（476~542）----------------------净土五祖绘（1305）	
道绰（562~645）----------------------净土五祖绘（1305）	
善导（613~681）----------------------净土五祖绘（1305）	
少康（？~805）----------------------净土五祖绘（1305）	
鉴真（688~763）----------------------东征传绘（1298）	
圣德太子（574~622）----------------圣德太子传绘（1323）	
空海（774~835）----------------高野大师行状图画（1319）	
----------------弘法大师行状会（1389）	
----------------高祖大师秘密缘起（1468）	
良忍（1072~1132）----通融念佛缘起（1465）	
证空（1177~1247）----善惠上人绘（1531）	
亲鸾（1173~1262）--善信圣人传绘（1295）	
----本愿寺圣人传绘（1344）	
一遍（1239~1289）--一遍圣绘（1299）	
----游行缘起绘（1323）	
日莲（1222~1282）----日莲圣人注画赞（1536）	

1　中野義照「弘法大師の思想と生涯——特に遍照発揮性霊集を中心として」『密教文化』第45、46 并併号、1959 年 12 月、1-2 頁。

制，鼎盛时期的祖师、高僧传记类绘画更偏好使用"绘卷"这种小画面的媒体。绘卷作为一种研究社会历史的图像证据，在狭窄的纵向维度和无尽延伸的水平构图之间形成强烈的张力。它通常采用"历时性—移动"的观看方式，在视线水平移动的过程中，将高僧的生平历时性地展现了出来。

由表 6-1 可知，将"祖师崇拜"视为宗派信仰的基础，是当时新兴佛教的祖师们相继入定之后的事情。如新兴净土教系统的诸种派别，正是通过制作《法然上人绘传》《亲鸾上人绘传》《一遍上人绘传》等绘卷物来达到传教的目的。

镰仓时期僧传绘卷的流行，首先与所谓的"镰仓新佛教"诸宗派的异常活跃有关。随着镰仓新政权的成立，佛教界产生了强烈的派别意识。新佛教各宗派为争取当政者的支持以及更多信徒，便竞相为宗祖制作传记绘卷，通过表现对祖师的崇拜与追慕，树立其宗派的权威性，来达到传教、布教的目的。以宗派布教活动的发展为目的，彰显祖师以确立宗派的宗教基础，就必须制作展示祖师生涯的传记绘卷，这被视为宗派发展不可或缺的事业。与此相对抗的旧佛教宗派也追随于此，"高僧传绘"成了支持佛教各宗派的根本。

旧宗教一派，南都律宗以西大寺和唐招提寺为中心，以鉴真传记为题材，制作出了五卷本的《东征传绘卷》。[1] 根据绘卷序言可知，这幅制作于永仁六年（1298）的绘卷是由镰仓极乐寺僧侣忍性请画工绘制奉献给律宗本山唐招提寺的。这幅绘卷中的山水、人物都明显表现出宋画的影响，尽管还显得生硬，但无疑显示出当时的新画风。法相宗也以玄奘三藏传记为题材，制作了十二卷的《玄奘三藏绘》（又称《法相宗秘事绘词》），[2] 这幅绘卷秘藏于法相宗的中心寺院奈良兴福寺，画风极为精致，被誉为将日本宫廷文化和南都佛教文

1　参考小松茂美編『日本の絵　巻 15　東征伝絵巻』中央公論社、1988；亀田孜「東征伝絵巻について」『日本名僧論集　第 1 巻』吉川弘文館、1983、401 頁。

2　参考源豊宗編集『新修日本絵巻物　全集 15　玄奘三蔵絵（法相宗秘事絵詞）』角川書店、1977。

化完美结合的作品。内容上以玄奘的印度旅行为中心，最大限度地发挥想象，描绘了当时的西域，将理想化的异国风物以华丽的笔致描绘了出来。特别是对于中亚沙漠、天山山脉雪景的表现，描绘了当时日本人所想象的丝绸之路的景观。另外，真言宗也制作了《弘法大师行状绘》，华严宗则制作了《华严缘起》，等等。[1]总之，在镰仓时代的宗教改革中，各宗派纷纷通过制作绘卷的方式，对其宗教教义进行普及性说明，确立其宗派的权威性。

在上述的高僧绘卷中，关于弘法大师空海的绘卷格外之多，它反复被绘制、卷数不断增加，形成了一个庞大的绘卷体系。这种情况与平安后期至镰仓初期日本社会对弘法大师的信仰取得的飞跃性高涨有关。

京都东寺（教王护国寺）是由空海开创的真言密宗的根本道场，其灌顶院壁画中描绘有真言祖师的影像。从源头来看，灌顶院本来就是空海发愿而建立的，但空海在世之际并未竣工。根据东寺寺志《东宝记》第二"灌顶院"记载：[2]

> 堂内梵字，并祖师影像、祖师壁画。
> 东面胎藏界梵字、善无畏三藏、一行禅师、惠果阿阇梨、弘法大师。

可知灌顶院堂内壁画所描绘的诸祖师影像及其供养之事。另外，根据《东宝记》（第五）记载，延喜十年（910）三月二十一日，东寺权少僧都观贤（853~925）最早举行了弘法大师的御影供养。供养祭文由纪长谷雄（845~912）所撰，全文收录于《弘法大师传》。所谓"御影"是指神佛、贵人、高僧等的木像和画像，"御影供养"

1　参考小松茂美編『日本の絵巻 続8 華厳宗祖師絵伝（華厳縁起）』中央公論社、1990。
2　東宝記刊行会編『国宝東宝記原本影印』東京美術出版、1982。

是指在真言宗祖师弘法大师的忌日，对其画像进行供养的法会。东寺长者观贤在追慕宗祖空海的同时，渴望看到祖师生前样貌的心情由此可知。另外，观贤给醍醐天皇上奉表文，请求下赐空海谥号。在延喜二十一年（921）十月二十七日，空海入定之后，醍醐天皇追赐谥号"弘法大师"，[1]并派少纳言平惟扶助为敕使，将敕书送往金刚峰寺。以此为开端，日本对弘法大师空海的信仰激增。由观贤开创的御影供养法会作为东寺的年中行事，也一直持续至今。[2]

平安末期给弘法大师空海制作画像、进行供养的记载有好几例，如右大臣九条兼实（1149~1207）日记《玉叶》治承四年（1180）四月七日条也有记载：

> 七日，晴。于弘法大师影前供养自笔心经一卷。此事忽然而俄所思立也。今日于高野奥院，奉供养金泥理趣经，又于高野，可奉供养心经之由。所存中心也。请佛严圣人为导师，事卒尔之间，只以长绢一匹为布施。又今日，同圣人受心经秘键。[3]

兼实不仅抄写纸金泥《理趣经》一卷，自行带往高野山奥院，完成了奉安供养，又在自家宅邸月轮殿悬挂弘法大师御影，举行御影供养，并在御影前抄写《般若心经》（一卷），同时还接受了佛严圣人讲说的《般若心经秘键》。这些都证实了兼实等上流贵族是弘法大师的忠实信徒。另外，弘法大师的书法遗迹作为摄关家和天皇家的赠送礼物也受到了特别的尊重。正是由于弘法大师信仰在平安末期的流行，关于其生平的传记绘卷才被大量制作了出来。

1　『東寺長者補任』塙保己一編『羣書類従 第4輯』群書類従完成会出版、1953。

2　『東要記』塙保己一編纂、太田藤四郎補『續群書類従 第26輯下（釈家部）』八木書店古書出版部、2013。

3　藤原（九条）兼実『玉葉』（第二）国書刊行会、1906-1907、390頁。

版本与研究史

　　弘法大师空海的传记，经历了一个从简略到复杂的过程，而且随着时代推移，许多与历史事实不相吻合的传说也进入传记文本之中，兼之真言宗一派门徒使用大量传承说话不断对其润色，使之形成了一个庞大的传记体系。最早尝试将弘法大师传记进行图像化表现的事例，是旧永久寺于保延二年（1136）为真言堂制作的障子绘，名为《真言八祖行状图》，其中一幅图选取了空海传记中最具象征意义的故事——"秘键开题"和"高野寻入"，将其细致地描绘了出来。[1] 然而，这幅障子绘毕竟只截取了空海生平中的一个瞬间，而且选择的是"障子"这种大型表现媒体，与绘卷这种小型媒体不同。障子兼具实用性与装饰性功能，且常常是作为建筑物的一部分，这就决定了它的阅读与流通是极其受限制的。另外，障子绘无法像绘卷那样随着卷物的开合自然地产生阅读流，而绘卷的阅读流往往能让读者身临其境地体会到人物的生平事迹，进而产生共鸣，引起感动。因此到了镰仓时代中期，就产生了多种表现弘法大师从诞生到入定事迹的绘卷。[2]

　　遗憾的是，最初制作的绘卷作品都没有流传下来。现存最早的是十三世纪中叶至十四世纪初制作的几种绘卷，这些绘卷的保存状态也并不理想。如十三世纪中叶成书的《高祖大师秘密缘起》十卷，现仅存第七卷，完本为应仁二年（1468）的抄本。再如文永九年（1271）制作的《高野大师行状图画》六卷，完本仅见于高野山地藏院的抄本。因此目前存世的弘法大师行状绘卷，实际上大都是

1　塩出貴美子「弘法大師伝絵巻考——諸本の分類と概要」『文化財学報』第 15 号、1997 年 3 月。
2　梅津次郎「池田家藏大師傳繪と高祖大師秘密緣起」『美術研究』第 7 卷第 78 号、1938 年 6 月、266-278 頁；梅津次郎「東寺本弘法大師繪傳の成立」『美術研究』第 7 卷第 84 号、1938 年 12 月、542-545 頁。

室町时代（1336~1537）之后的作品了。这些作品在画面形式上虽有卷子本和挂幅本的差别，但从制作的数量来看，卷子本呈现出压倒性的优势。另外，从题目来看，存世绘卷中既有《高祖大师秘密缘起》《高野大师行状图画》等本来就有题目的，也有原题不明的作品，这些作品在后世被冠以《弘法大师行状绘》《弘法大师绘传》等名称。[1]

弘法大师行状绘卷的版本极为复杂，各种抄本、完本、残缺本多达四十几种，根据抄本名称、卷数、内容的不同，梅津次郎将其分为五个系统本。

第一系统本：高祖大师秘密缘起十卷（本文六十六段）京都安乐寿院藏完本（1468）

第二系统本：高野大师行状图画六卷（本文五十段）高野山地藏院藏完本（镰仓末期）

第三系统本：高野大师行状图画十卷（本文九十二段）白鹤美术馆、延历寺完本（1407）

第四系统本：弘法大师行状绘十二卷（本文五十九段）东寺本（1389）。

第五系统本：高野大师行状图画十卷（本文九十二段）与第一、三系统关系密切。

其中，第一系统和第二系统的绘卷，在内容上有颇多相似之处，因此可视为词书相异的别本。第三系统的绘卷从第二系统中删除了一些项目，但又重新添加了四十二项内容，因此可视为第二系统的增补本。第四系统绘卷是在对前三个系统本进行取舍的基础上，新添加上与东寺相关的内容，以强调东寺的立场，同时兼具为

1　武内孝善『弘法大师伝承と史実——絵伝を読み解く』朱鷺書房、2008、269-291 頁。

真言宗教学服务的目的。[1] 可以说，从第一系统至第三系统的绘卷都对第四系统的《弘法大师行状绘》产生了重要的影响。第五系统的绘卷，词书部分系第一系统和第三系统的杂糅混合，绘画部分则直接抄写自第三系统本。

塩出贵美子在梅津次郎划分的五个系统本的基础上，又对散存的诸种抄本进行了介绍，举出了秘密缘起五件、六卷本五件、十卷本二十二件、十二卷本五件、版本六件，合计四十三件。[2]

本书引用的东寺本《弘法大师行状绘》（后文简称东寺本《行状绘》）属于第四系统，也是《弘法大师行状绘》诸本中最为完善的。东寺本《行状绘》作为日本国重要文化财，以精美的绘画和流畅的词书描绘了弘法大师空海一生的事迹，将媒体、图像和视觉经验三种作为绘画的基本因素巧妙地结合了起来，堪称弘法大师绘卷系谱中的代表性杰作。在镰仓至南北朝时期制作的弘法大师行状绘卷中，具有典范性的地位。

关于东寺本《行状绘》的研究，首先集中在考察该绘卷的制作时间和绘制者等方面。昭和四十七年（1972）京都府立综合资料馆对《东寺百合文书》进行整理，发现了应安七年（1373）弘法大师绘卷制作情况的记录（《大师绘用途注文》），通过该记录，日本学者不仅确认了该绘卷的制作年代、负责绘制各卷的绘师，还考察出了制作时的具体费用等。如宫岛新一以这条史料为基础，考察了东寺本《行状绘》的绘师及其绘画风格。[3] 梅津次郎通过对不同系统版本弘法大师行状绘卷内容的比较，指出东寺本《行状绘》特别凸显了南北朝时

---

1 新見康子「東寺所蔵『弘法大師行状絵』の制作過程」中野玄三、加須屋誠、上川通夫編『方法としての仏教文化史：ヒト・モノ・イメージの歴史学』勉誠出版、2010、458 頁。

2 塩出貴美子「弘法大師伝絵巻考——諸本の分類と概要」奈良大学文学部文化財学科編『文化財学報』第 15 号、1997 年 3 月、43 頁。

3 宮島新一『絵所預を中心とした宮廷画壇史の研究：中世における大和絵の変遷』京都大学博士論文、1994 年 3 月。

期东寺的立场。[1]宫次男继而论证了东寺本《行状绘》词书
与《东宝记》之间的密切关系。[2]新见康子认为，较之杲宝编
纂的《东宝记》，贤宝编纂的弘法大师传（《弘法大师行状要
集》）与东寺本《行状绘》存在着更为密切的关系，这从《东
寺百合文书》以及东寺观智院金刚藏圣教类等史料都可找到
证据。[3]新见康子还进一步从词书和绘画两方面，考察了东寺
本《行状绘》的制作过程和宗教背景。[4]宫次男、[5]真锅俊照、[6]
西弥生[7]则从东寺本《行状绘》的细节入手，考察了绘卷的
成立史。另外，关于绘卷版本的考察，主要有盐出贵美子对
东寺本《行状绘》系统不同写本的调查与研究。[8]关于东寺本
《行状绘》图像学的研究，主要有藤原重雄关于绘卷中描绘的

1　梅津次郎「弘法大師行状絵巻の系譜」『日本美術工芸』第 319 号、1965 年 4 月、38-42 頁；
　　梅津次郎「東寺本弘法大師繪傳の成立」梅津次郎『絵巻物叢考』中央公論美術出版、1968、
　　298-303 頁。

2　宮次男「東寺本弘法大師行状絵巻——特に第十一卷第一段の成立をめぐって」『美術研究』第
　　299 号、1975 年 5 月、1-23 頁。

3　观智院金刚藏圣教 289 箱 37 号至 44 号与《弘法大师行状绘》相关的史料，安达直哉《弘法
　　大师行状绘词成立史料》中有相关论述。

4　新見康子「東寺所蔵『弘法大師行状絵』の制作過程」中野玄三、加須屋誠、上川通夫編
　　『方法としての仏教文化史：ヒト・モノ・イメージの歴史学』。

5　宮次男「東寺本弘法大師行状絵巻——特に第十一卷第一段の成立をめぐって」『美術研究』第
　　299 号、1975 年 5 月、1-23 頁。

6　真鍋俊照「弘法大師行状絵詞の成立」『智山学報』第 56 号、2007 年 3 月、85-93 頁；真鍋
　　俊照「東寺蔵『弘法大師行状絵詞伝』の一考察——詞と巻二にみえる『鬼神』の登場」『密教
　　学研究』第 2 号、1970 年 3 月、125-138 頁。

7　西弥生「東寺蔵『弘法大師行状絵』の詞書：観智院賢宝の編纂意図」『仏教史学研究』第 57
　　卷第 2 号、2015 年 3 月、32-59 頁。

8　参考塩出貴美子「弘法大師行状絵巻考——久保惣記念美術館本について」『大和文華』第 118
　　号、2008 年 3 月、9-28 頁；塩出貴美子「角屋本『弘法大師行状記絵巻』再考——東寺本との
　　図様比較を中心に」『奈良大学紀要』第 21 号、1993 年 3 月、35-52 頁；塩出貴美子「弘法
　　大師伝絵の系統的研究——浄土寺本について」『鹿島美術財団年報』(14) 別冊、1996 年度、
　　432-445 頁；塩出貴美子「長楽寺蔵『弘法大師行状曼荼羅』考：東寺本系大師伝絵の一例と
　　して」『奈良大学紀要』第 44 号、2016 年 3 月、186-156 頁。

灌顶礼仪的研究，[1] 以及新见康子关于东寺本《行状绘》中东寺建筑的研究等。[2]

东寺本《行状绘》的结构与特征

根据《东寺百合文书》记录可知，东寺本《行状绘》是应安七年（1374）至康历元年（1379）之间制作的绘卷。其原本至今仍保存于东寺，被指定为日本国重要文化财。东寺本《行状绘》现存写本大多是只抄写词书而没有绘制画面，词书与绘画同时都有的写本主要有三种。[3] 东寺本《行状绘》共十二卷，分为五十九段内容。绘卷除了表示卷数的题签之外，各段小标题、目录和标题等都没有标记。另外，东寺本《行状绘》附属有词书撰写者目录二卷，标题目录一卷，合计三卷。东寺本《行状绘》的标题目录在制作初始并没有标示，江户时代的观智院院主贤贺在宝历七年十二月十一日添加了弘法大师行状绘标题目录。根据该目录记载，东寺本《行状绘》各卷内容及可整理如下。另外，东寺本《行状绘》纵向尺寸336~337毫米，各卷横向尺寸不一，随目录内容标注如下：

卷一：序、诞生灵瑞、童稚奇异、四王侍卫、俗典钻仰、出家学法。长 15.498 米。

卷二：登坛受戒、闻持修行、室户伏龙、金刚定额、老妪授钵、虚空书写、释迦涌现、久米感经。长 19.334 米。

卷三：渡海入唐、大使替书、长安奏闻、存问敕使、青龙

---

1 藤原重雄「『弘法大師行状絵巻』の灌頂行列図」久留島浩編『描かれた行列：武士・異国・祭礼』東京大学出版会、2015、299-319 頁。

2 新見康子「弘法大師行状絵にみる東寺の古建築」東寺（教王護国寺）宝物館編『弘法大師行状絵巻の世界：永遠への飛翔』東寺（教王護国寺）宝物館出版、2000、146-153 頁。

3 久保総記念美術館本十二卷、角屋保存会本十二卷、东寺金连院传来本八卷。

受法。长 20.042 米。

卷四：珍贺忏谢、修圆护法、图像写经、惠果附属、石碑建立、多生誓约、宫中壁字、流水点字、梵僧授经。长 19.270 米。

卷五：三钻投所、归朝奏表、洒水生树、久米讲经、大内书额、清凉宗论。长 17.491 米。

卷六：东大寺蜂、高雄练行、传教灌顶、圆堂镇坛、浊水手水。长 13.6 米。

卷七：南山表请、明神卫护、高野结界、堂塔草创、心经讲赞。长 17.736 米。

卷八：东寺敕给、八幡镇座、稻荷来影、神泉祈雨。长 19.017 米。

卷九：讲堂起立、舍利灌浴、室生修练。长 11.478 米。

卷一○：正月修法、门人遗诫、真影图画、南山入定。长 12.588 米。

卷一一：东寺灌顶、官位追赠、大师谥号、博陆参诣。长 19.722 米。

卷一二：仙院临幸。长 25.863 米。

在这十二卷中，从卷一"诞生灵瑞"到卷一○"南山入定"，描述了空海一生的行迹。卷一一"东寺灌顶、官位追赠"等讲述大师入定之后的事迹。最后的卷一二"仙院临幸"是以空海的入定信仰为背景，描述白河院参拜高野山的故事。与先行各系统的弘法大师绘卷比较，东寺本是最为详细的集大成本。梅津次郎指出，"图像写经""高雄练行""八幡镇座""舍利灌浴""东寺灌顶"这五个项目仅见于东寺本，因此可视为第四系统本的独特内容。[1]

1　梅津次郎「東寺本弘法大師繪傳の成立」梅津次郎『絵卷物叢考』、298–303 頁。

　　东寺本《行状绘》画面色彩丰富，保存状态极为良好。关于东寺本《行状绘》的绘画，宫岛新一根据《大师御绘用途注文》[1]的记载，详细探讨了这幅绘卷的具体制作过程，指出词书由当时擅长书法的公家、僧侣等十人书写，绘画部分则由四名绘师分卷描绘。其中负责词书抄写的有：

卷一	大觉寺二品深守亲王
卷二	一条前中纳言公胜乡
卷三	六条中将有孝朝臣
卷四、五	后押小路前内大臣
卷六	二条中纳言重乡
卷七	四辻仪同三司（善成）
卷八	成就院前大僧正杲守
卷九	灵山僧正实严
卷一〇	大炊御门三位入道明灯
卷一一、一二	青莲院无品道圆亲王[2]

　　要注意的是，这个目录并非东寺本《行状绘》制作当初就有，而是在绘卷制作约百年之后添加的。另外，在这十人之外也许还有一些书写者存在，因为有些部分的词书至今仍无法确定其书写者。关于东寺本《行状绘》词书的编纂方法，第一步是参考先行系统的词书，完成词书草稿的撰写，而这份草稿往往就是一部完整的弘法大师传记。其后，绘师根据词书的内容再绘制画面。目前可以确定的参与东寺本《行状绘》画面绘制的是：

---

1 京都府立総合資料館編『東寺百合文書』（も函三〇号）思文閣出版、2005。
2 别卷附有奥书："右弘法大师行状记之目录一纸并题名者。祖师尊应准后真迹也。今依敕命。谨以加奥书。不顾观览之嘲弄。"

卷一至卷四　　　法眼佑尊（高）

卷五至卷一〇　　中务少辅巨势久行

卷一一　　大藏少辅巨势行忠

卷一二　　法眼善佑[1]

　　需要补充说明的是，东寺本《行状绘》的画面显然是以之前的第一系统和第三系统绘卷为参考制作的底图。但其中关于东寺建筑物的描绘，如"东寺敕给""八幡镇座""稻荷来影""东寺灌顶"等画面，则是在借鉴同时代东寺境内建筑图的基础上，新描绘出的画面。[2]尤其是卷一一的"东寺灌顶"部分，诚如学者们所指出的那样，是以《宽信法务记》为基础，对参与东寺灌顶仪式的众人逐个进行的肖像描绘，其中每一个出场人物几乎都忠实于其原型，使得该部分近似于一份点名簿。[3]

　　本章拟讨论的东寺本《行状绘》"入唐部分"主要在绘卷的卷三、卷四及卷五前半部，"入唐部分"词书与画面的构成如下（主要依据梅津次郎）：1纸=206毫米（长）×140毫米（宽），与绘卷实际尺寸比例是1：132。

　　（一）入唐部分词书尺寸

　　卷三：渡海入唐（2纸）、大使替书（1纸）、长安奏闻（0.5纸）、存问敕使（0.5纸）、青龙受法（5纸）

　　卷四：珍贺忏谢（1纸）、修门护法（0.5纸）、图像写经（1纸）、惠果附属（4纸）、石碑建立（2纸）、多生誓约（2

1　《東寺観智院聖教》二八九箱四〇号《弘法大師行状絵詞》目录下面用朱笔题有绘师名号。

2　新見康子「弘法大師行状絵にみる東寺の古建築」東寺（教王護国寺）宝物館編『弘法大師行状絵巻の世界：永遠への飛翔』、146-153頁。

3　参考藤原重雄「『弘法大師行状絵巻』の灌頂行列図」久留島浩編『描かれた行列：武士・異国・祭礼』、299-319頁；宮次男「弘法大師行状絵巻解説」御遠忌千百五十年紀念出版会編『弘法大師行状絵巻』東京美術、1981。

纸）、宫中壁字（2纸）、流水点字（2纸）、梵僧授经（2纸）

卷五：三钻投所（2纸）、归朝奏表（1.5纸）

（二）入唐部分画面尺寸

卷三：渡海入唐（4纸）、大使替书（3纸）、长安奏闻（3纸）、存问敕使（8纸）、青龙受法（5纸）

卷四：珍贺忏谢（2纸）、修门护法（2纸）、图像写经（2纸）、惠果附属（1纸）、石碑建立（4纸）、多生誓约（1纸）、宫中壁字（2纸）、流水点字（2纸）、梵僧授经（2纸）

卷五：三钻投所（2纸）、归朝奏表（0纸）

备注：1纸=206毫米（长）×140毫米（宽）

从东寺本《行状绘》绘画和词书的分配比例来看，画面加上词书尺寸表现分量最重的是：青龙受法（10纸）、存问敕使（8.5纸）、石碑建立（6纸）、渡海入唐（6纸）、惠果附属（5纸）。画面和词书表现尺寸差距最大的是：存问敕使（7.5纸）（画＞词）（礼仪）、惠果附属（3纸）（词＞画）（情感）。通过绘卷的词书和画面的比重可知，绘卷"入唐部分"的主要空间设置在长安青龙寺。

二 东寺本《行状绘》中的青龙寺

东寺本《行状绘》既然要通过表现弘法大师生平事迹，以达到传教、布教之目的，那么绘卷对密教祖庭青龙寺的描写与绘制，便具有了特别的意义。绘卷中的青龙寺景观主要由自然景观和建筑景观构成。在自然景观层面，绘师将长安青龙寺置于深山幽谷之中，山间溪流湍急，营造出一种幽深的异界感。这种神秘圣地的画法，其意图显然是在渲染青龙寺作为密教祖庭的权威性。在建筑景观层面，青龙寺东塔院作为惠果居处，是绘卷中反复出现的主要建筑。

绘卷还浓墨重彩地描绘了青龙寺的灌顶金堂和食堂，而这些景观与平安京东寺关系密切。

青龙寺：历史、地理与文学

青龙寺由隋灵感寺改建而来。隋开皇二年（582），隋文帝迁来新都大兴城，作为迁坟的补偿而修建了灵感寺，取"慰藉灵魂"之意。隋代灵感寺毁于唐武德四年（621），至唐高宗龙朔二年（662），又在旧址上重建新寺。高僧法朗在此为唐太宗与长孙皇后爱女、唐高宗胞妹城阳公主设坛持秘咒理病，公主病愈后，上书高宗赏赐法朗，并将该寺匾额改为"观音寺"。[1] 唐景云二年（711）又改称青龙寺，沿用至今。

唐会昌五年（845），唐武宗弹压佛教，下令捣毁长安佛寺。当时，除长安右街的西明寺和庄严寺、左街的慈恩寺和荐福寺之外，其余寺院大多被毁。青龙寺虽未幸免于难，但也非完全夷为废墟。唐宣宗大中九年（855），长安左右两街添置寺院八所，添置寺院八所之际，犹得复青龙寺本名。寺中有石佛数尊，故亦名石佛寺。同年五月二十日，日本的智证大师圆珍入长安求法，跟随青龙寺净土院的法全阿阇梨受法，并在青龙寺接受灌顶。[2] 北宋时，宋

---

1 （宋）赞宁：《宋高僧传》卷二四《唐上都青龙寺法朗传》："释法朗，姑苏人也。禀质温润，约心坚确。诵观音明咒，神效屡彰。京阙观光，人皆知重。龙朔二年，城阳公主有疾沈笃，尚药供治，无所不至。公主乃高宗大帝同母妹也，友爱殊厚，降杜如晦子荷。荷死，再行薛瓘。既疾绵困，有告言朗能持秘咒，理病多瘳。及召朗至，设坛持诵，信宿而安，赏赉丰渥。其钱帛珍宝，朗回为对面施。公主奏请改寺额曰'观音寺'，以居之。此寺本隋'灵感寺'，开皇三年置。文帝移都，多掘城中陵园家墓，徙葬郊野，而置此寺。至唐武德四年废，至此更题额。朗寻终于此寺焉。"（范祥雍点校，中华书局，1987，第613~614页）
2 《在唐目录》："大中九年五月二十日，初到长安。旦至春明门外高家店，经日之间，与行者丁满入城，在青龙寺北方长乐坊，奉谒全大和尚。"《青龙寺求法目录》："于大唐国长安城左街新昌坊青龙寺传教和尚便，请抄写本，勘定已毕。"《大悲藏瑜伽记》："大唐大中九年七月十七日，长安城左街新昌坊青龙寺法全阿阇梨院，学法灌顶入坛。"

敏求和张礼游览了青龙寺，并将其写进地方志和唐故都研究的著作中。[1]这说明直至北宋元祐元年（1086）青龙寺仍然存在。明万历年间（1573~1620），青龙寺已不见于史籍的记述，可知寺已废弃。地面建筑荡然无存，殿宇遗址被埋没地下。唐人有关青龙寺的诗文记载颇多，多提到青龙寺"北枕高原，南望爽垲，有登眺之美"。不过，青龙寺至今之所以仍引人关注，很大原因是当年杰出的日本留学僧空海，他在青龙寺师从惠果阿阇梨研习密宗佛法，亲历大师圆寂，并撰写了《大唐神都青龙寺故三朝国师灌顶阿阇梨惠果和尚之碑》。

事实上，八世纪时的长安青龙寺国际色彩相当浓厚。那时有许多印度的佛教徒来到中国，金刚智（671~741）及其弟子不空（705~774）将南印度的金刚顶经系教传到中国。不空在加持祈祷、修法实践方面也很优秀，曾在青龙寺教导过三位皇帝和空海的师父惠果。惠果师从不空，修习了胎藏密教和金刚界密教两部密教大法。在青龙寺主持的历代法师中，惠果和尚名望最高，享有着尊贵的国师地位。空海入青龙寺时，惠果已经患有重病，然而对渡海前来求法的空海表示欢迎。唐德宗贞元二十一年（805）六月至八月之间，惠果先后给空海举行了隆重的胎藏界、金刚界两部曼荼罗大法的灌顶仪式，并传授其他密教教法和各种仪规，最后还举行授予空海"传法阿阇梨"（意为传法导师）之位的灌顶仪式。[2]此后，惠果还请丹青高手绘制密教胎藏界和金刚界两部大曼荼罗图像，安排经生抄写《金刚顶经》等大量密教经典，请工匠制作供养和修法的

1　（宋）宋敏求《长安志》卷九《唐京城三》记载青龙寺之历史沿革："本隋灵感寺，开皇二年立。文帝移都，徙掘城中陵墓，葬之郊野，因置此寺，故以灵感为名。至武德四年废。龙朔二年，城阳公主复奏立为观音寺。初，公主疾甚，有苏州僧法朗，诵观音经，乞愿得愈，因名焉。景云二年，改为青龙寺，北枕高原，南望爽垲，为登眺之美。"（第310页）张礼《游城南记》："乐游（原）之南，曲江之北，新昌坊有青龙寺，北枕高原，前对南山，为登眺之绝胜，贾岛所谓'行坐见南山'是也。"（《景印文渊阁四库全书》第593册，第6页上）
2　杨曾文：《中国佛教东传·日本史卷》，山西教育出版社，2013，第130~131页。

法器等，皆赠给空海。[1]通过在青龙寺的学习，空海不仅继承了"龙猛—龙智—金刚智—不空—惠果"所传印度密教的正统，而且还修习了"善无畏——一行—惠果"所传的大日经系密教，因此说空海的真言密教其实是综合了金刚智系和善无畏系两派的产物。换言之，包含了所有的印度正纯密教，这完全是因为其师惠果对这两个系统的密教都有传持的结果。[2]

空海圆寂之后，其门徒通过种种努力或赴青龙寺求法，或寄奉书状与法服。如作为空海衣钵继承者的实慧，曾于承和三年（836）五月五日撰写书信与青龙寺"同法师兄"，并委托随第十七次遣唐使入唐的真言宗僧人真济和真然带到青龙寺，并将空海入定消息报告于惠果墓前。因这一次遣唐使出航失败，承和四年再次出发之际，实惠又奏请让圆行（799~852）入唐，并将供奉于惠果墓前的物品及赠送给青龙寺同门的礼物托付给圆行。承和五年，圆行与常晓、圆仁、圆载等人随遣唐使藤原常嗣一行入唐求法。承和六年，圆行入长安青龙寺。当时青龙寺座主是惠果弟子义操的付法弟子义真。此后圆行师事义真学习密教义理。承和六年十二月，圆行带着青龙寺圆镜等十一人署名的信件和义真所赠《金刚顶经真言教法》五十卷及法衣、法具等归朝。义真信中回忆了空海大师跟随惠果学习、将真言密教传入日本的事。在空海圆寂后的第四年，讣告传到大唐，青龙寺的同门弟子也共同表达了哀悼之意。可见当时两国的文化交流是何等密切。

空海的弟子们学成归国之后，多遵循青龙寺规制。尤其是在嵯峨天皇敕赐给空海的东寺，随着"教王护国寺"意识的确立，东寺的年中行事、僧众威仪，皆主张移袭自青龙寺，这在《御遗告》中有详细记录。《御遗告》是假托空海口吻训诫诸弟子的遗言状，据

1　杨曾文:《中国佛教东传・日本史卷》，第130~131 页。

2　北尾隆心「空海のみた惠果の密教」『智山学報』第 65 号、2016 年 3 月、209-224 頁。

说是为了整合以东寺为中心的真言宗各教团，确立东寺在真言宗诸寺院中的绝对核心地位。[1] 为了使东寺从一般的寺院空间意义中脱化出来，成为真言宗的"中心"，《御遗告》以二十五条缘起的方式，说明了真言宗的由来、东寺的缘起和建筑形制，规定了东寺僧徒必须遵守的密教规范等。如《御遗告》开篇云："探流寻源，鉴晃讨本。大唐曲成，既有血脉。日本末叶，何无后生。"[2] 说明了起源于印度的密教，经大唐传入日本，并因弘法大师创立真言宗而发扬光大。为了强调东寺是嵯峨天皇赐给弘法大师作为密教道场的圣地，是真言宗诸寺院中地位最高的祖庭，《御遗告》还通过一系列的技术运作，即通过描绘一系列的"缘起"，将东寺与长安青龙寺关联起来，从源头上为东寺赋予了权威性。

青龙寺首次出现的日本文献是空海所作《御请来目录》(806)，其后"青龙寺"的名称才被日本僧侣和文人所熟知。所谓的"请来目录"，一般是留学生用来记载携带回日本的典籍、佛像、法具等类似于清单或目录一样的文献，但空海的《御请来目录》却用自传性的文体，记载了他在青龙寺初访惠果阿阇梨以及接受传法的经过。这些记载给空海的密教系谱赋予了正当化色彩，同时也使日本朝廷、贵族以及僧侣阶层认识到了青龙寺的权威性。[3]

> 其年腊月，得到长安。廿四年二月十日，准敕配住西明寺。爰则周游诸寺，访择师依。幸遇青龙寺灌顶阿阇梨法师惠果和尚，以为师主。[4]

1　上島有『東寺・東寺文書の研究』思文閣出版、1998、45-46 頁。

2　空海『御遺告・二十五箇条御遺告』，收录于『弘法大師空海全集　第 8 卷』筑摩書房、1985、73 頁。

3　マツダ ウィリアム「『青龍寺』という想像空間」『中国文学論集』第 46 号、2017、64-75 頁。

4　参考空海『御請来目録』，收录于『弘法大師空海全集　第 2 卷』筑摩書房、1983、531 頁。

空海入定之后所编纂的传记类文献中，青龙寺也频频出现，如《金刚峰寺杂文》（成书年不明）等，其文献的一部分便是直接引用《御请来目录》和《性灵集》而来。另外，《东宝记》在记载印度密教如何经由中国传入日本的过程中，特别添加了东寺模仿"青龙寺"之由来。

> 大唐不空三藏被敕，以大官道场为秘密之场。改号青龙寺。本朝弘法大师永给东寺。即为真言密教之庭。既了云云。结讲堂舍，造立佛像。年中行事，僧众威仪，皆悉移青龙寺之风云云……今移佛国之风范，有显密之胜劣。夫舍卫大城祇园精舍，是移兜率天职珊瑚宫殿。唐朝西明寺，移祇园精舍仪式。本朝大安寺，摸大宋西明寺所建立也。今所安置佛像，是报应化身之教主，亦所草创伽蓝，皆显教修行旧基也。彼南天铁塔，是为龙猛菩萨花藏世界缩所现之浮图也。制底虽狭，皆显十佛刹之圣众。秽土虽鄙，并现法界宫之仪式。唐朝青龙寺，是移铁塔之壮严。本朝东寺灌顶道场，悉摸青龙寺之风，为密教修行之庭。[1]

引文中特别提到不空三藏（705~774）受赐官寺为秘密道场，并改名为"青龙寺"之事。尽管其记述与现存青龙寺相关史料记载不相符合，但《东宝记》的作者显然是想强调东寺密教祖庭的正统性——东寺的伽蓝配置及年中行事、僧众威仪都是模仿唐长安青龙寺而来，而青龙寺又是从印度到达长安的名僧不空的密教道场，这样一来，东寺密教便具有了"印度—中国—日本"这样的传承脉络。

近代以来，日本学界对青龙寺的考古研究蔚为大观。[2]大正十年

1 「東要記」（上）塙保己一編纂『続群書類従 第26輯下（釈家部）』続群書類従完成會、1977、399頁。
2 〔日〕静慈圆：《日本密教与中国文化》，刘建英、韩昇译，文汇出版社，2010。

（1921）至昭和四十年（1965），桑原骘藏、和田辨瑞、常盘大定、
范成法师、加地哲定等学者先后考察了青龙寺的遗址。[1]1925 年，常
盘大定指出青龙寺与 1819 年《咸宁县志》所载的石佛寺并非同一
地点。1944 年，桑原骘藏相信曾访问过石佛寺的《咸宁县志》的编
者，而对常盘大定的说法提出了反对论点。桑原还公布了包括"古
石佛寺"题刻在内的残存遗物。足立喜六早在 1933 年也造访过石
佛寺址，他将此处所发现的遗物指为青龙寺的东西而予以发表。现
在，经过中日两国学者的共同考古发掘，青龙寺的遗址逐渐清晰起
来。据考古遗址来看，青龙寺遗址位于今西安市西影路铁炉庙村一
带，地处西安市大雁塔东北、乐游原东部。

青龙寺自然景观及其"超验"意义

　　青龙寺首现于绘卷，是在东寺本《行状绘》卷三之"青龙
受法"部分。绘卷中的青龙寺位于深山幽谷之中，绘师对"深
山""树木"的绘制方法，显然继承了平安朝佛教绘画中对他界的
表现手法，多用弧线、曲线描绘山体。山间溪流湍急，营造出一种
幽深的异界感。在高僧传绘卷中，作为高僧求法道场的寺院及其所
在的山岳，向来是绘卷画面表现的重要节点，而且这些要素在与之
相应的词书中通常不会出现。当然，表现空海生平的东寺本《行状
绘》也不例外。

　　东寺本《行状绘》画面中对青龙寺周边自然环境的绘制，在词
书中并没有对应内容。换言之，词书中并没有说明青龙寺的位置和
周边环境，它直接是作为惠果和尚所在的宗教场所登场的。另外，
在空海的《御请来目录》《大唐神都青龙寺故三朝国师灌顶阿阇梨
惠果和尚之碑》等青龙寺相关记述中，也没有"青龙寺位于群山之

1　加地哲定「長安青龍寺の遺蹟に就いて」『密教研究』第 79 号、1939 年、86-110 頁。

中"的记载。那么，对于中日文献中都没有表现的青龙寺环境，绘卷为何会出现这种深山幽谷的想象？如果结合这部绘卷的制作目的——传教布教，和观看对象——信徒和僧侣，就会发现绘卷将青龙寺描绘成神秘圣地的意图，显然是在渲染青龙寺作为密教祖庭的权威性。

青龙寺在绘卷中首次登场，是以惠果阿阇梨所在的东塔院为中心构图。其前景是烟云中的山峦，其间溪流湍急，营造出一种幽深的异界感来。侧面的背景中群峰耸立、奇石突兀（图 6-1）。

图 6-1 青龙寺的自然景观

绘师对青龙寺地理位置和周边地形的理解，可能受真言宗金刚峰寺所在的高野山这种山岳密教修验场的影响。诞生于平安时代的山岳密教是中国传入的密教与日本原始的山岳信仰相结合的产物，在镰仓、室町时代的庶民信仰世界中发挥着重要作用。[1] 绘师显然带有这样一种意图——将青龙寺绘制于巍峨高山之中，以显示其作为密教祖庭的神圣性。尽管绘词作者在卷四第五段词书"惠果入葬"的场景中，明确说明了青龙寺周边地形：

翌年（元和元年）正月十六日，安葬于（长安）城东龙

---

1 中嶋猛夫「日本の宗教空間構成：1.山岳密教寺院の境内構成」『デザイン学研究』第 35 号、1981 年、82-83 頁。

原。四众会合，万人齐悲，感天动地。

　　这说明制作绘卷的宫廷绘师和书道师尽管没有到过青龙寺，但对青龙寺处于长安城东"龙原"的地理事实有着基本的知识储备。但是绘师显然将"龙原"绘制成为了巍峨的高山。乐游原实际上是由于河流侵蚀而残留在渭河三级阶地上的梁状高地，为一呈东西走向、东高西低的黄土台原，是隋唐长安城中六条由东向西高坡地的第五条，也是六坡中最高、最长的一条坡地，自东向西南逐渐低下，至精善坊与崇业坊一带降为平地。塬面长约 4000 米，宽 200~350 米，高出两侧平地 10~20 米，最高处海拔 467 米。[1] 据考古发掘，青龙寺遗址位于断崖以北宽 150~200 米、东西长 500 米的狭长高地之上，因此可以俯视长安城，远眺南山。唐人曾吟咏"寺好因岗势，登临值夕阳""连岗出古寺""地高倚长坡"等，可知寺院因岗而建，高崇于原顶。

　　如果从绘卷中山峰的比例来看，绘师想象中的青龙寺所在的高山相当巍峨。东寺本《行状绘》正是通过对青龙寺所在山岳的描绘，建构起神圣叙事的一部分。事实上，通过描绘山岳来表现神圣空间，是中国美术作品中很常见的手法。巫鸿指出，儒家、佛家和道家的绘画都大量使用了山的形象，虽然这些形象有时被赋予特殊的意义，但是作为基本图像它们所表达的是广义上的精神意义而非具体的地点。因此，这些山的图像可以称作是一个"超级符号"（super sign）。[2] 在空海那篇著名的《于纪伊国伊都郡高野峰被请乞入定处表一首》中，他就强调了山岳之于修行的意义：

　　　　沙门空海言。空海闻。山高则云雨润物。水积则鱼龙产
　　化。是故，著阔峻岭，能仁之迹不休。孤岸奇峰，观世之踪相

1　中国社会科学院考古研究所：《青龙寺与西明寺》，文物出版社，2015，第 6~7 页。
2　巫鸿：《全球景观中的中国古代艺术》，生活·读书·新知三联书店，2017，第 223 页。

续。寻其所由，地势自尔。又有台岭五寺，禅客比肩。天山一院，定侣连袂。是则，国之宝，民之梁也。[1]

　　空海在表文中说道，大唐佛教界的寺院大都建立于山岳，前往修禅观法者众多，因此佛法颇为隆盛。然而，日本虽在历朝历代援助之下建立了不少气派的寺院，但深入高山峻岭修行真正佛法者稀少。修禅观法的教义未得流传，是因为没有其相适应的场所。禅经中也说，深山之中的平地才是修禅的适宜场所，于是他请求朝廷在高野山建立一座修禅院。最终，他以五台山为模型，在高野山建立一个由王室资助的真言宗修行中心。由于山总是与高僧的修行及宗教冥想密切结合在一起，因此经常会成为宗教绘画表现的主题。在东寺本《行状绘》中，山岳图像几乎贯穿了空海全部的求法生涯，在这一意识的延长线上，青龙寺也被绘制在山岳中，并成为其神圣叙事的一部分（如图 6-2）。

图 6-2　空海入唐前"梦遇释迦"图中的山岳

1　参考『続遍照発揮性霊集補闕抄卷第九』『日本古典文学大系　71』岩波書店、1965、397 頁。

另外，佛教从印度传到中国时，并没有带来系统化、有组织的佛教圣地。在印度，佛教圣地主要是与佛陀的生平故事或遗迹相关，甚至有时与特殊的菩萨有关。但是，中国佛教圣地的形成，主要是通过长期佛教信仰传统的积累，通过修学参访、修建寺院、朝圣灵感等方法。在佛教徒寻师访道的修学过程中，一些名山大寺逐渐成为参访中心。比如五台山，因其终年积雪无暑气故名"清凉"，恰与《华严经·菩萨住处品》中所述的文殊菩萨住清凉山之说吻合，因而带动感应热潮。尤其是五台山不仅具有神秘和神圣的氛围，也是修道参禅的好地方。五台山的文殊化身、普陀山梵音洞都非常有号召力，吸引无数善男信女礼拜。唐代日本和尚圆仁前往五台山时，记载自己的心理：

> 此清凉山，五月之夜极寒，寻常着棉袄子。岭上谷里，树木端长，无一曲戾之木。入大圣境地之时，见极贱之人，亦不敢作轻蔑之心；若逢驴言，亦起疑心，恐是文殊化现软。举目所见，皆起文殊所化之想，圣灵之地，使人自然对境起崇重之心也。[1]

正如沈丹森指出，七世纪的中国僧人最初认为他们自己生活在远离佛陀出生地之处，这个位置就产生了所谓的"边地情结"，边地情结既是一个激发个人志向的阐释性举措，也是一个国家的真实地理位置相对于佛教世界其他地方的反应。安素姗依据沈丹森的研究指出，奝然、空海的著作被认为是平安版"边地情结"的典型，[2]当僧人空海在高野山建立一个由王室资助的真言宗修行中心时，他实际上是以五台山为模型。

1　圆仁：《入唐记》，第108页。
2　安素姗（Susan Audrews）：《神迹的复制与逆转：检视奝然圣徒使传中的五台山描述》，载陈金华、孙英刚编《神圣空间》，复旦大学出版社，2014，第385页。

密教空间中的神圣叙事

东寺本《行状绘》中所描绘的建筑，有很多是以中世时期东寺的建筑物为原型绘制出来的，而且东寺本《行状绘》中的建筑物实际上可能也保存了中世时期东寺境内的样子。新见康子曾以东寺本《行状绘》中的建筑物为研究对象，指出这幅绘卷对于研究南北朝时期东寺建筑具有史料学的意义。[1] 本部分则以东寺本《行状绘》对唐代青龙寺的描绘，探讨其建筑与中古时期中日寺院建筑及绘画的关系，同时说明东寺本《行状绘》对青龙寺空间描绘的意义。

（一）绘卷中的青龙寺东塔院

空海至青龙寺跟随惠果阿阇梨求法，因此惠果所居东塔院便成为东寺本《行状绘》表现的重点。青龙寺东塔院前后出场多次（分别见于卷三"青龙受法"，卷四"珍贺忏谢""修门护法""图像写经""惠果附属""石碑建立"）。在画面展开之前，首先是五幅纸（从第二十六纸后半部开始到三十一纸前半段）的长篇词书，完美地分割了前后绘卷的内容。词书内容主要来自之前的《弘法大师传记》，大致讲述了唐贞元二十一年（805）二月十一日，大使贺能归日本国，空海和橘势逸受敕命，继续在长安留学。空海借宿在西明寺永忠和尚所在旧院，遍访长安城中诸寺，寻访名僧。空海听闻青龙寺东塔院的惠果和尚高名，便邀请西明寺僧人志明、谈胜等五人一起去青龙寺拜见惠果。之后，词书重点介绍了惠果和尚在当时佛教界受到的尊崇，"三朝尊之，以为国师，四众礼之，以受灌顶"，即被推为唐代宗、唐德宗、唐顺宗三朝之国师，受到比丘、比丘

1　新见康子「弘法大師行状絵にみる東寺の古建築」東寺（教王護国寺）宝物館編『弘法大師行状絵巻の世界：永遠への飛翔』、146 頁。

尼、优婆塞、优婆夷四众的顶礼膜拜，并请求授予灌顶。词书关于惠果的文字显然参考了空海为惠果撰写的碑文——《大唐神都青龙寺故三朝国师灌顶阿阇梨惠果和尚之碑》。1921 年，桑原骘藏在弘法大师诞辰纪念会上发表演讲时，曾盛赞空海所撰惠果碑文文笔之杰出，不但高度评价了惠果在真言密教史上的地位和辉煌，还将其对恩师的思慕敬仰之情表达得淋漓尽致。石碑本身尽管已经不复存在，但其碑文收录于《性灵集》卷二。[1] 惠果的事迹，通过空海及真言宗相关传记类文献而广为日本人传诵。

　　惠果与空海的戏剧性相遇，也在绘卷词书中得到了细致的表现。众所周知，与惠果的相遇，不仅是空海个人生涯中极具分水岭意义的事件，而且对于日本密教史来说也意义重大，因为这意味着印度传入中国的密教开始与日本佛教史产生关联。[2] 惠果初见空海，便说："我先知汝来，相待久矣。今日相见，大好大好。报命欲尽，付法无人。必须速办花香，可入灌顶坛。"其后，词书表现了空海在青龙寺学法的经过：六月十三日，入学法灌顶坛受胎藏界灌顶；七月上旬受金刚界灌顶；八月十日受阿阇梨位传法灌顶；仅仅三个月时间，空海便得到金刚界、胎藏界大法的悉数传授，并传授其他密教教法和各种仪规，最后还举行授予空海"传法阿阇梨"（意为传法导师）之位的灌顶仪式。[3] 以上词书内容与《请来目录》的记载一致。与这段词书相配，其后画面以"异时空同图"的构图法，表

1　《性灵集》卷二："俗之所贵者也，五常；道之所重者也，三明。惟忠惟孝，雕声金版。其德如天，盍藏石室乎。尝试论之，不灭者也法，不坠者也人，其法谁觉，其人何在乎？爰有神都青龙寺东塔院大阿阇梨，法讳惠果和尚者也。大师拍掌，法城之行崩，诞迹昭应之马氏，天纵清粹。地冶神灵。种惟凤卵，苗而龙驹……"关于惠果碑文的研究，可参考高柳继太郎博士论文「「惠果碑文」の研究」高野山大学、2017。另有河内昭圓「空海研究の障壁（下）惠果和尚碑再論」『日本文芸研究』第 65 卷第 2 号、2014 年 3 月、1-17 页。

2　岡村圭真「惠果阿闍梨との出逢い」『密教文化』第 77、78 合併号、1966 年 11 月、138 页。

3　参考桑原康年「惠果阿闍梨から弘法大師空海へ」『真言宗豊山派総合研究院紀要』第 16 号、2011 年 3 月、11-15 页；福田亮成「唐僧惠果との邂逅」『国文学：解釈と鑑賞』第 66 卷第 5 号、2001 年 5 月、19-26 页。

现了空海初访惠果于青龙寺东塔院，到青龙寺金堂举行灌顶仪式这一日，招待五百僧人用斋，供养出家人的盛景。

绘卷中的青龙寺主要包括四种建筑：

> 东塔院
> 佛塔
> 灌顶金堂
> 食堂

在讨论绘卷中青龙寺的建筑时，有两种可供参考的资料，其一是宋元以前中国青龙寺的资料图，[1] 其二是日本东寺的建筑图。从最右边展开绘卷，首先看到的是空海和西明寺僧侣初访惠果的场景。主图是青龙寺东塔院的内室，绘师采用传统的大和绘手法，直接将室内端坐在椅子上的惠果大师呈现了出来（如图6-3）。这一部分场景在之后反复出现，惠果所在的东塔院构成了整个青龙寺的核

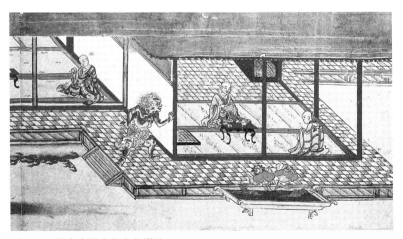

图6-3 绘卷中的青龙寺东塔院

---

1 夏南希、李蕾、杨其威:《青龙寺密宗殿堂——唐代建筑的空间、礼仪与古典主义》，载中国建筑学会建筑史学分会会议论文集《建筑历史与理论》第六、七合辑，1994，第30页。

心，绘师变化着角度将这一部分展现，而且为了显示出一种唐风的味道，每一幅中出现的惠果都坐在椅子上，这个椅子同样适用于之后的中国皇帝。

其后，东塔院又反复出现过几次，而且每一次都与惠果相关。毋宁说，东塔院的空间表现是通过惠果这一人物来实现的。比如绘卷为了合理地解释唐代首屈一指的名师惠果直接将两部大法传授给刚刚入门的异国青年僧人空海，特意插入了两个颇有点难题型说话意味的故事：其一是青龙寺僧人珍贺向惠果吐露不满，其二是奈良山阶寺修圆僧都的试探。这两个故事各自以一副纸绘词和两幅纸绘画的比例，完整地讲述了两个带有神异色彩的插话。总之，为了表现空海修习密法所遇到的来自中日两国僧人的诘难以及克服这些难题的神异显现，东塔院以"中景"的方式反复呈现。这两个插话之后，东塔院又出现了三次，分别是卷四的第九纸、第十三纸和第十七纸。

第九纸至第十纸描述的是惠果请来宫廷画师李真等十余位佛画师描绘胎藏界、金刚界等大曼荼罗十铺，召集二十余位写经生抄写《金刚顶》等上乘秘藏经，请铸博士赵吴（杨忠信）新造法器道具十五件，赠与空海让其带回日本，并再三嘱咐他尽快回国。[1] 密教与一般佛教不同，必须依靠很多象征的表现，所以，除了圣教之外当然还需要大量的佛像、佛画和法具。

第十三纸描述的是惠果传授法器的过程。空海从惠果悉数领受了印度传来的圣教、曼荼罗、佛画、法具等，这些物品目录都流传了下来。[2] 绘卷也尽可能忠实地将之一一呈现。另外，惠果还将许多

1　空海:《御请来目录》:"如今此土缘尽，不能久住。宜此两部大曼荼罗、一百余部金刚乘法及三藏转付之物，并供养具等，请归本乡，流转海内。才见汝来，恐命不足，金则授法有在，经像功毕，早归乡国，以奉国家，流布天下，增苍生福。然则四海泰、万人乐，是则报佛恩、报师德，为国忠也，于家孝也。义明供奉，此处而传，汝其行矣，传之东国，努力努力。"（《大正新修大藏经》第 55 册，大正一切经刊行会，1977，第 1065 页）
2　〔日〕渡边照宏、宫坂宥胜:《沙门空海》，李庆保译，东方出版社，2016，第 65~67 页。

密教物品交给空海作为传法的象征，[1] 这些都是金刚智从南印度带来授予不空，不空又传给惠果的。另外，惠果还将自己所持的物品交付给空海。[2]

　　卷四第十七纸（图6-4）描述的是惠果寂灭的场景。正当空海孜孜不倦、日钻夜读、佛法日深的时候，惠果和尚却不幸于永贞元年（805）十二月十五日入天，世寿六十。这对作为嫡传弟子的空海来说，不胜悲怆。总之，绘卷以青龙寺东塔院惠果僧房为主要空间，重点在表现空海与惠果的师徒之情，以渲染空海所开创的密教的正统性。

图6-4　惠果寂灭

　　日本真言宗的影响不断扩大，这在空海之后的真言宗、天台宗僧侣之间激起新一轮的入唐热潮，他们皆把进一步输入密教及其经典、图像、修法仪规作为首要任务。长安青龙寺法全、大兴善寺智慧轮等人，分别属于善无畏、不空的法系，是向日本求法僧传授密教的高僧。然而，真正将青龙寺写入日本文献的则是空海，在空海

1　佛舍利八十粒（就中金色舍利一粒）、刻白檀佛菩萨金刚等像一龛、白绁大曼荼罗尊四百四十七尊、白绁金刚界三昧耶曼荼罗尊一百二十尊、五宝三昧耶金刚一口、金刚钵子一具二口、牙床子一口、白螺贝一口。小野玄妙『仏教の美術と歴史』大蔵出版、1938、556 頁。
2　健陀縠子袈裟一领、碧琉璃供养碗二口、虎珀供养碗一口、白琉璃供养碗一口、绀琉璃箸一具。小野玄妙『仏教の美術と歴史』、557 頁。

求法的时代，主持青龙寺的惠果和尚及其所在的东塔院当然也就成了表现的重心。换言之，绘卷要表现的是空海与惠果相遇时处于特定时空中的青龙寺，而非一般空间意义上的青龙寺。

　　佛教作为一种来自异域的宗教，其寺院空间神圣性的获得必须依靠一系列的技术运作，方能使之从凡俗的空间意义中脱化出来，转身成为宗教活动的神圣场所。在佛教徒看来，寺院不是普通的建筑，除了可供僧众居住活动的基本用途外，还是一处不同凡俗的神圣空间，唯此才能真正发挥寺院的宗教效力。[1] 寺院神圣性的获得，并非本有之物，而是一系列建构的结果。比如利用高僧的神遇故事或描绘祖庭的缘起，来渲染宗派教义的神圣性，高僧传绘类作品的制作同样是出于这一目的。以东寺本《行状绘》为例，其对空海开创的高野山金刚峰寺和东寺的描绘，就是在这两处寺院神圣化基础上，通过图像和文字进行的"再神圣化"。青龙寺作为其神圣化叙事的源头，被建构了出来。

（二）绘卷中的青龙寺密宗殿堂

　　对于真言宗寺院而言，举行修法、灌顶的灌顶院（又称真言堂）是最为重要的建筑。[2] 这种建筑最早由空海传入日本，目的就在于传播真言密教。[3] 东寺本《行状绘》以东寺灌顶堂为原型，创造性地绘制出了九世纪时期的青龙寺灌顶堂和塔舍。有关空海时代密宗殿堂复原的重要成果，是1984年杨鸿勋发表的论著（图6-5）。[4] 该

1　段玉明：《相国寺：在唐宋帝国的神圣与凡俗之间》，巴蜀书社，2004，第29~45页。
2　夏南希（Nancy S.Steinhardt）：《青龙寺密宗殿堂——唐代建筑的空间、礼仪与古典主义》，收录于《建筑历史与理论》第六、七合辑，第30页。
3　参考添田隆昭「密教の空間論によせて」『密教文化』第214号，2005年3月，69-71页；藤井惠介「密教の建築と空間について」『智山学報』第50号、2001，1-28页；森雅秀「密教儀礼と聖なる空間」『日本仏教学会年報』第59号、1994年5月、105-121页。
4　杨鸿勋：《空海纪念堂设计——唐长安青龙寺真言密宗殿堂（遗址4下层）复原》，《建筑学报》1983年第7期，第45页。

灌顶堂的建筑形态（图6-6）是否符合青龙寺的历史事实，我们暂且不论，但根据东寺古文书《东宝记》记载，东寺的灌顶堂是模仿青龙寺而来：

图3 约662-845年时的西安密宗殿堂的复原正面图
（引自杨鸿勋:《建筑考古学论文集》,北京,文物出版社,1987,221页图七）

图4 约662-845年时的密宗殿堂室复原侧面图
（引自杨鸿勋:《建筑考古学论文集》222页）

图6-5 九世纪的青龙寺密宗大殿复原

图6-6 绘卷中的青龙寺金堂

夫舍卫大城祇园精舍，是移兜率天职珊瑚宫殿。唐朝西明寺，移祇园精舍仪式。本朝大安寺，摸大宋西明寺所建立也。今所安置佛像，是报应化身之教主，亦所草创伽蓝，皆显教修行旧基也。彼南天铁塔，是为龙猛菩萨花藏世界缩所现之浮图也。制底虽狭皆显十佛刹之圣众。秽土虽鄙并现法界宫之仪

式。唐朝青龙寺，是移铁塔之壮严。本朝东寺灌顶道场，悉摸
青龙寺之风，为密教修行之庭。[1]

　　《东宝记》是由杲宝和贤宝编纂的关于东寺历史、建筑、宝物、
人物的重要资料集，杲宝收集了真言宗内大量的圣教类文献，而
贤宝则聚集诸多东寺学僧撰写史料，这两类资料构成了东寺寺志
《东宝记》的文献基础。《东宝记》中特意强调了东寺灌顶院、塔
婆模仿青龙寺之"风范"，东寺本《行状绘》也有类似描述。东寺
本《行状绘》以《东宝记》为文本基础，由绘师根据东寺的建筑布
局想象绘制了青龙寺的灌顶堂，但事实上青龙寺并没有灌顶堂。然
而，从《御遗告》、《东宝记》等文献关于东寺灌顶堂创建由来的诸
种叙事中，清晰地折射出了日本真言宗渴望与东亚世界建立关联的
宗教意图。

　　《东宝记》成书于观应三年（1352），这一时期不仅密教在中国
已渐衰退，青龙寺寺院亦近废毁，地面建筑已荡然无存。[2]这些将东
寺与青龙寺关联起来的文献，是表现真言宗与东亚世界联系的唯一
文脉。也就是说，唐代的佛教和青龙寺作为日本真言宗"典范"的
观念，全部都是基于空海的入唐经验而被设定的。在空海入灭之
后，那些以空海入唐经验为"依据"而建立的诸多密教寺院，据说
都是以青龙寺为原型。[3]但实际情况是，东寺等真言宗寺院模仿青龙
寺创建的灌顶院，本身在青龙寺并不存在。藤井惠介指出，真言宗
寺院中的灌顶院，其实是空海为了密教镇护国家的传法目的，巧妙
地改变了日本传统的建筑而创造出来的，因此空海是日本最早的密
教伽蓝的创始者。然而，根据空海相关的圣教类文献记载，东寺灌
顶院是以空海事迹和唐代青龙寺为典范建造出来的，如此一来，以

1　详见『東宝記』（上），收录于塙保己一编纂『続群書類従　第 26 辑下（釈家部）』、399 页。
2　参考畅耀编著《青龙寺》，三秦出版社，1986，第 5 页。
3　松本郁代『中世王権と即位灌頂：聖教のなかの歴史叙述』、森話社、2005、194 页。

青龙寺灌顶院为原型的东寺灌顶院，便作为正统的真言宗寺院建筑而被普遍化了。[1]

东寺本《行状绘》除了将青龙寺描绘成真言宗的祖庭之外，还特意强调从日本列岛到青龙寺的距离——茫茫的大海横亘其间，绘卷通过几幅纸连续不断的铺展，表现出了大海的波澜壮阔（图6-7）。而绘卷的观看者则随着绘卷的展开，在一种持续流动的景观中，体味到了真言祖师空海忍受种种艰辛的入唐之旅，从而求得真言密宗的过程。从这层意义上看，青龙寺是大海彼岸的近似圣地一般的存在，而绘卷则为这种神圣空间提供了一种新的视觉模式。因此，在大部分以高僧的异国之旅为题材的绘卷中，大海几乎成为分割俗世与圣地的必备画面，尽管很多高僧的求法之旅中可能并没有渡海。

图6-7 渡海入唐

比如《华严缘起》中义湘往返唐朝的渡海场景，以及《东征绘传》中描绘鉴真六次渡海的场景，对大海的描绘构成了绘卷的主要画面。甚至就连《罗什三藏绘》中也出现了鸠摩罗什渡海的场景，尽管在鸠摩罗什的求法生涯中并没有渡海的经历。鸠摩罗什是龟兹国人，受后秦姚兴邀请入长安，翻译经书。龟兹在今天的新疆一带，从龟兹至长安，无论如何也不需要坐船渡海。《罗什三藏绘》

---

1 藤井恵介「真言密教における修法灌頂空間の成立」『仏教芸術』第150号、1983年9月、43-55頁。

中有一段和文词书、一段汉文词书以及五段绘画，绘卷中鸠摩罗什入长安之际，渡过波涛汹涌的大海时遭遇飓风，他将经文扔向大海，平息了滔天大浪。这一场面在汉文词书中没有记载，在多种版本的鸠摩罗什传记中也没有记载，[1]但是在和文词书中却有细致的描述。从这里可以看出，被大海包围的日本人在想象彼岸的异国时，很难脱离渡海的设定。被大海所包围，将异国设置在大海彼岸的做法，是日本人对外观的一大特点。

高僧传记绘卷大都是对宗派祖师崇拜心理的产物，这些绘卷不仅是以祖师一生的行状事迹为文本，同时伴随着绘画的接受激发起人们的想象也是其要素之一。镰仓新佛教各祖师的传记绘卷，是对祖师强烈信仰和追慕的结果，但是在旧佛教各派制作的绘卷中，会特别强调祖师的异国之旅，或者说对异国求法的强调是旧佛教高僧传绘的重要特征，在这一时期旧佛教的高僧绘卷中，如《东征传绘卷》《玄奘三藏绘》《弘法大师行状绘》《华严缘起绘》等，都表现了高僧克服种种危险身赴异域求法的故事。尤其在东寺本《行状绘》中表现出的对佛教先进国——中国的向往和憧憬，值得深思。

这一方面是出于对新佛教的对抗，另一方面也是为了凸显与以净土宗为代表的新佛教的差异。因为除了荣西和道元之外，新佛教的祖师基本没有去中国求法的经历，这与旧佛教截然不同——他们的祖师大都到过中国，因此旧佛教教徒在表现祖师的一生时，对中国的表现就成为重点。旧佛教不断宣称自己与天竺、震旦这两个佛法中心地区的联系，将三国佛法的流传通过可视化的方式绘制出大量的高僧传绘以及异国祖师、高僧的传记绘卷。正是通过对"行旅"这种行为的绘画化展示，旧佛教的高僧传绘将异国这种空间、场域凸显出来，以显示对新佛教的优越性、正统性和历史性。[2]

1　秋山光和「羅什三藏絵伝攷」『金沢美術工芸大学学報』第 1 号、1957 年 1 月、25 頁。

2　土屋貴裕「絵巻に描かれた旅」倉田実、久保田孝夫編『王朝文学と交通（平安文学と隣接諸学 7）』竹林舎、2009、330 頁。

三 "三国佛教史观"与东寺本《行状绘》的历史意识

东寺本《行状绘》卷九"第一段",如此讲述东寺建立讲堂的缘由:

> 古时候,天宝元年西蕃的大石国、康国等西蕃奔袭大唐安西城,玄宗皇帝敕不空三藏念经祈救国难。不空三藏手持香炉,念诵《仁王经》陀罗尼二十七遍,大殿前忽降神兵天降五百人,玄宗大惊。不空三藏曰:此乃毘沙门天王第二皇子独建大将,率天兵解安西城之困。果然大破五国贼军。……不空三藏欲译此经,代宗皇帝崇敬《仁王经》,遂在大明宫内设置译场,令饰资圣寺、西明寺,集聚法师百人,开座讲经。代宗亲笔书名额"善法堂",赐给资圣寺讲堂。镰仓时代,蒙古袭来之时,东寺长者设坛修法,仿唐国祈念《仁王经》仪式,消灾退敌,后得灵验。皆为大师之法力也。[1]

绘卷词书强调,正如唐朝经历"安史之乱"时,不空念诵《仁王经》召来天兵天将大破胡人一样,当日本遭受蒙古袭击时,东寺长者也设坛修法,仿唐朝念诵《仁王经》退敌护国。这种不断打破原有的传记文本,将叙述者所处的现实政治环境投射其中的叙事态度,体现出绘卷制作者强烈的历史意识与现实关照,而且这种历史意识又与中国密切结合,如东寺本《行状绘》卷三"第五段"词书叙述空海接受空海灌顶之后,引用宋代僧人志磐的《佛祖统纪》:

1　小松茂美編『続日本絵巻大成 5 弘法大師行状絵詞』(上) 中央公論社、1982、99-100 頁。

　　宋代志盘记载，不空弟子有惠果者，元和年中，日本空海入中国，从果学，归国盛行其道。唐末乱离，经疏销毁。今其法盛行于日本。[1]

　　随后词书作者又添加议论道："异域既尊大师受学，言秘宗流行本朝也。"也就是说，连宋人都知道尊敬大师的学问，知道密教在日本的影响。《佛祖统纪》是南宋咸淳五年（1269）沙门志磐撰写的以天台宗为中心的纪传体佛教史，分为本纪、世家、列传、表和志五大类。关于空海的记载出现在"诸宗立教志"（卷二九）的"瑜伽密教"中，考虑到东寺本《行状绘》制作于应安七年（1374）至康历元年（1379），绘卷对《佛祖统纪》的引用，说明这部佛教史著作成书不过百年，已经在日本流布之事实。

　　《佛祖统纪》的成书是志磐面对当时思想界出现的儒佛之争、台禅之争以及天台宗内部的论难，渴望论述天台宗正统性的著作。[2] 如果细绎东寺本《行状绘》的词书，会发现东寺既要应对新佛教宗派对真言宗的挑战，又面临着在真言宗内部争夺正统性的问题。因此绘卷作者援引《佛祖统纪》的历史叙事方法，以弘法大师生平为中心，致力于重塑东寺一派的正统性。如该绘卷卷四"第四段"词书，详细列举了空海从惠果那里继承的密宗祖师画像、佛舍利、曼荼罗、法具等都来自印度，作为真言宗正统的传法依据，今藏于东寺。之后引用小野僧都成尊（1012～1074）的《真言付法纂要抄》，在印度、中国、日本三国的佛教史中论述了东寺的正统性：

　　　　密教相传，家家不同。东寺一宗，付大师法流，胜于诸家事十种。……其中，关于法具之胜，如来付嘱袈裟，永留天竺

1　小松茂美编『続日本絵巻大成　5　弘法大師行状絵詞』（上）、111 頁。
2　韩毅：《〈佛祖统纪〉与中国宋代僧人的史学思想》，《河北学刊》2003 年第 5 期，第 167~171 页。

鸡足山。达摩法信袈裟，今在震旦曹溪寺。唯真言一家印信道
具，源出月氏，过于大唐流于日本，今藏在东寺。[1]

　　成尊以天竺、大唐、日本的顺序记载了真言宗的付法系谱，并
指出东寺有"灌顶、受学、梵文、相承、誓愿、宝珠、道具、入
定、法则、外护"这十项殊胜，远胜于密教其他宗派。成尊还详细
阐明了十项殊胜与青龙寺之关联，如"灌顶殊胜"引《青龙和尚相
承文》、"受学殊胜"引《惠果阿阇梨行状》，极言东寺真言宗是继承
了青龙寺惠果阿阇梨的正统性。[2] 不仅如此，绘卷作者又在成尊引文之
后重申了"三国"的观念："大师继承惠果法统，弘扬佛法。请来印
度、中国、日本三国传来的宝物，供奉于镇护道场东寺之内。"[3] 从根
源上说，大同元年（806）十月，空海从中国请来了真言密教，而非
真言宗，真言宗是在日本成立的宗教，在中国没有高祖和圣地。[4] 但
东寺真言宗借用日本中世思想史上的重要命题——"三国史观"，不
断宣称自己与天竺、震旦这两个佛法中心地区的联系，将三国佛法
的流传通过可视化的方式绘制出来，通过对"青龙受法"的空间的
描绘，将作为东寺原型的青龙寺突显出来，以显示对高野山真言宗
及其他密教宗派的优越性和正统性。

　　"三国史观"本是古代日本人用来表现佛教东渐路线的一种朴
素意识的产物，最早萌芽于空海的著作。如空海在论述密教付法祖
师"血脉相承"的过程中，指出了起源于印度的密教，如何经由中
国传入日本的过程，目的在于说明日本真言宗付法的正统性。然
而，最早提出"三国史观"的却是最澄，他在《内照佛法相承血脉

1　小松茂美编『続日本絵巻大成 5　弘法大師行状絵詞』（上）、111 頁。
2　参考『真言付法纂要抄』，收录于『大日本仏教全書 106』仏書刊行会、1912-1936、37-42
　　頁。
3　小松茂美编『続日本絵巻大成 5　弘法大師行状絵詞』（上）、111 頁。
4　松本郁代『中世王権と即位灌頂：聖教のなかの歴史叙述』、191 頁。

谱》中说：

> 夫佛法之源，出于中天，过于大唐，流于日本。天竺付
> 法，已有经传。震旦相承，亦造血脉。我叡山传法，未有师师
> 谱，谨纂三国之相承。[1]

这段文献是将天竺（印度）、震旦（中国）、本朝（日本）三地，总称为"三国"的最早出处而为人所熟知。镰仓时代以降，随着武家政权诞生带来的政治危机，原本来自佛教的末法思想迅速弥漫，加重了整个社会的危机感。末法思想因此成为镰仓佛教的出发点，如何应对末法思想，成为中世佛教追寻宗派由来、建构宗派付法系谱和历史的原动力。

这种思想史上的动向，促生了宗性《日本高僧传要文抄》、觉宪《三国传灯记》、凝然《三国佛法传通缘起》等僧传及佛教史著作，这些著作将"三国佛法史观"推向体系化。三国佛法史观同样影响了镰仓新佛教的宗教系谱，如在源空、亲鸾、日莲等人描绘的新宗教系谱中，时间、空间的构图依然发生在"印度、中国、日本"这三国，尽管他们从来没有离开过日本，但这并不妨碍他们将各自的宗教系谱追溯到印度和中国。可以说，整个中世是由"三国"的佛教史观所支配，"三国史观"是中世日本佛教各宗派著述的出发点。[2]

"三国史观"首先在南都法相宗僧人觉宪（1130 ~ 1211）的《三国传灯记》中被明确提出。承安三年（1173），觉宪在兴福寺为藤原镰足说法，其说法的讲稿即为《三国传灯记》。觉宪以"印度 - 中国 - 日本"为顺序，以正法、像法、末法意识为基础，讲述

1　最澄『伝教大師全集　第一』比叡山図書刊行所、1927、199 頁。
2　市川浩史『日本中世の歴史意識：三国・末法・日本』法蔵館、2005、18 頁。

了佛教东渐的历史故事。[1] 同一时期诞生的《今昔物语集》是典型的以"三国史观"为基础编纂的佛教说话集。《今昔物语集》中收录的一千多首说话故事，分为天竺部、震旦部、本朝部三个部分，[2] 展现了古代至中世时期日本僧侣和知识阶层的世界认识。

"三国史观"最终经华严宗东大寺僧凝然（1240~1321）之手集其大成。应长元年（1311）凝然撰述《三国佛法传通缘起》献给后宇多法皇御览。该书上卷讲"天竺佛法传通"和"震旦佛法传通"，中下卷讲日本国八宗（三论宗、法相宗、华严宗、俱舍宗、成实宗、律宗、天台宗、真言宗）东传的历史及其在日本的发展。凝然认为，在天竺、震旦已经式微的佛教，因在日本的传灯得以继续。"三国"之中，只有日本是佛教隆盛之地。[3]

总之，萌芽于空海著作中的"三国史观"，在中世逐渐扩展为日本思想史上的重要命题。镰仓时代以来，天竺、震旦在中世日本新、旧佛教争夺宗教话语权的过程中，被各派都不同程度地赋予了正统化、权威化的意义。他们将日本佛教史置于"三国"的佛教史——即世界佛教的脉络中来理解，并在世界佛教的构图中寻找日本佛教的位相。[4] 诞生于这一时期的东寺本《行状绘》，当然也深刻地受到了这一思想的影响。如在《行状绘》卷四·第五段，借惠果之口说称赞空海是"印度、中国、日本三国之圣人，内为大乘菩萨之心，外为小国沙门之相。"[5] 在卷四第六段，惠果入灭之后给空海托梦，详述了空海作为三国之师的根源。

---

1 成田貞寛「覺憲撰『三國傳燈記』の研究」『佛教大學大學院研究紀要』第 2 号、2019 年 12 月、199-241 頁。

2 参考前田雅之「『今昔物語集』本朝仏法伝来史の歴史叙述——三国意識と自国意識」『国文学研究』第 82 号、1984 年 3 月、34-44 頁；森正人「天竺·震旦——『今昔物語集』の三国仏教史観のなかで」『国文学：解釈と鑑賞』第 71 巻第 5 号、2006 年 5 月、87-94 頁，等等。

3 ブラム マーク「凝然の歴史観について」『印度學佛教學研究』第 47 巻第 2 号、1999、793-789 頁。

4 高木豊『鎌倉仏教史研究』岩波書店、1982、195-196 頁。

5 小松茂美編『続日本絵巻大成 5 弘法大師行状絵詞』（上）、112 頁。

古迦叶佛时代，有二位菩萨，兄为日殊菩萨，弟为月镜菩萨，互为起愿，永结契约，生生弘正法，世世传知识，释迦度灭之后，彼日殊菩萨、月镜菩萨化为马鸣、龙树，摧外道之邪林，转如来之法轮，他们是行化西天的龙猛、龙智，来游中州的金智、广智，誓为传灯东隅的惠果、弘法。以三国师资，互为主伴之事，皆是宿愿所致，誓约所然也。[1]

这里将惠果、空海的传法系谱追溯至古迦叶佛时代，体现出对佛教发源地印度的憧憬。中世的宗教思想家们倾向于从佛教诞生的源头印度开始追溯，思考佛教传入中国之后的种种变迁，日本又是如何从中国传入佛教并进行改革，最后在佛教东渐的历史中重新解释各自宗派的立场和态度。绘卷中会出现的"三国师资，互为主伴"的说法，也是出于同样的目的。

镰田茂雄指出，玄宗皇帝开元年间（713~741）成立的中国密教，不仅是东亚密教的中心，也是日本真言宗成立的原点，因此在东亚思想史上具有着重要的意义。但是经历了会昌年间大规模的废佛之后，中国的密教便迅速衰退了。从这点来说，自九世纪末期以降，日本真言宗便逐渐失去了与中国密教的联系。[2]尤其是十世纪末以后，奝然、成寻等前往中国天台山、五台山巡礼的入宋僧，将宋代先进的文化引入日本，天台宗在日本蓬勃发展。相较之下，失去了中国宗教这一权威源泉的日本密教和真言宗，虽然在十世纪以后因为贵族社会对密教修法的需要，仍占有重要的宗教地位，但就其在东亚佛教世界丧失了最新的权威支持这点来看，不能不说是一种

1　小松茂美编『続日本絵卷大成　5　弘法大師行状絵詞』（上）、112 頁。
2　鎌田茂雄『隋唐の諸宗』，收录于『中国仏教史　第6卷（隋唐の仏教　下）』東京大学出版会、1999、753 頁。

对外的宗派危机。[1]为了体现真言宗与佛教先进国家之间源源不断的联系，将真言宗的传法系谱追溯至时间、空间上都更为遥远的佛教圣地印度，既是顺应"三国佛教史观"这一时代思想的必然选择，也是真言宗发展过程中应对危机的一种手段。

1924年，常盘大定曾撰文悲叹作为"日本东、台两密发源地"的青龙寺不复存在："青龙寺东塔院对于我国平安朝佛教而言，是理应称作摇篮的地方。青龙寺靠近唐长安城左街东南的延兴门，位于新昌坊南门东侧，然其遗址具体何在很难说清楚。尽管荐福寺、兴善寺、慈恩寺这三大寺院都还存在，但论及与日本佛教的关系，比起三大寺院更为重要的青龙寺位置不明，实为千古憾事！"[2]1927年赴长安考察的桑原骘藏也说过："唐代长安诸寺院中，与日本佛教界关系尤为亲密、且对于日本国民而言都应记住的寺院，首推青龙寺。自我国弘法大师赴青龙寺向惠果阿阇梨求法以来，入唐大德如慈觉、智证皆留锡青龙寺，因此说青龙寺是与我国佛教有着深厚渊源的寺院"。[3]二十世纪初日本学界对青龙寺遗址的考古热情，无疑说明了青龙寺在中日文化交流史上的重要影响，自九世纪以来一直绵延不绝。

以青龙寺相遇为契机，空海实现了从求法者到付法者身份的转换。他将密教传入日本，开创了日本独特的真言密宗，使其成为了日本古代至中世宗教史上最有影响力的宗派之一。在这层意义上，青龙寺对于日本真言宗寺院而言，是具有轨范意义的神圣空间。九世纪时那些奔赴青龙寺求法的日本僧侣，不仅留下了许多与唐代僧侣的往来书状、赠答品等，也用汉文记载了青龙寺的年中行事、僧员配置、寺院经济等问题，为研究中日佛教文化交流提供了重要的

1　松本郁代『中世王権と即位灌頂：聖教のなかの歴史叙述』、201頁。
2　常盤大定「密教の発源地たる唐の青竜寺につきて」、参考常盤大定著『支那仏教の研究』春秋社、1938、476頁。
3　桑原隲藏「長安の青竜寺の遺址に就いて」『史林』第47号、1927年7月、47-69頁。

域外文献，也为东寺本《行状绘》的制作提供了"元文本"。东寺本《行状绘》是一种跨越了宗教、美术、文学等多领域的综合性文本，中世以后随着专门讲解绘卷的职业——绘解师的出现，在文字、图像之外，"声音"也开始介入高僧绘卷的阅读中。东寺本《行状绘》作为"绘解"的重要文本，在江户时代产生了重要的影响，随着天皇、幕府对《行状绘》的鉴赏，青龙寺作为真言宗在中国的圣地的观念不断被强化，近代以来东洋史学者对青龙寺考古的关心，大约也是这种文化心理在学术上的一种延伸。

第七章 《松浦宫物语》与中世日本的长安想象

　　日本自保元之乱（1156）经平治之乱（1159），平安京第一次沦为战场，武士开始对政治斗争的胜负起决定性作用。及至源平合战（1180~1185）时平清盛烧毁东大寺，贵族们终于意识到古代国家就此终了，继而是对乱逆之世的不断哀叹及对王朝时代的无限缅怀，这种情绪以对唐土政治乌托邦的想象为载体，"遣唐使物语"由是兴盛。《松浦宫物语》（约成书于1189~1202年）以遣唐使的渡唐经历为基本构想，是日本遣唐使物语系谱中书写中国风土的集大成之作，它克服了既往遣唐使物语如《宇津保物语》《浜松中纳言物语》在描述中国历史地理时的诸多谬误，又首次引入战乱场景，这种金戈铁马的笔法一洗王朝物语发展至末流时专述爱恋的娇弱，因之又被视为日本军记物语的嚆矢。此外,《松浦宫物语》继承先行遣唐使物语中乌托邦的唐土形象——那种混合着月界、仙界等非人间性的浪漫唐土,同时将想象的笔致细化到唐都长安的宫殿、关隘、城防、郊外上,使其成为中日文化交流史上独具史料价值的古文献。

　　日本学界对《松浦宫物语》的研究,最早可追溯至镰仓初期藤原俊成女在《无名草子》中的评论,[1] 从明治至今,学界在注释书、翻刻本文、流传版本、事典记载、研究专著、论文等方面,积累已极为深厚。[2] 至于本论相关的《松浦宫物语》与中国问题研究,以池田利夫、广濑昌子等学者的研究最具代表性。[3] 这些学者大致以物语中唐土的"乌托邦"色彩为中心,将中国视为一种整体的、虚幻的他界形象。然而,将偌大的"唐土"视为一个整体来研究,难免显得恢宏有余而精密不足,因此笔者尝试以《松浦宫物语》中的长安地名为切入点,考察下述问题:(一)《松浦宫物语》的时间、地点被设定为唐代长安,却为何以汉代长安的"未央宫"为主要舞台?(二)该物语受《浜松中纳言物语》影响颇深,但在表现长安关隘时,为何选"潼关"而非《浜松中纳言物语》中的"函谷关"?通过对物语中长安宫殿、关隘与中国典籍关系的分析,会发现镰仓初

1　"定家少将创作的作品有很多,都是仅重视形式、不够真切的内容。《松浦宫》一味传承万叶之风,尤其感到像是再次看到《宇津保物语》,这是我等愚顽之辈所无法企及的。"(详见久保木哲夫校注『無名草子』小学館、1999、257 頁)目前,《松浦宫物语》作者系藤原定家(1162~1241)的观点已成学界定说。且据《无名草子》评价,学者们推测《松浦宫物语》应为文治五年(1189)定家任左少将至建仁二年(1202)转中将之间的作品(参考吉田幸一「松浦宫の成立年時と作者についての考説」『平安文学研究』第 23 号、1959 年 7 月;石田吉贞「松浦宫物語の作者は藤原定家か」『国語と国文学』第 17 卷第 6 号、1940 年 6 月、等等)。

2　吉海直人「松浦宫物語」研究文献目録』.http://www.asahi-net.or.jp/~tu3s-uehr/matura.htm、2013 年 06 月。

3　参考池田利夫「見ぬ唐土の夢――『松浦宫物語』を中心に」『国文学:解釈と教材の研究』第 26 卷第 12 号、1981 年 12 月、80-85 頁。通过比较两种物语在表现唐土方面的不同,指出《松浦宫物语》是以明月、梅花、梦等象征物的表现,将日本人想象中浪漫的、神仙般的唐土观具象化了。広瀬昌子「浜松中納言·松浦宫物語の地名表現について」(『甲南国文』第 39 号、1992)通过比较两种物语对唐土的不同表现,指出日本对唐土认识的变化。

期日本文人对中国地名的想象，多利用《白氏文集》《文选》之类的文集，而非正统的地志类文献。

一　长安地名如何成为文学符号？

《松浦宫物语》以遣唐使渡唐遭遇战乱为主线，日本学者认为这种新鲜的战乱构想，应源于作者对平安末期乱世的记忆与体验，但若从中日比较文学的视角剖析，则会发现物语不仅沿袭了《长恨歌》中的诸多地名，甚至原封不动地挪用了"玄宗奔蜀"场景。然而，《长恨歌》描写地形的高度凝缩与省约，以及中国诗文惯用的夸张、铺陈、超现实等修辞手法，对于身处闭锁时代的镰仓文人而言，并非是一个能将异国地形有效视觉化的范本，因此《松浦宫物语》在描写长安地形时，尽可能地采用抽象词汇，这在一定程度上反映了古代日本想象中国的方法。

以汉代"未央宫"为舞台的构想

在《松浦宫物语》产生之前，描述唐土篇幅最多的《滨松中纳言物语》，全六卷（古典文学大系本）中仅有卷一以唐土为舞台。《松浦宫物语》却自卷一·八《入京长安》始至卷三·四六《明日之别》，主要场景都在唐土，且主人公的活动范围集中在长安附近。现为讨论之便，将物语中出现的长安宫殿及建筑名称，按文中出现顺序整理，所依版本及页码为角川书店版《松浦宫物语》，[1] 绘制为表 7-1。

1　本文所引用《松浦宫物语》均系笔者自译，主要参考注释本有荻古朴注『松浦宮物語』角川書店、1984，樋口芳麻呂校『松浦宮物語』小学館、1999。为避免繁冗，后文不再赘述。

表 7-1 《松浦宫物语》长安宫殿、建筑名一览

宫殿名	原　文	出　处
未央宫	在未央宫前殿接见了遣唐使一行	卷一·八
三十六宫	八月十三日夜，月光澄澈，三十六宫完全沐浴在月光里，异常优美	卷一·一〇
五凤楼	十月三日月色隐没时，请来宫中五凤楼下相见	卷一·一四
未央宫	幼帝和母后同乘御辇，急出未央宫	卷一·一八
掖庭（未央宫）	微居于掖庭，仰观幼帝	卷二·二三
金庸城	将（燕王）囚禁于金庸城，使服毒自缢	卷二·二四
前殿（未央宫）	至明日，盛大的送行仪式将在前殿举行	卷三·四六
钓殿（未央宫）	日中时分告退，母后依故传唤至钓殿	卷三·四六

据表 7-1 来看，除"五凤楼"与"金庸城"之外，《松浦宫物语》中出现的宫殿建筑名几乎都与未央宫有关，且这些宫殿建筑在史料中都有据可考。下文将通过分析《松浦宫物语》中"未央宫"所承担的功能，来探讨物语以"未央宫"为主要舞台的原因。

弁少将一行到达长安的第一个场景，是在未央宫前殿觐见唐皇帝。因此，未央宫首先是作为唐国接见外国使者的礼仪空间出现。

皇帝在未央宫前殿接见了遣唐使一行。禁卫军戒备森严，守卫在皇帝座前两侧。雅乐齐鸣时，使者们上前觐见。遣唐使俱是万里挑一的拔萃俊才，因此举止儒雅得体。之后便是诗文问答，使者们各展其才，少将的才学又远非一般人可比拟，兼之容貌俊美，因此极受唐帝赏识。[1]

由引文可见，唐国接见日本遣唐使的地点是"未央宫前殿"。

1　萩谷朴注『松浦宫物语』角川文库、1984、23 頁。后文引用《松浦宫物语》，凡未特别注释的情况下，均引自改校注本。

关于"未央宫",《汉书》记:"二月至长安。萧何治未央宫。立东阙、北阙、前殿、武库、太仓。"[1]《西京杂记》卷一记:"汉高帝七年。萧相国营未央宫。因龙首山制前殿,建北阙。未央宫周回二十二里九十五步五尺,街道周回七十里。"[2]前殿居未央宫正中,是未央宫中最雄伟、最重要的宫殿,皇帝的登基大典及重要朝会都在这里举行。另外,《松浦宫物语》中唐皇帝为弁少将归国举行的送别仪式,仍然是在未央宫前殿举行:

> 至明日,盛大的送行仪式将在前殿举行。[3]

《三辅黄图》曰:"未央宫周回二十八里,前殿东西五十丈,深十五丈,高三十五丈。前殿曰路寝,见诸侯群臣处也。"[4]而"路寝"之名在《松浦宫物语》中也有表现:

> 后临早朝,每日于朝堂上垂帘听政。并入露寝,召集博学之士讲经论理,之后教于幼帝。[5]

文中"露寝"即为"路寝",荻古朴注为"言天子接见诸侯的正殿。正确应为'路寝'。'路',通'大'之意"。"朝堂"指君主执政之所,可见《后汉书·明帝纪》:"公卿百官从帝威德怀远,祥物显应,乃并集朝堂,奉觞上寿。"[6]由此不难看出,《松浦宫物语》中出现的长安宫殿及建筑名,主要是以汉长安宫殿史料为基础,且被作为唐国接待遣唐使的礼仪空间。

1　《汉书》卷一下《高帝纪下》,第64页。
2　吕壮译注《西京杂记译注》,上海三联书店,2013,第3页。
3　『松浦宮物語』、113頁。
4　何清谷:《三辅黄图校释》,第112页。
5　『松浦宮物語』、64頁。
6　《后汉书》卷二《明帝纪》,中华书局,1965,第121页。

　　《松浦宫物语》中的未央宫也是帝王居住的寝宫。物语中当燕王举兵叛变，幼帝和邓皇后逃离长安时，正是从未央宫出长安城，"幼帝和母后同乘御辇，急出未央宫"。[1] 事实上，在汉代惠帝至平帝皆居未央宫。另外，邓皇后在自述身世时，也以未央宫"掖庭"之人自居：

　　　　妾以卑贱女身，幼时许以君王侧，今忝列后位，已有十余春秋。谨遵牝鸡司晨的史训，微居于掖庭，仰观幼帝。[2]

　　掖庭为汉后妃之室，《西都赋》云："后宫则有掖庭椒房。"《汉官仪》曰："婕妤以下，皆居掖庭。"《三辅黄图》卷三记："掖庭殿，在天子左右，如肘膝。"[3] 由此观之，物语作者藤原定家（1162~1241）对"掖庭"的理解化用，也是极其符合史实的。此外，物语中还出现了未央宫"钓殿"之名：

　　　　日中时分告退，母后依故传唤至钓殿。众多女仕前呼后拥，容貌装束并非凡俗可比，但在母后面前都黯然失色了。[4]

　　钓殿本是临水所建的一种回廊似的用来乘凉的建筑，又通"钓台"。《三辅黄图》卷五"台榭"："未央宫有钓台，通灵台。"[5]《松浦宫物语》卷三·四三、四四两章中都出现了钓殿，定家利用钓殿临水倒影的效果，来表现宫中女眷们着华服游玩的华丽场景。通过上述文本可知作者藤原定家对未央宫的理解，基本上是以汉代宫殿史

1　『松浦宫物語』、45 页。
2　『松浦宫物語』、57 页。
3　何清谷:《三辅黄图校释》，第 204 页。
4　『松浦宫物語』、78 页。
5　《三辅黄图》"钓台"原作"钩弋台"，毕本虽作"钩弋台"，但其下注曰:"钩弋台疑当作钓台，《长安志》引未央宫有钓台，此应误。"张本、陈直本均改作"钓台"。

料为基础的。

至此，来小结一下《松浦宫物语》中未央宫所承担的功能。概而言之，其一是作为外交礼仪的空间，其二是作为帝王居住的空间，其三是作为唐国议政的空间。物语中作为未央宫建筑群出现的建筑名有露寝、朝堂、掖庭、钓殿等，且这些建筑名称在史料中都有据可查。由此可见，物语对长安宫殿建筑的命名是相当准确的，这也足以证明物语作者深厚的汉学修养。

这里产生的问题是，《松浦宫物语》卷首将物语时代假定为"藤原京"时代，即从持统八年（694）至和铜三年（710）年间。物语中主人公弁少将生于藤原京时代，于十七岁时被任命为遣唐副使，因此他渡唐的时间应是在和铜四年（711）至神龟四年（727）之间。这段时期内日本共派遣过两次遣唐使，分别是养老元年（717）和天平五年（733）第八、九次遣唐使团，唐朝正逢玄宗治世。那么，以唐代长安为背景创作的《松浦宫物语》，为何以汉长安宫殿"未央宫"为主要宫殿？《松浦宫物语》中的未央宫有什么特别意义？下文将通过梳理日本文学史中未央宫出现的用例，来探讨《松浦宫物语》以未央宫命名的原因。

《长恨歌》之"未央柳"与未央宫

日本文学对未央宫的表现，最早可见《源氏物语》卷一"铜壶"：

> 皇上看了《长恨歌》画册，觉得画中杨贵妃的容貌，虽然出于名画家之手，但笔力有限，到底缺乏生趣。诗中说贵妃的面庞和眉毛似"太液芙蓉未央柳"，固然比得确当，唐朝的装束也固然端丽优雅，但是，一回想铜壶更衣的妩媚温柔之资，便觉得任何花鸟的颜色与声音都比不上了。以前晨夕相处，惯

说"在天愿作比翼鸟，在地愿为连理枝"之句，共交盟誓。如
今都变成了空花泡影。[1]

紫式部在这里引用了白居易《长恨歌》诗句"归来池苑皆依
旧，太液芙蓉未央柳"，借"面如太液池芙蓉、眉如未央宫之柳"
的杨贵妃的美艳，来凸显更衣的妩媚婀娜。由此可见，"未央宫"在
日本文学中的最早用例，与白居易《长恨歌》中的"未央柳"意象
密切相关。那么，《长恨歌》的"未央柳"意象[2]是如何产生的？它
与"未央宫"之间有什么关系？笔者以为可从如下两个方面进行
思考。

第一，唐代妇女眉形与"柳叶"的关系，也即"柳眉"意象
的生成。唐代妇女画眉风气的盛行源于帝王、士大夫的偏爱。据
杨慎《丹铅续录》卷六载："唐明皇令画工画《十眉图》。"[3]可知，
唐玄宗有独特的"眉癖"，甚至在安史之乱中逃难至蜀地，还不忘
令画工画《十眉图》，以记录当时女性最流行的眉形。唐代女性眉
形极为丰富，根据现出土的唐代墓葬中的陶俑、壁画等，也可看
出这种变化。具体至开元天宝年间，却逐渐抛却前期既浓且阔的
长眉，转而追求细长的眉式，也即"柳叶眉"。[4]唐代许多诗句曾吟
唱就是最好的例证，如"休怜柳叶双眉翠，却爱桃花两耳红"（张
祜《爱妾换马》）、"人眉新柳叶，马色醉桃花"（刘禹锡《同乐天
和微之深春之二十首之一》）等，尤其是白居易"眉欺杨柳叶，裙
妒石榴花"（《和春深二十首》）诗句，可谓道出柳叶眉之神韵。另
外，以上所引诸诗句中，诗人在以"柳眉"意象入诗时，常常伴

1　〔日〕紫式部：《源氏物语》，丰子恺译，人民文学出版社，1980，第 10 页。
2　张哲俊《杨柳的形象：物质的交流与中日古代文学》（人民文学出版社，2011）是研究中日古
　　代文学与杨柳关系的重要著作，但该著中并没有关注"未央柳"与中日文学的关系。
3　杨慎：《丹铅续录》，中华书局，1985，第 93 页。
4　胡小丽、赵静：《唐代妇女的眉式》，《考古与文物》1995 年第 6 期，第 66~72 页。

之以"桃花""石榴花""芙蓉"等花意象,以一花一叶衬托出女性面容之娇美。由此可见,柳叶眉是在整个唐代广受青睐的眉妆样式之一,唐诗中"柳眉"意象的生成,与开元天宝年间女性的审美风尚密不可分。

第二,"柳眉"意象与未央宫的关系。众所周知,《长恨歌》虽然描写的是唐皇,却假托以"汉皇",不称"当朝"而称"汉家",关于这点,学术界历来有"避讳说""汉、虏对照说""用典说""讽谕结构说"等,[1]因为这并非本文的研究重点,故略去不考,但笔者基本同意这种"以汉代唐"是基于唐人对汉武时代的认同,以及有意与玄宗朝比况。既然《长恨歌》将叙事背景虚设为汉代,那么选择汉长安宫殿名是无可非议的。兼之以杨贵妃的身份,用汉长安主要宫殿未央宫之柳来比拟,也是再恰切不过了。

如果小结以上观点,则会发现日本文学中关于"未央宫"的最早用例,是以"未央柳"这一复合意象为载体的。考虑到《源氏物语》在日本文学史上的地位,不难发现后世文学受其影响的痕迹,即多以"未央柳"这一复合意象出现。如《平家物语》卷六"祇园女御":"只见岸松汀柳,经过岁月流逝,都已高大得多了。因此想起'太液芙蓉未央柳,对此如何不泪垂'的诗句,眼泪自然流下来了。那南内西宫的旧迹,于今确实有所体会了。"[2]《长恨歌》中原是写贵妃死后玄宗回旧地睹物思人,却"物是人非"的悲哀。《平家物语》借这一典故,描写法皇重临旧日寝宫,见各处颓坏,唯岸松汀柳依旧,因而怀念起往昔的美好而感逝伤怀,不由"不泪垂"的哀感。"未央柳"的意象为作品平添一份凄凉与哀婉,营造出一种感伤气氛。

《滨松中纳言物语》对"未央宫"的描述稍有不同,即开始将

1　张中宇:《〈长恨歌〉"以汉代唐"考略》,《天府新论》2005 年第 2 期, 第 132~134 页。
2　市古贞次校订『平家物語』小学館、2007、469 頁。

其视为单独的地名。据《滨松中纳言总索引》，整部《滨松中纳言物语》中"未央宫"共出现十次，[1] 但事实上，都与八月十五夜举行的"月宴"有关：

> 归期定在九月三十日。至八月十五日夜，未央宫装饰得比平日格外华丽，皇后在未央宫举办赏月宴，以叙离别。所谓未央宫，对日本而言就像冷泉院这样的地方，园池有十三所。[2]

这段引文是整个《滨松中纳言物语》中对未央宫唯一正面的描写，之后出现的九次，多以回忆"未央宫月宴"时的场景再现。换言之，《滨松中纳言物语》中的未央宫还只是一个地名符号，对于其内质的描写几乎为空白。另外，在《滨松中纳言物语》中也出现了"杨贵妃"的名字，同时各种注释本也将该物语中"未央宫"的典故追溯到"未央柳"。可见，《滨松中纳言物语》首次从"未央柳"意象中抽提出"未央宫"，将其作为唐国都城的主要宫殿，但对未央宫的宫殿、建筑等并没有特别的描写，而是以日本的冷泉院来比拟想象，营造出了一种内质上完全日本式的"未央宫"。

事实上，《滨松中纳言物语》作者囿于对唐土的肤浅理解，在描写唐土地理风物时，绝大多数场合是以日本地名来类比说明。如描写杭州"借宿杭州的地方，住处是有港湾的湖，风景优美，不禁联想起石山边的琵琶湖……"这种以日本地名为基础类比说明唐土的手段，在《滨松中纳言物语》中比比皆是，以至于有学者批评这是"日本中心主义"的描写方法。[3] 相较之下，《松浦宫物语》对未央宫在建筑细节上的种种表现是前所未有的，这至少说明物语作者在继

1　池田利夫『浜松中納言物語総索引』武藏野書院、1964、184 頁。
2　松尾聡「浜松中納言物語」『日本古典文学大系 77』岩波書店、1964、195-196 頁。
3　参考於国瑛《异彩纷呈的物语世界》，知识产权出版社，2012，第 58 页。

承日本文学对未央宫表现的传统上，又吸收利用了《汉书》《晋书》《文选》等中国史料典籍。[1]

《松浦宫物语》虽以唐长安城为主要舞台，却以汉长安城的"未央宫"为主要宫殿，就在于继承了传统的日本文学对《长恨歌》的受容方法，即忽略《长恨歌》以"汉"指"唐"的手法，而直接将"未央宫"视为李杨爱情的史实背景接受。事实上，《松浦宫物语》的时代，日本并非没有输入中国的地理书或地志类汉籍，由当时公卿日记可见，由于宋日贸易的发达，大量汉籍、佛典、历书等输入日本的同时，相关的航海知识、地理书籍也已传入日本，这从遣唐使物语作者对于遣唐使入唐的大致路线并非一无所知就可见端倪。[2] 即使如此，物语作者在描述和想象中国地理时，依然以《白氏文集》为首选，这从《松浦宫物语》对长安关隘城防及周边地名的描述中清晰可见。

从"潼关"命名看《长恨歌》的影响

《松浦宫物语》从卷一·一八《天下动乱》至卷二·二五《和平光复》，都是围绕着唐国爆发"燕王之乱"，作为遣唐副使的主人公弁少将平定动乱而展开。"燕王之乱"的主要舞台是长安，因此物语中也必然会涉及唐代长安城的关隘和城防系统。

唐长安城坐落在关中平原中部，长安都城最外围的第一道防线，是充分利用秦岭山脉、黄土高原、多条河流等自然形成的关

1　萩谷朴分别从对汉籍史料的化用、人物的命名、汉唐官制、地志等角度，逐一论述了《松浦宫物语》作者利用汉籍的诸多重要问题。参考萩谷朴「『松浦宫物語』作者とその漢学的素養 上」『国語と国文学』第 18 卷第 8 号、1941 年 8 月；萩谷朴「『松浦宫物語』作者とその漢学的素養 下」『国語と国文学』第 18 卷第 9 号、1941 年 9 月。

2　参考須田哲夫「『浜松中納言物語』に於ける作者の唐知識論」『文学·語学』第 5 号、1941 年、34-42 頁。

隘，这些关隘分布在以长安为中心的四面，大多建在军事交通的节点和险要之处。[1] 尽管如此，对唐长安城安全威胁最大的力量却来自关东方向。因为唐开国者主要是关陇集团成员，他们对关东氏族一直怀有戒心。[2] 事实也证明，唐中叶爆发的安史之乱，唐末期的黄巢起义及最后唐王朝的覆灭，无不来自关东方向。关东方向最重要的关口当属函谷关和其后建成的潼关，而这两座关门分别出现在了《浜松中纳言物语》和《松浦宫物语》中。

物语中关于战争场面的描写，首先是以燕王借胡人之力破"潼关"为起点，幼帝和母后无奈奔蜀避祸。这一部分出现的地名中不仅有"潼关"，更有"剑阁""蜀山"等与"安史之乱"密切相关的历史地名。《松浦宫物语》在诸多方面继承了《浜松中纳言物语》，但在描写入长安的关隘时，二者却出现了差别。即《浜松中纳言物语》以"函谷关"为入长安之门户，而《松浦宫物语》则以"潼关"为长安之关隘。

首先来看《浜松中纳言物语》开卷描写遣唐使一行入长安时，如何特意花费笔墨描写了遣唐使眼中的函谷关：

> 过华山至函谷关，已是日暮西山，由是夜宿函谷关。据说"此关闻鸡鸣开门"，随从中有性情顽劣者，声称要试探一二。时至午夜，隐约传来鸡鸣声，守关人果然打开了关门。众人纷纷呵斥那位随从太过鲁莽，中纳言闻听后不禁哂然一笑，心想孟尝君的故事果真所言不虚。[3]

中国历史上围绕函谷关出现了许多典故，孟尝君以鸡鸣狗盗之

1　史念海：《关中的历史军事地理》，载《史念海全集》第 4 卷《河山集》第 4 集，人民出版社，2013，第 113~143 页。

2　陈寅恪：《唐代政治史述论稿》，生活·读书·新知三联书店，2004，第 199 页。

3　松尾聪「浜松中納言物語」『日本古典文学大系 77』、154 頁。

徒出函谷关即为一例。[1] 上述引文化用了孟尝君鸡鸣狗盗之徒的典故，却对函谷关的险峻地形和风景并未正面描写。[2] 函谷关本为战国秦置，两汉时期，函谷关址曾有过迁移，但此关始终是东去洛阳西达长安的第一门户，是拱卫都城长安头等重要的防卫要塞。[3] 与《浜松中纳言物语》不同，《松浦宫物语》则以"潼关"为守卫长安之要塞。潼关约置于东汉末年，但经东汉末年动荡及三国战乱，潼关取替了新、旧函谷关而成为拱卫长安的重要关隘。至唐初，潼关已是防御关东军事进攻的最重要屏障，具有极为重要的战略意义。

《松浦宫物语》中，文皇帝驾崩之后传位于幼帝，燕王觊觎帝位欺幼帝年少，遂起兵作乱。此时，燕王正是从潼关攻入长安的。

> （燕王）自以年长，虽无万事亲躬的帝王之资，却坐拥雄兵，熟谙兵法，如此经数月养精蓄锐，终于举兵破潼关而来。[4]

在这种情况下，邓皇后与幼帝迫于无奈出长安城，奔蜀避祸。物语中关于这段场面的描写中，值得注意的有几个关键词："燕王""借胡人之力""破潼关""出长安""奔蜀避祸"。如果将这几个词连缀起来为线索，则很容易联想到"安史之乱"。唐中期天宝十四载（755）十一月，胡人安禄山以与宰相杨国忠争权为契机竖起叛旗，所谓"安史之乱"便由此而起。当年十二月，安禄山迅速攻

---

1 《史记》七五《孟尝君列传》："夜半至函谷关。秦昭王后悔出孟尝君，求之已去，即使人驰传逐之。孟尝君至关，关法鸡鸣而出客，孟尝君恐追至，客之居下坐者有能为鸡鸣，而鸡齐鸣，遂发传出。出如食顷，秦追果至关，已后孟尝君出，乃还。"（第 2355 页）

2 《浜松中纳言物语》对唐土地形的描写大致如此，多是利用汉籍中常见的惯用词汇进行抽象描述，而缺少对风土的写实性记载。参考瀬利さくの「浜松中納言物語に於ける異国性」『古典研究』第 6 卷第 9 号、1941 年 9 月、53 页。

3 参考史念海《函谷关和新函谷关》，载《史念海全集》第 4 卷《河山集》第 4 集，第 269~282 页；辛德勇：《汉武帝"广关"与西汉前期地域控制的变迁》，《中国历史地理论丛》2008 年第 4 期。

4 『松浦宮物語』、45 页。

陷洛阳，翌年一月，便自称"大燕皇帝"。翌年六月，潼关守备为安禄山军所破，唐玄宗遂率领家族和部分大臣及卫兵奔蜀避祸。由这些关键词可见，《松浦宫物语》中的"燕王之乱"在情节构思上，是以安禄山发动的"安史之乱"为原型的。

安禄山叛变的消息于天平宝字二年（758）由渤海国使传入日本，在朝野引起恐慌，日本朝廷曾特敕在大宰府修建怡土城，以防恶野蕃人东侵。但《松浦宫物语》之所以选择"安史之乱"为原型，应是源于《长恨歌》的影响。如果比较《松浦宫物语》中"幼帝奔蜀"与《长恨歌》中"玄宗奔蜀"的场景描写，则不难发现二者文本之间的关系。

> 十月二十日过后，山风愈厉，落木萧萧。目之所及，漫山遍野尽是荒凉。兼之初冬时节，时雨淋漓，薄日偶然穿云而出，更是倍感凄凉。唯见御辇所覆彩色帷幔，醒目地点缀在荒山里。高擎的天子御旗虽在迎风招展，却已被风霜雨露侵蚀得毫无生气，色泽暗淡无光。[1]

这段文本通过描写山风凄厉、落木飘零、黄尘弥漫的场景，极力铺陈幼帝及邓皇后避祸蜀地的凄凉悲苦。与《长恨歌》"黄埃散漫风萧索，云栈萦纡登剑阁。峨嵋山下少人行，旌旗无光日色薄"比较，不难发现主要意象"黄沙""山风""薄日""旌旗""雨霖铃"几乎一致，但还有几个问题需要补充说明。

首先来看关于奔蜀时间的设置。玄宗奔蜀避祸的时间是七月，但《长恨歌》对这一场景的描述，却充满了秋冬的萧瑟之感，这一点历来受后来者批评。但黄永年先生认为，"玄宗之幸蜀……一路上正值炎夏。炎夏来风可凉可热，但绝对不能如秋风之称萧索，炎

1　『松浦宮物語』、47頁。

炎烈日也绝不能形容成秋冬季节日色之薄。《长恨歌》偏要不顾时令用风萧索、日色薄，无非是为了写出幸蜀途中君臣心情之凄凉暗淡"。[1] 笔者以为这一观点极为中肯。比较之下，《松浦宫物语》将幼帝奔蜀的时间设置为秋冬十月，便避免了季节与景物之间的矛盾。

　　其次看"时雨淋漓，薄日穿云"场景的描写。这部分辞章显然来自对《长恨歌》"行宫见月伤心色，夜雨闻铃肠断声"一句的化用，但《松浦宫物语》现行诸注释本中均未指出这一点。这里存在的问题是，物语对白诗"夜雨闻铃"一句可能存在误解。据陈寅恪考证《长恨歌》"夜雨闻铃"，指出段安节《乐府杂录》"教坊记曲名条"云："雨淋铃者，因唐明皇驾回至骆谷，闻雨淋銮铃，因令张野狐撰为曲名。"此外又补《明皇杂录》《杨妃外传》等史料来补充说明《雨霖铃》曲作于玄宗奔蜀途中。后虽有张祜《雨霖铃》七绝"雨霖铃夜却归秦"一诗，认为《雨霖铃》曲应作于玄宗由蜀地返回长安途中。但陈寅恪指出白居易诗较合史实，即《雨霖铃》曲作于天宝十五载赴蜀途中，因为"玄宗由蜀返长安，其行程全部在冬季，与制曲本身之气候情状不相符应"。[2] 也就是说，如果行程在冬季的话，"时雨淋漓"将与气候情状产生矛盾。然而，《松浦宫物语》将奔蜀场景设置为秋冬，却描写了"雨淋漓"的场景，不仅如此，物语中"雨淋漓"与"日色薄"更是同时出现，这种东边日出西边雨的场景，与巴蜀地区秋冬的气候显然无法吻合。

　　现在上述第一个问题似乎就有了答案。即物语之所以将奔蜀场景设置为十月，恐怕只是物语作者照搬演绎《长恨歌》诗句，将白诗中的奔蜀片段放大铺陈的结果，因为《长恨歌》本质上只是一部带有虚构性的文学作品，所谓不符合"玄宗之幸蜀正值炎夏"这一史实，不过是后来研究者们的判断而已。如果单从《长恨歌》文本

1　黄永年：《〈长恨歌〉新解》，载黄永年《唐代史事考释》，联经出版事业公司，1998，第243~259页。
2　陈寅恪：《元白诗笺证稿》，生活·读书·新知三联书店，2009，第34~35页。

来看，很难得出"正值炎夏"这种印象，所以藤原定家对蜀地沿途风景的描写，完全可以被视为对《长恨歌》诗句的解释阐发。如上述引文"高擎的天子御旗虽在迎风招展，却已被风霜雨露侵蚀得毫无生气，色泽暗淡无光"一句，正是对"峨嵋山下少人行，旌旗无光日色薄"的阐释铺陈。

由此可以证明《松浦宫物语》对《长恨歌》"玄宗奔蜀"片段诗句的继承化用，但是《长恨歌》是将不同时间、地点发生的事件，用跳跃的诗句连缀成一段具有时间性和纵深感的场景。也就是说，构成《长恨歌》奔蜀场景的诗句间，具有一定的时间和空间上的差。但是在《松浦宫物语》中却忽视了这种"差"，而是将诗句视为一种无距离的平面、一个不运动的片段来理解，在化用的过程中，将所有词汇元素统统纳入同一场景之中，从而表现出"时雨淋漓"和"薄日穿云"同时出现的场景。

与"潼关"地名的使用情况相同，《松浦宫物语》对"剑阁""蜀山"等地的想象借用也来自《长恨歌》。《松浦宫物语》中三次描写到"剑阁"，现将其出现的文本摘录如下：

幸赖蜀山之遥，剑阁之险。（蜀山のはるかに、剣閣のさがしきをたのみて）[1]

朝着险峻的剑阁栈道继续行军。（剣閣のさがしきみちにむかぶべしや）[2]

向危险的剑阁急行。（剣閣のあやふきかけはしにおもむく）[3]

从上列文本内容可见，三次场合出现的"剑阁"，所使用的修饰语大同小异，无非是"险峻"（さがしき）、"险要栈道"（さがしきみち）、

1　『松浦宮物語』、48 頁。
2　『松浦宮物語』、56 頁。
3　『松浦宮物語』、86 頁。

"危险"（あやふき），除此之外的具体描写几乎看不到。也就是说，定家尽管从《长恨歌》"云栈萦纡登剑阁"一句，接受了"剑阁险要"这一印象，但中国诗歌高度凝缩的语言，对于一个他国文人而言，想要利用并自由想象的空间其实是相当有限的。

《松浦宫物语》的时代，中国已经由唐易宋，所谓唐土已经演变成一种幻象被日本文学吸收。与《滨松中纳言物语》等遣唐使物语对中国的表现还无法跳脱日本的影子不同，《松浦宫物语》相对更为接近史实。就藤原定家本人而言，其丰厚的汉学修养，成就了《松浦宫物语》对唐土地理、风俗的表现，在准确性和厚重感上远远超越之前的遣唐使物语，这对于一个从未踏上唐土的日本文人而言，仅靠修习汉文文献和想象能达到如此深度，已是难能可贵。但定家毕竟是以《白氏文集》这种文学作品为范本来想象遥远的、未知的古代中国，中国诗歌高度凝练、抽象的意象以及夸张、铺陈的语言，要滴水不漏地化用在日本的物语文学中，其难度可想而知。所以物语对中国地形的描述多采用的是抽象词汇，如对山的描写多用"险峻""高耸"等具有普遍特征的形容词，对唐物的描述多用"未曾见过""与日本完全不同"等极度暧昧的词汇，这在一定程度上反映了古代日本想象中国的方法。

二　神仙思想与《松浦宫物语》对长安郊外的山水想象

《松浦宫物语》对长安郊外的构想，是以"海外—仙山"这样一种复合景观为主基调，将长安描述成一座海岸都市。这种构想的源头向上既可追溯至遣唐使时代日本的集体记忆，又可寻根于万叶时代日本对中国神仙思想的摄取。然而，将异域帝都长安想象成海外仙都的思想史背景，却是平安末期为末日观所笼罩的日本知识阶层，在对即将到来的中世的恐惧、对一去不复返的王朝的缅怀中，共同促成的一种政治乌托邦。

长安是一座海岸都市？

《松浦宫物语》以遣唐使弁少将入唐遭遇"燕王之乱"，辅佐唐幼帝平定内乱、收复长安为主轴，其间穿插着弁少将与日本皇女、中国公主及皇后的三段恋情。自第二段恋情开始，物语的场景从日本移至唐都长安，且多着笔于长安都城之内，物语对长安郊外山水景观的想象，主要与弁少将偶遇唐华阳公主、得其传授琴曲而密切相接。在物语卷一·一〇《山上弹琴》部分，到达唐土的遣唐使弁少将为排遣思乡之情，乘着月色策马至长安郊外。此时正值深秋，拍岸而来的海浪，浸润在一望无涯的月光里。

> 各色知名或不知名的秋花，在广阔的原野上漫布开来，终不知其所止。远处幽深的海面，潮水拍岸而来。卷起的波浪，浸湿在月光里，一望无际。（少将想）即便策马急奔，恐怕也要到夜半时分了吧。远处的高山上松涛传来阵阵回响，山上有一座的幽静高楼，楼上隐隐有琴声飘来。[1]

如上，《松浦宫物语》对长安郊外地形的设想，首先是一望无际的大海，且海景在物语中的描述并不止于一两处，当弁少将循着琴声登上山顶，及近山上高楼时，但见"山上白砂石敷地中，建有一简陋屋舍，南部设楼，楼上可眺望远处海面"。[2]另外，卷二·二〇《伏兵之策》部分在描述平复"燕王之乱"的战争场景时，大海更

---

1 『松浦宮物語』、27 頁。
2 『松浦宮物語』、27 頁。

是被作为重要的战略要地来强调:

> 连绵环绕的群山前方，阻隔着一望无涯的大海，此外别无
> 他径，山麓茂密处恰是埋伏兵甲的绝佳位置……约黎明时分，
> 三万敌军沿海岸追击而来，(弁少将) 待追兵尽数通过之时，在
> 方圆二三十里的山顶，放火为号。[1]

　　这一想象实在令人印象深刻。诚如周知的那样，唐都长安所
在关中地区可谓四面高山，大河在西北东三面呈几字形流过，所谓
"阻三面而守，独以一面东制诸侯"，[2] 便是其独特地理条件的写照。
渭水是横穿关中东西腹地的最主要河流，在潼关处流入黄河，成
为黄河最大的支流。至于长安周边的水文情况，据历史地理学者研
究，由于关中断陷盆地与南北两侧山地结合地带蕴藏有丰富的地下
水资源，构成了泉池的密集发育区域，[3] 但也很难达到《松浦宫物语》
所描述的水文程度。

　　然而，物语作者藤原定家对于"长安郊外为大海环绕"的印象
似乎深信不疑，那么这种"海景幻象"究竟来源于何处? 既往研究
多倾向于认为这是作者藤原定家缺乏对长安地形的实际体验，只能
通过汉籍文字的想象牵制而产生的错误印象。如班固《西都赋》勾
勒长安地形曰:"东郊则有通沟大漕，溃渭洞河，泛舟山东，控引淮
湖，与海通波。"赞长安宫室曰:"前唐中而后太液，览沧海之汤汤。
扬波涛于碣石，沧激神岳之嶈嶈。滥瀛洲与方壶，蓬莱起乎中央。"[4]
尽管在班固《西都赋》之前，已有扬雄的《蜀都赋》、傅毅《洛都

1　『松浦宫物語』、51 页。
2　《史记》卷五五《留侯世家》:"夫关中左崤函，右陇蜀，沃野千里，南有巴蜀之饶，
　北有胡苑之利，阻三面而守，独以一面东制诸侯。"(第 2044 页)
3　李令福:《关中水利开发与环境》，人民出版社，2004，第 6 页。
4　(梁) 萧统编，(唐) 李善注《文选》卷一《赋甲》，第 10、17 页。

赋》等京都赋作，但能使这类题材形成大赋的一种门类，实乃有赖于班固此赋。《文选》分赋为十五类，"京都赋"居首位便足见其影响。《松浦宫物语》注释者萩谷朴先生指出，藤原定家对《西都赋》相当熟稔，[1]他对"与海通波""览沧海之汤汤"等句产生过度想象也是极其可能的。[2]至于藤原定家研读《文选》的直接史料，可见定家日记《明月记》宽喜元年（1229）十二月四日条："今日定修令受文选两都赋风赋秋兴赋雪赋，夕归。"再如同年十二月廿三日条："自晓微雨，终日降。定修来，读文选西京赋月赋鸟赋等，夕归。"[3]等等，这些记事说明了定家教授后辈子侄读《文选》的事实。

定家通过化用《文选》"京都赋"的辞章，来表现一种观念上的长安景观，这种情形与既非蜀人又未曾涉足蜀地的左思，借助文献典籍和间接经验创作《蜀都赋》的过程很是相似。但是，考量定家吸收与借鉴中国史料的方法，会发现最明显的局限就在于仅从辞章语句本身接受，而没有注意到汉赋所惯用的夸张、铺陈等修辞手法，使其不能完全被作为史实来利用。比如班固《西都赋》对长安山川地势、宫殿苑囿、河流湖泊等的叙写虽有一定的"志乘"价值，[4]较之《子虚赋》《上林赋》的虚夸，《西都赋》以气争胜，更多偏于实证。但不能忽略的是，虚构性仍然是汉赋最显著的特征，"控引淮湖，与海通波""览沧海之汤汤"显然也包括修辞性的夸张，如果原封不动地化用，则很容易得出"长安是一座海岸都市"的印象。

当然，既往观点毕竟只能代表一种思考维度出发得出的结论。如果从中日交通史的角度切入，考察遣唐使登陆中国后的交通路线，会发现遣唐使在抵达大陆海岸之后，一般会继续乘船从长江河

1　謝秦「『明月記』に見る藤原定家の漢籍受容」『国際文化学』第 13 号、2005 年 9 月、147 頁。

2　参见萩谷朴注释《松浦宫物语》补注七九，第 250 页。

3　藤原定家『明月記』國書刊行會、1912、146、150 頁。

4　王长顺、张新科:《〈西都赋〉"长安事象"征实考论》,《文史哲》2010 年第 4 期，第 319 页。

口出发，前往扬州、越州等长江流域中心城市暂居，而那些获得批准的遣唐使才能乘船沿运河北上长安。关于遣唐使前往长安的具体路线，史料中并未留下详细的记载，但在那些没有去过长安的人来看，会以为是一直坐船到长安也有可能。笔者在第五章以日本国宝《吉备大臣入唐绘卷》所描绘的图像长安为研究对象，撰文讨论过绘卷卷首唐人迎接遣唐使一行画面中的"海岸"景观，指出这种景观是将日本送行遣唐使的风景平移至中国的结果。《松浦宫物语》在描绘长安景观时，可能借鉴了《吉备大臣入唐绘卷》的构图，这点在久保田孝夫的论文中已有详细考证。[1] 从这一观点的延长线来看，《松浦宫物语》受遣唐使时代集体记忆的影响，同时参考同时代绘画作品对唐土的描绘，将长安想象成"一座被大海包围起来的王都"，也并非特别突兀。

但也有学者认为，藤原定家作为平安末期的儒学者，汉学修养深厚，他大概不会对长安郊外地形犯如此浅显的错误吧。毋宁说，长安郊外没有大海作为一种常识，是为平安末期知识人所熟知的。那么，最有趣的问题是，假设他明知长安郊外没有大海还要故意构造出这种海岸景观，其真实意图是什么？遗憾的是，笔者就中国输入日本的地志及古地图进行调查，同时结合藤原定家周边文献，目前并未发现定家参考长安地志、地图的确凿史料，故很难判断物语作者是否熟知长安郊外地形。但是，在比较文学研究的视域中，从来都不曾胶着域外形象书写的对错判断上。毋宁说，某种意义上，被误解的形象反而最能折射书写者的文化判断。因此笔者将暂且搁置这一问题，转而将视野集中于现象本身，即物语中长安郊外"海外仙山"的构想来自何处？笔者想先从《松浦宫物语》命名的缘由开始讨论。

1　久保田孝夫「吉備真備伝と『松浦宮物語』：絵伝から物語へ」『日本文学』第 47 巻第 5 号、1998 年 5 月、60-68 頁。

另类的地理想象

物语开篇，弁少将作为遣唐副使出发之际，其母明日香皇女在松浦山建造宫殿，以在此眺望远方，等待儿子从唐土归来。临别之际，明日香皇女咏和歌：

> 今日开始吧，只愿日月快飞逝，松浦宫里待儿归。[1]

父大纳言橘冬明送弁少将入唐后，因要奉旨回京，不得不辞别在松浦宫等待的妻子，独自一人返回都城时，作和歌：

> 唐土已迢迢，松浦之山也遥遥，一个人还京远眺。[2]

弁少将所乘遣唐使船渐行渐远，想起将要抵达的唐土和等待的母亲，作和歌：

> 跨海又越浪，几重云外是异乡，思念松浦山。[3]

古代日本与中国交通虽有南路与北路之分，但通常情况下是以松浦湾为出发点。弁少将之母在送别地肥前国松浦山造宫，并取"松"的谐音双关词"待つ"，借以抒发殷殷"等待"儿子早日归国之意，《松浦宫物语》的题名正是取自于此。

理想的状态下，物语既然在开篇设置慈母等待的场景，并以此来为整部物语命名的话，那么在结尾处就应该有所呼应。遗憾的

---

1 原文：けふよりや　月日のいるを　したふべき　まつらの宮に　わがこまつとて。
2 原文：もろこしを　まつらの山も　はるかにて　ひとりみやこに　われやながめむ。
3 原文：なみちゆく　いくへの雲の　ほかにして　まつらの山を　おもひおこせむ。

是，整部物语中"松浦宫"只出现了五次，且主要集中在上文引用的和歌中，这样一来，被作为物语"题眼"的"松浦宫"，既不是推动物语情节发展的主要因素，也不与物语内容构成必然的粘连关系。换言之，物语的命名与内容之间犹如水与油，这种矛盾的构造或许正如萩谷朴所言："母明日香皇女为等待弁少将归国而造松浦宫，物语正是由此得名，但是这一情节作为物语的整体构想，似乎并没有那么重要。"[1]蜂须贺笛子也指出，物语最初的题意是"母君为等待弁少将归来而在松浦山造宫"一事，但事实上却令人无法满意。题名"松浦宫"仅是浮游于物语表面的，物语题名和内容严重乖离，[2]这也是《松浦宫物语》历来遭诟病之处。

承上，"松浦宫"在物语中只出现了五次，且三次都与和歌相关，这点很容易启发人联想物语与和歌的关系。尤其是物语以"松浦宫"命名的方法——母亲造"松浦宫等待儿子归来"，由此得书名，与《万叶集》卷五"松浦佐用姬挥巾送别，由此得山名"的方法很是相似。如《万叶集》卷五第八七一首《山上忆良咏领巾麾领歌一首并序》，特别用序文说明了松浦佐用姬登高山之岭，挥巾送别丈夫的悲怆场景，观者无不为其感动流涕，故而将其所登之山命名为"领巾麾岭"。乃作歌曰：

> 松浦有佳人，佐用比卖子。
> 恋夫麾领巾，从此山名起。[3]

日本学者丰田祐子、海野圭介都注意到了《万叶集》卷五中的"松浦"地名说话与《松浦宫物语》的关系，如丰田祐子指出，肥前国松浦郡曾是历史上著名的遣唐使出发地，因《松浦宫物语》是

1　参见萩谷朴注释《松浦宫物语》解说部分，第270页。
2　参见蜂须贺笛子校注本所附解说（蜂須賀笛子校『松浦宮物語』岩波書店、1935、111-112頁）。
3　《万叶集》，杨烈译，第187页。

以遣唐使渡唐为主线的物语，因此物语选取并化用了与遣唐使密切相关的"松浦"地名说话。[1] 海野圭介氏从《秘府本万叶集抄》《绮语抄》《袖中抄》、《和歌童蒙抄》《古来风体抄》《和歌色叶》等诸多歌学书中引用的"松浦"地名说话群出发，特别指出书名中的"松浦宫"，是袭用了肥前国歌枕"松浦山"及其地方流传的"佐用姬挥巾送别"的传说。[2] 但是，笔者以为《松浦宫物语》对《万叶集》卷五的借鉴并不限于借用题名这么简单，毋宁说，《万叶集》卷五在物语中的精神投射是多层次的，尤其是《万叶集》卷五对松浦仙女的想象，其中弥漫着浓重的神仙思想，极大地影响了《松浦宫物语》的创作。

《松浦宫物语》受《万叶集》影响有几个非常关键的证据。第一，便是《无名草子》的评论："定家少将创作的作品有很多，都是仅重视形式、不够真切的内容。《松浦宫》一味传承万叶之风，尤其感到像是再次看到《宇津保物语》，这是我等愚顽之辈所无法企及的。"[3] 第二，物语作者藤原定家拟古万叶的倾向，在定家周边文献中比比皆是。如藤原定家歌论书《每月抄》中曰："从《万叶集》到近来的敕撰集，都应认真披阅，以便了解历代和歌的流变……《万叶集》年代久远，人心古朴，今人难以效法，尤其是初学者更不可摹仿古体。不过，学歌经年，风骨初定的风雅之士，却不懂《万叶集》，是绝对不行的。"[4] 定家对《万叶集》的推崇之深，由此可知。第三，可以举几位学者的重要论证。如《松浦宫物语》注释者萩

1　豊田祐子「『松浦宮物語』における『松浦』について」『立正大学国語国文』第32号、1995年3月、24-26頁。

2　海野圭介「『松浦宮物語』と『松浦』関係説話」『詞林』（大阪大学）第15号、1994年4月、67-71頁。

3　久保木哲夫校注『無名草子・新編日本古典文学全集　40』小学館、1999、257頁。

4　〔日〕藤原定家：《每月抄》，王向远译，载《日本古典文论选译》古代卷（上），中央编译出版社，2012，第106页。

谷朴所做的几处补正，另外还可参考五月女肇志、[1] 朴南圭、[2] 奥村和美[3] 等学者的研究论文，其中又以奥村和美对《万叶集》卷五与《松浦宫物语》关系的考证最为细致。

奥村氏指出《松浦宫物语》以遣唐使渡唐为主线来设定舞台，因此物语积极地借鉴了《万叶集》中中国文化色彩最为浓厚的卷五部分，"特别是对卷五中那些具有神秘性、超现实性的类似物语的和歌表现出异常的热情"，[4] 如卷五第八五四首《游松浦河赠答歌二首并序》，据其序文"余以暂住松浦之县逍遥，聊临玉岛之潭游览，忽值钓鱼女子等也。花容无双，光仪无匹……若疑神仙者乎？"可知松浦河出现的少女是"若疑神仙者"，她"或临洛浦""乍卧巫峡"，与中国诗文中在洛浦、巫峡现身的神女属于同一系谱。这首歌究竟出自谁人之手，日本学界尚存争议，但自契冲在元禄初年（1688~1691）提出大伴旅人说之后，从者其众。[5] 中西进也主张大伴旅人说，并根据大伴旅人调任大宰府的经历，指出旅人为了抒发调离京都的寂寞，结合松浦川一带流传的地名说话，创作了这首类似物语的和歌。中西进同时指出，大伴旅人之所以会虚构出"松浦川"这样一个仙境，显然是意识到京都附近的吉野仙境信仰，而故意在任职的大宰府附近创造出的仙境装置。而吉野仙境信仰的根源，是古代日本模仿中国营造都城时，受中国的都城造营思想影响的结果。[6] 如果这一观点足够可靠的话，我们是否可以进一步推测，

1　五月女肇志「『松浦宮物語』の万葉摂取」針原孝之編『古代文学の創造と継承』新典社、2011、157 頁。

2　朴南圭「万葉集の風情なる歌について——『松浦宮物語』における万葉」『思想史研究』第 4 号、2004 年 3 月、36-42 頁。

3　奥村和美「『松浦宮物語』の擬古:『萬葉集』との関連をめぐって」『京都語文』第 21 号、2014 年 11 月、52-66 頁。

4　奥村和美「『松浦宮物語』と『萬葉集』巻五」『国語国文』第 84 巻第 4 号、2015 年 4 月、99-114 頁。

5　契冲『万葉代匠記』巻五之下、武田祐吉校注、富山房、1940、3-70 頁。

6　中西進『ユートピア幻想: 万葉びとと神仙思想』大修館書店、1993、66-77 頁。

《松浦宫物语》将长安郊外设置成海岸环绕、仙山耸立的构想，其实潜意识中是受《万叶集》所吟咏的都城郊外吉野仙境观的影响？

日本学者下出积与认为，古代日本知识人在摄取中国神仙思想的过程中，因为要与日本土著的信仰世界结合，所以发生了一些微妙的转变，其中最为重要的特征是中国的神仙多为男仙，且以白发须眉、象征长生不老的老翁为主要形象；反之，日本的神仙多为女仙，且以年轻貌美、象征生命永恒的少女为主要形象，这些仙女往往象征着"美"和"恋"。日本这种独特的神仙思想，是在以仙女为中心的世界里展开的，并在八世纪以后成为时代风潮。[1]模仿《万叶集》卷五松浦仙女故事创作的《松浦宫物语》，事实上也处于日本仙女文学的系谱中，物语明确意识到高唐神女、洛神宓妃所具有的神秘性，继而对这种神秘性进行了唯美的、象征性的处理，某种程度上，这种手法可视为歌人藤原定家"余情妖艳"的歌学理论在物语文学中的投射。

物语中出现的两位唐土女性都有类似高唐神女的特征，又尤以华阳公主最为鲜明。公主与弁少将经历了短暂的相恋，赠之以水晶后升天而去，并约定在日本转生再会。这种利用神仙世界的虚幻之美来表现人世间艳情的构想，本是中国魏晋时期志怪作者的一种较为普遍的艺术思维形式，至唐人传奇中而发扬光大，而以唐传奇《游仙窟》为媒介，这种艺术发想在日本文学中也植根、发芽。[2]《松浦宫物语》中弁少将与华阳公主的恋情，即可视为对这种带有游仙色彩的艳情文学传统的继承。物语最后的伪跋以白居易《花非花》结尾点题：

贞观三年四月十八日，染殿西院顿笔。

花非花，雾非雾。夜半来，天明去。来如春梦几时多，去

1　下出積与『古代神仙思想の研究』吉川弘文館、1986、97-109 頁。
2　严绍璗：《日本古汉文传奇〈浦岛子传研究〉——中日古代文学关系的基础性研究之一》，载《中国古籍研究》第 1 卷，上海古籍出版社，1996，第 596 页。

似朝云无觅处。[1]

白居易借楚襄王梦巫山神女之典故写情，物语借此诗点题，暗示了弁少将在唐土所恋的两位女性，其实都是继高唐神女的系谱生成。事实上，高唐神女对日本的影响并不仅止于文学，日本宽弘五年（1008）成书的政务要书《政事要略》，是了解平安时代政治史的重要史料，其中年中行事部分在论及"五节舞"的起源时，如此记载：

> 五节舞者，净御原天皇之所制也。相传曰：天皇御吉野宫，日暮弹琴有兴。俄尔之间，前岬之下，云气忽起，疑如高唐神女，髣髴应曲而舞。独入天瞩，他人无见。举袖五变，故谓之五节。[2]

据这条文献，高唐神女出现在吉野宫，并随着天武天皇所弹琴曲起舞，这就是"五节舞"的起源。由此可知奈良时代以降，高唐神女在吉野山起舞之事，已经作为事实被信仰。讨论至此，重复开篇提出的问题——长安为何被设定为一座海岸都市？似乎就可以推导出这样的逻辑图。

如图 7-1 所示，受《高唐赋》、《洛神赋》及《游仙窟》影响

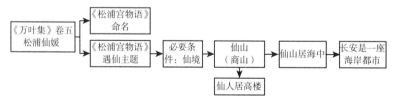

图 7-1　长安环海想象逻辑图

　　资料来源：郭雪妮绘制。

1　『松浦宫物語』、51 頁。

2　惟宗允亮著《政事要略》廿七，年中行事十一月辰日节会事，收录于黑板勝美、国史大系編修会編『国史大系　第 28 卷　政事要略』（新訂增補）、吉川弘文館、1964、145 頁。

产生的《万叶集》卷五，刺激了《松浦宫物语》的命名及其与仙女相遇、相恋文学主题的诞生，但是仙女一般出现在深山幽谷及海河湖畔，为了"遇仙"，主人公就必须进入一种世外空间，也即"仙境"，这就需要创造出像巫山或蓬莱等一样的"仙山"——这一条件在《松浦宫物语》中也是具备的，即下文将要讨论的仙山"商山"，且仙山多"远居海中"，[1] 这不仅能在中国文献中找到大量证据，即使在《万叶集》卷五的松浦仙女故事中，神秘女性与"水"的关系也显得那么密切和重要，这当然可视为古老神话中的水中女神的原型投射。[2] 因此，要实现与仙女相遇的设想，在长安郊外设置海外仙山似乎就顺理成章。问题是，物语中的仙山被命名为"商山"，却是极耐人寻味。

长安郊外的仙山——兼论"商山"想象

　　《松浦宫物语》在虚构出长安郊外的"海"景的同时，想象出了一个"仙山"的世界。正是在这个"仙山"的世界里，弁少将偶遇弹琴老人指点，与唐文皇帝之妹华阳公主修习琴曲并密结宿缘。物语中的仙山名为"商山"，文本集中在卷一·一〇《山上弹琴》至卷一·一二《商山夜曲》，是弁少将与华阳公主相遇而展开恋爱的重要场所，这里需要与长安都城拉开一定的空间距离，且要带有神仙色彩，以为华阳公主留下水晶球升天而去的构想做好铺垫。

1　如《列子》卷五《汤问篇》："渤海之东不知几亿万里，有大壑焉，实惟无底之谷，其下无底，名曰归墟。八纮九野之水，天汉之流，莫不注之，而无增无减焉。其中有五山焉：一曰岱舆，二曰员峤，三曰方壶，四曰瀛洲，五曰蓬莱。"（杨伯峻：《列子集释》，第 151~152 页）《山海经》卷一二《海内北经》："蓬莱山在海中。"（袁珂：《山海经校注》，上海古籍出版社，1980，第 324 页）《史记》卷二八《封禅书》："自威、宣、燕昭使人入海求蓬莱、方丈、瀛洲，此三神山者，其传在勃海中。"（第 1369 页）。

2　参见薛爱华《神女唐代文学中的龙女与雨女》，生活·读书·新知三联书店，2014，第 51~56 页。

物语中的华阳公主具有一种强烈的"非人间"性格。她自幼得仙人点化，为避讳凶神，隐居在商山高楼上修习琴曲。华阳公主与弁少将初次相遇的时候说：

> 此楼自上古仙人所建，因以清净之所，不敢有污秽之事。上由日月掌管，下有地神庇护。此山钟敏毓秀，是修习琴曲的绝佳之境，我居此地修习琴曲已有七年。仙人不时往来，整琴茸楼。[1]

在华阳公主的叙述中，商山高楼由上古仙人所建，又有日月神灵庇护，足见其超时间、超空间的非人间性。商山上为何会有神仙"不时往来"，或与"商山四皓"羽化成仙的传说及其在日本的流播相关。

宋人欧阳忞《舆地广记》卷一四载："商山，在县西南，秦四皓所隐也。"[2]商山本是一组地名文化概念，但真正给商山染上"仙界"色彩的则是"商山四皓"。《史记·留侯世家》最初记录了四皓"义不为汉臣"而逃匿山中的事迹，[3]但未用"四皓"称谓。"四皓"称谓的出现，最迟大约始于西汉晚期。至于"商山四皓"连缀成词，则初见于曹植《商山四皓赞》："嗟尔四皓，避秦隐形。刘项之争，养志弗营。不应朝聘，保节全贞。应命太子，汉嗣以宁。"[4]至唐代时，开始出现大量诗文、画作赞颂四皓，在《历代商山四皓诗文集注》收录的189首诗文中，[5]唐朝独占100首，形成了"四皓"题材诗文创作的

1　『松浦宫物語』、37 頁。

2　（宋）欧阳忞：《舆地广记》，李勇先、王小红校注，四川大学出版社，2003，第 399 页。

3　《史记》卷五五《留侯世家》，第 2044~2046 页。

4　（魏）曹植《商山四皓赞》见（唐）欧阳询《艺文类聚》卷三六《隐逸上》，第 649 页。另外可参考沈从文《"商山四皓"和"悠然见南山"》一文，见沈从文《花花朵朵坛坛罐罐——沈从文谈艺术与文物》，江苏美术出版社，2002，第 80~81 页。

5　其中秦朝 2 首，汉朝 4 首，三国、东晋、南北朝各 1 首，唐朝 100 首，宋朝 27 首，元朝 1 首，明朝 25 首，清朝 27 首。见李文实《历代商山四皓诗文集注》，香港新天出版社，2000，第 4 页。

高峰，这大概与商山道在唐代的交通地位及四皓庙的重修有关。

据严耕望《唐代交通图考》："盖唐代京师长安与江淮间之交通，除物资运输及行李笨重之行旅者多取道汴河外，朝廷使臣及一般公私旅行……皆利此道之迳捷。"[1]四皓隐居的商山，正处在这一重要的交通要道上，人员往来频繁至极，很多诗人都由此路入长安下江南，留下了许多有关商山的诗篇，《全唐诗》收录有 119 篇之多。至李白诗《仙娥峰下作》"我行至商洛，幽独访神仙"时，则开始将"商山"与"神仙"联系起来。陆畅《题商山庙》也有："商洛秦时四老翁，人传羽化此山中"，可见四皓羽化成仙的传说已在唐代文人的意识中定格。[2]

以白居易为中心的诗歌唱和集团，创作了大量四皓诗。今存能编年的白居易诗歌中，以元和五年（810）与元稹唱和的《答四皓庙》为最早。[3]与元稹对四皓的否定不同，白居易认为四皓身处乱世，懂得明哲保身才是孔子所提倡的，因此他写了大量诗歌赞颂四皓及商山，如《登商山最高顶》："高高此山顶，四望唯烟云"；《仙娥峰下作》："我为东南行，始登商山道。商山无数峰，最爱仙娥好"；《答崔十八》："我有商山君未见，清泉白石在胸中"；《题岐王旧山池石壁》："黄绮更归何处去？洛阳城内有商山"；[4]等等。这些以商山四皓为对象表现隐逸思想的诗作，对熟悉白居易诗文的平安朝文人产生了不小的影响。日本文学中的"商山"，较早用例可见《凌云集》收嵯峨天皇御作《夏日皇太弟南池》"天下共言贞万国，何劳羽翼访商山"一句，借访商山求贤之典故称颂太平盛景。《凌云集》是平安初期三部敕撰汉诗集其一，嵯峨天皇其诗是"敕撰三集"中唯

1　严耕望：《唐代交通图考》，上海古籍出版社，2007，第 56 页。

2　参见王子今《"四皓"故事与道家的关系》，《人文杂志》2012 年 2 期，第 108~109 页。王先生从四皓与张良的关系、紫芝等物象暗示，考证了四皓传说具有的"道家色彩"。

3　《全唐诗》第 13 册，第 4683~4684 页。

4　《全唐诗》第 13 册，第 4757、4789 页；第 14 册，第 5078、5098 页。

一书及商山之作，可知平安初期文人熟悉并化用商山四皓典故者并不多见。这一情况发生转变是在平安朝中后期，文人们潮拥着《白氏文集》为习汉诗之正途，并逐渐冷落长期奉为案右经典的《文选》，至平安后期，歌咏商山的诗作一时蔚然，如《本朝无题诗》第一一五首藤原周光诗云："霜鬓商山秋月色，素琴粟里暮松声"，依然是以"霜鬓商山"借指须眉皆白的四皓，这首诗收录在咏屏风部，诗题《山洞之中，落叶满地。隐伦弹琴，麋鹿相随》便是对屏风画面的描述，这幅屏风是否就一定取商山四皓为画材，现已无从可知，但诗人从画中有"隐伦弹琴"者，便联想到商山四皓，这至少说明了两个问题：第一，平安后期四皓作为高山隐士的形象已深入人心；第二，四皓常被作为画材描绘在屏风、壁画及障子上。现收藏于东京国立博物馆的《文王吕尚·商山四皓图》，原为法隆寺舍利殿内部屏风，便是以商山四皓为画材的重要文物。另外，室町时代关于日本唐物收藏的贵重资料《品茶往来》，记载了日本与中国绘画的往来物，其中在点缀茶室的诸种唐障子绘中，有"四皓遁世于商山之月，七贤隐身于竹林之云"的唐绘物。[1]这些屏风、绘物完成的时期稍晚于《松浦宫物语》，但相去也并非久远，从这些文献的、图像的材料综合来看，物语中以"商山"为华阳公主居住的仙山，应该与"商山四皓"羽化成仙的传说密不可分。吉田幸一根据华阳公主与弁少将结缘的高楼，指出物语中"古时候的圣人"（むかしひぢり）应该是暗指"商山四皓"，从而强有力地支持了这一观点。[2]

　　《松浦宫物语》对长安郊外的海景想象，并不能单向度地以地理史实的偏正来判断作者知识的有无，而应将其与仙山构想作为一种复合景观来考察，这种复合景观在宋元山水画中不乏参照，且处

1　林屋辰三郎等編注『日本の茶書 1』平凡社、1971、120 頁。

2　吉田幸一「唐物語の成立年代考」安田孝子編『異本唐物語』古典文庫（第 560 册）、1993、23 頁。

处可见神仙思想的浓重投影。事实上，神仙思想在物语中的投射不仅表现在对地理景观的构想上，如秘传琴曲、赠送水晶、升天、有咒术作用的铜镜、分身等，都可见道教神仙思想的影响。另外，如果从藤原定家对物语所涉中国历史事件、人物所作的评骘来看，会发现身处平安末至镰仓初日本政治、思想大转型时期的藤原定家，在《松浦宫物语》中营造仙境唐土的目的，却是为了寄托自己的政治理想。

在日本平安朝绵延近四百年的历史中，以一条天皇治世（986~1011）为分水岭，末世思想逐渐为公卿贵族所共有。至平安时代末期，这种末世观与灾异思想及运命论相结合，人们对于京都近畿地区频频爆发的战乱、地震、瘟疫、火灾等灾异的认识也发生了转变，即不再将其单纯解释为神的惩罚，而是视为理运影响的必然结果，即随着时事推移、世风混乱必然会产生的结果。[1] 至藤原定家生活的镰仓初期，随着武士势力的突起，政情的复杂化，知识阶层对末世的悲观、绝望体验更为深刻，人人怀着对时代的恐惧感，这种对末代的危机意识又兼之末法思想的推波助澜，于是王法佛法共为无常所笼罩。于是，像藤原定家这样的知识人开始将治世的理想投向唐土。

《松浦宫物语》与日本建久七年（1196）的政变[2] 相接，是对后鸟羽天皇周边诸人及其当时世情的愤懑中产生的作品，同时寄托了作者对汉籍中有贤主治世的唐土的憧憬。[3]《松浦宫物语》中的弁少

1　森新之介『摂関院政期思想史研究』思文閣出版、2013、66頁。

2　建久三年（1192年）七月，源赖朝受封为征夷大将军，正式开始了日本历史上军人专政的幕府统治时期，史称镰仓幕府。建久七年（1196年）十一月，在幕府的支持下，九条兼实的女儿任子被赶出后鸟羽天皇的中宫，随即九条兼实被迫辞去关白之位，被称为"建久七年的政变"。关于建久七年的政变及其背景，可参考彦由三枝子「建久7年十一月政変——再考——『三長記』を素材として」『政治経済史学』第461号、2005年1月。

3　参见亀田慎「『松浦宮物語』成立時期に関する再考察——聖代描写を手がかりに」『創価大学大学院紀要』第32巻、2010、419-434頁。

将将从唐土归日本时，有这样一段话：

> 弁少将满怀着对慈母的思念，决意归国。然而故国目之
> 所及处，无不令人深感羞愧，山野之草木也好，鸟兽之鸣叫也
> 罢，都不如唐土所见之物那般夺目，更不用说故国之风土、世
> 间之人情，那更是远不及唐土。[1]

对故国风土的失望，其实是对圣王治世的渴望。尽管藤原定家
笔下的唐土不无空想的浪漫情调，且这种浪漫情调以风花雪月的和
歌为装饰，更为有效地吟咏出了一种乌托邦的唐土。但不能忽视的
是，物语中的唐土不过是以浪漫的神仙世界为容器，内里却装载着
身逢乱世之日本文人们的政治理想。

---

1 『松浦宮物語』、117 頁。

终　章

都城与想象的共同体

在世界文学史上，并非任何一座城市都能成为文学家反复描述与表现的样本，历史、地理和政治因素对于文学中的异国形象的塑造，具有不可低估的作用。陈平原曾在《都市想象与文化记忆丛书》序言中说："漫长的中国史上，曾做过都城的城市很多；但同为都城，持续时间及重要性相差甚远。其中至关重要的，按历史顺序，是西安、洛阳、南京……而'重中之重'，毫无疑问，前期是西安，后期是北京。这就很容易理解，我们之谈论'都市想象与文化记忆',为何首选这两座城市。"[1]

长安作为古代东亚世界的中心,对日本、朝鲜、越南等周边国家的都城空间、文化习俗、文学创作等都产生了特别重大的影响。单就日本古代文学而言,其发轫的机缘,无疑与遣唐使在长安的生活学习密切相关。长安作为一种古典都城的典范,以遣唐使为媒介在源头上与日本文学发生了复杂而生动的联系。长安又始终是日本文人最熟悉的异域都城,成为日本早期海外题材文学的重要舞台。长安与日本文学凡此种种的关联,留给我们许多重大且亟须思索的课题。

古代日本人对长安的表述,与日本民族"想象共同体"的生成密切相关,同时又无法脱离古代东亚政治变动及华夷思想体系变迁的影响。日本模仿唐朝制度建立中央集权制的民族国家,伴随着民族国家的兴起,其"想象的共同体"开始形成。本尼迪克特·安德森虽然是在近现代意义上讨论民族想象的共同体,但对于古代日本同样适用,即"民族"这个"想象的共同体",[2]最初而且主要是通过文字阅读来进行的,而且其想象的过程也并不缺乏类似于现代意义上的"公共空间"——古代日本贵族群体通过阅读中国文献典籍,思考日本的国魂、国体,乃至利用汉文编纂日本的国史。可以说,古代日本的自我认识与审视来自对中国的观察和接受,贵族文人们争相学习汉诗以显示学识修养,并大量模仿中国诗歌来歌颂日本都城。这正如中西进通过考察《万叶集》和歌与藤原京、平城京的关系,指出"万叶歌人对于日本自国都城的夸耀,与日本大化革新后上扬的国家意识不可分离"一样,古代东亚各国都城的营造思想中,都蕴含着浓厚的王权思想,文人对国都的自夸并非一种单纯的文学活动,而是出于一种政治的、外交的需要。

1 陈平原、王德威、陈学超:《西安:都市想象与文化记忆》,北京大学出版社,2009。
2 〔美〕本尼迪克特·安德森:《想象的共同体:民族主义的起源与散布》,吴叡人译,上海人民出版社,2005。

　　从这种意义上看，长安并非一座普通的都城，作为唐的国都，长安城的营造思想与中国人的宇宙观密切结合，蕴含着深厚的王权思想和华夷意识。这种情况下，肩负外交使命的遣唐使对象征唐朝王权的长安的表述，不能不说是相当谨慎的。虽然他们在长安见证了当时东亚中心的国际大都市的繁华，也吸收了长安文人自夸国都的诗歌形式和内容，但他们接受的态度却是将夸耀的对象更换为日本的都城，奈良官僚文人藤原宇合的诗文就是最好的例证。换言之，长安作为遣唐使憧憬、向往的圣地，是大量遣唐使文人居住、学习、交游过的异国都城，却没有成为奈良、平安文人赞颂的对象，首先就在于都城是表现"中华思想"和"华夷秩序"的舞台这一观念为东亚各国所共有。

　　日本民族意识的确立，是在唐朝华夷思想体系之内完成的。早在八世纪初，日本自视为唐的诸蕃国之一这种事唐为大、尊唐为上的事大主义立场，作为一种传统开始出现。日本建立律令制国家不久，从唐归国的遣隋留学生们，归朝报告中如此上奏："其大唐国者法式备之珍国也，常须达。"正是这一报告奠定了日本对唐外交的基调，这也是日本对唐尊崇、事大态度生成的根基。《日本书纪》中记载隋为"大国"，《隋书·东夷传》倭国条载隋使和大王相见，大王自称"我夷人""冀闻大国维新之化"之类体现倭国卑下态度的用语并不少见，而对于唐朝客使，日本至少能体面地维持一种中央政府的态度，但是某种程度上看，那种"事大主义"的心理却并未改观。[1] 日本史料所传递的"日本＝诸蕃·朝贡国"的观念，以及遣唐使诗文"我是东蕃客，怀恩入圣唐"（《凌云集》载菅原清公）

1　森公章以宝龟九年日本朝廷接待唐朝客使的宾礼为中心，讨论了日本作为唐的蕃国的事大主义心理。文章指出日本接待唐朝客使的宾礼与对隋朝客使相比，已经在很大程度上有所改变。详见森公章『古代日本の対外認識と通交』，36頁。另外，森公章在「古代日本における対唐観の研究：『対等外交』と国書問題を中心に」一文中指出，日本对唐的两种态度，即"事大主义"和"日本中心主义"。

等，均可见遣唐使对于"东蕃客"身份的自觉。

理论上说，日本派遣了十多次遣唐使，每次都有好几百名留学生、留学僧，其中以诗文才能见长的使者更是不胜枚举，如入唐使者粟田真人、山上忆良、藤原宇合、多治比广成、菅原清公、上毛野颖人、朝野鹿取、藤原常嗣、菅原善主等，留学生吉备真备、阿倍仲麻吕、丹福成、橘逸势等，另有留学僧智藏、弁正、道慈、空海、圆仁、圆珍等，遗憾的是，在他们留存下来的微乎其微的诗文中，正面描述长安印象的寥若晨星。究其原因，就在于八、九世纪这一时期遣唐使与长安之间存在着直接的、固定的联系，时间、空间的差异不那么明显，兼之遣唐使对中国文化的熟悉与认同，文化、心理差异也不明显，因而造成文学想象和虚构的缺失，以至于很难为日本提供一个精确的关于长安的公共想象。

至九世纪初编纂的"敕撰三集"，日本文人开始以汉长安城作为诗歌背景，用中国诗文特有的修辞习惯，将都城隐入诗歌背后，而拒绝对其进行任何的正面描写。这一情况几乎可以扩大并适用于古代日本想象中国的所有艺术领域——绘卷、屏风、建筑、器物等关于中国的描述，都不同程度地以可视的形象满足了古代日本人关于中国的想象，但这些想象无一不在谨慎地拒绝着中日之间文化等级方面的权力关系——"汉文化中心主义"带来的强大吸引力。这导致了古代日本关于中国的想象中包含着一种焦虑：渴望中国文化的滋养，但又想摆脱中国的影响，迅速形成自己的民族文化，在华夷秩序中获得一种"小中华"的认可。因此，与其说他们是用"长安"典故创作汉诗，毋宁说他们试图在书写中获得一种假想的文化身份，而这一身份的获取，最便捷的方法便是移植长安的物质场景和生活方式，关于这一点，他们通过营造"小长安"——平安京实现了。

一个指导性的前提是，一个外国人在中国看到了什么样的自然景观和文化景观，取决于是"谁"在看、在描述。这种情况下，留存下来的圆仁日记对长安的个体性体验就具有了绝对的话语权。圆仁《入唐求法巡礼行记》中的长安叙事至"会昌废佛"达到高潮，首先是由圆仁的僧侣身份决定的。一个外国僧侣在长安遭遇废佛事件，在性命岌岌可危的情况下，就不可能成为一位冷静的旁观者和局外人，圆仁以体验者、受害者的视角描述了一座血雨腥风的长安城，并且制造了一个"暴虐皇帝"的形象，其"受迫害"的经验为九世纪的日本提供了一个绝对可靠的、想象长安的范本。

九世纪末十世纪初的东亚，随着唐朝、渤海、新罗的依次灭亡，形成一种新的政治格局。这时日本不接受唐朝的册封，试图以平等姿态展开与唐外交的心态开始出现。伴随"日本中心主义"外交意识的上扬，将日本与其之外的国家明确区别开来的自国意识逐步确立，关于异国形象的描述也开始在日本史书中出现。如《三代实录》卷二一贞观十四年正月二十日条："是日，京邑咳逆病发，死亡者众。人间言，渤海客来，异土毒气之令然焉。是日，大祓于建礼门前。"[1]将京邑流行瘟疫之因尽归罪于渤海客使。受这种"日本中心主义"外交观的支配，中国不再是优于日本的"大国"，而是与渤海、新罗等"蕃国"同等的"异国"之一。与此同时，日本与中国具有同等地位甚至优越于中国的认识开始盛行，中国人慕日本"德化"之风渡海赴日的记录逐渐增多。

日本在确立"日本中心主义""东夷小帝国"的自我精神形成时期，作为文化他者的唐都长安在被憧憬、向往的同时，也出现了被排斥、被丑化的问题。《今昔物语集》所收圆仁说话中，虚构了一座阴森恐怖的"绞缬城"，这里专用人血染布，但凡被囚禁者绝无生还的可能。《今昔物语集》以圆仁日记中的长安城为原型，却将长安进一步妖魔化为"鬼城"，加剧了遣唐使在唐都受迫害的想象。这种想象究竟在多大程度上对日本文学施以影响，并如何在广义上充当一种证据或神话？

1　黒板勝美、国史大系編修会編『国史大系　第4巻　日本三代実録』(新訂増補)、349頁。

　　对大江匡房说话集《江谈抄》来说，长安就是这样一种被延续解释的神话，这是读《江谈抄》中收录的吉备真备说话最深刻的直觉之一。遣唐使阿倍仲麻吕被唐人囚禁于长安高楼饿死，变成厉鬼后帮助吉备真备抵抗唐人的迫害，这种同样表现遣唐使在长安遭受迫害的主题，经院政时期后白河院的绘卷制作，以及江户时期默阿弥的能剧实验，几乎成了一个神话。这再次为我们证明了所谓的想象物是一个充满了互文性的场所，尽管它对异国的表现是片面的、主观的、零碎的、抽象的，但因为它可以部分或全部地成为一种象征性交流的工具，成为一种被程序化的文化描述，所以即使如大江匡房这样缺乏实际的长安体验的文人，也可以通过文献及观念史中的描述来构筑他自己对长安城的概念。

　　古代日本人对于长安的地理认识究竟如何？或者说，古代日本人通过经验、文献累积的对于长安的知识如何？不可否认，异国空间常常处于一种被神话化的过程中，在一个文学或文化形象里，空间并非连续的、一致的、真实的，但异国空间似乎更加青睐"不平衡性"，它往往集中抬高表现某些景观，又经常孤立、否定甚至谴责某些地点，而透过对其"重视"或"沉默"的空间景观的分析，能够复制出地理空间和心理空间之间的精神联系。一个最典型的特征就是，奈良、平安时代日本文学对长安空间的表现，几乎都集中于城郭之内。更具体地说，唐皇帝所居住及理朝的皇城、宫城，尤其是接待遣唐使的礼仪空间被高度重视，被赋予一种象征的意义，而对王权之外的市井、民间景观则鲜有关注。事实上，圆仁日记也提供了关于长安日常的重要参考，尤其是《入唐求法巡礼行记》中出现的长安坊市、寺院名称极为丰富清晰，另外圆仁对于长安节日风俗的描写也堪为精细，但事实上关于长安空间的这部分描述在《今昔物语集》《宇治拾遗物语》《江谈抄》等文献中都被不同程度忽略，反而将"恐怖的长安城"表述进行最大化表现，这种被单独分割开的空间便具有了象征整体的意义，并在互文性的场域中被普遍化。

这种情况到平安末期甚至镰仓初期依然没有多少好转。在《滨松中纳言物语》《松浦宫物语》等遣唐使物语中，作为遣唐使活动舞台的长安，仍然是以皇城和宫城为重要舞台。不同的是，这一时期的长安宫殿不再是模糊的、泛指的、观念的"宫殿"，而是被给予了实在的名称，如"未央宫""掖庭"等这些取自中国史书文献的实名，且出现了对中国建筑形态的简单描绘，如"前殿""钓殿"等。与之相关，活动于长安舞台上的中国人物，也多为帝王、皇后、贵族、公主、文章博士等皇族或贵族人物，或者是从中国史书上照搬下来的英雄美人，而完全没有普通人的形象，这也从另一个侧面证明了东亚早期叙事文学颠扑不破的真理——专注于表现帝王将相的传奇，而非市井常人的苦乐。

这真实地显示了自遣唐使制度废止之后，在中日没有正式外交的情况下，日本充分消化遣唐使传入中国文献的成果。也就是说，与遣唐使时代"谨慎"地描述长安相比，镰仓时期日本与长安在时间、空间上的距离忽然加大，使日本文学中长安幻象的产生具有了基本可能。另外，这些物语中开始出现了对长安周围地理的想象，如"长安是一座被大海包围的城市"，尽管这些描述被现代学者认为极不可靠，但至少说明了那个时代日本人对长安地形、地质的质朴且珍贵的理解。这种理解不过是单纯地依靠文献记载而非实际踏查，但他们能以丰富的汉学修养和敏锐的理解力，在有限的汉文典籍的基础上，虚构出一个长安幻象。不过这些作家即使如藤原定家者，在利用《文选》《白氏文集》中与长安有关的诗句时，因不能有效区分超现实、夸张、铺陈等修辞手法的使用，而是照搬字面、望文生义、断章取义，以至于对长安地理的描述出现诸多偏差，这是首先应该注意的问题。

其次，与奈良文学主要接受中国六朝文学的影响不同，平安之后日本主要接受唐朝诗文的影响，长安作为唐朝国都，在唐诗中有集中而又丰富的表现，日本人在接受唐诗影响的同时，一并将长安地名、景观等接受过来，其中又以白居易的影响最为突出。《松浦宫物语》中根据白居易诗歌所理解的长安，是基于日本人已有的观念的认识之上产生，然后有选择地接受的结果。而所谓"日本人已有的观念"，既有来自遣唐使时代口耳相传的说话故事，又有来自庞大的汉籍史料的阅读体验，同时还有一代代日本人所创作的以唐土为题材的汉诗、和歌、物语、绘卷等，这些因素综合形成一种经验，也即集体的无意识，在其支配下的唐土，以一种游仙的、幻境的遥远异国形象出现，而居于这个异国中心的王都长安，犹如茫茫大海彼岸的一座海市蜃楼，繁华而妖艳。正是在这种理解上，《松浦宫物语》才会特别关注白居易诗歌中的"雾""梦""朝云""花"这些意象，从而描述出了一种中世日本人眼中的长安。

本书主体部分讨论了八世纪至十三世纪初日本遣唐使文学与长安的关系，我们只要看一下这段时期日本人关于长安的描述，就会发现从这些文本中浮现出来的对唐的"事大主义"与"日本中心主义"的纠结与矛盾。这些文本的缔造者主要是占据日本中央政坛的贵族官僚或著名僧侣，无一位出身卑微庶民，因此他们笔下的长安城，绝对不是一个单纯的地理术语，而是蕴含政治色彩的王权之都。自菅原道真一纸谏文日本废除遣唐使制度后，日本人与长安很难再有正式的、大规模的文化交流。但十三世纪之后日本文学与长安的关系依然在绵延。

元仁宗皇庆元年（1312），因倭寇滋事，元廷震怒，遂将所有来华日本僧侣悉数逮捕下狱。时在潮州求法的雪村友梅因距事发地较近，被以"间谍罪"判处死刑，后元武帝海山即位，大赦天下，雪村幸免死罪，改判为流放长安，幽禁于翠微寺。昔日唐时繁华都，今朝竟成流放地，雪村友梅幽禁长安时所见所感，莫不带有流放者的哀伤，收入其《岷峨集》中名为《杂体》诗十首中，便有"一身缘纽余，三载长安市"之叹。公元 1316 年，雪村友梅又被发配成都，离陕入川。十年后雪村友梅以住持身份再回长安翠微寺时，已是第二次入长安。对雪村友梅来说，长安早已不是遣唐使眼中的繁华之都，而是满眼凄凉的流放之地。[1]据雪村友梅归日本后自撰《行道记》记述，在幽禁翠微寺期间，他曾游历长安附近的王维辋川旧址、唐苑寺、石翁寺、大雁塔等名胜古迹，长安的衰败与雪村友梅的失落暗合，无疑加深了他对长安的"流放地"印象。雪村友梅作为日本五山初期的汉文学巨匠，其波澜壮阔的留学生涯是新鲜思想、文化潮流的源头活水，这又在一定程度上影响了日本文学中的长安表述。

雪村友梅被"幽禁长安"的经历与圆仁无意暗合，强化了长安是迫害日本人的"凶险之都"形象。可以说，至江户以前，长安形象一直是日本自国意识觉醒及建构的"他者"，它被丑恶化地用来表现日本的恐惧与排斥，是日本借以自我确认与自我巩固的"意识形态"。这种情况一直持续到江户时期长安作为唐诗的重要意象被日本文学受容。江户时期，当长安渐渐淡出中国文人的视野，在一海相隔的日本，追崇唐文化的热潮却空前高涨。服部南郭校订《唐诗选》和《唐诗选国字解》的出版，掀起了江户时期学唐诗的风潮。教科书中出现了以唐诗为中心的汉诗的编写高峰，各种团体以及公开讲座使唐诗成为江户时期最具有人气的文体，甚至影响了庶民阶层的新兴娱乐"都都逸"歌谣。江户人的唐诗受容，是受明代李攀龙《唐诗选》的影响，李攀龙提倡"诗必盛唐"的主张被服部南郭继承，这就决定了江户人所接受的长安，多为李白、王维等吟唱的玄宗时代的"花之都"长安。尽管江户人并非不知道唐以后的长安已经衰败这一事实，但对江户人来说，长安已是超越时空的"不朽之都"。

1　卢飞鹰、黄伟：《长安翠微寺与雪村友梅》，《文博》2001 年第 1 期。

从近代东洋史学到大众文学

　　明治开国至战后，以日本汉学家对长安的考史纪行和考察为契机，长安作为遣唐使活动的历史舞台，在日本寻求与中国邦交正常化的"后遣唐使"时代，重新以"精神故乡"的形象再次回归日本文学。长安形象也相应地出现彻底的转型，从表现恐惧、排斥的"意识形态"变成缅怀的、伤感的、精神故乡式的乌托邦。明治维新之后，日本开国力度激增，政客、记者、教习、学者、商贾、军人竞相踏入中国，或游山玩水，或调查旅行，或寻找创作灵感，或以"异域之眼"猎奇，总之留下了卷帙浩繁的纪行文字。但是，这些作家的足迹大多留恋于北京、上海、南京等近现代中国的政治、经济、文化中心，去西安的可谓凤毛麟角，只有一些史学家怀着对古都长安的强烈憧憬前往。这一方面当然是因为现代西安偏于中国西北隅，远离政治经济中心，另一方面也与当时去西安的铁路不通、交通极为不便有关。据桑原骘藏《长安之旅》记载，他于1907年9月3日七点发自北京前门车站，直到9月19日才过灞桥到西安府，其间乘火车、雇马车、骑马、坐船、步行历经十六天才到西安，路途无比艰辛，以致病倒。

　　桑原骘藏的考史随笔《长安之旅》，以史学家的眼光记录了二十世纪初西安的建筑宫墙、陵墓碑碣、寺院楼阁、府兵制度等，并旁征博引史料对现实踏查佐证，不仅具有极高的学术价值和文献价值，而且作为游记，《长安之旅》本身就具备极高的文学性。另外，桑原骘藏游历西安时，曾指导当时执教于陕西高等学堂的日本教习足立喜六，自1906年至1910年，足立喜六受清政府邀请，在陕西高等学堂任教。他利用业余时间，完成了对唐长安城遗址的调查，"兼及汉唐旧都长安规模、遗迹之研究"，利用其数学、物理知识，对西安及其附近的历史遗迹进行实地考察、测绘，著有《长安史迹研究》一书,[1] 并配有 171 幅珍贵照片,初版由那波利贞作序,充分肯定了其学术价值。这些都是研究清末民初长安实态的重要史料。

与桑原骘藏同游西安的宇野哲人,曾将本次旅行见闻以"家信"的方式寄给家人,后结集为《长安纪行》出版。与桑原氏"调查史料真伪,考证史迹变迁"的严谨态度不同,宇野哲人笔下的长安在历史考古之外,更多了一份感情色彩,"离京南下以来,已十有七日,行程千余里,今日得入长安,夙志是酬……然一度脚踏崤函,此身已是汉唐之人,秦岭、泾渭则不待言,小至一草一木,无不在诉说旧史。予于此淹留旬余,庶几可徜徉帝都之大道,缅怀帝都之旧影"。[2]

桑原骘藏将对隋唐长安城的研究带入了日本近代东洋史领域。一般认为,日本近代"东洋史"这一复合词源于对外来欧洲语或英文"Oriental History"的翻译,而日本近代独创的"东洋史"概念的最早提出者为那珂通世(1851~1908)已为不刊之论。1896 年,那珂通世被任命为东京帝国大学讲师,讲授东洋史。同年,桑原骘藏留校继续攻读学位,受业于那珂通世,专攻东洋史。而长安具备的三种特性,使之在早期的东洋史研究中被凸显出来:一是作为大唐国都,长安与日本平城京、平安京的特殊亲密关系,使研究唐代史的学者无法回避;二是作为丝绸之路的起点,长安与西域各国的关系,以及在二十世纪初兴起的"敦煌学"中的作用,使研究西域史、敦煌学的学者无法回避;三是作为遣唐使的历史舞台,长安在遣唐使研究以及古代中日交流史研究中无法回避。这三个层面上的"无法回避",奠定了长安在日本早期东洋史研究中的地位。那波利贞是较早关注长安的日本学者之一,他在二十世纪二十年代前后发

---

1 初版于 1933 年由日本东洋文库发行,汉译本于 1935 年由杨练翻译为《长安史迹考》,由上海商务印书馆出版。笔者所依汉译本为王双怀等译(三秦出版社,2003)。

2 〔日〕宇野哲人:《中国文明记》,张学锋译,中华书局,2008,第 122 页。

表的系列论文影响颇大。[1] 平冈武夫在唐代基础文献整理上，汇成
十二册的《唐代研究指南》，是战后日本长安研究中较有代表性的
著作，其中《长安与洛阳》资料卷、索引卷、地图卷为研究唐都
长安必备工具书。[2] 另外，佐藤武敏《长安》及《长安：古代中国
和日本》，[3] 妹尾达彦《长安的都市计划》[4] 都是世纪之交日本史学
界研究长安的重要著作。

　　近代东洋史学者对于长安的关注，带动了近现代日本文学对
长安的想象，其中石田干之助的影响不容忽视。与桑原氏所代表的
京都学派不同，出自东京文献学派创始人白鸟库吉门下的石田干之
助，并未到长安实地勘查，受白鸟库吉影响，石田干之助注重透过
语言学考证，善用语言文字考证法来治东洋史，其代表作《长安之
春》也主要是从诗歌、语言、文献上推演而来。井上靖在为《长安
之春》作序时较准确地阐释了这部著作的特征——"说是研究随想
或许有些不合适，但仅称之为随想又过于沉闷，如果称之为综合研
究，我想这又违背了石田博士编写这一卷的意图。石田博士最初并
没想承载什么主题，而是以无主题的方式书写长安，编缀成一册，
呈现给独具慧眼的读者"。[5]《长安之春》卷首引用韦庄《长安春》
和白居易《牡丹芳》等诗歌，通过对曲江探花、灞桥折柳、胡姬当
垆、贵族宴饮及遣唐使所见的唐廷礼仪的堆砌叙述，使盛唐长安的
华丽面影扑面而来。以"长安春"这一意象为内核，膨胀生发出的
"华之都""花之都""春之都"等诸多套语，成为日本现代文学中

1　那波利贞「盛唐の長安（上）」『歴史と地理』第 1 卷第 7 号、1918 年 5 月、48-55 頁；那波利
　　貞「盛唐の長安（下）」『歴史と地理』第 1 卷第 8 号、1918 年 6 月、第 37-44 頁；那波利貞
　　「支那首都計劃史上より考察したる唐の長安城」桑原博士還曆記念祝賀会編『東洋史論叢：桑
　　原博士還曆記念』弘文堂書房、1931、1202-1269 頁。
2　平岡武夫『唐代の長安と洛陽』京都大學人文科學研究所、1956。
3　佐藤武敏『長安』近藤出版社、1971；佐藤武敏『長安：古代中國と日本』朋友書店、1974。
4　妹尾達彦『長安の都市計画』講談社、2001。
5　井上靖「私にとっての座右の書」石田幹之助『長安の春』（后記）講談社、1967、219 頁。

长安形象塑造的重要范本。《长安之春》收集了《"胡旋舞"小考》《当垆的胡姬》《隋唐时代伊朗文化输入中国》等七篇文章,单从题目上看,便不难发现石田氏关注长安的重点在"长安之外的西域"。受当时欧洲汉学界对中国"周边"的实地勘察和文献探险影响,石田干之助在西域史方面用功颇深。他对长安和西域的捆绑式研究,带动了日本文学塑造出的另一套长安话语——"国际之都""丝绸之路起点""敦煌的纽带"。

此外,在日本东洋史学者中,石田干之助与东洋文库、东方学会密切联系在一起,自1951年《东方学》杂志创刊,他便长期执笔"海外汉学动态",作为日本沟通世界汉学的窗口,石田氏功不可没。石田氏同窗好友芥川龙之介曾说,他创作的以中国为背景的小说《鼻子》《杜子春》《酒虫》等就是受到石田氏关于中国的研究而写出来的。昭和五十四年(1979)讲谈社出版《长安之春》文库版时,井上靖作序与后记称:"我的《天平之甍》、《杨贵妃传》以及其他以唐代长安为背景的小说,曾多次蒙受《长安之春》的恩惠。对我而言,这本书是辞典、参考书,是在书写长安时不可或缺的座右之书。"[1] 总之,《长安之春》不仅在史学界、文学界影响非凡,即使"对一般的读者而言,提起石田干之助,首先也会想到他是《长安之春》的作者"。[2] 因此石田干之助被称为"鲜活再现长安盛景的日本第一学者"。

侵华战争期间,西安并非抗日主战场,但自1935年中央红军"落户"陕北,西安摇身一变成为距离延安最近的国民党统治区,"西安事变"更是让这座古都在中国现代史上"复活"了一回,美国记者斯诺在《西行漫记》"开往西安的慢车"一节,以冒险小说的方式讲述他如何穿越西安地区国民党的封锁统治进入红区延安,

---

1　井上靖在《长安之春》题序中称其为"必读之书",在后记中又大赞其为"座右之书",足见其对《长安之春》的推崇之情。见石田幹之助『長安の春』(后記)講談社、1967、217頁。
2　和田久德「石田幹之助」『月刊しにか』第5卷第8号、1990年8月、104頁。

这部堪与冒险小说媲美的纪实报道，第一次将延安"红色麦加"形象传达给世界的同时，激起了西方记者蜂拥而至西安。对中国共产党抱有亲密友谊的史沫莱特，[1]甚至称国民党统治的西安"保守、肮脏、落后"，以衬托共产党领导的延安"文明、卫生、现代"，她毫不吝啬地将这种反差放大给美国甚至全世界，不断强化西方尤其是美国人心目中二十世纪三四十年代的西安形象——"反自由的碉堡"和"白色恐怖之城"。资产阶级出身的斯特朗[2]则给西安附加上了"中世纪城堡"这一功能，其目力所及皆是"中世纪"色彩——高耸的城门、成群的乞丐、饥饿的儿童、粗犷的风景以及扮演拯救者的传教士。

　　以斯诺为首的美国记者对日本的影响无疑是巨大的，日本华裔作家陈舜臣说，战争期间他读到斯诺的《西行漫记》，作品中"塑造的崭新中国让我很激动"。[3]战后作家司马辽太郎在随笔集《从长安到北京》中，对斯诺描写的延安地貌颇有微词，他说如果斯诺能从飞机上看，就绝不会有这样的感觉，也不会用这种又恐怖又刺激的语言来形容延安了。司马辽太郎认为"当时红军与得到外国绝对支持的国民党军队抗衡而不得不藏身于这样的地势中，与其说是利用自然地势将敌兵饿死、渴死在途中，不如说是红军为了置之死地而后生"。[4]与对延安野性自然风景的礼赞不同，司马辽太郎始终觉得西安是灰暗的、阴霾的城市。

　　进入二十世纪后期，日本文学中涉及长安的作品数量激增。从题材类别上看，可大致分为大众文学、纪行文学、历史随笔三类，其中以大众文学领域内的创作最为突出。大众文学领域内涉及长安的小说大致又可分为三类，这些作品许多都以遣唐使为主人公。一

1　〔美〕史沫莱特:《史沫莱特文集》(四)，陈文炳等译，新华出版社，1985，第12页。

2　〔美〕斯特朗:《斯特朗文集》(二)，郭鸿等译，新华出版社，1988，第203页。

3　陈舜臣『道半ば』集英社、2003、142頁。

4　司马辽太郎『長安から北京へ』中央公論社、1976年8月、51頁。

是仅以长安为背景舞台，主要人物为遣唐使和留学僧，情节均为虚构的推理类小说。如陈舜臣的推理小说《方壶园》《长安日记——贺望东推理故事集》，伴野朗《长安杀人赋》，田中芳树《寒泉亭杀人》《缬缬城绮谭》，森福都《长安牡丹花异闻》，驹田信二《黄金蝶》等。二是以生活在长安的诗人、美人、帝王、遣唐使、胡姬为主要人物的历史传记类小说。如井上靖《杨贵妃传》《天平之甍》，伴野朗《长安物语：光与影的皇帝玄宗》，原百代《武则天》，松田铁也《长安之月：未归的仲麻吕》，大原正义《长安之月：阿倍仲麻吕传》，司马辽太郎《空海的风景》，等等。三是偏离史实，仅依据有限的历史文献，以长安为时空代号，纵横六合、天马行空地想象的奇幻、怪奇类小说。如井上佑美子《长安异神传》系列、梦枕貘《沙门空海之大唐鬼宴》系列等。梦枕貘的小说经陈凯歌改编成电影《妖猫传》，于 2017 年年底先后在中日两国上映，影片中的盛唐长安极尽酣畅风流之美。目睹如此极乐盛景，谁又能说盛唐"长安"已经消失了呢？

参考文献

一 基础文本

作为研究对象的基础文本按照本书章节分类，并按照文献大致的成书年代排列，同一种文献按照出版年代顺序排列。

釈清潭『懷風藻新釈』丙午出版社、1927。

世良亮一『懷風藻詳釈』教育出版社、1938。

杉本行夫注訳『懷風藻』弘文堂、1943。

林古溪『懷風藻新注』明治書院、1958。

小島憲之校注「懷風藻 文華秀麗集 本朝文粹」佐
　　竹昭広等編『日本古典文学大系 第69』岩波書
　　店、1964。

『凌雲集』『文華秀麗集』『經國集』塙保己一編

『羣書類従　第 8 輯（装束部　文筆部　第 1)』訂正版　続群書類
　　従完成会校、1960。

『懐風藻　凌雲集　文華秀麗集　經國集　本朝麗藻』（覆刻日本古典
　　全集）現代思潮新社、2007。

川口久雄、本朝麗藻を読む会編『本朝麗藻簡注』勉誠社、1993。

柿村重松『本朝文粋註釈》（上冊）内外出版、1922。

柿村重松『本朝文粋註釈》（下冊）内外出版、1922。

藤原明衡『本朝文粋』大曾根章介、後藤昭雄等校注『新日本古典
　　文学大系　27　本朝文粋』岩波書店、1992。

林鵞峯『本朝一人一首』小島憲之校注、佐竹昭広等編『新日本古
　　典文学大系　63』岩波書店、1994。

本間洋一『本朝無題詩全注釈　1』新典社、1992。

本間洋一『本朝無題詩全注釈　2』新典社、1993。

本間洋一『本朝無題詩全注釈　3』新典社、1994。

円仁『入唐求法巡礼行記』足立喜六訳注、平凡社、1970。

小野勝年『入唐求法巡礼行記の研究』法藏館、1989。

「慈覚大師伝」塙保己一『続群書類従　第 8 輯　伝部巻』経済雑誌
　　社、1902。

小野勝年『三千院本慈覚大師伝』五典書院、1967。

成尋『參天台五臺山記』関西大学出版部、2007。

大江匡房『本朝神仙伝』井上光貞、大曽根章介校注『日本思想大
　　系 7　往生伝　法華験記』岩波書店、1974。

慶滋保胤『日本往生極楽記』井上光貞、大曽根章介校注『日本思
　　想大系 7　往生伝　法華験記』岩波書店、1974。

黒川真道編『古事談·續古事談·江談抄』國史研究會、1914。

川口久雄·奈良正一『江談証注』勉誠堂、1984。

梅津次郎編修『新修日本絵巻物全集　6　粉河寺縁起絵·吉備大臣
　　入唐絵』角川書店、1977。

小松茂美『日本絵巻大成 3 吉備大臣入唐絵巻』中央公論社、1977。

空海『弘法大師空海全集』筑摩書房、1983。

小松茂美編『続日本絵巻大成 5 弘法大師行状絵詞』（上）中央公論
　　社、1982。

小松茂美編『続日本絵巻大成 6 弘法大師行状絵詞』（下）中央公論
　　社、1983。

蜂須賀笛子校『松浦宮物語』岩波書店、1935。

萩谷朴訳注『松浦宮物語』角川文庫、1984。

萩谷朴『松浦宮全注釈』若草書房、1997。

樋口芳麻呂校注『松浦宮物語・新編日本古典文学全集 40』小学
　　館、1999。

松尾聰校注『日本古典文学大系 77 浜松中納言物語』岩波書店、
　　1964。

池田利夫校注『新編日本古典文学全集 27 浜松中納言物語』小学
　　館、2001。

浜松中納言物語の会校注『浜松中納言物語巻一 注釈』浜松中納言
　　物語の会、2012。

藤原定家『明月記』國書刊行會、1912。

二　基本史料

（一）中国相关史料

（汉）刘歆:《西京杂记》，吕壮译注，上海三联书店，2013。

（汉）班固:《汉书》，颜师古注，中华书局，1962。

（晋）葛洪:《西京杂记》，上海三联书店，2013。

（南朝宋）刘义庆撰，徐震堮著《世说新语校笺》，中华书局，1984。

（梁）萧统编，（唐）李善注《文选》，上海古籍出版社，1999。

（梁）释慧皎:《高僧传》，汤用彤校注，中华书局，1992。

（唐）白居易撰，谢思炜校注《白居易诗集校注》，中华书局，2006。

（唐）欧阳询：《艺文类聚》，上海古籍出版社，1965。

（唐）释皎然：《诗式》，齐鲁书社，1986。

（唐）王仁裕：《开元天宝遗事十种》，上海古籍出版社，1985。

（唐）李肇：《唐国史补》，上海古籍出版社，1979。

（后晋）刘昫：《旧唐书》，中华书局，1975。

（宋）郭茂倩：《乐府诗集》，中华书局，1998。

（宋）欧阳修：《新唐书》，中华书局，2011。

（宋）李昉等：《太平广记》，北京燕山出版社，2011。

（宋）李昉等：《文苑英华》，中华书局，1966。

（宋）钱易：《南部新书》，中华书局，1966。

（宋）王溥：《唐会要》，《景印文渊阁四库全书》第 606、607 册，台
　　北，台湾商务印书馆，1983。

（元）骆天骧：《类编长安志》，三秦出版社，2006。

何清谷：《三辅黄图校释》，中华书局，2005。

（二）日本相关史料

黒板勝美、国史大系編修会編『国史大系　第 1 巻上　日本書紀　前
　　篇』（新訂増補）吉川弘文館、1966。

黒板勝美、国史大系編修会編『国史大系　第 1 巻下　日本書紀　後
　　篇』（新訂増補）吉川弘文館、1967。

黒板勝美、国史大系編修会編『国史大系　第 2 巻　続日本紀』（新
　　訂増補）吉川弘文館、1966。

黒板勝美、国史大系編修会編『国史大系　第 3 巻　日本後紀　続日本
　　後紀　日本文徳天皇実録』（新訂増補）吉川弘文館、1966。

黒板勝美、国史大系編修会編『国史大系　第 4 巻　日本三代実録』
　　（新訂増補）吉川弘文館、1966。

黒板勝美、国史大系編修会編『国史大系　第 5 巻　類聚国史　前篇』

（新訂増補）吉川弘文館、1965。

黒板勝美、国史大系編修会編『国史大系 第 6 巻 類聚国史 後篇』
　（新訂増補）吉川弘文館、1966。

黒板勝美、国史大系編修会編『国史大系 第 10 巻 日本紀略 前篇』
　（新訂増補）吉川弘文館、1965。

黒板勝美、国史大系編修会編『国史大系 第 11 巻 日本紀略後篇
　百煉抄』（新訂増補）吉川弘文館、1965。

黒板勝美、国史大系編修会編『国史大系 第 12 巻 扶桑略記 帝王
　編記』（新訂増補）吉川弘文館、1965。

黒板勝美、国史大系編修会編『国史大系 第 22 巻 律令義解』（新
　訂増補）吉川弘文館、1966。

黒板勝美、国史大系編修会編『国史大系 第 24 巻 令集解 後篇』
　（新訂増補）吉川弘文館、1966。

黒板勝美、国史大系編修会編『国史大系 第 28 巻 政事要略』（新
　訂増補）吉川弘文館、1964。

黒板勝美、国史大系編修会編『国史大系 第 31 巻 日本高僧伝要文
　抄 元亨釈書』（新訂増補）吉川弘文館、1965。

『東寺長者補任』塙保己一編『羣書類従 第 4 輯』群書類従完成会
　出版、1953。

『東要記』塙保己一編纂、太田藤四郎補『續群書類従 第 26 輯下
　（釈家部）』八木書店古書出版部、2013。

皇典講究所、全国神職会校訂『延喜式』（上巻）臨川書店、1992。

林鵞峯『國史館日録』、山本武夫校訂、続群書類従完成会出版、
　1997。

三善為康『朝野群載』『史籍集覧 18』近藤出版部、1926。

藤原兼実『玉葉』国書刊行会、1907。

藤原宗忠『中右記』『増補史料大成』臨川書店、1965。

源為憲『口遊注解』幼学の会編、勉誠社、1997。

三　相关研究

（一）中文著作（含译著）与论文

专著

陈寅格：《唐代政治史述论稿》，生活·读书·新知三联书店，2004。

陈寅恪：《元白诗笺证稿》，生活·读书·新知三联书店，2009。

池步洲：《日本遣唐使简史》，上海社会科学院出版社，1983。

傅刚：《〈昭明文选〉研究》，中国社会科学出版社，2000。

高文汉：《中日古代文学比较研究》，山东教育出版社，1999。

葛兆光：《域外中国学十论》，复旦大学出版社，2002。

葛兆光：《西潮又东风》，上海古籍出版社，2006。

葛兆光：《中国思想史》上、中、下，复旦大学出版社，2009。

葛兆光：《宅兹中国》，中华书局，2011。

韩昇：《日本古代的大陆移民研究》，文津出版社，1995。

韩昇：《正仓院》，上海人民出版社，2007。

韩昇：《东亚世界形成史论》，复旦大学出版社，2009。

韩昇：《遣唐使和学问僧》，中华书局，2010。

蔡毅：《日本汉诗论稿》，中华书局，2007。

芪岚：《7-14世纪中日文化交流的考古学研究》，中国社会科学出版
　　社，2001。

康震：《长安文化与隋唐诗歌》，陕西人民教育出版社，2008。

匡燮：《唐诗里的长安风情》，尔雅出版社有限公司，2009。

梁容若：《中日文化交流史论》，商务印书馆，1985。

刘家鑫：《日本近代知识分子的中国观》，南开大学出版社，2007。

刘建辉：《魔都上海——日本知识人的“近代体验”》，上海古籍出版
　　社，2003。

马歌东:《日本汉诗溯源比较研究》,商务印书馆,2011。

吕超:《比较文学新视域:城市异托邦》,中国社会科学出版社,
　　2011。

孟华:《比较文学形象学》,北京大学出版社,2001。

荣新江:《隋唐长安:性别、记忆及其他》,复旦大学出版社,2010。

钱婉约:《从汉学到中国学:近代日本的中国研究》,中华书局,
　　2007。

史景迁:《文化类同与文化利用》,北京大学出版社,1990。

史念海:《河山集》,陕西师范大学出版社,1991。

史念海:《关中的历史军事地理》,载《史念海全集》第4卷,人民
　　出版社,2013。

孙东临:《日人禹域旅游诗注》,武汉大学出版社,1996。

孙东临、李中华:《中日交往汉诗选注》,春风文艺出版社,1988。

孙猛:《日本国见在书目录详考》,上海古籍出版社,2015。

田晓菲:《烽火与流星:萧梁王朝的文学与文化》,中华书局,2010。

汪向荣:《中日关系史资料汇编》,中华书局,1984。

汪向荣:《古代中日关系史话》,时事出版社,1986。

王海燕:《古代日本的都城空间与礼仪》,浙江大学出版社,2006。

王维坤:《中日文化交流的考古学研究》,陕西人民出版社,2002。

王向远:《比较文学学科新论》,江西教育出版社,2002。

王向远:《中国题材日本文学史》,上海古籍出版社,2007。

王晓平:《日本中国学述闻》,中华书局,2008。

王晓平:《亚洲汉文学》,天津人民出版社,2009。

巫鸿:《全球景观中的中国古代艺术》,生活·读书·新知三联书店,
　　2017。

武安隆:《遣唐使》,黑龙江人民出版社,1985。

向达:《唐代长安与西域文明》,河北教育出版社,2007。

肖瑞峰:《日本汉诗发展史》,吉林大学出版社,1992。

徐公持:《魏晋文学史》,人民文学出版社,1999。

严耕望:《唐代交通图考》,上海古籍出版社,2007。

严绍璗:《日本中国学史稿》,学苑出版社,2009。

杨波:《长安的春天:唐代科举与进士生活》,中华书局,2007。

杨曾文:《中国佛教东传·日本史卷》,山西教育出版社,2013。

姚峰剑:《遣唐使——唐代中日文化交流史略》,陕西人民出版社,
　　1984。

於国瑛:《异彩纷呈的物语世界》,知识产权出版社,2012。

乐黛云、张辉:《文化传递与文学形象》,北京大学出版社,1999。

张步云:《唐代中日往来事辑注》,陕西人民出版社,1984。

张错:《寻找长安:文化游记》,三民书局股份有限公司,2008。

张哲俊:《杨柳的形象:物质的交流与中日古代文学》,人民文学出
　　版社,2011。

中国社会科学院考古研究所:《青龙寺与西明寺》,文物出版社,
　　2015。

朱云影:《中国文化对日韩越的影响》,广西师范大学出版社,2007。

译著

〔美〕艾瑞克·洪伯格:《纽约地标:文化和文学意象中的城市文
　　明》,翟荔丽译,湖南教育出版社,2008。

〔美〕费正清:《中国的世界秩序——传统中国的对外关系》,杜继东
　　译,中国社会科学出版社,2010。

〔美〕凯文·林奇:《城市意象》,方益萍、何晓军译,华夏出版社,
　　2001。

〔美〕康拉德·托特曼:《日本史》,王毅译,李庆校,上海人民出版
　　社,2008。

〔美〕李欧梵:《上海摩登:一种新都市文化在中国(1930-1945)》,
　　毛尖译,北京大学出版社,2001。

〔美〕迈克·克朗:《文化地理学》,杨淑华、宋慧敏译,南京大学出版社,2005。

〔美〕薛爱华:《神女：唐代文学中的龙女与雨女》,生活·读书·新知三联书店,2014。

〔美〕宇文所安(Stephen Owen):《初唐诗》,贾晋华译,生活·读书·新知三联书店,2014。

〔法〕莫里斯·布朗肖:《文学空间》,顾嘉琛译,商务印书馆,2003。

〔日〕安藤彦太郎:《日本研究的方法论》,卞立强译,吉林人民出版社,1982。

〔日〕渡边照宏、宫坂宥胜:《沙门空海》,李庆保译,东方出版社,2016。

〔日〕沟口雄三:《日本人视野中的中国学》,李苏平等译,中国人民大学出版社,1996。

〔日〕古濑奈津子:《遣唐使眼里的中国》,武汉大学出版社,2007。

〔日〕後藤昭雄:《日本古代汉文学与中国文学》,高兵兵译,中华书局,2006。

〔日〕井上亘:《虚伪的“日本”：日本古代史论丛》,社会科学文献出版社,2012。

〔日〕静慈圆:《日本密教与中国文化》,刘建英、韩昇译,文汇出版社,2010。

〔日〕空海:《弘法大师著述辑要》,徐文蔚编,国家图书馆出版社,2011。

〔日〕堀敏一:《隋唐帝国与东亚》,韩昇、刘建英译,云南人民出版社,2002。

〔日〕砺波护:《隋唐佛教文化》,韩昇、刘建英译,上海古籍出版社,2004。

〔日〕妹尾达彦:《隋唐长安与东亚比较都城史》,高兵兵、郭雪妮、黄海静译，西北大学出版社，2019。

〔日〕木宫泰彦:《日中文化交流史》，胡锡年译，商务印书馆，
　　1980。

〔日〕青木正儿、吉川幸次郎等:《对中国文化的乡愁》，贺圣遂选
　　译，复旦大学出版社，2005。

〔日〕桑原骘藏:《考史游记》，张明杰译，中华书局，2007。

〔日〕松浦友久:《中国诗歌原理》，孙昌武、郑天刚译，辽宁教育出
　　版社，1990。

〔日〕藤家礼之助:《日中交流二千》，张俊彦、卞立强译，北京大学
　　出版社，1982。

〔日〕野村浩一:《近代日本的中国认识》，张学锋译，中央编译出版
　　社，1999。

〔日〕足立喜三:《长安史迹研究》，王双怀等译，三秦出版社，
　　2003。

〔日〕宇野哲人:《中国文明记》，张学锋译，中华书局，2008。

论文集

陈平原:《北京记忆与记忆北京》，生活·读书·新知三联书店，
　　2008。

陈平原、王德威、陈学超:《都市想象与文化记忆》，北京大学出版
　　社，2009。

陈立旭:《都市文化与都市精神：中外城市文化比较》，东南大学出
　　版社，2002。

杜文玉主编《唐史论丛》，陕西师范大学出版社，2012。

复旦大学文史研究院:《从周边看中国》，中华书局，2009。

李炳武总主编、刘锋焘卷主编《长安学丛书（文学卷）》，陕西师范
　　大学出版社、三秦出版社，2009。

李浩、〔日〕矢野建一:《长安都市文化与朝鲜·日本》，三秦出版

社，2006。

侯甬坚：《长安史学》第 2 辑，中国社会科学出版社，2007。

黄约瑟：《港台学者隋唐史论文精选》，三秦出版社，1990。

刘俊文：《日本中青学者论中国史·六朝隋唐卷》，上海古籍出版社，
　　1995。

汪民安、陈永国、马海良主编《城市文化读本》，北京大学出版社，
　　2008。

荣新江主编《唐研究》第 15 卷（"长安学"研究专号），北京大学
　　出版社，2009。

张伯伟主编《域外汉籍研究集刊》第 9 辑，中华书局，2013。

周一良：《中日文化关系史论》，江西人民出版社，1990。

《中日关系史论丛》第 2 辑，吉林人民出版社，1982。

《中日文化交流史大系（十卷）》，浙江人民出版社，1995。

期刊及学位论文

陈福康：《关于晁衡的汉诗》，《上海大学学报》（社会科学版）2008
　　年第 6 期。

戴禾：《唐代来长安日本人的生活、活动和学习》，《陕西师范大学学
　　报》（哲学社会科学版）1985 年第 1 期。

邓稳：《由京都赋看王城居中的观念》，《中国韵文学刊》2013 年第 1
　　期。

高文汉、李秀英：《论日僧空海对中日文化交流的贡献》，《文史哲》
　　1999 年第 2 期。

韩晖：《〈文选〉京都赋置首的文化分析》，《广西师范大学学报》（哲
　　学社会科学版）2004 年第 1 期。

韩昇：《〈井真成墓志〉所反映的唐朝制度》，《复旦学报》（社会科学
　　版）2009 年第 6 期。

何世钰：《往学盈归　播风弘道——日本遣唐留学生吉备真备》，《文

博》1986 年第 5 期。

胡积、洪晨晖:《"日本"国号起源再考》,《外国问题研究》2011 年
　　第 4 期。

黄永年:《〈长恨歌〉新解》,《文史集林》1985 年第 4 期。

贾俊侠:《空海长安求法情结探赜》,《宁夏大学学报》(人文社会科
　　学版)2010 年第 4 期。

李令福:《来唐日本人在唐都长安》,《唐都学刊》2001 年第 4 期。

李兆铭:《唐学东渡与吉备真备》,《齐齐哈尔师范学院学报》(哲学
　　社会科学版)1991 年第 4 期。

刘明翰:《论吉备真备》,《文史哲》1997 年第 1 期。

刘淑梅:《遣唐使初探》,《史学集刊》1995 年第 4 期。

刘新万:《白居易与长安华阳观》,《河南师范大学学报》(哲学社会
　　科学版)2010 年第 6 期。

卢飞鹰、黄伟:《长安翠微寺与雪村友梅》,《文博》2001 年第 1 期。

卢盛江:《空海入唐:佛学之旅与文学之旅》,《文史知识》2009 年第
　　1 期。

卢盛江:《空海的思想意识与〈文镜秘府论〉》,《文学评论》2009 年
　　第 1 期。

马一虹:《日本遣唐使井真成入唐时间与在唐身份考》,《世界历史》
　　2006 年第 1 期。

权赫子:《京都赋在海东的流衍》,《社会科学战线》2018 年第 2 期。

荣新江:《从"井真成墓志"看唐朝对日本遣唐使的礼遇》,《西北大
　　学学报》(哲学社会科学版)2005 年第 4 期。

石怀:《日本圆仁唐长安所见》,《文博》1985 年 1 第 2 期。

宋锡民、宋百川:《日本遣唐使者小考》,《文史哲》1980 年第 3 期。

孙昌武:《唐长安佛寺考》,《唐研究》第 2 卷,北京大学出版社,
　　1996。

王长顺、张新科:《〈西都赋〉"长安事象"征实考论》,《文史哲》

2010 年第 4 期。

王仁波：《唐长安城的佛教寺院与日本留学僧》，《文博》1989 年第 6 期。

王仁波：《唐代日本留学僧在长安》，《法音》1982 年第 6 期。

王仁波：《日本的千年古都——平安京》，《文博》1987 年第 4 期。

王顺利：《阿倍仲麻吕的求学进取与怀国思乡》，《外国问题研究》1998 年第 3 期。

王展：《慈恩寺与唐代文学》，博士学位论文，上海社会科学院，2015。

王仲殊：《关于日本古代都城制度的源流》，《考古》1983 年第 4 期。

王仲殊：《论洛阳在古代中日关系史上的重要地位》，《考古》2000 年第 7 期。

王仲殊：《井真成与阿倍仲麻吕·吉备真备》，《考古》2006 年第 6 期。

王仲殊：《关于日本古代都城制度的源流》，《考古》1983 年第 4 期。

王仲殊：《试论唐长安城与日本平城京及平安京何故皆以东半城（左京）为更繁荣》，《考古》2002 年第 1 期。

武寅：《天皇制的起源及结构特征》，《历史研究》2012 年第 3 期。

邢永凤：《吉备真备与唐代易学东传》，《周易研究》2010 年第 6 期。

肖瑞峰：《〈怀风藻〉：日本汉诗发轫的标志》，《浙江大学学报》（人文社会科学版）2000 年第 2 期。

宿白：《隋唐长安城和洛阳城》，《考古》1978 年第 6 期。

徐迈：《汉唐长安空间与文学关系演变研究》，博士学位论文，浙江大学，2013。

於国瑛：《异彩纷呈的物语世界（13）渡唐和转世的物语——〈浜松中纳言物语〉》，《日语知识》2011 年第 2 期。

〔日〕妹尾达彦：《长安：礼仪之都——以圆仁〈入唐求法巡礼入唐记〉为素材》，载《唐研究》第 15 卷，北京大学出版社，2009。

〔日〕妹尾达彦：《东亚都城时代的诞生》，《唐史论丛》第 14 辑，陕西师范大学出版社，2012。

〔日〕桜井满：《三笠の山の月——阿倍仲麻呂の歌をめぐって》，《日
　语学习与研究》1983 年第 4 期。

（二）外文专著与论文

专著及论文集

安田章生『藤原定家研究（増補版）』至文堂、1975。

岸俊男『日本古代宮都の研究』岩波書店、1988。

奥間徳一『大日本国号の研究』大同館書店、1935。

奥平英雄『絵巻』美術出版社、1957。

北村優季『平安京：その歴史と構造』吉川弘文館、1995。

波戸岡旭『上代漢詩文と中国文学』笠間書院、1989。

倉西裕子『吉備大臣入唐絵巻：知られざる古代中世一千史』勉誠出
　版、2009。

朝尾直弘編『日本の社会史　第 1 巻』岩波書店、1987。

椙山林繼『古代出雲大社の祭儀と神殿』平成社、2005。

椙山林繼、岡田莊司等『古代出雲大社の祭儀と神殿』学生社、
　2005。

辰巳正明『懐風藻漢字索引』新典社、1978。

辰巳正明『懐風藻：日本的自然観はどのように成立したか』笠間書
　院、2008。

池田利夫『浜松中納言物語総索引』武蔵野書院、1964。

池田利夫『野鶴群芳　古代中世国文学論集』笠間書院、2002。

池上洵一『今昔物語集の研究』『池上洵一著作集　第 1 巻』和泉書
　院、2001。

川口久雄、奈良正一『江談証注』勉誠堂、1984。

川口久雄『平安朝日本漢文学史の研究 上』明治書院、1959。

川崎庸之『日本人物史大系　第 1 巻』朝倉書店、1961。

村井康彦『平安京と京都：王朝文化史論』三一書房、1990。

村山修一『藤原定家』吉川弘文館、1989。

大和岩雄『「日本」国はいつできたか：日本国号の誕生』六興出版、1985。

大曾根章介『日本漢文学論集（第 2 巻）』汲古書院、1998。

東寺（教王護国寺）宝物館編『弘法大師行状絵巻の世界：永遠への飛翔』東寺（教王護国寺）宝物館出版、2000。

東野治之『遣唐使と正倉院』岩波書店、1992。

东野治之『遣唐使船』朝日新聞社、1999。

渡辺信一郎『天空の玉座——中国古代帝国の朝政と儀礼』柏書房、1996。

飯島忠夫『日本上古史論』中文館書店、1947。

福井康順『慈覚大師研究』天台学会、1964。

高木卓著、鈴木朱雀絵『遣唐船ものがたり：阿倍仲麿と吉備真備』学習社、1942。

高木紳元『空海：生涯とその周辺』吉川弘文館、2009。

高見順『日本文学における東洋と西洋』勁草書房、1971。

岡田正之『近江奈良朝の漢文学』養徳社、1946。

岡田正之著、山岸徳平、長沢規矩也補『日本漢文学史 増訂版』吉川弘文館、1954。

古瀬奈津子『遣唐使の見た中国』吉川弘文館、2003。

関根康正編『「都市的なるもの」の現在——文化人類学的考察』東京大学出版会、2004。

鬼頭清明『日本古代都市論序説』法政大学出版局、1980。

河野貴美子『日本「文」学史（第 1 冊）』勉誠出版、2015。

黒田日出男『吉備大臣入唐絵巻の謎』小学館、2005。

黒川真道『古事談・續古事談・江談抄』國史研究會、1914。

黒板勝美『國史大系　新訂増補　第 31 巻』吉川弘文館、2000。

後藤昭雄『平安朝漢文学論考　補訂版』勉誠出版、2005。

荒木浩『説話集の構想と意匠：今昔物語集の成立と前後』勉誠出版、2012。

吉川幸次郎『支那人の古典とその生活』岩波書店、1964。

吉田孝『日本の誕生』岩波新書、1997。

菅根順之『松浦宮物語総索引』笠間書院、1974。

菅原道真著、川口久雄校注『菅家文草　菅家後集』岩波書店、1966。

江上波夫『八世紀の日本と東アジア』平凡社、1980。

金原理『平安朝漢詩文の研究』九州大学出版会、1981。

今枝二郎『唐代文化の考察　1（阿倍仲麻呂研究）』高文堂出版社、1979。

津田左右吉「文学に現はれたる国民思想の研究　第 1」『津田左右吉全集　第 4 巻』岩波書店、1964。

津田左右吉『日本上代史研究』岩波書店、1930。

井上和人『古代都城制条里制の実証的研究』学生社、2004。

久保田淳『本朝無題詩 の諸本の研究（第 1 分冊・本文篇）』東京大学、1991。

久保田淳『本朝無題詩 の諸本の研究（第 2 分冊・索引篇）』東京大学、1993;『文部省科学研究費補助金研究成果報告書》。

久保田淳等編『岩波講座日本文学史　第 3 巻（11·12 世紀の文学）』岩波書店、1996。

久留島浩『描かれた行列：武士・異国・祭礼』東京大学出版会、2015。

鈴木靖民『円仁とその時代』高志書院、2009。

鈴木治『白村江』学生社、1972。

茂在寅男『遣唐使研究と史料』東海大学出版会、1987。

梅津次郎「東寺本弘法大師繪傳の成立」梅津次郎『絵巻物叢考』
　　中央公論美術出版、1968。

梅津次郎『絵巻物叢考』中央公論美術出版、1968。

梅津次郎『绘卷物残缺系谱』角川書店、1970。

梅津次郎『新修日本絵巻物全集　6』角川書店、1977。

妹尾達彦『長安の都市計画』講談社、2001。

妹尾達彦『都市と環境の歴史学（第2集）』理想社、2009。

門脇禎二『日本古代国家の展開　上巻』思文閣出版、1995。

奈良博物館編集『大遣唐使展』奈良国立博物館、2010。

平川祐弘『異国への憧憬と祖国への回帰』明治書院、2000。

平岡武夫『長安と洛陽——資料』京都大學人文科學研究所、1956。

辻彦三郎『藤原定家明月記の研究』吉川弘文館、1996。

萩谷朴訳注『松浦宮物語』角川文庫、1984;

橋本義則『平安宮成立史の研究』塙書房、1995。

若山滋『ローマと長安：古代世界帝国の都』講談社、1990。

森公章『古代日本の対外認識と通交』吉川弘文館、1998。

森克己『遣唐使』至文堂、1955。

森克己『新編森克己著作集　第1巻　新訂日宋貿易の研究』勉誠出
　　版、2008。

森克己『新編森克己著作集　第2巻　続日宋貿易の研究』勉誠出
　　版、2009。

森克己『新編森克己著作集　第4巻　増補日宋文化交流の諸問題』
　　勉誠出版、2011。

森克己『新編森克己著作集　第5巻　古代－近代日本の対外交流』
　　勉誠出版、2015。

森新之介『摂関院政期思想史研究』思文閣出版、2013。

森正人『古代説話集の生成』笠間書院、2014。

杉本直治郎『阿倍仲麻呂伝研究：朝衡伝考』育芳社、1940。

山岸徳平「中世日本文学史 後篇」『国語国文学講座 第十六巻』雄山閣、1935。

山岸徳平『山岸徳平著作集 1（日本漢文学研究）』有精堂、1972。

山岡敬和『説話文学の方法』新典社、2014。

山田啓太『長安への道』中央公論事業出版、1996。

神田秀夫、国東文麿『日本の説話 第 2 巻』東京美術、1973。

石川忠久『長安の春秋: 中国文学論考』研文出版、2010。

石見清裕『唐の北方問題と国際秩序』汲古書院、1998。

石母田正『石母田正著作集 第 4 巻 古代国家論』、青木和 [ほか] 編、岩波書店、1989。

石母田正『石母田正著作集 第 6 巻 古代末期の政治過程および政治形態』、青木和夫 [ほか] 編、岩波書店、1989。

石母田正『石母田正著作集 第 7 巻 古代末期政治史論』、青木和夫 [ほか] 編、岩波書店、1989。

石田幹之助『西洋人の眼に映じたる日本』岩波書店、1934。

石田幹之助『長安の春』講談社、1979。

石田吉貞『藤原定家の研究』文雅堂書店、1957。

石原昭平編『日記文学新論』勉誠出版、2004。

市古貞次、三角洋一『鎌倉時代物語集成 第 5 巻』笠間書院、1992。

実藤恵秀『日本文化の支那への影響』螢雪書院、1940。

室永芳三『大都長安』教育社、1982。

司馬遼太郎『長安から北京へ』中央公論社、1976。

松浦友久『日本上代漢詩文論考』（松浦友久著作選 3）研文出版、2004。

桃崎有一郎『平安京はいらなかった: 古代の夢を喰らう中世』吉川弘文館、2016。

藤岡作太郎『鎌倉室町時代文学史』大倉書店、1915。

笹山晴生『平安初期の王権と文化』吉川弘文館、2016。

笹淵友一『宇津保物語新考』古典文庫、1966。

笹淵友一、宇津保物語研究会編『宇津保物語新攷』古典文庫、1966。

田村完誓訳『円仁唐代中国への旅』原書房、1984。

土田杏村『懐風藻と万葉集（文学論）』第一書房、1926。

土屋貴裕『絵巻に描かれた旅》、倉田実、久保田孝夫編『王朝文学と交通（平安文学と隣接諸学 7）』竹林舎、2009。

五味文彦『絵巻で読む中世』筑摩書房、1994。

西山良平『都市平安京』京都大学学術出版会、2004。

西嶋定生『中国古代帝国の形成と構造：二十等爵制の研究』東京大学出版会、1961。

西嶋定生『奈良・平安の都と長安——日中合同シンポジウム古代宮都の世界』小学館、1983。

喜田貞吉『都城の研究』平凡社、1979。

喜田貞吉『帝都』日本学術普及会、1939。

下出積与『古代神仙思想の研究』吉川弘文館、1986。

下店静市『下店静市著作集 第 3 巻（東洋画の見方と技法 大和絵史 絵巻物史 日本中世絵師の諸問題 美術史学方法論）』講談社、1985。

下店静市『下店静市著作集 第 8 巻（大和絵史研究）』講談社、1985。

小島憲之『国風暗黒時代の文学 下 1（弘仁・天長期の文学を中心として）』塙書房、1991。

小島憲之『上代日本文學と中國文學：出典論を中心とする比較文学的考察』（上）塙書房、1988。

小島憲之『上代日本文學と中國文學：出典論を中心とする比較文学的考察』（下）塙書房、1988。

小松茂美『小松茂美著作集　第 29 巻（日本絵巻史論　1)』旺文社、
　　2000。

小松茂美『小松茂美著作集　第 30 巻（日本絵巻史論　2)』旺文社、
　　2000。

小松茂美『小松茂美著作集　第 31 巻（日本絵巻史論　3)』旺文社、
　　2000。

小松茂美『小松茂美著作集　第 32 巻（日本絵巻史論　4)』旺文社、
　　2000。

小松茂美『日本絵巻聚稿　下』中央公論社、1989。

小松茂美『日本絵巻聚稿　上』中央公論社、1989。

小峯和明『今昔物語集の形成と構造』笠間書院、1985。

小峯和明『今昔物語集を読む』吉川弘文館、2008。

小峯和明等著『権力と文化（院政期文化論集　第 1 巻)』院政期文
　　化研究会編、森話社、2001。

小野勝年『中国隋唐長安・寺院史料集成：史料篇』法藏館、1989。

小野勝年『中国隋唐長安・寺院史料集成：解説篇』法藏館、1989。

小野勝年『入唐求法巡礼行記の研究』（第 1－4 巻）法藏館、1989。

小澤毅『日本古代宮都構造の研究』青木書店、2003。

野村八良『鎌倉時代文学新論』（増補版）明治書院、1921。

野村八良『近古文学史論』明治書院、1952。

遠藤證圓『鑑真和上』文芸社、2004。

蔵中進『唐大和上東征伝の研究』桜楓社、1976。

増村宏『遣唐使の研究』同朋舎、1988。

針原孝之『古代文学の創造と継承』新典社、2011。

正延哲士『阿倍仲麿』三一書房、1994。

中村義雄『絵巻物詞書の研究』角川書店、1983。

中島悦次『宇治拾遺物語・打聞集全註解』有精堂、1970。

中西進『山上憶良』河出書房新社、1973。

中西進『ユートピア幻想：万葉びとと神仙思想』大修館書店、1993。

中西進『古代文学の生成』おうふう出版、2007。

中野玄三、加須屋誠、上川通夫編『方法としての仏教文化史：ヒト・モノ・イメージの歴史学』勉誠出版、2010。

猪口篤志『日本漢文学史』角川書店、1984。

足立喜六『長安史蹟の研究』東洋書林、1983。

足立喜六訳注、塩入良道補注『入唐求法巡礼行記』平凡社、1970。

佐伯有清『慈覚大師伝の研究』吉川弘文館、1986。

佐伯有清『日本古代中世史論考』吉川弘文館、1987。

佐伯有清『日本古代氏族事典』雄山閣、1994。

佐伯有清『円仁』吉川弘文館、1989。

佐伯有清『最後の遣唐使』講談社、1978。

佐伯有清『最澄と空海：交友の軌跡』吉川弘文館、1998。

佐藤道生『平安後期日本漢文学の研究』笠間書院、2003。

佐藤武敏『長安：古代中国と日本』朋友書店、1974。

佐藤恒雄『藤原定家研究』風間書房、2001。

E.O. ライシャワー、田村完誓訳、『円仁唐代中国への旅』原書房、1984。

Shlomith Rimmon-Kenan，*Narrative Fiction：Contemporary Poetics*，（London：Metheun、1983）．

W.C.Booth，*The Rhetoric of Fiction*，（Chicago：University of Chicago Press、1961）．

论文

むしゃこうじみのる「吉備大臣入唐絵詞——とくにその異国描写について」『國華』第 874 号、1965 年 1 月。

阿部真弓「『松浦宮物語』に見える須磨、明石巻の影」『詞林』（大

阪大学）第 15 号、1994 年 4 月。

奥村和美「『松浦宮物語』と『萬葉集』巻五」『国語国文』第 84 巻
　　第 4 号、2015 年 4 月。

半谷芳文「平安朝七言排律詩の生成——『文章経国』的文芸観に基
　　づく文学営為の一つとして」『和漢比較文学』第 47 号、2011 年 8
　　月。

本間洋一「院政期の漢詩世界序説（5）匡房から忠通へ」『北陸古典
　　研究』第 28 号、2013 年 11 月。

本間洋一「院政期の漢詩世界序説（1）:『本朝無題詩』の時代へ」
　　『同志社女子大學學術研究年報』第 54 巻第 1 号、2003 年 12 月。

波戸岡旭「八世紀−日本人の国際感覚——『懐風藻』の世界から」
　　『國學院雜誌』第 103 巻第 11 号、2002 年 11 月。

池田利夫「見ぬ唐土の夢——『松浦宮物語』を中心に」『国文学』第
　　26 号、1981 年 12 月。

池田利夫「浜松中納言物語に於ける唐土の問題」『藝文研究』第 10
　　号、1960 年 6 月。

池田三枝子「平城京——歌表現と政治理念」『国語と国文学』第 87
　　巻第 11 号、2010 年 11 月。

大隅和雄「古代末期における価値観の変動」『北海道大学文学部紀
　　要』第 16 号、1968 年 1 月。

大曽根章介「『本朝無題詩』成立考 上」『国語と国文学』第 37 巻第
　　5 号、1960 年 5 月。

大曽根章介「『本朝無題詩』成立考 下」『国語と国文学』第 37 巻第
　　6 号、1960 年 6 月。

豊田祐子「『松浦宮物語』における『松浦』について」『立正大学国
　　語国文』第 32 号、1995 年 3 月。

豊田祐子「『松浦宮物語』の『唐舟』をめぐる——考察」『立正大学
　　国語国文』第 35 号、1998 年 3 月。

岡本大典「吉備真備と陰陽道——吉備塚伝承を中心に」『奈良教育大学国文』第 32 号、2009 年 3 月。

高兵兵「長安の月、洛陽の花：日本古典詩歌の題材となった中国の景観」『アジア遊学』第 229 号、2019 年 1 月。

高兵兵「日本古代文学における『長安』像の変遷」小峯和明監修『シリーズ日本文学の展望を拓く 1』笠間書院、2017。

高兵兵「日本古代僧侶の祈雨と長安青龍寺：円珍『青龍寺降雨説話』の成立背景を考える」『アジア遊学』第 197 号、2016 年 6 月

高潤生「『懐風藻』と中国文学——釈弁正『与朝主人』詩考」『皇学館論叢』第 27 巻第 5 号、1994 年 10 月。

宮次男「東寺本弘法大師行状絵巻——特に第十一巻第一段の成立をめぐって」『美術研究』第 299 号、1975 年 5 月。

宮島新一「絵所預を中心とした宮廷画壇史の研究：中世における大和絵の変遷」京都大学博士論文、1994 年 3 月。

谷口耕生「吉備大臣入唐絵巻——後白河院政期の遣唐使神話」奈良国立博物館編集『大遣唐使展』奈良国立博物館、2010 年。

古藤真平「嵯峨朝時代の文章生出身官人」『アジア遊学』第 188 号、2015 年 9 月。

亀田慎「『松浦宮物語』における唐土：先行する物語・説話との比較から」『創価大学大学院紀要』第 34 巻、2012 年。

広瀬昌子「浜松中納言・松浦宮物語の地名表現について」『甲南国文』第 39 号、1992 年 3 月。

海野圭介「『松浦宮物語』と『松浦』関係説話」『詞林』（大阪大学）第 15 号、1994 年 4 月。

河原正彦「『吉備大臣入唐絵詞』の成立と陰陽道」『文化史研究』第 15 号、1963 年 8 月。

横田健一「懐風藻所載僧伝考」『關西大學文學論集』第 8 巻第 4 号、1959 年 4 月。

胡志昂「最盛期の遣唐使を支えた詩僧・釈弁正」『埼玉学園大学紀
　　要』第 9 号、2009 年 12 月。

後藤昭雄「平安朝の楽府と菅原道真の『新楽府』」『国語国文』第
　　68 号、1999 年 6 月。

吉田幸一「松浦宮の成立年時と作者についての考説」『平安文学研
　　究』第 23 号、1959 年 7 月。

吉原浩人「江談抄──大江匡房の高麗返牒自讃談話をめぐって」『国
　　文学：解釈と鑑賞』第 72 巻第 8 号、2007 年 8 月。

今泉隆雄「再び平城宮の大極殿・朝堂について」関晃先生古稀記念
　　会編『律令国家の構造』吉川弘文館、1989 年。

井上和人「古代都城建設の実像──藤原京と平城京の史的意義を問
　　う」『日本古代都城制の研究──藤原京・平城京の史的意義』吉川
　　弘文館、2008 年。

久保田淳「『吉備大臣入唐絵詞』の吉備真備」『國文學：解釈と教
　　材の研究』第 20 巻第 15 号、1975 年 11 月。

久保田孝夫「吉備真備伝と『松浦宮物語』──絵伝から物語へ」『日
　　本文学』第 47 巻第 5 号、1998 年 5 月。

菊地真「遣唐使の文学──小野篁伝説の形成」『アジア遊学』第 4
　　号、1999 年 4 月。

堀川貴司「詩のかたち・詩のこころ──「本朝無題詩」の背景」『国語
　　と国文学』第 72 巻第 5 号、1995 年 5 月。

瀨利さくを「浜松中納言物語に於ける異国性」『古典研究』第 6 巻第
　　9 号、1941 年 9 月。

梅津次郎「東寺本弘法大師繪傳の成立」『美術研究』第 7 巻第 84
　　号、1938 年 12 月。

妹尾達彦「恋をする男──九世紀の長安における新しい男女認識の形
　　成」『中央大学アジア史研究』第 26 号、2002 年 3 月。

妹尾達彦「長安の変貌──大中国の都から小中国の都へ」『歴史評

論』第 720 号、2010 年。

妹尾達彦「空間と歴史、場所と記憶: 長安と北京の都市計画」『比
　較都市史研究』第 21 巻第 1 号、2002 年 6 月。

妹尾達彦「隨唐長安城と世界史の構造」『歴史地理教育』第 741 号、
　2009 年 3 月。

妹尾達彦「円仁の長安──9 世紀の中国都城と王権儀礼」『中央大学
　文学部紀要』第 221 号、2008 年 3 月。

朴南圭「『松浦宮物語』の作品世界と話型」『比較文学・文化論集』
　第 19 号、2002 年 3 月。

朴南圭「万葉集の風情なる歌について──『松浦宮物語』における万
　葉」『思想史研究』第 4 号、2004 年 3 月。

迫徹朗「日と長安といづれか遠き」『国語国文学研究』第 21 号、
　1986 年。

前田雅之「今昔物語集本朝仏法伝来史の歴史叙述──三国意識と自
　国意識」『国文学研究』第 82 号、1984 年 3 月。

萩谷朴「松浦宮物語作者とその漢学的素養（上）」『国語と国文学』
　第 18 巻第 8 号、1941 年 8 月。

萩谷朴「松浦宮物語作者とその漢学的素養（下）」『国語と国文学』
　第 18 巻第 9 号、1941 年 9 月。

森公章「九世紀の入唐僧: 遣唐僧と入宋僧をつなぐもの」『東洋大学
　文学部紀要』（史学科篇）第 37 巻、2011 年。

森公章「古代日本における対唐観の研究:『対唐外交』と国書問題を
　中心に」『弘前大学國史研究』第 84 号、1988 年 3 月。

山内晋次「遣唐使が見た長安」『月刊しにか』第 7 巻第 9 号、1996
　年 9 月。

山田勝久「奈良・平安時代の漢籍受容の一考察──『文選』と『白氏
　文集』の流伝について」『語学文学』第 17 号、1979 年。

神尾暢子「松浦宮の唐土女性──月光と女性美」『学大国文』第 45

号、2002 年 3 月。

石井正敏「遣唐使の見た大陸と人々」『国文学：解釈と鑑賞』第 61
　　巻第 10 号、1996 年 10 月。

石田吉貞「松浦宮物語作者は藤原定家か」『国語と国文学』第 17
　　巻第 6 号、1940 年 6 月。

手崎政男「定家の物語創作——有心体究明の準備」『国語と国文学』
　　第 17 巻第 6 号、1940 年 6 月。

水野治久「松浦宮物語の成立年代と作者について」『国語と国文学』
　　第 17 巻第 6 号、1940 年 6 月。

孫久富「都と文学——長安と奈良を中心に」『相愛大学人文科学研究
　　所研究年報』第 1 号、2007 年 1 月。

太田晶二郎「吉備真備の漢籍将来」『かがみ』第 1 号、1959 年 3 月。

藤原克己「円仁の『入唐求法巡礼行記』について」『国語と国文学』
　　第 64 巻第 11 号、1987 年 11 月。

土佐朋子「藤原宇合『在常陸贈倭判官留在京』詩の論」『和漢比較
　　文学』第 40 号、2008 年第 2 月。

王海燕「　禁苑と都城——唐長安城と平城京を中心に」『国学院大学大
　　学院紀要文学研究科』第 32 巻、2000 年。

王小蒙、加藤瑛二、宮嶋秀光「中国と日本の文化——長安の夢物語」
　　『名城大学教職課程部紀要』第 34 巻、2001 年。

王勇「遣唐使人の容姿」『アジア遊学』第 4 号、1999 年 5 月。

武者小路実「吉備大臣入唐絵詞——とくにその異国描写について」
　　『國華』第 877 号、1965 年 4 月。

西村富美子「白居易と裴度の周辺（上）長安・洛陽の両地をめぐっ
　　て」『未名』第 18 号、2000 年 3 月。

西村富美子「白居易と裴度の周辺（下）長安・洛陽の両地をめぐっ
　　て」『未名』第 19 号、2001 年 3 月。

西弥生「東寺蔵『弘法大師行状絵』の詞書：観智院賢宝の編纂意

図」『仏教史学研究』第 57 巻第 2 号、2015 年 2 月。

小島憲之「弘仁期文学より承和期文学へ——嵯峨天皇を中心とする応制奉和の詩賦をめぐって」『国語国文』第 34 巻第 9 号、1965 年 10 月。

小林茂文「藤原京の造営思想と天皇制」『史學』第 77 巻第 2、3 合併号、2008 年 12 月。

小峯和明「吉備大臣入唐絵巻とその周辺」『立教大学日本文学』、第 86 号、2001 年 7 月。

謝秦「『明月記』に見る藤原定家の漢籍受容」『国際文化学』第 13 号、2005 年 9 月。

須田哲夫「『浜松中納言物語』に於ける作者の唐知識論」『文学・語学』第 5 号、1941 年。

徐臻「唐土における阿倍仲麻呂及び彼の詩と歌」『日本思想文化研究』第 5 巻第 1 号、2012 年 1 月。

緒方惟精「万葉集と懐風藻」『国文学攷』第 23 号、1960 年 5 月。

塩出貴美子「吉備大臣入唐絵巻考——詞と画面の関係」『文化財学報』第 4 号、1986 年 3 月。

塩出貴美子「角屋本『弘法大師行状記絵巻』再考——東寺本との図様比較を中心に」『奈良大学紀要』第 21 号、1993 年 3 月。

塩出貴美子「弘法大師伝絵巻考——諸本の分類と概要」『文化財学報』第 15 号、1997 年 3 月。

塩出貴美子「長楽寺蔵『弘法大師行状曼荼羅』考：東寺本系大師伝絵の一例として」『奈良大学紀要』第 44 号、2016 年 3 月。

桜井秀「松浦宮物語の原典について」『文学』第 1 巻第 7 号、1993 年 10 月。

原田淑人「長安を訪ねて」『歴史地理』第 88 巻第 4 号、1958 年 4 月。

藏中しのぶ「長安西明寺の学問と上代漢詩文——大安寺文化圏の出

典体系」『上代文学』第 89 号、2002 年 11 月。

蔵中進「鑑真渡海前後──阿倍仲麻呂在唐詩二首の周辺」『神戸外
　大論叢』第 26 巻第 3 号、1975 年 8 月。

真鍋俊照「弘法大師行状絵詞の成立」『智山学報』第 56 号、2007
　年 3 月。

植木久行「唐都長安樂遊原詩考：樂遊原の位置とそのイメージ」『中
　國詩文論叢』第 6 号、1987 年 6 月。

中本大「『松浦宮物語』における漢籍利用に関するいくつかの問題」
　『詞林』（大阪大学）第 15 号、1994 年 4 月。

佐藤道生「藤原式家と 2 つの集──本朝続文粋と本朝無題詩」『国文
　学：解釈と鑑賞』第 55 巻第 10 号、1990 年 10 月。

佐野正人「『松浦宮物語』論──新古今時代の唐土」『日本文芸論
　叢』第 8 号、1990 年 3 月。

附　录

历史情感与都市想象
——论明治日本人长安游记的单一性

　　从心态史和情感史的角度来研究明治时期日本人的长安游记，就会发现"历史情感"在日本民族集体无意识中的投射，使置身于长安的日本旅行者更自觉地将地理空间与精神空间合一，这种走向深度的游史方式必然相对忽视建筑、广场、旅店、市民、饮食等构成城市形象的重要成分，而这恰是同时期美国人书写长安的重点。与西方人注重写横向的、空间的流动景观不同，明治日本人对长安的描述，因"历史情感"的冲动与显现，而掩盖了对都市样态的好奇与想象，从而在游记内容和表述方式上均呈现出单一、重叠的特征。这既与奔赴长安的旅行者身份、旅行线路较为单一有关，也与清末长安城市功能较为单一相联系。

对日本人来说，长安几乎是凭借古典文献和历史记忆堆积起来的一个华丽幻象，自古以来就与遣唐使、盛唐气象、《长恨歌》、牡丹花、丝绸之路等关键词密切相关。尽管近代之后中日之间的互看出现了"错位"，但这种集体无意识所催生出的期待视野，仍然从修辞和内容等方面影响了明治日本人的长安游记。抱有这种期待的实地踏查，往往容易导向两种结果：当现实与期待相符时产生的认同感与归属感；当现实和期待背离时产生的失落感与哀愁感。无论是因认同带来的喜悦，或是因失落引起的惆怅，都是一种情绪性感受，一旦留下此地并非长安的莫名惊诧，或不愧是长安的由衷喜悦，都会影响"看"长安的客观性。然而，旅行者对异国城市的观察或描述不存在绝对的"对与错"，长安形象的真伪并不能决定形象本身的审美价值，因此绝不能以简单的"是与非"来评价，而应该考察注视者的文化基因与形象生成之间的深层动因，研究"那种支配了一个社会及其文学体系、社会总体想象物的动力线"，[1]即日本文化与长安的深层关系。

一

日本外交官竹添进一郎，曾于 1876 年深入中国西部川陕地区游历，其《栈云峡雨日记》以优雅的汉文体记载了清末长安的形象："午抵西安府，即古长安。自周及秦汉，至苻秦、姚秦、周、隋唐并都于此。被山带河，所谓沃野千里、天府之国者。"[2] 如果说游记

---

1 〔法〕达尼埃尔·亨利·巴柔在《形象》一文中，对异国形象的真伪问题有精彩的论述。详见孟华译《比较文学形象学》，北京大学出版社，2001，第 156 页。

2 〔日〕竹添进一郎：《栈云峡雨日记》，张明杰整理，中华书局，2007，第 39 页。

所传递出来的异国城市形象，首先是通过词汇、话语和修辞方式等文学性介质实现，那么通过竹添进一郎的描述，如下几个问题值得尤其关注。

（一）竹添进一郎对长安形象的表述，并非单纯的对清末长安城市景观的文学性置换，而在很大程度上具有中国官修地方文献的色彩，且与中国传统文人常用的表述形式重叠。如于咸丰元年（1851）前往新疆叶尔羌任帮办大臣的倭仁，他在《莎车行记》对长安的描述正是"被山带河，天府之国，规模宏阔，亚于燕京"四句。[1] 可见，因为特殊的文化连带关系，竹添氏并未将长安作为"他者"来描述，仅从其表述方式来看，也大有"此身未做长安客，青山绿水已旧知"之感。

（二）与表述方式相关，竹添氏在游记中对清末长安城市景观的描写少之又少，仅有"圊圂之设"这一笔。据《栈云峡雨日记》，竹添进一郎滞留长安之际，因"腹痛下利"并未走访太多古迹名胜，却独独记录了中国茅厕的肮脏不堪："北地又无圊圂，人皆矢于豚栅。豚常以矢为食，瘦削露骨，有上栅者，嘻嘻聚于臀边，驱之不去，殆不能堪。此地始有圊圂之设，虽不净洁，亦胜于无矣。"[2] 如果说"茅厕问题"是明治时期诸多日本人始破平生想象之中国的起点，似乎也不为过。内藤湖南在其中国游记《燕山楚水》中也曾抱怨"一大茅厕"问题，甚至说"整个北京城感觉就像是个大茅厕"。[3] 由此引发的中国人"肮脏"的形象与明治日本人的中国观，许多学者对此已有精妙论述，此处不再赘述。笔者关注的是，在"茅厕"这一现实问题之外，竹添氏对于清末长安的描述仅有十字："府城规模宏壮，街市填咽。"这种描述究竟是来自历史文献还是现实印象，尚值得商榷。

1　详见方希孟《西征续录》，甘肃人民出版社，2002，第70~71页。
2　〔日〕竹添进一郎：《栈云峡雨日记》，第39页。
3　〔日〕内藤湖南：《燕山楚水》，吴卫峰译，中华书局，2007，第150页。

（三）对于在出行之前，喜欢搜集旅游情报的日本人来说，《栈云峡雨日记》对清末长安的记载尽管零星，却因为是近代之后日本人留下的关于长安城最早的见闻录，因而在某种意义上便具有了"原典性"意义。甚至像桑原骘藏这样严谨的学者，在赴长安旅行之时，也曾以竹添氏日记为旅行指南。[1]大概竹添氏本人也未曾料想到，昔日寥寥几笔，一旦被作为游记来反复阐释和解读时，所释放出的长安形象如何影响了后来者的游记叙事。

与竹添日记中表述长安的方式类似，桑原骘藏、宇野哲人、冈仓天心等人的长安游记，其修辞方式同样不乏中国官修文献影响的痕迹。另外，他们大都有良好的汉学修养，因此在游记中特别注重以诗文相佐行旅之思，颇有中国传统士大夫的咏史风范。但是，他们过于注重对长安历史情感的抒发而相对忽视对现实景观的描摹，过于注重纵向的、深度的历史思考而相对忽视横向的、瞬间的空间印象。当这些文本作为游记被后世不断言说时，难免给近代日本传递出这样一个长安形象——只有深度没有平面，只有历史没有日常，厚重有余而灵动不足，因而是凝固的、厚重的、单一的古都形象。

事实上，桑原骘藏的《长安之旅》更应该被看作一项学术成果的调研报告，尽管这部著作一直被日本学界视为明治日本人中国游记中的典范。出于学术考察特意前往长安访古的桑原骘藏，作为日本文部省选派的留学生，确实需要将考察见闻撰写成旅行报告递交。因其报告极具文献价值和学术意义，文部省特将其转交给《历史地理》杂志分期连载，题名为《雍豫二州旅行日记》，即《长安之旅》。因此说桑原氏不过是以学者的严谨、诗人的感伤和中国诗话式的叙述方式，详细记述了1907年长安的建筑宫墙、陵墓碑碣、寺院楼阁、府兵制度等史迹也不为过。与竹井的观察视角相比，桑

[1] 桑原骘藏曾在《长安之旅》中多处引用竹井氏日记中的汉诗来言说眼前之景。如"黄河左右两岸，土质疏松易凿，故居民穴居者甚多。我国竹井先生有诗曰……"详见〔日〕桑原骘藏《考史游记》，张明杰译，中华书局，2007，第15页。

原骘藏的长安观察更进一步地向历史收缩，至于长安彼时之市井风俗、日常细节几乎没有提及。尤其是作为游记，那种不可或缺的第一次踏上异国城市由惊异感和新鲜感带来的瞬间印象，在整个文本中也是缺席的。

随之产生的联动反应是，当《长安之旅》作为游记范本被日本读者接受时，在读者心里引起的文化反射，难免会形成这样的想象公式——"长安＝重叠的历史＋缺席的日常"。换言之，作为游记的《长安之旅》，是近代之后第一次在严格意义上向日本社会传递出长安形象的，而这一形象与其说是来自桑原氏本人裸眼的、直观的认识，不如说是几千年来日本人长安想象的一大浓缩，是一种在历史情感的冲动与显现下的"文化还乡"。

在探访曾经辉煌的史迹的时，桑原氏毫不吝惜对长安城衰落的种种感慨："周、秦、汉、唐之帝都，其位置大体可以推知，但当时实际规模结构几不可知。悠悠三千年，何处没有陵谷、沧桑之变呢？而于长安觉其变化尤甚。"[1]桑原氏还不断引用诗文来强调其凭吊怀古的失落感："汉国山河在，秦陵草树深。暮云千里色，无处不伤心。"[2]值得注意的是，引起桑原氏伤感的原因，就在于长安的沧桑巨变。而桑原氏不断强调的一个"变"字，不正说明在其第一次踏上长安之前，心目中已经有一个"旧知长安"？这个"旧知长安"既是从久远的文献典籍、文物遗迹这些具有存在感的实物中习得，又是从遣唐使的长安体验、唐诗中的长安意象等这些软性情感中的无意识累积。这个"旧知长安"更是一种经验，是由历史情感和文化前理解凝成的一种巨大的经验，正是这种经验控制着日本人描述长安的方式，以至于其游记文本中总有中国传统方志的味道。

"据说现在府城呈长方形，周长四千三百九十丈，即相当于

---

1 〔日〕桑原骘藏:《考史游记》，第 39 页。
2 〔日〕桑原骘藏:《考史游记》，第 37 页。

二十点三里，东西相距七点六里，南北相距四点五里。城门有四，东曰长乐，西曰安定，南曰永宁，北曰安远。城壁坚固，角楼壮观，所有一切均胜洛阳几筹。"[1] 类似的科学式罗列在整本游记中比比皆是。如果说学者习惯的思维方式总是科学的、严谨的，因此他们对长安的表述，也总是遵循大体固定的格式——公式化的描述、索引式的考据和无处不在的文献佐证，那么就不难理解桑原氏会用这种反映权力等级的周长来描述城墙，而对现实的长安生活场景几乎未曾考虑。

与桑原骘藏同时游历长安的宇野哲人，曾每夜剪烛，将日间见闻梳理成文，之后以书翰的方式寄给故乡之父母妻子。因此与桑原氏《长安之旅》类似编年体的板正相比，宇野哲人的《长安纪行》则更多地融入了个人的感情。宇野哲人自塘沽上陆，经天津至北京，将其一路见闻密密实实道来。他对塘沽港口的肮脏混乱与天津租界的繁华富丽大发感慨之后，又细述北京房屋、道路、摊贩及叫卖种种。甚至不厌其烦地列举北京城中的家畜、水果、澡堂、杂耍和戏院，对中国的对联、百果粥、祭灶、春节等民俗的观察也极为仔细。然而一踏上长安之地，这些观察的触角似乎就自动关闭了，只剩下对这汉唐故都的"行客凄然，伤心不堪"之感：

> 离京南下以来，已十有七日，行程千余里，今日得入长安，夙志是酬……然一度脚踏崤函，此身已是汉唐之人，秦岭、泾渭则不待言，小至一草一木，无不在诉说旧史。予于此淹留旬余，庶几可徜徉帝都之大道，缅怀帝都之旧影。[2]

由此可见，宇野哲人与桑原骘藏在传递长安形象的方式上，并

---

1 〔日〕桑原骘藏：《考史游记》，第39页。
2 〔日〕宇野哲人：《中国文明记》，张学锋译，中华书局，2008，第117页。

无太大差别，其游记《长安纪行》中描述现实长安街景见闻的语句仍然乏善可陈。

这种单调的形象同样见之于冈仓天心的纪行中。冈仓天心曾于1893年和1906年两次到访西安，第一次是为了考察中国的风土和古代的美术，第二次则是为波士顿美术馆购买美术品。尽管两度踏入崤函之地，冈仓天心对长安的描述仍然难脱"花向玉环坟上落，鸟过杜甫墓边啼"这种咏史的窠臼。他曾如此感慨："黄泥千里马蹄痕，杨柳一村水一村。除却英雄美人墓，中原必竟是荒原。"[1]既然中原之地已是"荒原"，那昔日古都也不过是"废都"而已。这种注重历史的、深度的、叠加的游记叙事，而忽视空间的、现场的、生动的观察和描写，所传递出的长安形象必然是只有历史而没有生活的"荒都""废都"，甚至是"死都"的形象。

二

与明治日本游记中倾向于对长安做深度的、历史的考古不同，对长安相对缺乏文化归属感的美国人，极善于在文本中表现那种猎奇的心理、新鲜的印象和不厌其烦地叙述日常景物的激动。1901年美国《基督教先驱报》记者尼科尔斯被派往中国，以了解当时发生在陕西省的大饥荒状况。尼科尔斯根据本次见闻写成的《穿越神秘的陕西》一书，第一次将神秘的而古老的西安展现给西方世界。"没有人知晓西安城由何人在何时建造。就此问题，基于过去发现的所有证据，我倾向于相信，当诺亚还是个小男孩的时候，西安城已经与今天的状况相差无几了。"[2]在对西安城的古老感到吃惊的同时，尼科尔斯对于城墙等历史建筑，则表现出异常的惊诧："在西边

1　〔日〕冈仓天心：《中国的美术及其他》，蔡春华译，中华书局，2009，第259页。
2　〔美〕弗朗西斯·亨利·尼科尔斯：《穿越神秘的陕西》，史红帅译，三秦出版社，2009，第64页。

的地平线上，我很快就发现了乍看上去好像一列低矮山丘的屏障。山脊线不时地被尖耸的山峰打断，好像是小型的山顶。当我们走近它们时，轮廓的棱角便清晰可见了，这使得我首先怀疑它们可能是其他东西而并非山丘。"[1]因为尼科尔斯对长安史迹并没有"经验"，所以才会犯将城墙视为山丘这种"低级错误"。

与此类似的情形是，对长安历史沿革的陌生，导致大部分西方游记描述长安史迹的时候过于小心翼翼，有时甚至出现了一些错误和偏差。1908年，美国探险家罗伯特·斯特林·克拉克组建了一支前往中国北方的科学考察队，在其旅行笔记《穿越陕甘》中有"西安的印象"一章，其中关于大雁塔和玄奘的记录便有些模棱两可、含混不清："西安城南一英里左右的地方有一座高大的佛塔，塔中收藏着两通标注着永徽四年的佛教碑刻。这两通碑记述了一位中国朝圣者前往印度取经的故事，以及在渡过恒河之后，他是如何研习那个国家的语言，了解新的信仰，最终他返回西安，备受崇敬。"[2]

以尼科尔斯为首的西方旅行者，多喜欢描述空间向度的西安城，传递出一种典型的"他者"形象，而这种"他者"形象的塑造，最初都来自裸眼的瞬间印象。尼科尔斯在"西安城与西安人"一章，仔细记录了西安城的建筑、街道、商业店铺、广场及市民样貌等。"我们骑马穿过长逾3英里的街道，两侧的店铺、钱庄和市场鳞次栉比。手推车、官员的轿子、骑马的人都在涌动的人群中穿行，到处都是人们忙于生计和从事各种活动的景象。"[3]克拉克也津津乐道于西安城的市景百态："在各类衙门前的开阔广场上，熙熙攘攘的人群摩肩接踵；各种各样五花八门的食物在这里制作出售，人

---

1 〔美〕弗朗西斯·亨利·尼科尔斯：《穿越神秘的陕西》，第63页。

2 〔美〕罗伯特·斯特林·克拉克等：《穿越陕甘：1908—1909年克拉克考察队华北行纪》（简称《穿越陕甘》），史红帅译，上海科学技术文献出版社，2010，第55页。

3 〔美〕弗朗西斯·亨利·尼科尔斯：《穿越神秘的陕西》，第64页。

们就在街上吃着东西；在广场上，小贩们在草编的席棚或者蓝布蓬下的货摊上兜售他们的商货。"[1] 可以说，美国人注重空间叙事的游记方式，与日本人注重历史叙事的游记方式迥然不同。

从描写华清池的片段，最能体现出二者的差别。尼科尔斯试图通过对华清池建筑的描述，探讨"中国人缺乏美感"这个命题。他以近乎诗人般的抒情笔调描写了这片灰色土地上，亭、湖泊、阳光如何变奏出哲学般的美。他用大量篇幅讨论空间的延展与哲学、美学的碰撞，而很少谈到历史，只是简单提及根据铭文记载，"这处温泉由 2000 年前统治中国的一位皇帝修建"。克拉克也仅是根据翻译官提供的一些简单资料来表述："发现温泉的时间可以追溯到很早很早以前，不过，当前这些宽大浴池的建造则要归功于声名远播的康熙皇帝……这些浴池最初是为康熙帝的皇后以及皇后的宫女们建造的，而皇帝本人则使用最先记述的那处华美的浴池。"[2] 至于华清池最富代表意义的《长恨歌》以及李杨爱情则只字未提，而这恰恰是日本游记书写的最重点。

对这段历史的相对陌生，同样见之于 1927 年美国记者斯特朗的记载："经过远处一扇城门，来到了山间一处洗硫磺泉浴的疗养地。周围乡村的人们都到这里来治病。由于有些病有传染性，我们有些犹豫不决。"[3] 让斯特朗"犹豫不决"的华清池，在几乎同时抵达华清池的东亚同文书院学生眼中，则无异于一种福祉："里面有五六个军人在洗澡，听说因为正在战争之中，此处眼下成了其联队的本部，真是好福气啊。一般人不允许入浴，但我们轻易地得到许可，温泉的浴池都是大理石做的，透过水底的紫色，温暖的泉水晶莹明亮，我们剥下衣服扑腾一声跳了进去，淹到脖子像要溶化一样，眼睛一

1 〔美〕罗伯特·斯特林·克拉克等:《穿越陕甘》，第 49 页。
2 〔美〕罗伯特·斯特林·克拉克等:《穿越陕甘》，第 49 页。
3 〔美〕斯特朗:《斯特朗文集（二）》，郭鸿等译，新华出版社，1988，第 215 页。

闭上，美丽的历史便浮上心头。"[1]

　　白居易《长恨歌》的风靡，使杨贵妃在日本曾以神、观音、女刺客、政治家、美人等形象出现。与此同时，华清池也几乎成了"爱与美"的象征之地，因此近代之后但凡赴长安者，几乎必游华清池，且常引用《长恨歌》的语句来引发思古之幽情。桑原骘藏《长安之旅》不仅引用"春寒赐浴华清池，温泉水滑洗凝脂"，更有李洞《绣岭宫词》、杜甫《自京赴奉贤县咏怀》等诗歌佐证。桑原氏在游历中且指点江山、且激昂文字，他对唐朝历史的洞见着实令人佩服："唐室三百年的国运，至玄宗为之一顿，玄宗五十年的治政得贵妃为之一转。而贵妃的一生在华清宫与马嵬坡为始终。"[2]寥寥几语，却道尽历史玄机。这种纵向的、深度的游记手法与美国游记关注空间的、现场的叙事法可谓天壤之别。总之，因为"历史"的存在，日本人在观察长安的时候，往往容易忽略现实景观，而将情感自觉放逐于历史深处。也因为"历史"的存在，日本人很少将长安视为严格意义上的异国之都，而是在"他者"与"自我"之间来回摇摆。

　　尼科尔斯还极善于通过对比西安与中国其他城市，来强化其所描述的西安"古老""神秘"。在城市规划方面，他认为西安城是中国城市中极例外的一个，不同于其他城市街巷盲目地四散开来，没有规划，欠缺章法，西安城的规划可以说极其严密。在城市商业方面，他发现西安商铺不如上海和某些南方城市富有商业气息，"银饰珠宝、象牙雕刻、玉制饰品很少在西安城的柜台出售。需求似乎更集中在那些更为实用的东西上，如丝绸、棉布和茶叶"。[3]在城市娱乐方面，他提出西安没有"社交场合"，因为女性极少出现在大庭

1　〔日〕沪有会编《上海东亚同文书院大旅行记录》，杨华等译，商务印书馆，2000，第303页。
2　〔日〕桑原骘藏：《考史游记》，第84页。
3　〔日〕弗朗西斯·亨利·尼科尔斯：《穿越神秘的陕西》，第67页。

广众之下，"一个人越是富裕、发达，越会将自己家族的妇女与外界隔绝开来"。[1] 另外，与上海、天津等外国租界、开埠港口的中国城市相比，西安有许多商铺出售酒类，但没有酒吧。西安没有赌窟，没有罪犯和堕落者出没，也没有金碧辉煌有伤风化、挥霍放荡的场所。西安人对浮华、轻佻的娱乐并不感兴趣，因此戏院在这里并不像北京、上海那么成为城市重要的交际场所。总之，西安是一个"古老而神秘的城市"，因此尼科尔斯才会感叹，"在世界上其他地方是否还能发现比西安的古老家族传承更为久远的家族体系，那实在是令人怀疑"。[2]

可以说，尼科尔斯的观察是相当敏锐的，他甚至准确地把握住了西安人根深蒂固的保守性，以及基于黄土地上的传统农业思维特征。这点在他对所接触的一些西安人的描述中，更是显而易见。当尼科尔斯指着世界地图，力图给陕西巡抚李绍棻解释地球是圆的时，李绍棻依然自信满满地说："你们野蛮人的地图错了，美国的边界与中国相邻；肯定如此，因为中国是中央帝国，它位于所有国家的中央，而且地球是平的。"[3] 当然，彼时持有这种大国思维的人绝不只限于陕西巡抚。但尼科尔斯抵达西安的时候，恰逢慈禧太后和光绪皇帝离开不到一个月，他在游记中记录了西安人对于皇帝的忠诚与狂热，街坊间到处流传着"皇帝在此吃过饭""西太后用过的茶杯"之类的逸事，且讲述者颇以为得意。尼科尔斯由此判断，西安是清末中国的最后一块古老的净土。

尼科尔斯重笔描述的巡抚宅邸、公共广场、会馆、百货大楼、清真寺等近代西安城市景观，[4] 在同时期日本人的长安游记中几乎从

1 〔美〕弗朗西斯·亨利·尼科尔斯:《穿越神秘的陕西》，第 69 页。
2 〔美〕弗朗西斯·亨利·尼科尔斯:《穿越神秘的陕西》，第 69 页。
3 〔美〕弗朗西斯·亨利·尼科尔斯:《穿越神秘的陕西》，第 77 页。
4 关于尼科尔斯所描述的西安城市景观，张晓虹在论文［《旧秩序衰解前的内陆重镇——晚清西安城市意象解读》《陕西师范大学学报》(哲学社会科学版) 2010 年第 4 期］中有相关的论述。

未出现。与此相关，美国人笔下那些明朗的儿童、缠足的妇女、乞丐、小偷、衙役、马夫、鸦片烟鬼、货郎、变戏法的杂耍艺人、算命先生等人物群像，日本游记中同样未曾涉及。尼科尔斯曾饶有趣味地描述过一个马车夫偷钱的故事，克拉克则满怀敬意地写到了马夫老赵："老赵第一次以其过人胆识和天生神力引起我们关注，还是在赵庄宿营地的时候——他曾经为了给考察队取补给物资，从洪水滔滔的汾河中泅渡而过。正是由于老赵非常能干，我们挑选他跟随科布和格兰特前往西安府。"[1]但在日本旅行者笔下，却鲜有对长安市民的描写。尽管在明治日本人游记中，曾记录了大量的不同身份和不同地位的中国人群，有写"人情质朴"者，有写"奸诈堕落"者，有写与官宦名流交往者，也有写人力车夫肮脏者，但独独在日本人写长安时，活生生的长安人都没了踪影，只剩下对历史人物的点评。如桑原骘藏就曾有"董仲舒不过是一介纯粹的儒学者，并没有政治家的才干"[2]这样精到的评语。

三

与中国的其他城市不同，中国曾作为日本上位国家的记忆，对应的主要城市空间是长安，遣唐使对长安"自下而上"的观察视角，在一定程度上将长安"幻象化"，与之相反，近代中日关系的倒错，决定了日本人对近代中国其他城市的观察是"自上而下"的，而对近代长安的观察则要复杂得多。细细考察明治日本游记中长安叙事重复、单一的原因，不难发现在前述的"历史情感"所引起的文化前理解和期待视野之外，也不能忽视三方面的客观原因。

首先，从旅行主体来看，与去中国其他城市的日本旅行者相

1〔美〕罗伯特·斯特林·克拉克：《穿越陕甘》，第46页。
2〔日〕桑原骘藏：《考史游记》，第76页。

比，赴长安者大多为对长安历史文化怀有极大热情且汉学功底深厚的学者，其旅行目的也多为文化考古。明治维新之后，日本开国力度激增，政客、记者、教习、学者、商贾、军人竞相踏入中国，其动机不外乎三种：一为访古游历；二为调查情报；三为其他事务性借口。在晚清中国风云变幻的时代背景下，西安偏居西北一隅的地理位置，注定其与处于变革风口浪尖上的北京、上海、南京等城市无法比拟，这就决定了赴长安旅行的日本人大多是以"访古游历"为目的，而并非做现实的"情报考察"。另外，"访古"这种传统的旅行方式多为有志之士追随古人遗志而行，因此实践者也多为学者、教习、留学生等知识分子，而很少有纯粹的政客、浪人、间谍、实业家等。

明治维新之后最早踏入长安的竹添进一郎，尽管名为政客，并历任天津领事、朝鲜常驻公使等职，但实质上仍是学者，辞官后一度于东京大学讲授汉学，且以《左氏会笺》《毛诗会笺》《论语会笺》等研究著作而闻名。桑原骘藏作为日本近代东洋史学的重要创始人之一，他从选定旅行路线，调查旅途里程，到查找古迹、文物，借阅并抄写有关的地志、考古录及前人的游记等，均精心以对，这足见其对长安之行的认真态度。宇野哲人是日本著名的中国哲学史研究者，他对遗留在中国大地上无数的文化遗产深深热爱，甚至是顶礼膜拜，因此才欣然与桑原同往长安。曾两度踏入长安考察美术的冈仓天心，不仅是明治时期著名的美术家，也是重要的思想家、学者，其著作《东洋的理想》《日本的觉醒》《东洋的觉醒》《茶之书》等，深受读者喜爱。由此观之，明治时期赴长安旅行的日本人，多是为学术考察而来的学者，囿于身份及学识的限定，他们对长安所抱有的"历史情感"更为激烈，这是其长安游记中过于倾诉历史感伤而忽视直观日常的原因之一。

其次，旅行线路的单一限定了观察视角多变的可能。陕西地处西北，经济落后，光绪二十一年（1895）虽有创设"陕西铁路公司"，拟修筑豫陕铁路陕段之议，但并未实现。这其中的缘由既与陕西在近代中国处于边陲的地理劣势有关，也不能忽视长久以来长安城对人思想的禁锢。尼科尔斯曾在《穿越神秘的陕西》中提及与当时任陕西巡抚的李绍棻的对谈。尼科尔斯提出，如果能在陕西境内修筑铁路，将西安与中国其他城市连接起来，那将极有可能避免一场大饥荒。对此，李绍棻则如此回答："我们能依靠铁路避免饥荒，那倒是真的，但是修建铁路连接不同地区有几个缺点。铁路会带来我们所厌恶的洋人，而洋人又让百姓丢掉饭碗。一条通往西安的铁路会剥夺数以百计家庭的谋生手段。"[1] 因此，他才始终反对修筑铁路。

　　与西方旅行者大多选择经保定，过太原，沿汾河谷地，入陕西潼关后西行直达长安的路线不同，赴长安的日本旅行者，多为从北京出发至新乡，换乘道清铁路，由清化镇过孟津，一直到洛阳，自此向西走官道至长安。而所谓的官道，据《大清会典》及《续编陕西通志稿》记载，也不过是荒废的驿道。这段驿道上既有卫边壮士出征的场面，也有慈禧太后上演的闹剧。1878 年左宗棠用兵西北时，为了解决官兵及转运军实的夫役和骡马的食宿及日用品供应，曾简单修缮过沿途一些驿站，[2] 不过道路状况仍然极为恶劣。除了少数路段（如西安至潼关）宽度在三丈左右外，一般干线仅可并行二车，有的仅能过一车或一驮，交通工具也以畜驮和畜力车为主。[3] 截至 1920 年，全国修建的公路已达 1100 余公里，而陕西境内尚无一条公路。直到 1922 年，西安至潼关间的公路才粗通，结束了陕西没有公路的历史。[4]

　　据桑原骘藏《长安之旅》记载，他和宇野哲人于 1907 年 9 月 3

1　〔美〕弗朗西斯·亨利·尼科尔斯：《穿越神秘的陕西》，第 76 页。
2　王开：《陕西古代道路交通史》，人民交通出版社，1989，第 463 页。
3　阎希娟：《民国时期西安交通运输状况初探》，《中国历史地理论丛》2002 年第 1 辑，第 98 页。
4　周治敦：《陕西公路史》第 1 册，人民交通出版社，1988，第 2 页。

日七点发自北京前门车站，直到 9 月 19 日才过灞桥，其间乘火车、
雇马车、骑马、坐船、步行历经半月有余的风雨，路途无比艰辛。
旅行路线的单一和固定，在一定程度上限定了旅行者观察的视角。
华山览胜、骊山温泉、灞桥折柳，这些情景几乎以相同的顺序反复
出现在明治日本人的游记中。另外，旅行者在赴长安之前，为了方
便旅行要做一些知识储备，必然会参考前人的路线和经验，甚至与
其密切交流，这在一定程度上加重了游记文本之间的互文性，这也
是促成明治日本游记中长安形象过于单一、重复的重要因素。

　　最后，从旅行目的地来看，西安作为中国历史最为悠久的古都
之一，在清末中国几乎不承担与日方交流的政治、经济、交通的枢
纽，西安城作为历史古都的单一功能，影响了日本游记的单一性。
近代日本租界和驻华使领馆的建立，为日本人高密度、近距离地体
验中国城市提供了可能，而这一切都与清末西安相去甚远。

　　近代日本在中国建立的租界主要在上海、天津、汉口等地，开
有租界的口岸有厦门、广州、镇江、九江、苏州、杭州和重庆等九
个城市。[1] 从 1872 年开始，日本又先后在上海、福州、香港、北京、
厦门等地设立驻华使领馆。另外，日本政府指定了从神户到上海、
天津、大连等八条对华线路，[2] 这无疑加速了日本人赴华的数量和频
率。据统计，从 1899 年到 1910 年间在中国的日侨增加到 35 倍以
上，而在北京的日侨其增长比率则从 1897 年到 1903 年增长到 20 倍。[3]
清末长安对明治日本人而言，很少具有政治、经济、交通等现实意
义，因此与描写中国的其他城市不同，其游记中对城市现实的、横
向的考虑自然会减少。德富苏峰曾于 1906 年游历朝鲜、满洲、天
津、北京、上海及苏杭一带，其目的是考察日俄战争之后中国各地
状况，因此他才会在其《七十八日游记》中，仔细描写途经农村

1　上海市历史博物馆：《中国的租界》，上海古籍出版社，2004，第 56 页。
2　王辑五：《中国日本交通史》，商务印书馆，1937，第 195 页。
3　〔美〕弗朗西斯·亨利·尼科尔斯：《穿越神秘的陕西》，第 76 页。

的房屋、庄稼，中国官员的西式客厅，吃的点心喝的酒，以及握手礼，等等。

　　相较之下，西安近代化脚步的缓慢，决定了西安之旅是一场慢节奏的旅行。近代交通发展的滞后，生生将西安与外界隔离开来。港口的开放、租界的建立、外国人教育等一系列时髦问题、新鲜的玩意儿进不来，渭河流域的农产品也运送不出去，整个西安城便处于一种沉闷得近乎凝固的状态中。尼科尔斯在《穿越神秘的陕西》一书中，曾设专节谈论"西安城与西安人"。他通过比较西安与中国南方城市、美国城市，从交通受限、观念保守、传统力量过于巨大等方面论述了西安城内在的固态性特征。"陕西一如既往地排斥邮局。北京的外务部经常就此问题探寻西安的口风，而答复总是强烈反对。"尼科尔斯认为西安人排斥信件很大程度上源于对外界沟通的恐惧，因为"信件是与外界沟通的一种途径，一定程度上会使中国人与外国人发生联系，因此被视为洪水猛兽而极力避免"。[1]对于大多数美国人来说，近代西安与北京、上海差异过大，以至于总用"中世纪城堡"[2]来描述。而这在日本旅行者眼中，则是在中国怀古的最佳之所。

　　总之，遣唐使时代的长安体验，经日本古典文学的酝酿、提纯，形成日本人潜意识中一种巨大的经验和记忆，正是在这种经验中堆积起的期待视野和前理解影响了明治日本人的长安游记。与同时期美国人偏重于对长安城市景观做横向的、空间的、流动的描述不同，日本人的游记中因对长安抱有的历史情感的冲动与显现，而呈现出纵向的、历史的、非现实的描述方式。如果不在游记文本与创作语境间做简单、机械的对比，而是经由历史，特别是心态史和

1　〔美〕弗朗西斯·亨利·尼科尔斯：《穿越神秘的陕西》，第68页。
2　美国记者斯诺、斯特朗、史沫莱特、海伦都先后描写过西安"高耸的城门、成群的乞丐、饥饿的儿童、粗犷的风景以及扮演拯救者的传教士"，总之其目力所及皆是"中世纪"色彩。详见3S研究会出版的《斯诺文集》《斯特朗文集》《史沫莱特文集》等著作。

情感史的角度来研究明治时期日本人的长安游记，就会发现"历史情感"的重要性。当日本旅行者以"历史"的态度描述长安时所使用的词汇、话语和修辞方式，被日本文学"套语化"、程序化后传递出了一个新的长安形象。若将这种自觉的文化反射现象置于比较文学的视域中解读，就会导向一个有趣且极富意义的命题——明治时期日本人对长安的描述，因历史情感的冲动与显现，而掩盖了其应有的城市样态，从而在游记内容和游记方式上均呈现出单一、重叠的特征。

（原载《江淮论坛》2012 年第 5 期，收录时有改动）

井上靖历史小说对长安生活空间的"省墨化"书写

日本汉学家对唐都长安的关注与研究，复苏了战后日本关于遣唐使时代的上位记忆。历史小说与大众传媒的双重推动，更是深化了长安作为日本人精神上"永远之都"的可能。井上靖作为战后日本中国题材文学开拓者，一方面在多部作品中或隐或显地反复关涉长安，另一方面又对长安空间的复原极为冷淡与粗糙，小说《天平之甍》更有对长安的"绕道而行"之嫌。以长安为突破点，借井上靖历史小说的原始文献还原逆推，就会发现只是通过汉籍被研究、在正仓院被展览、被史料和理论重构的长安幻象，刺激了战后日本文学表述长安的可能，也与现实的日本社会存在必然的冲突。

讲谈社重印日本汉学家石田干之助的《长安

之春》时，井上靖作序与后记称："我的《天平之甍》、《杨贵妃传》以及其他以唐代长安为背景的小说，曾多次蒙受《长安之春》的恩惠。对我而言，这本书是辞典、参考书，是在书写长安的场合不可或缺的座右之书。"[1] 如果井上靖的这番热烈表述与其对长安的书写呈必然的正逻辑，那么其作品中长安形象的模糊、空洞难免会令人疑窦丛生：（一）《天平之甍》中对长安的"省墨化"处理，是出于史料纰漏还是个人喜恶？ 如果说历史与文艺之间的转换存在误差，那同样汲取《长安之春》写作长安的陈舜臣，为何能鲜活复原唐都长安？[2]（二）与井上靖憧憬的"神秘的、未知的、谜一般的"西域相对，板着面孔、高高在上的长安是最高权力的象征，所有进入西域的那些人物，都是被长安弃掉的——失意的文人、遭贬的将军、远嫁的公主，但他们在井上靖笔下却是充满激情且能自主选择命运的个体，"长安—西域"的对峙会影响井上靖的长安创作？（三）战后在中日寻求邦交正常化的特殊年代，井上靖与中国政坛、文坛过于亲密的接触，是否会因"现实西安与古典长安的摩擦"而产生混乱？ 这种"混乱"感会消解井上氏对古都长安的想象吗？

　　围绕上述问题，以日本汉学界的长安研究为材料，结合井上靖创作时的中日关系，以及中国文化界对井上靖文学的翻译与评论的洞见与盲点，回到作品起点，或许可以阐释井上靖文学中的诸多矛盾性构造。

一　西京东都，纯属史料之误？

　　井上靖的长篇历史小说《天平之甍》在中日文坛上获誉极高，小说以公元 733 年日本遣唐使团赴唐为背景，以诗意的笔调叙述了

1　详见石田幹之助『長安の春』講談社、1979、217 頁。
2　陈舜臣的推理小说《方壶园》《长安日记——贺望东探案集》均以精细复原唐都长安为空间舞台，其历史随笔《长安之梦》与石田氏《长安之春》在叙事策略上极为相似。

四位年轻的日本留学僧，入唐前希望或惴惴不安的心情。小说开篇，僧人们在赴唐的风浪里生死未卜，支持他们的便是对遥远唐都的热烈期待：

> 只要不翻船，总到得了唐土。那时，就可以见见久闻大名的长安城和洛阳城，在那里走走看看，一定有许多感想。[1]

此时他们对唐都长安充满想象。这种想象经由返回日本的遣唐使前辈们反复描述，对理想化的长安进行了最大限度的普及，由此释放出的信息逐渐形成一种集体记忆，这种记忆无限制约着年轻僧人们的长安想象。"日本的平安京就是仿唐都长安建造的，平安京尚已如此繁华，长安该是何种情境呢？"然而，井上靖似乎并不理解僧人们的迫不及待，小说中遣唐使们登岸苏州后，并未直接到长安，而是辗转洛阳：

> 大使广成等到达洛阳，已是次年天平六年，即玄宗开元二十二年的四月。从到达苏州后八个月，他们不去长安，只在东都洛阳，因为玄宗皇帝这年驻守洛阳，未归长安，唐的朝廷就在洛阳。[2]

由热烈期盼到希望骤然落空，四僧的失落便可想而知了：

> 他们因唐廷留在洛阳，不免大为失望。以前的遣唐使都是乘官船一直去长安，到首都长乐驿，受内使的欢迎出席第一次宴会。以后骑马入长安，等不及在迎宾的四方馆里去恢复疲

---

1 〔日〕井上靖：《天平之甍》，楼适夷译，人民文学出版社，1980，第11页。

2 〔日〕井上靖：《天平之甍》，第14页。

劳，即上宣化殿朝拜，麟德殿接见，内殿赐宴，然后又在中使的使院中举行盛大宴会——这种在长安京豪华的礼节，广成等已经耳闻多次，在洛阳所也有同样的接待，但日本的使节总是愿意现身长安的出色舞台，饱享大唐初夏的阳光。[1]

井上靖在《我的文学轨迹》一书中说："如果说之前写《漆胡樽》那类的小说，不依据正史也可以，但《天平之甍》就完全不行。"[2]据井上靖随笔《〈唐大和上东征传〉的文章》所述，他对《唐大和上东征传》的书名、著者以及传本之间的差异有相当的了解，所以才会特别指出其所依版本为"宝历十二年东大寺戒坛院刊本"。[3]另外，安藤更生博士的研究成果也为《天平之甍》的创作提供了大量史料。[4]笔者试着对这批历史文献进行还原逆推，并结合域外典籍、出土墓志相互印证，以探求井上靖对长安"疏忽"的真相。据《续日本纪》天平五年（733）闰三月条记载：

> 癸巳，遣唐大使多治比真人广成辞见，授节刀。夏四月己亥，遣唐四船自难波津进发。[5]

与之对应的中国记载，见《册府元龟》卷九七一《外臣部·朝贡第四》：

1　〔日〕井上靖：《天平之甍》，第 14 页。
2　井上靖『わが文学の軌跡』中央公論社、1981、146 頁。
3　井上靖『歴史小説の周囲』講談社、1973、10 頁。《唐大和上东征传》约成书于公元 779 年，书名据最早的抄本观智院本和高山寺本题名，著者除观智院所藏乙本作"天台沙门思托与真人元开撰"之外，其他版本均作"真人元开"撰。此书诸多抄本和刊本之间差异很大，因此误传、讹传的可能性也不能忽视。
4　安藤更生『鑒真大和上伝之研究』平凡社、1960、59-286 頁。
5　藤原継縄『続日本紀』佐竹昭広等編『新日本古典文学大系 16』岩波書店、1998、1289 頁。

开元二十一年（733）八月，日本国朝贺使真人广成与傔从五百九十，舟行遇风，飘至苏州，刺史钱惟正以闻，诏通事舍人韦景先往苏州宣慰焉。[1]

小说《天平之甍》中关于本次遣唐使的选定、出发时间、登陆地点与史料几乎完全吻合。

四月初二日晨，广成一行自奈良城启行，向忆良歌中所说的难波津出发。……四条船四月初三自难波津开出……到同月中旬到了筑紫的大津浦，是本土最后一个海港。[2]

此时，因新罗统一了朝鲜半岛，遣唐使船只能直穿东中国海，漂到扬子江上的苏州和扬州之间的海边。

从筑紫大津浦出发，整整在海上漂了三个多月，其他三条，也在八月中先后漂到苏州海岸[3]。

另外，据汪向荣校注《唐大和上东征传》附录鉴真年表记：

唐开元21年日本天平5年（733）四月，第九次遣唐使出发。荣睿、普照随行。八月到苏州。[4]

不难发现，荣睿、普照、鉴真等登场人物多是有据可考的。《延历僧录》所收《高僧沙门释荣睿传》记荣睿"至洛阳，奏敕、

1　（宋）王钦若等编《册府元龟》第 12 册，中华书局，1960，第 11409 页。
2　〔日〕井上靖:《天平之甍》，第 6~9 页。
3　〔日〕井上靖:《天平之甍》，第 14 页。
4　〔日〕真人元开:《唐大和上东征传》，汪向荣校注，中华书局，1979，第 121 页。

大福先寺大德定宾兼十德受戒毕"。[1]《高僧沙门释普照传》记普照
"唐开元二十一年至洛阳，奏敕受戒，敕福先寺定宾律师，为照等
受戒"。文献中这些仅有寥寥几笔的人物代号，到井上靖笔下变得
丰满立体。荣睿致力于邀请鉴真至日本传戒，连续经历了五次的失
败，因颠沛流离、身体虚弱，最后在护送鉴真回日途中不幸病死。
鉴真也因荣睿之死悲恸万分而失明。普照则除了专心于律部的攻读
外，为完成荣睿余愿矢志不渝。他们都符合井上靖笔下人物一贯的
精神气质：沉默寡言的个性和深思多虑的品性，内心汹涌狂突而外
表沉着平静，据说这点特别受日本读者欢迎。

在中日学界不乏对《天平之甍》做近距离细部剖析，一心要
把历史真实与小说虚构区分开的人。井上靖在《〈天平之甍〉的登
场人物》一文中，对这部作品中人物的写实性与虚构性做了清晰的
解释。[2]但《天平之甍》终究是小说，在多大程度上依据史实，完全
凭作家本人的取舍与喜好。不过，选择必然带有某种程度的价值判
断，或情感的亲疏，或思想的深浅，或社会的好恶，不一而足，这
点或许正是研究者的风向标。而笔者执着于此道，唯欲深入讨论：
（一）《天平之甍》中所记第九次遣唐使于长安之先到达洛阳，是历
史的真实还是小说的虚构？（二）如果是非历史的，那么井上靖对
长安的"绕道而行"究竟是史料之误还是作者故意为之？

推查与《天平之甍》有关的参考文献，《唐大和上东征传》是目
前所见关于鉴真东渡的最原始材料。但《唐大和上东征传》中并未
见本次遣唐使未达长安而直接去洛阳的记载：

　　日本〔国〕天平五年，岁次癸酉，沙门荣叡、普照等随

1　天台僧思托于753年随鉴真东渡日本，788年编撰《延历僧录》。是书五卷，入传142人，涉
　　及帝王、官吏、僧侣等，堪称奈良时代文化人士的传记总集。可参考王勇对《延历僧录》中
　　唐人传记的辑佚、校注及研究。
2　井上靖「『天平の甍』の登場人物」井上靖『歴史小説の周囲』講談社、1973、16-20頁。

遣唐大使丹墀真人广成，至唐国留学。是岁，唐开元二十一
年也。[1]

探讨这一问题的史料，见日本石山寺藏《遗教经》跋语题记：

唐清信弟子陈延昌，庄严此大乘经典，附日本使、国子监
大学朋古满于彼流传。开元廿二年二月八日从京发记。[2]

大部分学者指出"西京""东都"是唐人习惯的称呼，故单用"京"
字，一般指长安。[3] 更重要的是，遣唐使八月抵达苏州的时候，玄宗
尚在长安，谁也无法预料秋后大水造成歉收，以至于玄宗不得不在
新年伊始改驾洛阳。所以，"在八月份唐朝廷给遣唐使下达的通行证
只能是到长安朝贡，而绝不会是到洛阳。故本次遣唐使到洛阳说没
有成立的余地"。[4]

另外，据2004年在西安市出土的日本遣唐使井真成墓志，[5] 促使
这一问题更接近历史真相。作为中国迄今发现的唯一一件有关遣唐
使的实物资料，井真成墓志自被发现以来就引起了中日学界的高度
关注。日本学界原先一直认定墓志主人井真成，是公元717年随使
团去中国的日本留学生，734年病逝于长安。近几年随着研究的积
淀和深入，中日学界基本同意井真成的真实身份应该是公元733年

---

1 〔日〕真人元开：《唐大和上东征传》，第38页。
2 《佛遗教经》简称《遗教经》，又名《佛垂涅盘略说教诫经》，一卷，鸠摩罗什译，是佛陀释
　迦牟尼一生弘法言教内容的概括总结，是佛将入涅盘前对众弟子的教戒。
3 〔日〕真人元开《唐大和上东征传》记："景龙元年杖锡东都，因入长安。其二年三月二十八
　日，于西京实际寺登坛受具足戒。"文中注释："东都，即洛阳。西京，指长安。"详见汪向荣
　校注《唐大和上东征传》，第34~36页。
4 韩昇：《井真成墓志所反映的唐朝制度》，《复旦学报》(社会科学版)2009年第6期，第70页。
5 日本《朝日新闻》2004年10月11日头版刊发了《逝于中国长安的遣唐使井真成是井上氏还
　是葛井氏》的报道，介绍了这方墓志的发现和研究，引起轰动。井真成墓志现收藏于西北大
　学博物馆。

日本遣唐使团中的请益生。[1] 也就是说，井真成是随同多治比广成为首的遣唐使前来长安的，和荣睿、普照等人属于同一批遣唐使。

如果这些是事实的话，那当时的情况或许可以还原如下：荣睿、普照等人于八月抵达苏州后，按诏令进入京师长安。然而，这年关中地区久雨致灾，《旧唐书》卷八《玄宗纪上》是年记载：

> 是岁，关中久雨害稼，京师饥，诏出太仓米二百万石给之。二十二年春正月癸亥朔，制古圣帝明皇、岳渎海镇用牲牢，余并以酒酺充奠。己巳，幸东都。[2]

因此玄宗皇帝一直没有机会召见日本使者，致使他们一直滞留在长安。开元二十二年正月，井真成突然病逝，玄宗皇帝在离开长安以减轻当地饥荒的紧急时刻，还特别下诏追赠他为尚衣奉御，并让官府妥善安排他的后事。据《井真成墓志》记载：

> 即以其年二月四日，窆于万年县浐水（东）原，礼也。[3]

矢野建一教授指出，荣睿、普照等遣唐使大概是在参加毕井真成的葬仪之后，于开元二十二年二月八日匆匆赶往洛阳，这与墓志所记载葬礼之日"二月四日"基本相符。[4] 他们直到四月才在洛阳朝见玄宗，《册府元龟》有相关进贡的记录：

> 四月，日本国遣使来朝，献美浓絁二百匹、水织絁

---

1 可参考荣新江《从〈井真成墓志〉看唐朝对日本遣唐使的礼遇》,《西北大学学报》（哲学社会科学版）2005 年第 4 期；马一虹：《日本遣唐使井真成入唐时间与在唐身份考》,《世界历史》2006 年第 1 期。
2 《旧唐书》，中华书局，2011，第 200 页。
3 赵文成：《新出唐墓志百种》，西泠印社出版社，2010，第 47 页。
4 矢野建一「井真成墓志と第 10 次遣唐使」『井真成墓志研讨会资料』、35-237 页。

二百四。[1]

如此一来，事实就很明朗了。也就是说公元 733 年遣唐使团登岸苏州后，直接奔赴长安，而并非如井上靖《天平之甍》所记直达洛阳。如果遣唐使们直接到长安，那下文中必然会通过遣唐使们的眼睛观察长安的街道、建筑、市井、风俗，而不会是洛阳。我们不由得追问，如此注重史实的井上靖，何以会犯这种"小错误"？抑或这根本就是作者有意为之？通过《天平之甍》以及其他以长安为题材的小说、散文、诗歌、纪行，或许可以找到答案。

在《天平之甍》第二章，场景转至长安。按说遣唐使们经历海上风浪，到达苏州又辗转于洛阳，如此三年光阴已逝，如今终于到达梦想之都长安，然而，井上靖给长安的笔墨仅此而已："开元二十四年，天平八年，长安是大唐京师，释教中心，国内外高德硕学，云集于此。"[2] 之后，荣睿、普照旅居长安数年，读者所获得的长安印象，只是几个汉字符号构成的寺庙名——大安国寺、荷恩寺、崇福寺，至于寺庙建筑风格、内部构造、所在街道坊名并无交代。至于长安都市的生活细节、民俗风情、市井俚俗更是未曾着一墨，这与其之前对陪都洛阳街景、风俗的赞赏性描写，对洛阳坊名、寺院等空间的历史地理性原相比，对帝都长安的描写就显得过于草率和冷漠。

同样冷漠的态度，在以遣唐使为题材的短篇小说《僧人行贺的辛酸泪》中表现得更为明显。文中仲麻吕按照玄宗的命令，带领遣唐使同胞们游览长安，所见之景是三教殿以及"占满东西两街的僧房"，这"东西两街"景况如何，并未说明。在胜宝五年的正月里，"他们应邀出席唐朝的新年贺宴，甚至跟新罗使节争座次"，关于新年贺宴的描写，同样是空白。整部小说中，如果算是对长安的近距

1　（宋）王钦若等编《册府元龟》卷九七一《外臣部·朝贡第四》，第 12 册，第 11409 页。
2　〔日〕井上靖：《天平之甍》，第 34 页。

离描述，恐怕也就"那时渐渐强烈的夏日的阳光已经照射在城里九街十二坊的榆树上"[1]这一浅笔吧。

　　与众多思想界学者一样，井上靖对中国以及日本文化传统的思考，是通过中国的"周边"这种超越中国的中国认识来实现的，从史学界的西域研究到井上靖的西域小说其实是一脉相承的。井上靖自 1950 年代起发表的一系列"西域小说"中，或隐或显都有长安的影子。《漆胡樽》中那个历经千年漂至日本的神秘的西域器物，是被在长安娶妻生子的遣唐使当作替身送去日本的。归化的遣唐僧人在长安感到无法排遣的寂寞，所以才会执着地一次次将漆胡樽送走。《楼兰》中作为楼兰人质的尉屠耆曾长期留居长安，对长安却并无感情。《明妃曲》中远嫁匈奴的王昭君，一改《汉宫秋》中的受害者形象，主动请求离开长安远嫁匈奴。《异域之人》中的班超，认为唯有西域才是胸怀大志的青年神往之地，所以无论如何也要离京远去。《敦煌》中的赵行德因为科举失意，在长安郊外市场偶遇西夏女子，才得以展开在西夏的故事。可见，在井上靖笔下，与"神秘的、未知的、谜一般的"西域相对峙，长安是凝固的、古板的、已知的权威的象征。去西域的人本都是被权力中心抛弃之人——失意的文人、败北的将军、失宠的妃子，甚至"连士兵也多是罪人、无赖或者不良之徒"[2]，但在井上靖笔下，这些奔赴西域的历史人物都是自我选择的结果，他们离开长安是对自我命运的把握，是对未知生活的渴望。因此，井上靖对长安的"冷"，与对西域的"热"，其实是一个事物的两面而已：

　　　　我在学生时代，曾经有一个时期被匈奴迷住了……匈奴这个民族的庐山真面目本来就很不清楚，倘若是了解得很清楚

1　〔日〕井上靖：《僧人行贺的辛酸泪》，赖育芳译，载氏著《敦煌（井上靖中国古代历史小说选）》（简称《敦煌》），人民文学出版社，2002，第 495 页。

2　〔日〕井上靖：《洪水》，郭来舜译，载氏著《敦煌》，第 286 页。

了，已经被人研究透彻了，那我对它也就不会有什么兴趣了。
正因为它还有不清楚的地方，而且我又不想去把它弄清楚，恰
恰相反，而是希望让那些尚不清楚的地方永远搞不清楚。我正
是处于这样一种心情去阅读那些有关匈奴的记述的，说起来就
跟用手去摸一只古壶似地那样一种劲头。[1]

　　与对西域的膜拜与热情不同，井上靖对长安的态度是相当复杂
和矛盾的。一方面，作为唐都象征的长安，唐文化的中心地，长安
是一种高不可测的存在，这从遣唐使们带回日本国内的众多书籍、
器物、经卷，一起构成了长安的形象。

　　　　那是他所难以想象的未知的庞大的知识库。行贺记得很清
楚，虽然有这些闪闪发光、令人不敢正视的宝书，可它却被人
们无声无息地堆放在兴福寺回廊的地板上。[2]

　　另一方面，现实西安无疑又是令人失望的，井上靖在随笔《西
安之旅》和《桑原骘藏先生和我》[3]中，毫不掩饰地透漏出一种感伤
的情绪。另外，在 1975 年 5 月与水上勉、司马辽太郎等作家访问西
安途中，他曾写过一首散文诗《长安纪行》：

　　　　那大唐之都已消逝，仅余城外山河。黄昏，二十世纪的西
安街道，静静地徜徉在繁华中。脚步踌躇。踌躇之外，怕是没
有更好的行走方式了吧。[4]

---

1 〔日〕井上靖:《明妃曲》，赖育芳译，载氏著《敦煌》，第 461 页。
2 〔日〕井上靖:《僧人行贺的辛酸泪》，载氏著《敦煌》，第 435 页。
3 『西安之旅』收于井上靖随笔集『歴史小説の周囲』講談社、1973、245 頁；『桑原骘藏先生和
　我』见『桑原骘藏全集 月報 5』岩波書店、1968、1-3 頁。
4 井上靖『シルクロード詩集』日本放送出版協会、1982、16 頁。

在这段诗意性的表述中，难掩对昔日长安逝去的缅怀之情，而这种情绪带来的书写摩擦在一定程度上或许影响了他对长安的热情。

二　长安：历史与文艺之间的转换

竹村则行在《杨贵妃文学史研究》第五章"关于鲁迅未刊出的腹稿《杨贵妃》——时间旅行的幻灭"一文中说，唐代长安和1924年西安的巨大差异，导致鲁迅对长安的幻想几近破灭，以至于"腹稿《杨贵妃》"成了永远的未刊出的作品。[1]就同一问题，陈平原在《长安的失落与重建——以鲁迅的旅行及写作为中心》[2]一文中指出，鲁迅的创作兴趣不在"古都"而在"古人"，再加上当时的中国学界并没有给鲁迅提供"唐都长安的丰富学识——尤其是历史地理以及考古、建筑、壁画等方面"，这一切综合因素导致鲁迅放弃了杨贵妃题材的创作。

与此相映成趣的是，井上靖也写了历史小说《杨贵妃传》，但他似乎过于集中精力展现人物心理，并未对长安这个繁华之都赋予任何深度的文学表现，仅选取了几个模糊的点，实在难以构成大唐之都的盛世面影。对此，井上靖也很无奈："奈良都城也好，唐都长安也罢，都是距今一千三百余年的古都。以那个时代的都城为背景的小说，都必须描写两个都城的风貌，但这何其之难啊！"[3]那么，上述引证或许可以提供一个思考的角度，即井上靖作品中长安形象的模糊是否与史学界的研究积淀有关？

日本学术界关于长安的研究，在建筑学、历史学、地理学、考古学、宗教学等领域都有涉足，但主要的知识产出无疑来自史学

1　竹村则行『楊貴妃文学史研究』研文出版、2003、387-404 页。
2　陈平原主编《西安：都市想象与文化记忆》，北京大学出版社，2009，第212~258 页。
3　详见石田幹之助『長安の春』講談社、1979、219 页。

界。就战前情形而言，管见所及的研究成果有那波利贞的《盛唐长安》（1917）、《中国都城规划史上的唐都长安》（1930），牧野义智的《关于遣唐使的事迹》（1920），驹井和爱的《关于唐长安都城的起源小考》（1939），等等。另外，日本东洋史学者桑原骘藏博士曾于 1907 年游历西安，其考史随笔《长安之旅》[1]记录了清末西安地区的史迹、旧址、陵墓、碑碣情况。与桑原氏同行的日本哲学家宇野哲人，以时间为顺序将游历之西安列项叙事，其游记《中国文明记》[2]恰好与桑原氏的报告互为补充，可谓看清末"长安"的绝好材料。桑原骘藏游历西安的同时，曾指导当时执教于陕西高等学堂的日本教习足立喜六，课余之暇"兼及汉唐旧都长安规模、遗迹之研究"，利用其数学、物理知识，对西安及其附近的历史遗迹进行实地考察、测绘，著成《长安史迹研究》一书，[3]初版由那波利贞作序，并肯定了其学术价值。

除了文献资料外，日本奈良东大寺正仓院所藏唐代传入日本的器物、绘画、碑碣等，更是为井上靖的创作提供了现实参照和想象的依据，其小说《漆胡樽》正是受正仓院收藏文物漆胡樽而产生。另外，在美苏冷战、中日尚未恢复邦交之时，那段中日民间文化团体异常活跃的时期，井上靖曾以日本访华团成员的身份多次造访中国。他在西安碑林、博物馆、遗址等实地考察墓碑、壁画，相比起鲁迅到达西安的二十世纪二十年代，五六十年代的西安已经开始经济复苏，井上靖断不至于像鲁迅那样失望，但这种种的方便为何并未使井上靖笔下的长安重新恢复盛世之都气象，反而模糊不清呢？我们不妨以对井上靖影响最大的两个日本汉学家——桑原骘藏和石

---

1 桑原骘藏关于长安的旅行报告于 1908 年 2 月交由文部省，3 月开始连载于《历史地理》杂志上，之于后 1942 年由弘文堂书房以书名《考史游记》结集出版，汉译本由张明杰翻译，中华书局 2007 年出版。
2 〔日〕宇野哲人：《中国文明记》，张学锋译，中华书局，2008，第 100~156 页。
3 初版于 1933 年由日本东洋文库发行，汉译本于 1935 年由杨练翻译为《长安史迹考》，由上海商务印书馆出版。笔者所依汉译本为王双怀等译，三秦出版社 2003 年出版。

田干之助关于长安的研究著作为例,进一步剖析在井上靖的长安叙事中,历史与文学之间转换的可能与盲点。

桑原骘藏的《长安之行》以史学家的眼光记录了近代西安的建筑宫墙、陵墓碑碣、寺院楼阁、府兵制度等,并旁征博引史料对现实踏查佐证,且配有上百幅珍贵照片或插图,其学术价值、文献价值都极高。岩波书店出版桑原骘藏全集时,将《长安之行》收入第五卷,月报上便刊有井上靖的文章《桑原骘藏先生和我》,细述了桑原骘藏的研究论文对其小说创作的借鉴意义。[1]

但据笔者考察,桑原氏的考史成果对井上靖书写长安的引用价值可谓微乎其微。其一,尽管桑原氏为访古而来,但文中所记清末西安图景,实为刚经历了灾荒、饥馑、满洲城被毁之后的残破的近代西安,在近代中国几乎被遗忘的西北部,不仅在空间上距离北京、上海等政治、经济中心城市甚远,而且在时间上距井上靖所要描述的汉唐长安更远。汉唐长安是早已消逝了的古都,眼前萧条的风景,与历史上真实存在过的盛世之都,实在难以建立起某种亲密的血缘关系。其二,桑原氏是极其科学严谨的史学者,"他把以科学家的身份来解明中国历史上的众多事实为己任"。[2]他对中国的史籍多抱有不信任的态度,他旅行中关注的重点多在于实地调查史料真伪,考证史迹变迁细节。总之是以科学的目光在审视长安古迹,这与文学叙述所需的细部的、诗意的描写相距太远。其三,桑原氏是日本京都学派中罕见的对近代中国抱有极度蔑视心理的东洋史学者,"他对中国人非常蔑视,经常在讲课及著作中故意侮辱和讽刺中国人"。[3]他对近代西安的实地踏查,便时刻交织着这两种复杂的情

---

1 详见『桑原骘藏全集 月报5』、1-3 頁。
2 这是美国东方学者佛格尔教授关于桑原骘藏的论述,详见钱婉约著《从汉学到中国学:近代日本的中国研究》,中华书局,2007,第182页。
3 钱婉约评价,美国东方学者佛格尔教授关于桑原骘藏"蔑视中国"的论述,是桑原中国学的特色之一。详见钱婉约著《从汉学到中国学:近代日本的中国研究》,第182页。

绪，即一方面对现实西安的残破不遗余力地否定与批判，毫不掩饰失望与鄙视之情。"自近年废除科举后，贡院几乎作废，先成为陕西省工艺总厂，仅能听到机杼和纺车之声。"[1]另一方面又对曾作为日本文化上位记忆的古都长安，充满缅怀与向往之情，从而在眼前之景中大发思古之幽情。"南面远对南山，近俯大小二雁塔，北面近临龙首山，远望北岭，眺渭水，极目所见，皆此周、秦、汉、唐之古迹，一山一水悉是怀古之材料。"[2]这些描述作为近代西安导游手册具有重要价值，但若是说与汉唐长安的关系，不免有缘木求鱼之感。

井上靖对此深有感悟，因此提到《长安之行》时才会说："《长安之行》是最优秀的旅行指导书……我能踏上西安之旅，对亏了从日本带去的《考史游记》，使旅途备感丰富。"[3]之后以桑原骘藏的游记路线对照自己的西安之旅，对从大雁塔、曲江、鼓楼、未央宫到华清池、乾陵的史迹变迁大发感想，却只字未提对小说创作的启发。但桑原氏论文《支那人的食人肉习俗》对其小说《敦煌》的影响，却是津津有味地讲述："我从先生的论文中了解到东西交通关系史的同时，仅仅只是动了动小说家的食指，读到先生的论文《支那人的食人肉习俗》，这一部分就被用到了我的小说中，《敦煌》中写道在长安郊外的市场，被卖的裸女切身上的肉来卖。我想先生若知如此，一定会苦笑吧。"[4]

日本汉学家石田干之助因《长安之春》一书，被称为完美再现唐都长安鲜活场景的第一人。石田干之助与津田左右吉、原田淑人、鸟山喜一、清水泰次等日本东洋史学者，皆系出自日本东京文献学派创始人白鸟库吉门下。他早期受西方近代实证主义"兰克学

1　〔日〕桑原骘藏：《考史游记》，第42页。
2　〔日〕桑原骘藏：《考史游记》，第37页。
3　详见『桑原骘藏全集　月报5』1-3頁。
4　详见『桑原骘藏全集　月报5』1-3頁。

派"的重要影响，在"东洋史"研究中，注重文献收集与考证，推行原典研究。与桑原骘藏的实地考察加文献辨伪不同，石田干之助的长安书写纯属从诗歌、语言、文字上推演而来，这大概因其受白鸟库吉影响，注重透过语言学考证，善用语言文字考证法来治东洋史。

石田干之助的《长安之春》撰写于 1941 年，他在由创元社发行的初版自序中这样说：

> 在我看来，即使是从头到尾逐字读完《太平广记》五百卷、《全唐诗》四万八千首，所找出来的（关于长安）材料也是微乎其微的，一想到这些，就觉得如此做很愚蠢。在那样的时代摆弄这些悠闲的文字也许无法避免遭人非议。但是对于支那的研究自然而然地有今日之用与明日之用之分，所谓明日之用或许要到十年二十年之后才会有结果。如果没有人来做这项愚蠢的事情，我想学问也不过是空中楼阁，思虑至此，我就悄悄地聊以自慰了。[1]

石田干之助的《长安之春》在日本文学史上的影响非常大，作为石田氏同窗好友的芥川龙之介曾说，他创作的以中国为背景的小说《鼻子》《杜子春》《酒虫》等就是受到石田氏关于中国的研究而写出来的。昭和 54 年由讲谈社学术文库再版《长安之春》时，井上靖为其作序和后记：

> 我有一本昭和十六年四月由创元社发行的《长安之春》。购买时的情景已不大记得，但我想当时是在大阪心斋桥附近的十二段屋书房购买的吧。战争结束时大部分藏书已经遗失，

1　详见石田幹之助『長安の春』、6頁。

但《长安之春》和其他少数书籍一起残存下来，之后三十余年，这本书一直随我辗转了好几个书斋，直到今日。若说《长安之春》和我的关系，并非是永久珍藏之物，而是有更直接的影响。[1]

但是，井上靖从《长安之春》中仍然不可能接触到更多的关于长安的有效信息，对读井上靖作品《天平之甍》《僧行贺的泪》，我们很快会发现：（一）《长安之春》由《胡旋舞小考》、《当垆的胡姬》、《西域胡商重金求宝的故事》、《再论胡人求宝记》、《胡人求宝补遗》、《隋唐时代伊朗文化输入中国》以及《长安盛夏小景》七篇文章构成，单纯从题目上看，便能发现近六篇文章都与"西域"[2]有关，这与石田干之助以及白鸟库吉的学术关注点密切关联。白鸟库吉曾于 1901 年后留学欧洲，受欧洲汉学界对中国"周边"的实地勘察和文献探险影响，在那珂通世的启发下开始西域研究。[3]石田干之助继承白鸟衣钵，在西域史方面用功颇深，兼之 20 世纪初敦煌文书的发现，更是大大促进了日本的西域史、敦煌学研究。而敦煌地当中西交通的孔道，成为丝绸之路上重要的文化和贸易中心，唐代留存的大量文献产生于长安，之后辗转敦煌藏经洞。长安与敦煌的特殊关系，为日本汉学家探讨两地的文化交往提供了可能。

（二）正如陈平原指出，石田干之助的《长安之春》"是靠传世诗文来复原唐代长安的生活场景，这本身就带有某种局限性。[4]尽管

1　详见石田幹之助『長安の春』、217 页。
2　葛兆光认为，"西域"虽然是汉代文献中就已有的地理词汇，但是，作为一个有意识地连接各国历史、语言和宗教来研究的历史世界，却是近代的事情。相关论点可参考葛兆光《从"西域"到"东海"——一个新历史世界的形成、方法及问题》，《文史哲》2010 年第 1 期，第 18~25 页。
3　李庆在谈及白鸟库吉的西域研究时，始终将其置于世界汉学的视野之内讨论，认为白鸟的西域史研究与欧洲汉学界的研究影响有关。详见李庆著《日本汉学史》第一部《起源和确立（1868~1918）》，上海人民出版社，2010，第 398~411 页。
4　陈平原主编《西安：都市想象与文化记忆》，第 253 页。

陈文并没有指出这种局限性具体何在，但我们很快会发现《长安之春》对于文学创作不那么有效的原因，在于其鲜活但零散无章，细腻但无空间纵深。对此，井上靖也有认识：

> 《长安之春》收集了《胡旋舞小考》、《当垆的胡姬》、《西域胡商》以及《长安盛夏小景》等七篇文章，这些都是根据石田干之助博士渊博学识描述而成的研究随想。说是研究随想或许有些不合适，但仅称之为"随想"又过于沉闷，如果称之为综合研究，我想这又违背了石田博士编写这一卷的意图。石田博士最初并没想承载什么主题，以无主题的方式编缀成一册，呈现给独具慧眼的读者。[1]

另外，中国诗文善以"赋、比、兴"的方式呈现，其含蓄性、指涉性以及仅属语言层面的铺排，仅凭诗文断想，中国学者尚且未必能完全重绘千年前的盛世图景，更何况一位日本学者靠汉文文献考古、语言推演来还原，其难度与效果便可想而知了。但若考察《长安之春》对后世日本文学中长安"意象"塑造的巨大影响，就不能否定石田干之助在某种程度上做得很成功。即使在井上靖的小说中，我们也不难发现这种痕迹。《天平之甍》《明妃曲》《僧人行贺的辛酸泪》等作品中的长安白描，出现最多的莫过于"盛夏的长安"了："那时渐渐强烈的夏日的阳光已经照射在城里九街十二坊的榆树上。"[2]这点与陈舜臣、伴野朗、井上佑美子等作家对"长安之春"的继承与大量描写完全不同，井上靖对"长安之夏"的青睐，可在《长安之春》第七篇《长安盛夏小景》中找到影响源。另外，井上靖曾表达过对《长安盛夏小景》的喜爱：

---

1 详见石田干之助『長安の春』、219 页。
2 〔日〕井上靖:《僧人行贺的辛酸泪》，载氏著《敦煌》，第 495 页。

　　短文《长安盛夏小景》，是根据都城长安夏日街景的速写，
鲜活生动的介绍。我们随着石田博士的引导，似乎也徜徉在长
安的夏日景色里，并找到那样的避暑方式了。[1]

但对于井上靖而言，身处于战后的日本文学界，相对于对"古都"
城市空间的还原，他对作为历史的"古人"更感兴趣。也就是说，
他更专注于挖掘人的精神性以对抗战后的社会现实。对这样的作家
或学者而言，其知识储备及敏感点，必定更多地在于"时间"而非
"空间"。在井上靖与其他作家的对谈中，他一直强调所有的创作都
必须关注处于"战后"这个事实，[2]因此他作品中反复出现的长安形
象，更多的时候只是一个空洞的历史符号，它指向的必然是日本战
后这一现实。

三　《天平之甍》是友好的证言？

　　在小说《僧人行贺的辛酸泪》中，行贺对于僧人仙云到长安始
终纠结于心的问题是："你到底来长安干什么？"[3]而这恰恰是井上靖
对所有遣唐僧人的发问。对这一发问需要引起足够注意的是：（一）
在选赴唐朝的日本使节中，不仅有官员、僧侣、文书，还有医师、
乐师、画师及各行业的工匠，但井上靖关注的似乎只有遣唐僧人群
体；（二）对遣唐僧这一群体，井上靖思考的重心已经从"到长安"
转移向了"从长安获取什么"，即遣唐僧人的最终使命，而长安的
终极价值仅在于其对日本文化的意义；（三）立足战后日本现实，重
新审视遣唐使时代的中日关系，井上靖对曾经单向度传播的文化关

1　详见石田干之助『長安の春』、222 頁。
2　井上靖『わが文学の軌跡』、144-145 頁。
3　〔日〕井上靖：《僧人行贺的辛酸泪》，载氏著《敦煌》，第 498 页。

系似乎持怀疑态度，而这一态度最终影响了他对复原盛唐长安的兴趣。

僧人仙云对这一问题如此回答："给晁卿（阿倍仲麻吕）上坟来了。"行贺听了这句话后的反应，井上靖这样写道：

> 而在行贺看来，仙云和他正要去上坟的仲麻吕一样，也是一个正在丧失故国之心的人。[1]

显然，这位中国称颂的友好楷模、日本赞赏的成功人士——遣唐使阿倍仲麻吕，在井上靖眼里不过是一个"丧失了故国之心"的归化人，而对于同样归化于长安的贵族清河，他同样是否定的：

> 特别是对清河忘掉遣唐大使的职责，为唐朝效力这件事，他和仙云一样打心眼儿里反对。[2]

井上靖不仅对归化者持否定态度，甚至对那些凡是失掉日本气度而沾染上唐风唐习的日本人也是批判的，认为这是种堕落的表现。哪怕是昔日的日本贵族，一旦在长安日子久了便会沾染上唐习，就会失去"昔日的荣光"：

> 清河的名字改成了唐人的名字叫河清，而他的变化却不仅仅是名字。皮肤也好，眼神也罢，他正在失去他原来的一切。[3]

当行贺在春明门遇见阿倍仲麻吕时，井上靖写道：

1　〔日〕井上靖：《僧人行贺的辛酸泪》，载氏著《敦煌》，第 498 页。
2　〔日〕井上靖：《僧人行贺的辛酸泪》，载氏著《敦煌》，第 496 页。
3　〔日〕井上靖：《僧人行贺的辛酸泪》，载氏著《敦煌》，第 498 页。

行贺对这位六十好几的老人并不感到有多么亲切。他早已不是日本人，而完全是一个唐朝的显赫的军人、官吏和文人了。[1]

总之，在井上靖看来，作为遣唐使最重要的使命是将唐朝文化尽力传播到日本，为日本的文化、宗教更新服务，否则再怎么用功有名也是无用的。井上靖借荣睿之言表达了他的思想：

我们今天的经历，以前已有许多日本人经历过来了，成千上万的人葬身在海底里，能平安踏上陆地的恐怕很少。一个国家的宗教和文化，任何时代都是这样培养起来的，都是靠很多的牺牲培养起来的。[2]

井上靖所赞赏的遣唐使就是荣睿、普照这些为了日本文化舍生忘死奉献自我的人。他们到长安的唯一目的，仅在于像蜜蜂采蜜一样取日本之所需：

我看这个国家，现在已发到到了顶峰。这是我最深的印象，花已经开到最盛的时候了，学术、政治、文化，恐怕以后就要走下坡路了。我们目前必须尽力得到一些可以得到的东西，有多少外国留学生，像蜂儿采蜜一样，在这个国家的两大都城采蜜，我们也不过是其中之一罢了[3]。

另外，如果从井上靖的创作道路来看，他从战前的现代小说转入战后中国题材历史小说的创作绝非偶然。1945 年以后的日本学术

---

1 〔日〕井上靖：《僧人行贺的辛酸泪》，载氏著《敦煌》，第 498 页。
2 〔日〕井上靖：《天平之甍》，第 181 页。
3 〔日〕井上靖：《天平之甍》，第 12 页。

界正处于一个百废待兴的时期，对大多数日本知识分子来说，日本的或者传统的东西都是应该予以重新审视的对象，而对中国以及遣唐使时代中日关系的重新思考，对战后日本文化的更新与创造显得尤为重要。正如宫城谷昌光所言："我写以中国古代为舞台的小说，并非要向现在的日本读者炫耀自己得到的知识，而是有一个强烈的念头，想弄明白日本究竟是什么，所以才写。"[1]也就是说，井上靖对长安的思考，必然是以日本人所属文化的普遍性和中心论为前提，来检验中国影响的有效性。

> 清河做官也好，仲麻吕留唐朝不归也罢，行贺都未必不能理解。但对牺牲人命派遣遣唐使团，不能不有所怀疑。在行贺看来，这次他们两个人给唐朝做官，似乎是对日本当政者的无声抗议。[2]

　　井上靖通过对清河、仲麻吕等唐朝归化人的否定，提醒日本社会反省遣唐使时代的长安记忆有夸大评价的可能，日本人对过去累积的文献典籍中的长安印象的依赖，加速了战后这一幻象的形成。然而近现代西安无疑是令人失望的，现实西安与文献中所述古典长安的不一致而产生的逆转，不过是 20 世纪所有汉学家感叹"现实中国与文化中国之间落差及其所引发张力"[3]的一个断面而已。

　　通过长安这一视角观察井上靖的创作，就会发现他对古典中

1　转引自王晓平为《中国题材日本文学史》一书所作的《解说》，详见王向远著《王向远著作集》第 4 卷《中国题材日本文学史》，宁夏人民出版社，2007，第 10 页。

2　〔日〕井上靖：《僧人行贺的辛酸泪》，载氏著《敦煌》，第 496 页。

3　台湾大学黄俊杰教授通过对 20 世纪初期来华参学的日本汉学家的游记等史料的分析，提出了同时存在的"文化中国与现实中国"的矛盾，详见黄俊杰《二十世纪初期日本汉学家眼中的文化中国与现实中国》，载张宝三、杨儒宾编《日本汉学研究初探》，华东师范大学出版社，2008，第 229~257 页。

国、现代中国与日本之间的关系抱有的清醒认识。他与沟口雄三指出的"没有中国的中国学"的日本研究者不同，他具有将中国文化视为"外国"和"他者"的意识；他也与"不顾实际中国的日本中国学者"不同，他对现实中国并不盲目热情，更未将"古典中国视为一个悬置的孤立的文本"[1]来顶礼膜拜。若以此为观照点，简单追溯《天平之甍》的创作动机及在中国的译介和评论，就不难发现这部作品的"友好性"有被过度阐释的嫌疑。

　　井上靖于1957年8月完结《天平之甍》初稿，同年10月与山本健吉、中野重治、本多秋五等作家一起访问中国。11月归国后，12月中央公论社出版了《天平之甍》。如果不将1937年井上靖入伍到中国河北一带参加战役计算在内，那么1957年他的中国之行已经是第二次了。自1945年以来，中日之间一直没有外交关系。苏美冷战状态中，两国之间还没有缔结和约以结束战争状态，但却迎来了民间文化团体的短暂繁荣。以1950年日中友好协会的成立为契机，中日民间交往开始频繁。另外，中国的"邀请外交"发挥了作用，从1952年到1954年，只有五个日本代表团访问北京，但在1955年却有九个，1956年增加到十五个，1957年更增加到二十个。

　　　在那几年，出版商、青年和妇女组织、戏剧演员暨其他各种文娱艺术家，纷纷前往中国游历，访问指定的城市、典型的农场和工厂，同中国的同行围着摆有水果或鲜花的桌子进行交谈，时常为日本过去所犯的应为而不为或不应为而为之的罪行表示歉意，并保证一定要同北京政权友好。有些人已注意到，在这些旅行中有几次是带有朝贡性质的。[2]

---

1 〔日〕沟口雄三：《日本人视野中的中国学》（又译《作为方法的中国》，孙军悦译，生活·读书·新知三联书店，2011），李甦平等译，中国人民大学出版社，1996，第89~96页。相关评论见葛兆光《域外中国学十论》，复旦大学出版社，2002，第15~30页。
2 〔美〕劳伦斯·奥尔森：《日本在战后亚洲》，伍成山译，上海人民出版社，1974，第75页。

1963 年，中日友好协会成立，楼适夷先生受世界文学社的委托，执笔翻译《天平之甍》。[1]那时候，毛泽东、周恩来都极为重视中日人民之间的亲密友谊。"1961 年 7 月 9 日，周恩来总理在人民大会堂会见井上靖及龟井胜一郎、平野谦、有吉佐和子等日本作家，并明确表示他能用日语说出《天平之甍》的书名，含蓄地称赞了这本小说。"[2]另外，1963 年适逢鉴真圆寂一千二百年纪念，中国和日本佛教界都举行了大型的纪念活动。在东京，连续二十天演出四十场的《天平之甍》，由著名剧作家依田义贤先生改编，名演员河原崎长十郎、中村玩右卫门分别扮演鉴真和荣睿。"前进座"剧团三小时的出色表演，使观众兴奋、激动不已。[3]

在文人们为中日邦交友好化寻找证言的时候，因为鉴真的特殊意义，[4]被打入冷宫的《天平之甍》很快复苏并膨胀起来。随着 1979 年中日关系走向蜜月期，楼适夷先生应邀重新翻译《天平之甍》。经历了这一番波折，新版《天平之甍》发行时，中国文化界对其的热烈响应也就不足为怪了。林学锦的《文化交流有耿光——读井上靖先生的〈天平之甍〉》，[5]陈嘉冠的《友好交往 源远流长——读日本小说〈天平之甍〉》，[6]王慧才的《中日文化交流的颂歌——读井上靖的〈天平之甍〉》，几乎毫无例外地都用"友好"来称颂《天平之甍》。如王慧才文 "《天平之甍》描写了中日两国进行文化交流所经

1　楼适夷：《〈天平之甍〉重译记》，《读书》1979 年第 1 期，第 110 页。
2　〔美〕詹·阿拉克：《日本小说〈天平之甍〉英译本译者前言》，陈嘉冠译，《阜阳师院学报》（社会科学版）1984 年第 12 期，第 170 页。
3　详见畑中政春《日本人民纪念唐代高僧鉴真和尚》，《大公报》1963 年 6 月 3 日。
4　仅 1979~1980 年，中国出版的关于鉴真的书目就有数十种，如王金林著《鉴真》，上海人民出版社，1979；许凤仪等著《鉴真》，江苏人民出版社，1979；汪向荣著《鉴真》，吉林人民出版社，1979；等等。1980 年扬州市政协文史资料研究组编《鉴真研究论文集》出版。
5　林学锦：《文化交流有耿光——读井上靖先生的〈天平之甍〉》，《广西民族学院学报》1979 年第 1 期。
6　陈嘉冠：《友好交往　源远流长——读日本小说〈天平之甍〉》，《山西师院学报》（社会科学版）1980 年第 1 期。

过的艰苦卓绝的历程，歌颂了中日人民源远流长的文化关系与历史悠久的传统友谊"。¹另外，两国政要的互访——1978 年邓小平访日参观唐招提寺，1979 年邓颖超访日参观唐招提寺，以及日本大平首相访华对鉴真的高度肯定，再加上《天平之甍》被改编成电影，在中国苏州、扬州等地拍摄外景，在各地政府之间大肆宣传，如此几番的推动，《天平之甍》早已从文坛走向了象征中日友好的"神坛"。

一部作品一旦被生产出来，进入现代既定的出版流通流程，与社会发生关系之后，作者本人就很难再控制了。井上靖在《我的文学轨迹》一书中，谈到《天平之甍》最初的写作意图，他认为战后文学再也无法忍受将自我作为表现对象的私小说，这种狭窄的、向内收缩的文学根本无法与战后的日本社会相适应，无法支撑起整个文坛。"我所写的几部历史小说，都是因为战后这个时代。不管是否愿意，都要融入战后这个时代不是吗？但仅仅有私小说怎能支撑整个文学呢？"与之对抗的，就要创作大文学、大杰作，而"《天平之甍》就是出于对这种大文学、大杰作文学理念的思考而从历史中取材的"。²

在与辻以及筱田的对谈中，《天平之甍》的创作意图更加清晰。

辻："在《天平之甍》中，有许多受命运支配的年轻留学僧，不惜牺牲性命，只为了移入象征天平之辉的唐文化，这就是这部小说的主题吧。"

而筱田说得更明白：

《天平之甍》与其说是仅写历史上真实存在的鉴真，不如

1　王慧才：《中日文化交流的颂歌——读井上靖的〈天平之甍〉》，《外国文学研究》1983 年第 2 期，第 48~49 页。
2　井上靖『わが文学の軌跡』、144-145 頁。

说是写为了请鉴真东渡日本付出努力的日本留学僧人。[1]

井上靖对此深表赞同。由此可见，与中国学界认为《天平之甍》的重点是写鉴真东渡，是为了"突出中日僧人为了两国友好交流，为国家文化发展而英勇奋斗、百折不挠的献身精神"不同，井上靖更关注的是奔赴长安的日本僧人，他否定留居长安完全唐化的日本留学僧，哪怕是身居高位、青史留名的阿倍仲麻吕等人，在井上靖看来，因为他们失去了故国之心，也就没有任何价值和意义了。他高度赞赏的是荣睿、普照这些为了日本奋斗不息的留学僧，展现他们探求真知的韧性和冷静孤傲的日本精神。因此，与其他作家以"我日本文化的乡愁""永远的都"之类的词来形容长安不同，在井上靖看来，长安不过是日本文化与宗教在某一特定时期"采蜜的场所"，是展现日本精神的舞台，这就不难理解他在作品中对长安的冷漠了。

参考文献

李浩、〔日〕矢野建一：《长安都市文化与朝鲜·日本》，三秦出版社，2006。

王勇：《中日关系史考》，中央编译出版社，1995。

王向远：《中国题材日本文学史》，上海古籍出版社，2007。

诸葛蔚东：《战后日本舆论、学界与中国》，中国社会科学出版社，2003。

芪岚：《7-14世纪中日文化交流的考古学研究》，中国社会科学出版社，2001。

---

[1] 井上靖『わが文学の軌跡』、149-151頁。

王维坤:《中日文化交流的考古学研究》，陕西人民出版社，2002。

韩升:《正仓院》，上海人民出版社,，2007。

〔日〕井上靖:《杨贵妃传》，林怀秋译，陕西人民出版社，1984。

〔日〕藤家礼之助:《日中交流二千年》，张俊彦、卞立强译，北京大学出版社，1982。

〔日〕木宫泰彦:《日中文化交流史》，胡锡年译，商务印书馆，1980。原书作于1943年。

〔日〕堀敏一《隋唐帝国与东亚》，韩升、刘建英译，云南人民出版社，2002。

〔日〕中村政则:《日本战后史》，张英莉译，中国人民大学出版社，2008。

〔日〕内藤湖南:《日本文化史研究》，储元熹、卞铁坚译，商务印书馆，1997。

〔日〕平冈武夫编《唐代的长安和洛阳（资料)》，上海古籍出版社，1989。

〔日〕青木正儿、吉川幸次郎等:《对中国文化的乡愁》，戴燕、贺圣遂选译，复旦大学出版社，2005。

〔英〕戴维·洛奇:《小说的艺术》，卢丽安译，上海译文出版社，2010。

〔原载《陕西师范大学学报》(哲学社会科学版)2013年第5期，收录时有改动〕

后　记

　　回顾这项研究，从最初确定博士学位论文选题到付梓，已近十年。

　　2010 年秋我在北京师范大学文学院王向远教授的指导下，开始了关于"长安与日本遣唐使文学"的研究。2012 年赴日留学，进入中央大学东洋史学研究室妹尾达彦教授门下学习东亚都城史。妹尾先生为我们开设了《长安志》读书班，先生创造性地使用现代测绘制图技术，描绘出了一幅幅表现东亚都城时间、空间变迁及都城与宇宙秩序关系的概念图，同时重视对考古资料的利用及对都城遗址的考察，这种带有历史体验性质的"沉浸式"研究方式对我影响很深。妹尾先生又推荐我参加了东京大学佐川英治教授、早稻田大学石见清裕教授、国学院大学金子修一教授等学者开设的都城史相关课程，这些研究室研讨时的紧张与活跃气氛，让我至今难忘。2014年之后，我先后去过学习院大学、创价大学、国学院大学访学，受到了鹤间和幸教授、坂井孝一教授、金子修一教授等学者的照顾与指导，不同的学术机构及各个大学图书馆的资料，都对我从事这项研究起到了极为重要的作用。

某种程度上2015年意味着一个新的开始。我以博士学位论文为基础申请了国家社科基金并获得了资助，因为国家社科基金委对结项报告与博士学位论文的重合率有着严格的要求，这迫使我放弃了博士学位论文中的一个关键词"遣唐使文学"及部分章节，从而将问题集中在"都城空间"上，同时也将研究的时间段收缩至日本律令制国家从建立到瓦解的这一时期。这一年机缘巧合，我进入复旦大学文史研究院博士后流动站深造，在杨志刚、葛兆光、李星明等教授的指导下，继续夯实史料运用与史学方法的学习。

从2015年至2019年，是研究扩展的阶段。我对博士学位论文进行了大幅度的删减，其后又添加了新的材料与内容，也采用了一些更明确的理论观点。尤其是在复旦大学的这几年，我重新思考了西方文学理论与东亚文学案例的关系、全球史及区域史研究方法对于比较文学的意义等问题。同时我通过文史研究院举办的暑期学校及讲座接触到了当代世界各国从事文史研究的著名学者，并通过文史研究院资料室了解到欧美及中国港台各大学术机构的学术期刊。同时，我也进一步阅读吸收了汉唐长安城的历史、地理与文学资料，包括唐长安城的都市计划、唐帝国与东亚各国关系等等。所以，呈现在读者面前的这部文稿，可以说是这么多年的读书游学之后，关于长安都城空间与日本知识阶层关系的新的阐述。

书稿交付出版社之际，我借暑期到京都，打算带上平安京前期古地图，从罗城门遗址出发，按图索骥徒步走完平安京遗址。事实上，从2012年至2018年，我曾在妹尾达彦先生和韩国考古学者朴淳发先生的指导与带领下，断断续续地考察过平城京、平安京、长冈京、恭仁京等日本都城遗址，但为了完成书稿插图，像"巡礼"一般系统地进入平安京空间，还是首次。

八月的京都盆地，异常闷热潮湿。平安京远比纸上想象或漫游要大得多。从东寺出来前往东鸿胪寺遗址途中，要穿过京都水族馆和铁道博物馆，如果不是及时在中途咖啡馆吃了一大杯冰沙，我很可能就被午后的烈日吓得退缩了。那时候，我想起了数年前妹尾先生和几位东洋史学者的河西走廊之旅，听同行的学者说，考察团的学者大多年过六十，他们衣装整齐——有几位先生甚至全程穿着西装穿行在八月的戈壁滩上，沙漠中当然没有解渴的冰沙店，很多时候呈现在他们眼前的风景一直重复——戈壁、沙漠、荒草或无尽的地平线。他们在河西走廊里行走了七天，寻找的目的地也大多是遭受了风沙侵蚀的残垣断壁……我承认，这种治学精神大约是我进入东洋史领域之后最受触动之处。

回顾过去的学术之路固然起伏波折，但总比不得生活附加给人的种种变故。这几年间，面对至亲病故，也曾一度消沉，至今仍无法释怀。艰难之中，得到导师、前辈、同事的关爱与支持，尤其感到弥足珍贵。在我的学术之路上，王向远教授无疑是惊醒懵懂的第一声春雷。王老师是山东人，讲话极喜以最寻常、最大俗之物如萝卜白菜苹果之类譬喻，说读书就如虫子吃面包，不管第一口咬点是哪里，从起点一直咬下去就好。说读博士就如泡咸菜，首先必须泡在缸里，这缸是大学、是书。时至今日，不管我们这些萝卜头是不是好吃的咸菜，但无疑我们都从王老师那里习得了勇气，所谓治学之志，始末不渝。

我尤其要感谢指导我进入长安都城史领域的妹尾达彦先生。至今仍记得，每周三上午十一点四十五分，乘坐浅川开往多摩的巴士去上妹尾先生给我们开设的都城史读书课。巴士过平山一丁目之后，山路渐至陡峭，车窗外便是武藏野山区栽培的杉树林。妹尾先生每周三课后都会询问我的研究进展，解答我的疑惑，同时推荐我在研讨会上用日语做报告，并鼓励我在日本学术刊物上发表论文。
2012 年 12 月，我随先生去京都参加"东亚都城史国际学术会议"。
清晨六点，我从东京乘新干线到京都。初冬的京都，空中正静静落
着薄雪。会议最后，诸位专家要去平安京、东寺、恭仁京、近江大
津宫等遗址考察，妹尾先生将自己的考察机会让给我，并嘱咐随行
的韩国学者朴淳发教授多多照顾，先生则要乘当天的新干线返回东
京。我还清楚记得，当天晚餐是在京都祇园的一家居酒屋，妹尾先
生甚至来不及提箸，就要赶去车站。我和几位前辈走出来相送，直
到先生所乘出租车被风雪淹没。

事实上，那一次的遗址考察对于我的研究非常重要，我对日本
都城的营造思想与长安城的关系，有了更为深刻、直观的认识，而
这对于了解古代日本人的中国观具有重要意义。也是从那一时候开
始，我开始注意结合考古资料及实地考察去研究，比如在研究《吉
备大臣入唐绘卷》中的"松浦"意象时，去大阪、难波的遣唐使出
发地考察。为研究绘卷中的高楼形态，去参观出云大社神殿以及京
都三十三间堂、奈良东大寺、唐招提寺、正仓院等。后来，这篇论
文能在明治大学举办的国际史学会议上发表，要特别感谢明治大学
的气贺泽保规先生和国学院大学的金子修一先生。

感谢我的两位导师为拙作撰写序言，铭感之情，无以言表！本
书的出版离不开陕西师范大学文学院的支持！最后，诚挚感谢社会
科学文献出版社郑庆寰先生为拙作付出的辛劳！

郭雪妮
2020 年 2 月于京都

图书在版编目 (CIP) 数据

从长安到日本：都城空间与文学考古 / 郭雪妮著
. -- 北京：社会科学文献出版社, 2020.8（2022.1重印）
（九色鹿·唐宋）
ISBN 978-7-5201-6424-5

Ⅰ.①从… Ⅱ.①郭… Ⅲ.①长安（历史地名）-文化
史-研究②中国文学-古代文学史-文学史研究③城市史
-研究-日本-古代④日本文学-古代文学史-文学史研
究 Ⅳ.①K294.11②I209.2③K313.9④I313.092

中国版本图书馆CIP数据核字（2020）第048208号

·九色鹿·唐宋·

从长安到日本
———都城空间与文学考古

著　　者 / 郭雪妮

出 版 人 / 王利民
责任编辑 / 宋　超
责任印制 / 王京美

出　　版 / 社会科学文献出版社·历史学分社（010）59367256
　　　　　地址：北京市北三环中路甲29号院华龙大厦　邮编：100029
　　　　　网址：www.ssap.com.cn
发　　行 / 社会科学文献出版社（010）59367028
印　　装 / 北京盛通印刷股份有限公司

规　　格 / 开　本：787mm×1092mm 1/16
　　　　　印　张：31.75　字　数：411千字
版　　次 / 2020年8月第1版　2022年1月第2次印刷
书　　号 / ISBN 978-7-5201-6424-5
定　　价 / 98.80元

读者服务电话：4008918866